지은이 최낙복

동아대학교 문리과대학 국어국문학과를 졸업하고, 동아대학교 대학원 국어국문학과 박사과정 수료(문학박사), 미국 UCLA 방문 교수(2006)를 역임하였다. 현재 동아대학교 인문과학대학 국어국문학과 교수로 재직 중이다.
저서 및 논문으로『주시경 문법의 연구』(1·2),『국어학 사전』(공저),『한국어문학입문』(공저),『개화기 국어문법의 연구』,「주시경 학문 연구의 역사」외 50편이 있다.

주시경 문법의 형성론

ⓒ 최낙복, 2013

1판 1쇄 인쇄_2013년 01월 21일
1판 1쇄 발행_2013년 01월 31일

지은이_최낙복
펴낸이_양정섭

펴낸곳_도서출판 경진
      등 록_제2010-000004호
      주 소_경기도 광명시 소하동 1272번지 우림필유 101-212
      블로그_http://kyungjinmunhwa.tistory.com
      이메일_mykorea01@naver.com

공급처_(주)글로벌콘텐츠출판그룹
      대 표_홍정표
      기획·마케팅_노경민 배소정 배정일
      경영지원_안선영
      주 소_서울특별시 강동구 길동 349-6 정일빌딩 401호
      전 화_02-488-3280
      팩 스_02-488-3281
      홈페이지_http://www.gcbook.co.kr

값 19,000원
ISBN 978-89-5996-191-7 93710

※ 이 책은 본사와 저자의 허락 없이는 내용의 일부 또는 전체를 무단 전재나 복제, 광전자 매체 수록 등을 금합니다.
※ 잘못된 책은 구입처에서 바꾸어 드립니다.

The formation of Ju Si-Gyeong's Grammar

주시경 문법의 형성론

최 낙 복 지음
Chol Nak-Bok

도서출판 경진

책의 머리에

　인문학 전공 서적을 거의 필요로 하지 않는 시대에 또 하나의 전공 서적을 내어 놓게 되었다. 안 읽혀지는 책인 줄 알면서도 책을 발간하는 내 자신을 나도 잘 이해하지 못한다. 굳이 변명을 하자면 정년을 앞두고 지금까지 주시경의 국어문법에 대하여 발표한 20편의 논문들과 3권의 저서를 다시 정리하여 한 권의 책으로 엮으면서 그 관점을 조금 달리해 보고 싶은 나의 욕심 때문이라 할 수 있다.

　지금까지 주시경의 국어문법에 대한 연구는 주로 주시경의 국어문법 의식에서 출발하여 설정, 발전, 계승의 관점에서 살핀 것을 이제는 주시경의 국어문법 형성과정의 관점에서 '설정'이라는 용어 대신에 '형성'이라는 용어로 바꾸어 재구성하고, 책의 기술용어를 학교문법 용어로 통일하여 정리해 보고자 한 것이다.

　그러므로 이 책은 주시경의 학문에 대하여 공부하려는 이에게 자료를 찾는 노력을 덜어주고, 용어를 통일하여 이해하기 쉽게 하기 위하여 이미 발간한 『주시경 문법의 연구』 1, 2에서 내용의 일부를 빼거나 재구성하고 1편의 논문을 보태어 한 권의 책으로 엮은 것에 불과하다. 이 책이 단 한 사람에게라도 도움이 되었으면 하는 마음 간절하다.

　이 책의 구성을 정리하면 제1장은 박사논문을 근간으로 한 것으로 『주시경 문법의 연구』 1(1991)과 『개화기 국어문법의 연구』(2009)에서 내용 일부를 덜어내고 학교문법 용어로 바꾸어 정리한 것이고, 제2장부터 제5장까지는 『주시경 문법의 연구』 2(2003)의 5장과 6장을 합쳐서 다시 정리하고 7장과 부록을 덜어내고 학교문법 용어로 바꾼 것이다. 제6장은 그동안 국어학계에서 주시경 학문에 대하여 얼마나 연구하였는가를 알아보기 위하여 통계 처리한 논문이다. 이렇게 정리하고 용어를 통일해도 약간의 중복과 성근 부분이 있는 것은 처음부터 책으로 엮을 것을 염두에 두고 쓴 글들이 아니기 때문에 피할 수 없는 일이다. 이 모든 것은 나의 능력부족으로 돌리고, 읽는 이의 애정 어린 충고를 바란다.

돌이켜보니 주시경의 학문에 대하여 공부하겠다고 대학원 박사과정에 입학한 지 꼭 30년이 지났다. 그동안 여러 선생님들의 사랑과 도움을 받으면서 나름대로 열심히 연구하고 노력했으나 만족할 만한 성과를 거두었다고 자신 있게 말할 수는 없지만 그런대로 보람이 있었다고 스스로 나 자신을 위로해 본다.

이 책이 나오기까지 교정하는 데 많은 시간을 내어 준 김민진 선생에게는 너무 미안하다는 생각이 든다.

끝으로 회사의 경영에 별로 도움이 안 되는 책인 줄 알면서도 흔쾌히 출판해 주신 도서출판 경진의 양정섭 사장님과 까다로운 내용을 깔끔하게 정리하여 편집한 배소정 님을 비롯한 여러 사원님들께도 고맙다는 인사를 드린다.

정년 퇴임을 앞두고 2012년 12월 31일
승학산 기슭 연구실에서
최낙복

차 례

책의 머리에 _____ 4

제1장 품사론의 형성 _____ 9

1. 머리말 ··· 9
2. 품사의 설정과정 ··· 11
   2.1. 품사의 설정기반 ··· 11
   2.2. 『국문문법』에서의 '7언분' 설정 ··· 17
   2.3. 『말』에서의 '6체' 설정 ··· 25
   2.4. 『국어문법』에서의 '9기' 설정 ··· 29
   2.5. 『말의소리』에서의 '6씨' 설정 ··· 37
3. 각 품사의 형성 ··· 43
   3.1. 의미소로 형성된 것 ··· 43
   3.2. 문법소로 형성된 것 ··· 89
   3.3. 의미소와 문법소로 형성된 것 ·· 129
4. 마무리 ·· 156

제2장 문장론의 형성 _____ 163

제1절 문장성분의 형성 ·· 163
  1. 머리말 ·· 163
  2. 여러 언어형식의 설정 ·· 164
  3. 문장성분의 형성 ··· 172
    3.1. 주성분의 형성 ··· 173
    3.2 부속성분의 형성 ·· 179
    3.3 주어부와 서술부의 형성 ·· 184
  4. 마무리 ·· 187

제2절 문장구조의 형성 ·· 189
  1. 머리말 ·· 189
  2. 문장구조의 형성 ·· 190
    2.1. 홑문장의 형성 ·· 190
    2.2. 겹문장의 형성 ·· 193
  3. 마무리 ·· 211

제3장 시제법의 형성 ___ 213

  1. 머리말 ·· 213
  2. 시제법의 형성 ·· 214
    2.1. 끗기의 시제형성 ·· 215
    2.2. 잇기의 시제형성 ·· 227
  3. 마무리 ·· 234

제4장 높임법의 형성 ___ 237

  1. 머리말 ·· 237
  2. 높임법의 형성 ·· 238
    2.1. 임기의 높임형성 ·· 239
    2.2. 억기의 높임형성 ·· 242
    2.3. 잇기의 높임형성 ·· 247
    2.4. 끗기의 높임형성 ·· 251
    2.5. 높임의 등분형성 ·· 257
  3. 마무리 ·· 258

제5장 조어법의 형성 ___ 261

  1. 머리말 ·· 261
  2. 조어법의 형성 ·· 263
    2.1. 파생법의 형성 ·· 264
    2.2. 합성법의 형성 ·· 296
  3. 마무리 ·· 300

제6장 주시경 학문 연구의 역사 ___ 305

1. 머리말 ··· 305
2. 주시경 학문 자료의 보급 ·· 306
   2.1. 『역대한국문법대계』(1975~1986) ······························· 306
   2.2. 『주시경전집(상, 하)』(1976) ······································ 307
   2.3. 『주시경전서』(6권)(1992) ··· 308
3. 주시경 학문 연구의 역사 ·· 311
   3.1. 전체적인 연구 ·· 311
   3.2. 부분적인 연구 ·· 317
4. 주시경 학문 연구에 대한 학회의 노력 ······························ 326
   4.1. 한글학회(한힌샘 연구 모임)의 활동 ··························· 326
   4.2. 주시경 연구소의 활동 ·· 332
   4.3. 외솔회의 활동 ·· 333
5. 마무리 ··· 335

참고문헌 ___ 337
찾아보기 ___ 345

제1장 품사론의 형성

1. 머리말

현대 국어문법의 형성과정을 큰 틀에서 보면, 주시경의 『국어문법』(1910)에서 그 기초가 마련되었고, 최현배의 『우리말본』(1937)에서 그 완성을 보게 되었다.

주시경이 지은 『국어문법』의 이론적인 출발은 영어문법과 한문을 바탕으로 시작되었다고 하지만(박지홍, 1983: 67~69), 우리말의 문법적 특질을 찾아내어 새로운 문법학을 세웠다는 것은 우리 국어학 연구사에서 이미 널리 알려진 사실이다.[1]

주시경 학문에 대한 연구와 평가는 선생이 돌아가신 1914년 이후부터 이루어지기 시작하여 현재까지도 계속되고 있다.

---

[1] 허웅(1971), 「주시경 선생의 학문」, 『동방학지』 제12집, 연세대학교 동방학 연구소.
외솔회(1971), 『나라사랑』 제4집, 정음사.
김민수(1977), 『주시경 연구』, 탑출판사.

그 연구의 흐름을 종합해 보면, 1960년대까지는 주로 주시경의 전기나 회고의 글, 추모의 글과 자료 발굴 및 그 자료의 해설이 주류를 이루었다. 주시경 학문에 대한 적극적이고 체계적인 연구와 평가는 1976년 주시경 탄생 100돌을 계기로 각종 자료를 집대성하여 보급한 이후에 활발하게 이루어졌고, 또 1986년 주시경 탄생 110돌을 계기로 "한힌샘 주시경 연구 모임(한글학회)"과 "주시경 연구소(탑출판사)"가 창설되면서 주시경 학문 연구의 절정을 이루었다. 그러나 2000년대에 들어와서는 학회의 활동이 소극적이면서 연구의 분위기도 침체되어 있는 상태이다(최낙복, 2008: 145).

그러나 이러한 연구 활동에도 불구하고 주시경이 국어문법 체계를 세울 때 어떠한 의식에서 우리말의 '품사'를 설정하고, 각 품사가 어떻게 형성되었는가에 대하여는 아직도 구체적이고 체계적으로 명확하게 밝힌 연구성과는 거의 없다. 그런데 이 문제를 해결하지 않고는 그의 '기난갈'(〉씨난갈, 품사분류론)에 대한 연구는 큰 성과를 거둘 수 없다.

그러므로 이 장에서는 주시경의 여러 저서에 나타나는 '기난갈'을 대상으로 하여 주시경의 국어문법에서 품사론의 형성과정을 밝혀내어 주시경 학문의 체계를 세우는 데 도움을 주고자 하는 목적이 있다.

문법을 분류하면 크게 형태론(morphology)과 통어론(syntax)으로 나뉜다. 그리고 형태론은 다시 굴곡법(inflection)과 조어법(word-formation)으로 나뉘고, 또 굴곡법은 순수굴곡법(활용)과 준굴곡법(곡용)으로 나뉘고, 조어법은 다시 파생법과 합성법으로 나뉜다.[2]

그런데 형태론 연구의 첫 단계는 품사분류이다. 그러므로 품사분류는 형태론 연구의 출발점이 된다고 할 수 있다.

이 장에서는 주시경의 문법 가운데서도 형태론 연구의 출발점이

---

2) 허웅(1975), 『우리옛말본』, 샘문화사, 33쪽 참조. 그러나 허웅(1983), 『국어학』, 샘문화사, 187쪽에서는 조어법은 형태론에서 제외시키고 있다.

되는 주시경의 '기난갈'을 정확하게 알아내기 위하여 그의 저서인 『국문문법』(1905?), 『말』(1908?), 『국어문법』(1910), 『조선어문법』(1911, 1913), 『말의소리』(1914)에 나타나 있는 품사분류 항목을 통해, 품사설정 과정을 구체적으로 밝히고, 나아가 각 품사의 형성과정과 하위분류 과정을 종합적으로 살핀다.

그리고 이 장이 쓰여지는 순서는 각 장마다 『국문문법』, 『말』, 『국어문법(조선어문법)』, 『말의소리』의 차례로 기술하여 주시경 문법의 형성과정과 그 발전단계를 쉽게 이해할 수 있도록 도표를 그려서 체계화하였다.

2. 품사의 설정과정

주시경이 우리말의 품사를 설정하고 그것을 체계화하는 데는 많은 노력이 있었다고 보아지는데, 우리는 그 흔적을 여러 곳에서 발견할 수 있다.

주시경이 1893년에 우리말의 문법을 쓰기 시작하여 1898년에는 그 초고가 다 되었다고 한다(김민수, 1977: 249~250). 그의 품사설정은 그때 이미 이루어진 것으로 추측되지만, 아직 그 초고가 발견되지 않고 있으므로, 그때의 품사설정에 대한 확실한 윤곽은 알 길이 없다. 그러므로 여기서는 다만 그 후에 나온 그의 여러 저서에 나타나는 품사설정에 대한 그의 의식을 통하여 이를 살피기로 한다.

2.1. 품사의 설정기반

말이 존재하는 근본 의의는 사람과 사람 사이의 의사를 전달하는

데 있다. 사람의 생각은 다른 사람에게 바로 전달되지 못하고, 언어형식(linguistic form)을 통해서 가능하다. 이 언어형식은 일정한 소리에 일정한 뜻이 맞붙어 있는 말의 덩이를 언어형식이라고 하는데, 이에는 긴 것으로는 문장에서 짧은 것은 형태소(morpheme)에 이르기까지 모두 언어형식이며, 낱말도 물론 언어형식이다. 이러한 언어형식은 모두 뜻을 가지고 있다(허웅, 1983: 149).

이러한 뜻을 가진 언어형식 중에서 낱말은 **꼴**이나 그 **구실** 등이 각각 서로 조금씩 달라서 똑 같은 값어치를 가지지 않는다. 그러나 그 중에서도 어떠한 특징(보기를 들면 그 뜻이나 구실 등)으로 보아서 공통점을 찾아내어서 이것을 몇 개의 동아리로 나눌 수 있다.3)

이처럼 복잡한 여러 어휘의 현상을 정리하여 거기로부터 하나의 공통된 규칙을 통해 몇 개의 동아리로 나눈다는 것은 문법연구에 있어 필연적인 과정이다. 왜냐하면 그것은 수많은 낱말을 하나하나 연구한다는 것은 불가능하기 때문이다. 문법에서 낱말을 분류하는 데는 그 낱말이 갖추고 있는 꼴(형태, form)과 그 낱말이 문장 속에서 하는 구실(기능, function), 그 자체가 가지고 있는 뜻(의미, meaning)에 따라 몇 개의 동아리로 나누는 것이 원칙이다. 그러나 이 세 기반은 한꺼번에 고려되어서는 안 되며, 그 적용에는 차례가 있어야 한다.

먼저 고려되어야 할 것은 **꼴**이다. 곧 낱말이 굴곡(활용)하느냐, 하지 않느냐가 먼저 고려되고, 다시 굴곡을 한다면 어떤 방식으로 하느냐가 고려되어야 한다.

다음으로 고려되어야 할 것은 **구실**이다. 구실은 문장에 있어서 차지하는 그 낱말(말마디)의 지위다. 굴곡방식의 특색과 구실은 어느 정도 병행하므로 굴곡하는 말에 있어서는 꼴과 구실을 함께 수용하는 수도

---

3) 阪倉篤義(1974), 『改橋 日本文法の話』, 教育出版, 125쪽 참조.

있으나, 굴곡 없는 말에서는 구실만이 범주를 정하는 기반이 된다.

뜻은 꼴과 구실과 병행하는 일이 많으나, 뜻에 의해 분류를 하면 걷잡을 수 없는 문제들이 많이 생겨나기 때문에 몇 가지 국한된 분류의 갈래를 세울 수 없게 된다. 낱말의 뜻은 복잡하고 다양해서 낱말 사이의 뜻의 공통성에 따라 몇 가지 국한된 수의 갈래를 세우기란 무척 힘든 일이므로 뜻은 참고 정도로 하는 것이 좋다.4)

(1) 아기가 젖을 먹소. (『국어문법』 41쪽)
(2) 이 소는 누르고 저 말은 검다. (『국어문법』 43쪽)

(1), (2)는 문장으로 각각 하나의 언어형식이다. 이 문장들은 더 작은 언어형식으로 나눌 수 있다. 이 문장을 적을 때는 일반적으로 (1)은 세 덩이로, (2)는 여섯 덩이로 나누어 띄어 쓰고 있다. 이것은 바로 이들 문장이 각각 세 덩이와 여섯 덩이의 더 작은 말로 이루어져 있음을 나타내는 것인데, 이러한 말의 단위를 '어절'이라 한다(허웅, 1981: 38).

그런데 한 어절은 〈먹소, 이, 누르고, 저, 검다〉와 같이 한 낱말로 이루어진 것도 있고, 〈아기-가, 젖-을, 소-는, 말-은〉과 같이 둘 이상의 낱말로 이루어진 것도 있다. 또 {아기, -가, 젖, -을, 이, 소, -는, 저, 말, -은}과 같이 한 낱말은 더 쪼갤 수 없는 것도 있고, 〈먹-소, 누르-고, 검-다〉와 같이 다시 더 작은 뜻을 가진 조각(의미소, 문법소)으로 나누어지는 것도 있다. 이렇게 뜻을 가진 가장 작은 말의 단위를 '형태소'라 한다. 형태소를 더 쪼개면 그 말로써 나타내려는 뜻은 없어지거나 달라지고 만다. 곧 〈아기〉를 〈아〉와 〈기〉로 쪼개면 나타

---

4) 허웅(1975), 『우리 옛말본』, 샘문화사, 46쪽과 허웅(1983), 앞의 책, 189쪽 참조.

내려는 뜻은 없어진다.
  그러면 주시경이 낱말을 어떻게 분류하였는가를 살펴보면, 앞의 (1), (2)의 문장을 각각 여섯 개와 열 개로 나누어 품사분류하였다. 이것을 보이면 다음 (1), (2)과 같다.

(1)	아기	가	젓	을	먹	소.			
	①	②	③	④	⑤	⑥			

(2)	이	소	는	누르	고	저	말	은	검	다.
	①	②	③	④	⑤	⑥	⑦	⑧	⑨	⑩

  주시경의 이러한 낱말의 분류는 『말의소리』에 등장되는 오늘날의 형태소에 접근되는 '늣씨'를 기준하여 품사분류한 것이다.5)
  문장 (1), (2)에서 (1)의 ①, ③, ⑤와 (2)의 ①, ②, ④, ⑥, ⑦, ⑨는 어휘적인 뜻을 나타내는 형태소이고, (1)의 ②, ④, ⑥과 (2)의 ③, ⑤, ⑧, ⑩은 문법적인 관계를 나타내는 형태소이다. 주시경은 이러한 형태소를 '늣씨'로 의식하고 이를 각각 독립된 품사로 설정하였다.
  (1)과 (2)에서 {아기, 젓, 소, 말}은 사물의 이름을 나타내는 낱말이기 때문에 이들을 '명호〉임'으로 설정하였다. 이 '임'은 어근을 포함한 낱말로서 굴곡하지 않고, '겻'이나 '끗'의 도움을 받거나, 단독으로 문장에서 여러 가지 문장성분으로 쓰이는 낱말의 묶음이다. 그러므로 이 '임'은 낱말분류의 기반이 되는 **구실**을 기준으로 하여 설정한 것이다.
  (1), (2)에서 〈먹소, 누르고, 검다〉는 어근을 포함하고, 굴곡하는 낱말로서 문장에서 서술어로 쓰이는 낱말들이다. 그러나 주시경은 이

---

5) 이 '늣씨'는 고름소리 〈으〉를 '늣씨'로 처리한 것 외는 거의 형태소에 접근되는 말이다. 이 '늣씨'에 대한 연구는 김민수(1977), 98~121쪽 참조.

들 낱말의 어근인 {먹, 누르, 검}만으로 문장에서 '남이[說者]'가 되고, {먹, 검}은 각각 '끗'인 {소, 다}와 더불어 '남이듬[說者格]'이 되는 것으로 의식하였다.

그런데 이들은 **구실**로는 구별이 잘 되지 않는다. 다만 뜻으로 보아서 {먹}은 움직임을 나타내는 낱말의 어근이고, {누르, 검}은 상태나 모양이 어떠함을 나타내는 낱말의 어근이다. 그래서 주시경은 이들을 각각 다른 기(씨, 품사)로 의식하여 {먹}은 '동작〉움'으로, {누르, 검}은 '형용〉엇'으로 설정하였다. 이 '엇'과 '움'의 설정은 이들이 문장 속에서 하는 **구실**과 낱말 자체가 안고 있는 **뜻**에 의하여 설정된 것이다. 그런데 국어문법 연구사에서 최초로 용언의 구실만을 의식하여 '엇, 움'을 묶어서 하나의 품사로 처리한 이는 정렬모이다. 그는 "동사와 형용사는 문장을 이룰 경우 문법적 성질이 별로 다름이 없기 때문에 따로 품사를 설정할 가치가 없다"고 하고 동사를 동작을 나타내는 동작동사와 상태를 나타내는 형용동사로 구분하였다(정렬모, 1946: 52~78). 이것을 표로 나타내어 보이면 다음 (3)과 같다.

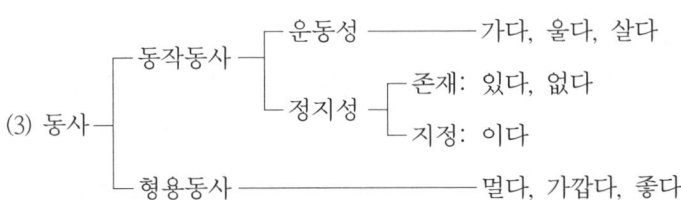

그러므로 주시경이 '엇'과 '움'을 각각 다른 품사로 설정한 것은 1차로 **구실**을 고려하고, 다음은 **뜻**을 고려하여 품사분류한 것이다. 앞의 (1), (2)에서 {-가, -을, -는, -은}은 '명호〉임'의 직분이나 '동작〉움'의 자리를 한정해 주는 **구실**을 하는 토인데 이들은 앞의 '임이[主者]'(주어 체언)나 '씀이[物者]'(목적어 체언)와 더불어 문장에서 각각 '임

이듬[主者格]'(주어)이나 '씀이듬[物者格]'(목적어)이 되는 '인졉〉겻'이다.
또 {-소, -다}는 한 문장을 마쳐 주는 **구실**을 하는 '죠셩〉끗'인데, 이들은 앞의 '남이(서술어 용언 어간)'와 더불어 '남이듬(서술어)'이 된다. 그리고 {-고}는 '기, 모, 드'를 연결하는 **구실**을 하는 '간졉〉잇'이다(홍양추, 1980: 173).

이들 '겻, 잇, 끗'은 굴곡하지 않고, 그 자체로서는 어근을 포함하지 않기 때문에 통어론 상의 어떠한 구실을 가지지 못하고 다만 '임, 엇, 움'에 의지해서 그 말의 구실을 표시해 주거나 뜻을 정밀하게 표현해 준다. (2)에서 {이, 제}는 뒤에 오는 '임이'인 〈소, 말〉을 각각 꾸미는 구실을 하는 '형명〉언'으로서 문장에서 '임이금[主者限定](관형어)'이 된다.

그 외 주시경 문법에 나타나는 〈귀한, 무른, 좋은…/가는, 먹는…/돌(집), 나의 (칼)…〉 등을 모두 '형명〉언'으로 처리한 것은 이들이 문장에서 '명호〉임'을 수식하는 구실을 하기 때문이고, 〈잘, 매우…/좋게, 무르게, 귀하게…/가게, 먹게…/길로, 들에…〉 등을 모두 '형동〉억'으로 처리한 것은 이들이 문장에서 '엇, 움, 억'을 수식하는 구실을 하기 때문이다. 그러므로 이들도 1차로 **구실**을 기반으로 하여 분류하고, '언, 억'의 구별은 **뜻**을 고려하여 설정한 것이다.

이와 같이 주시경은 품사설정 단위를 '늣씨'로 하여, 움직임이나 상태를 나타내는 낱말의 어근형태소에 붙는 접사도 각각 분리하여 독립된 품사로 설정하였기 때문에 낱말의 내부에서는 어형변화가 일어나지 않는 것으로 다루었다.

그러므로 낱말분류의 기반이 되는 **꼴, 구실, 뜻** 중에서 **꼴**은 자연히 고려할 필요가 없게 되고, **구실**과 **뜻**만이 낱말을 분류하는 큰 기준이 되었다. 이러한 면에서 주시경의 품사설정은 9기(『국어문법』(1910))로 형성되었다.

이의 품사분류 일람표를 만들어 보이면 다음 (4)와 같다.

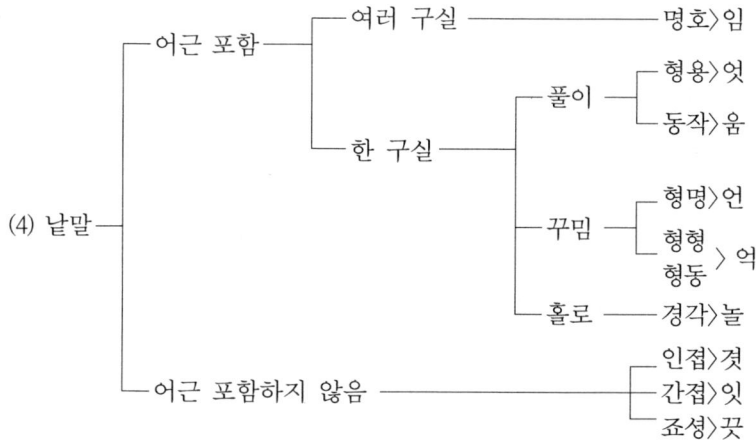

2.2. 『국문문법』에서의 '7언분' 설정

주시경의 저서 『국문문법』[6]의 '말' 단원 설명 첫머리에, 오늘날의 품사 또는 품사분류에 맞서는 용어로 짐작되는 말로서 '언분(言分)'이란 말이 나타난다. 이 '언분'은 한자가 지닌 뜻으로 미루어 보아 영어 문법의 'a part of speech'를 우리 문법에 적용한 말이 분명하다. 그런데, 여기서의 '언분'은 '품사' 또는 '낱말분류'의 두 가지 뜻으로 해석된다. 그러나 이는 '말' 단원 품사분류의 첫머리에 나타나는 용어이므로, 이는 '품사'의 뜻으로 받아들이는 것이 옳을 것 같다. 이것은 우리 문법 연구사에 있어 '품사'에 맞서는 용어로서는 가장 먼저 등장되는 말로 보아도 무리는 없다. 그러므로 우리 문법 연구사에 있어 큰 의의를 가진다.

이제 『국문문법』에서 낱말을 그 설정에 따라 크게는 7갈래로, 작

---

[6] 이 책의 내용은 주시경이 서울 상동 청년학원 강사시절(1905~1907)에 강의한 것을 수강생 유만겸이 기록한 필기장을 통해 전해오는데, 이는 탑출판사(1986)에서 낸 영인본 『歷代韓國文法大系』의 제1부 제39책에 영인되어 실려 있다.

게는 10갈래로 나누어서 이를 '언분'이라 이름하고서, 그 뜻매김을 한 것을 간추려서 보이면 다음 (5)와 같다.7)

(5) ㄱ. 명호(名號): 각종 물건들과 여러 가지 볼 수 업는 바를 일홈하여 부르는 것

ㄴ. 형용(形容): 형용하는 것들

(ㄱ) 형명(形名): 명호를 형용하는 것들

(ㄴ) 형형(形形): 형용을 형용하는 것들

(ㄷ) 형동(形動): 동작을 형용하는 것들

ㄷ. 동작(動作)8): 동작하는 것들(?)

ㄹ. 간접(間接): 한 말이 달은 말을 이어지게 하는 것들

ㅁ. 인접(引接): 명호 아리 쓰는 것들인데 동작을 인도하여9) 되는 것을 가르치는 것들

ㅂ. 경각(警覺): 무슨 의외에 감정이 일어나 스스로 놀라는 것

ㅅ. 죠성(助成): 명호나 동작이나 형용을 도아 한 말을 맛치는 것들

(5)를 최현배의 『우리말본』과 견주어 보면 대개 다음 (6)과 같다.

(6) ㄱ. 명호(名號) ──────── 임자씨

ㄴ. 형용(形容) ──────── 그림씨의 줄기, 잡음씨 「아니다」의 줄기

(ㄱ) 형명(形名) ────── 매김씨, 풀이씨의 매김꼴(「이다」는 제외)

---

7) 탑출판사(1986), 앞의 책, 제1부 제39책, 『국문문법』 16쪽 참조. 이 『국문문법』 16쪽에는 '형용'의 하위단위가 '형명, 형형, 형동'의 순서로 되어있는 것과 '형명, 형동, 형형'의 순서로 되어 있는 것 두 가지로 나타나는데, 그의 의식을 참작하여 이 표에서는 앞의 것을 택하였다.

8) '동작'에는 뜻매김이 빠져 있는데, 앞의 '형용'의 뜻매김을 보아 '동작하는 것들'과 같은 말로 풀이되어 있을 것으로 짐작된다.

9) 〈인도하여〉는 〈인도하게〉의 뜻으로 해석된다.

(ㄴ) 형형(形形) ──── 그림씨를 꾸미는 어찌씨

　　　　(ㄷ) 형동(形動) ──── 움직씨를 꾸미는 어찌씨

　　ㄷ. 동작(動作) ──────── 움직씨의 줄기

　　ㄹ. 간접(間接) ──────── 이음씨끝, 「이다」의 이음꼴, 이음씨, 이음토씨

　　ㅁ. 인접(引接) ──────── 토씨

　　ㅂ. 경각(警覺) ──────── 느낌씨

　　ㅅ. 죠성(助成) ──────── 마침씨끝, 「이다」의 마침꼴

　주시경의 이와 같은 품사설정은 다른 나라 문법에서 영향을 받은 것 같다.10) 우선 품사의 늘임 차례가 그때 우리나라에서 출판된 영어문법의 차례에 따르고 있는 점에서 이를 쉽게 알 수 있다. 이 무렵의 우리나라 서울에서 나온 영어문법 책으로는, 1911년에 나온 이기룡의 『中等英文典』과 윤치호의 『英語文法捷徑』의 두 권이 전해오고 있는데,11) 앞의 것에는 품사의 차례가 Noun, Pronoun, Adjective, Article12), Verb, Adverb, Preposition, Conjunction, Interjection의 9갈래로 되어 있고, 뒤에 것에는 명사, 대명사, 형용사, 동사, 조사(Adverb), 전치사, 접속사, 감탄사의 8갈래로 되어 있다. 이 두 분류를 간추려서 주시경의 분류와 견주어 보기로 한다(참고로 위의 두 체계에서 주시경의 체계에 가까운 윤치호의 품사뜻매김을 예시한다).

(7) ㄱ. 名詞(A Noun)는 인명과 지명과 物名이다.

　　ㄴ. 代名詞(A Pro-noun)는 명사를 대표홈.

───────────────

10) 아세아문화사(1976), 『周時經全集』(下)에 영인되어 있는 주시경(1908), 『국어문전음학』, 34쪽 참조.
11) 탑출판사(1986), 『歷代韓國文法大系』, 제2부 제29책 참조.
12) 'Article'은 윤치호의 체계에서는 'Adjective'의 하위단위가 되어 있다.

ㄷ. 形容詞(An Adjective)는 명사와 의사를 한정하거나 형용홈.
ㄹ. 動詞(A Verb)는 人이나 物의 동작(action)이나 景況(state)를 설명홈.
ㅁ. 助詞(An Adverb)는 동사나 형용사나 조사의 의사를 註明홈.
ㅂ. 前置詞(A Preposition)는 명사를 대명사 우에 置ㅎ야 그 명사와 他 詞間에 관계를 설명홈(조선어의 "토"와 如홈).
ㅅ. 接續詞(A Conjunction)는 단어나 句語를 연락홈.
ㅇ. 感歎詞(A Interjection)는 희로애락의 감정을 설명홈.

이번에는 『英語文法捷徑』의 '사(詞)'의 차례와 『국문문법』의 '언분'의 차례를 견주어 보면 다음 (8)과 같다.

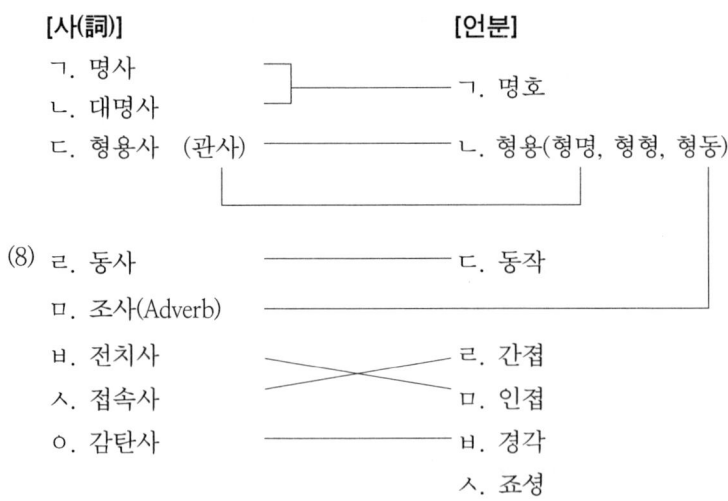

(7), (8)로 미루어서 주시경이 영어문법의 분류를 우리말 문법에 받아들인 경위를 살펴보면 다음과 같다.

명사는 '명호(名號)'로 받아들였는데, 대명사를 명사의 하위단위로 받아들인 것은 우리말의 문법에 있어서는 명사와 그 성질이 다를 것이 없으므로 그렇게 처리한 것으로 그의 독창적인 처리 방법이다.

형용사는 '형용(形容)'으로 받아들였는데, 『英語文法捷徑』에서 명사를 꾸미는 관사를 형용사의 하위단위로 처리한 데서 그 이치를 얻어 내어서, '명호'를 꾸미는 성분인 '형명(形名)'을 '형용'에 포함시켰고, 이에 따라 자연히 형용사와 동사를 꾸미는 '언분'으로 보아지는 '형형(形形)'과 '형동(形動)'도 '형용' 속에 넣은 것이다. 이와 같은 처리는 '형용'의 주된 구실이 다른 '언분'을 꾸미는 것으로 의식하였기 때문에 모두 '형용'의 하위단위로 처리한 것이다.

전치사는 '인접(引接)'으로 받아들였는데, 이러한 처리는 윤치호의 '사(詞)'의 뜻매김에 따르면, 조금도 무리는 없겠으나, 영어에서는 전치사가 그 차례에 있어 접속사에 앞서 있는데, 그의 차례에 있어서는 그것이 '간접(間接), 인접(引接)'으로 그 차례가 바뀌어 있다. 그러나 '간접'은 서술어의 어미가 되므로 그것이 '인접'보다 '형용, 동작'에 가까움을 느낀 데서 취해진 것으로써 당연한 처리라 할 수 있다.

'죠셩(助成)'은 우리말에만 있는 '언분'이므로 이것을 맨 마지막에 놓은 것은 무리 없는 처리로 해석된다.

이렇게 풀어보면, 『국문문법』의 품사 벌림 차례는 그때의 영어문법, 특히 윤치호의 『英語文法捷徑』에서 영향을 받았음을 알 수 있다.

그리고 또한 품사의 차례를 1905년에서 1909년 사이에 이루어진 우리말 문법으로서, 일본 문법에서 영향을 받아 이루어진 유길준의 『조선문전』과 『대한문전』의 품사 차례와 견주어 보면, 이를 분명히 알 수 있다. 『조선문전』에서는 우리말의 품사가 '명사, 대명사, 동사, 형용사, 부사, 후사, 접속사, 감탄사'의 차례로 전개되어 동사가 형용사보다 먼저 나타나 있다. 또 유길준 문법의 품사 차례와 그 무렵 일본에 널리 퍼져 있던 문법책의 하나인 中根淑의 『日本文典』(1876)의 품사의 차례를 맞세워 보면 다음 (9)와 같이 일치한다(강복수, 1975: 79~80).

(9) 　『中根淑의 문법』　　　　　　　『유길준의 문법』
　　ㄱ. 名詞　————————　ㄱ. 名詞
　　ㄴ. 代名詞　——————　ㄴ. 代名詞
　　ㄷ. 動詞　————————　ㄷ. 動詞
　　ㄹ. 形容詞　——————　ㄹ. 形容詞
　　ㅁ. 副詞　————————　ㅁ. 副詞
　　ㅂ. 後詞　————————　ㅂ. 後詞
　　ㅅ. 接續詞　——————　ㅅ. 接續詞
　　ㅇ. 感歎詞　——————　ㅇ. 感歎詞

　　그러나 주시경의 품사 벌림 차례에서, 우리는 영어문법의 품사분류(씨가름)를 그대로 모두 우리말에 적용시키지 않고, 주체적인 생각 아래 우리말의 특성을 찾아내어 독창적으로 품사분류하려고 애쓴 흔적을 엿볼 수 있다.
　　주시경은 '원명(명사)'과 '대명(대명사)'은 문장에서 하는 일이 모두 같다는 것을 의식하여 이를 하나로 묶어 '명호'를 설정하였고, '명호'를 꾸미는 '형명'이 '형용'의 하위단위로 존재한다면 '형용'을 꾸미는 '형형'과 '동작'을 꾸미는 '형동'도 그 하위단위가 되어야 함을 의식하고, '형형, 형동'을 '형용'의 하위단위에 두었는데, 이러한 처리가 다 그것이다. 주시경은 여기서 '형형'과 '형동'은 그 한계선이 불투명하여 매우 고민한 것 같다. 그래서 '형형'은 "곳 형동이로되 쓰임만 갓지 아니홈"(1905: 16)이라 한 것이 이를 일러주는 것이다. 이는 '형동'과 '형형'은 꼴은 같은데, 꾸미는 대상이 다르다는 뜻으로 해석된다.
　　또 영어와의 대비에서 우리말의 '언분'의 분류를 끝내었을 때, 영어에는 없고, 우리말에만 있는 〈마침(종결)〉 '언분'의 존재를 알아내어 '죠셩'이라는 한 '언분'을 더 세우게 되는데, 이는 그의 독창적인 설정이다. 곧, '죠셩'은 우리말 용언의 종결어미을 살 핀 후 '간접'의 대립으로 세운 것이 분명하다.

그런데 우리말의 종결어미인 {-다, -느냐, -거라} 등과 한문 종결사인 {也, 乎, 矣} 등이 꼭 들어맞는다. 이것을 견주어 보면 다음 (10)과 같다.

(10) ㄱ. 하늘이 둥글다.　　　　　　───── 天圓也(서술)
　　　ㄴ. 장군은 겁나느냐?　　　　　───── 將軍怯乎(의문)
　　　ㄷ. 가거라 나는 이 나라에 살겠다. ───── 往矣 我居於此國(명령)

이것은 우연의 일치라기보다는 주시경이 오랫동안 한문으로 문자생활을 한 데서 비롯된 것이다. 그러나 『국문문법』에서 품사의 설정에 대해서는, 표면상 간단한 뜻매김을 통해 세워진 7언분이 알려져 있을 뿐 확실한 것은 알 길이 없고, 다만 주시경이 설정한 품사의 이름과 뜻매김을 통하여 그저 7품사에 대한 개념이 짐작될 뿐이다. 그러면 '언분'의 나눔을 통해 차례 배열에 대한 주시경의 의식을 살펴보면 다음과 같다.

주시경은 '언분'을 '명호, 형용(형명, 형형, 형동), 동작, 간겹, 인겹, 경각, 죠셩'의 차례로 나누었는데, 이런 처리의 바탕은 다음과 같다.

먼저 '명호, 형용, 동작'을 앞머리에 벌려 놓은 것은 이들 '언분'이 모두 실사, 곧 의미소(sememe)로만 되어 있음[13]을 의식한 데서 이루어진 것이며, 그 다음에 '간겹, 인겹'을 벌려 놓은 것은 이들 '언분'이 모두 허사, 곧 문법소(tagmeme)로만 되어 있음을 의식한 데서 이루어진 것이라 하겠다. 그리고 '명호, 형용, 동작'과 '간겹, 인겹' 다음에 '경각'과 '죠셩'을 둔 것은 '명호~인겹'은 문장의 몸을 짜는 '언분'이

---

13) 그때 한문하는 이는 실사와 허사에 대한 구별은 모두 잘 알고 있었다(諸橋轍次: 大韓和辭典 참조).

나, '경각'은 문장을 끄집어내는 '언분'으로, '죠성'은 문장을 끝맺어 주는 '언분'으로 의식한 데서 이루어진 것이다.

이것을 표로 나타내면 다음 (11)과 같다(괄호 속은 주시경의 의식으로 생각되는 부분임).

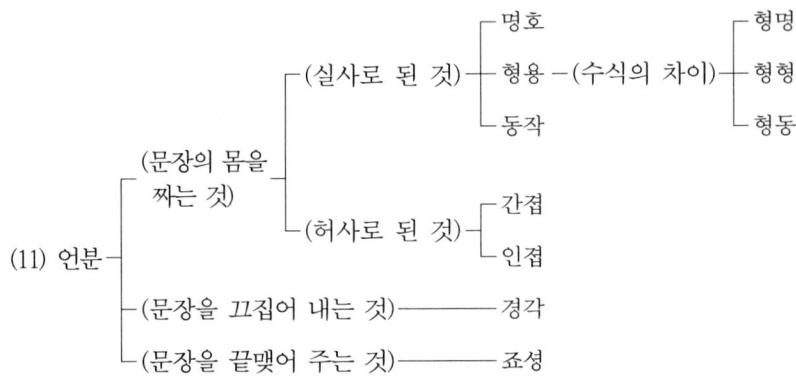

그리고 주시경이 '명호'를 '형용, 동작'보다 앞세운 것은, '명호'는 문장에서 앞머리에 오는 주성분(으뜸성분)인 주어가 됨이 큰 구실임을 알고 있었기 때문이고, '간접'을 '인접'보다 앞세움은 '간접'은 허사이나 〈이다〉 등의 낱말이 문장에서 서술어에 접근됨을 알고 있었기 때문이다. 또 '형용'의 하위단위를 나누되 이를 '형명, 형형, 형동'의 차례로 한 것은 '명호, 형용, 동작'의 체계에 맞추기 위한 것으로 해석된다. 곧, '형명'은 '명호'를, '형형'은 '형용'을, '형동'은 '동작'을 꾸미는 '언분'이기 때문이다.

그러므로 '언분' 분류에 있어서 우리말의 품사가 크게 의미소와 문법소로 이루어져 있음을 의식하고, 그 의식 아래 품사분류를 시도한 것만은 분명하다. 그런데 『국문문법』에서 설정한 이 7언분은 '다른 나라 문법의 영향'에서 이루어진 것이라 할 수 있다.

2.3. 『말』에서의 '6체' 설정

주시경이 지은 문법책으로 전해 오는 최초의 것은 필사본『말』14)이다. 이 책은 1908(?)년에 나온 것으로 짐작되는데, 이 책의 '언체의 변법(言體의 變法)'이란 말 만들기(조어법)를 풀이한 단원에 우리말의 품사분류가 간단히 언급되어 있다.15)

이 책에서는 품사에 해당하는 용어로 '체(體)'란 말을 쓰고 있는데, 이에 대한 뜻매김이 없어서 그 뜻을 확실히는 알 수 없으나, 품사에 맞서는 말이 분명하다.16)

그리고 여기서 간단하게나마 품사의 분류를 체계적으로 펴 나가고 있는데, 이는 우리 문법 연구사에서는 처음 있는 일이므로 큰 의의를 가진다. 주시경은 이 책에서『국문문법』에서의 품사분류(씨가름)를 이론적으로 계승·발전시켜 나갔다.

먼저 '언어자(言語字)'를 설정하고, 나아가 이를 '원체부(原體部)'와 '관계부(關係部)'로 나누고, 이를 다시 '명호, 형용, 동작'과 '인졉, 간졉, 죠셩'의 6체로 나누어 나갔는데, 여기에는『국문문법』에서 설정한 '경각'이 빠지고 없으며, 품사의 벌림 차례에 있어서 '인졉'을 '간졉'보다 앞세우고 있다. 이것을 표로 나타내면 다음 (12)와 같다.

(12)에서 '원체부'는 낱말의 몸이 되는 부분으로 의식하여 설정한 것이 분명하므로, 이는 의미소를 나타내는 것이고, '관계부'는 어근과 어근과의 문법적인 관계를 나타낸 것으로 의식하여 설정한 것이 분명하므로

---

14) 탑출판사(1985),『歷代韓國文法大系』제1부 제3책 영인되어 있는 주시경(1908),『말』참조.
15) 이 단원에 나타나는 풀이를 보면, 말 만들기에 관한 것이 분명하다. 이는 품사분류로도 볼 수 있다.
16) ① 위의 책 29쪽에서 "言語字의 種類가 모도 六體에 分ᄒᆞ엿는디 그 職責의 類屬으로 三種式 部分이 되어 …"란 말이 나타난다(위에서 種類가의 '가'는 '는'의 오자인 것 같다).
  ② 주시경의『高等國語文典』(1909)에는 {體}가 〈품사〉의 뜻으로 쓰이고 있다.

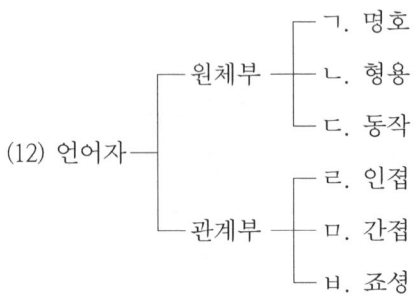

문법소를 나타낸 것이 된다. 그러므로 이 체계는 그때로서는 탁견으로 평가해야 한다. 그러나 여기서 문제가 되는 것은 '언어자(言語字)'의 개념과 『국문문법』에 설정된 7언분 중에서 '경각'이 빠진 일과 '간접'과 '인접'의 차례가 바뀐 것이다. 이 문제들을 살펴보면, '언어자'에서 '언어(言語)'는 '말'을 이르는 것이나 '자(字)'는 과연 무엇을 이르는 것일까?

주시경은 이미 『국어문전음학』(1908)에서 품사에 해당되는 용어로 '字'란 말을 쓰고 있다. 그런데 이는 15세기부터 우리 학계에서 낱말의 뜻으로 써 오던 용어17) '字'를 그대로 계승한 것으로 짐작되므로, 여기서의 '字'는 품사란 뜻으로 해석하기 보다는 낱말이란 뜻으로 해석하는 것이 더 타당할 것 같다. 그리고 18세기에 쓰이던 '字'는 낱말의 뜻으로 풀어도 무리가 없기 때문이다.

『국어문전음학』에서 '-字'로 분류한 많은 말이 나타나는데(주시경, 1908: 55~58), 〈보기〉를 들면 다음 (13)과 같다.

(13) ㄱ. 밟[蹈], 앉[坐] ——— [動字]
　　　ㄴ. 넓[廣], 젊[少] ——— [形字]
　　　ㄷ. 값[價], 낮[午] ——— [名字]

---

17) 박은용(1968), 「同文類解 語錄解 硏究」 (上), 『효성여자대학 연구 논문집』 4, 10, 14쪽 참조.

(13)ㄱ의 '動字'는 〈움직임을 나타내는 낱말〉의 뜻으로도 해석할 수 있고, 동사의 뜻으로도 해석할 수 있으며, (13)ㄴ의 '形字'는 〈모양이나 상태를 나타내는 낱말〉의 뜻으로도 해석할 수 있고, 형용사의 뜻으로도 해석할 수 있다.

또 (13)ㄷ의 '名字'는 〈일이나 물건의 이름을 나타내는 낱말〉의 뜻으로도 해석할 수 있고, 명사의 뜻으로도 해석할 수 있다.

그러나 여기서의 '字'는 그 앞 시대부터 내려오는 뜻에 따라 낱말로 보는 것이 더 옳겠다. 더구나 『말』에서는 '-字'를 형태소에 접근된 말로 썼으나 품사의 뜻으로는 쓰지 않았다.18) 그리고 '字'란 한자말인데, 한문에서는 한 글자(字)가 바로 한 낱말이 된다는 것도 또한 방증이 된다. 이렇게 볼 때 '언어자'란 〈언어의 낱말〉이 된다. 그러므로 '언어자'란 오늘날의 〈낱말〉에서 맞서는 말로 볼 수 있다.

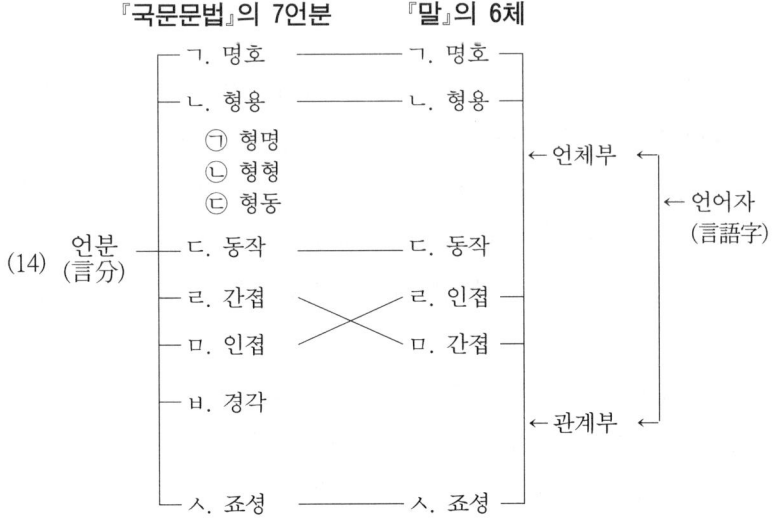

―――――
18) 주시경(1908), 앞의 책, 80쪽 '字分'의 '單子·合字' 참조.

이제 『국문문법』에서의 의식한 7언분과 『말』에서 체계 세운 6체를 비교하여 보면 앞의 (14)와 같다.

(14)의 두 분류를 살펴보면, 첫째로 『국문문법』에서 설정한 '경각'이 『말』에서는 빠져 있다. 그러나 이 '경각'은 실은 '명호' 속에 포함시켰다.[19] 또 품사의 차례에 있어 『국문문법』에서 '토'의 벌림이 '간접, 인접'의 차례에서 '인접, 간접'의 차례로 바뀌어 있다. '인접'은 '명호'에 결합되고, '간접'은 '형용'과 '동작'에 결합되므로 '인접, 간접'의 차례가 더 옳다. 그러므로 이것은 확실히 발전한 체계로 볼 수 있다. 이것을 표로 보이면 다음 (15)와 같다(←은 결합을 나타냄).

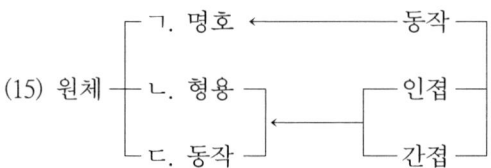

그리고 '형명, 형형, 형동'은 '형용'의 하위단위로 의식하고 『말』의 체계에서 뺀 것으로 짐작되는데, 이것은 잘된 처리로는 볼 수 없다. 이들이 문장 속에서 하는 일이 모두 다른 것을 하나로 묶어서 처리하는 것은 곤란하기 때문이다. 그러나 여기서는 우리말의 특성을 살펴서 우리말의 품사분류를 체계화하려고 애쓴 것은 우리 문법 연구사에서 높이 평가해야 할 것이다.

『말』에서 먼저 우리말의 낱말을 크게 '원체부'와 '관계부'로 나누었는데, 이는 우리말의 낱말에 의미를 나타내는 조각과 문법적인 관계를 나타내는 조각의 두 가지가 있음을 뚜렷이 판별한 데서 이루어진 것으로서, 우리말의 품사분류의 이론은 여기서 그 출발을 보게 되었다.

---

19) 주시경(1914), 『말의소리』, 부록을 보면, '경각'은 '명호'에 들어 있음을 확실히 알 수 있다.

주시경이 여기서 우리말의 품사를 6갈래로 설정했다는 것은 좋은 처리라고는 할 수 없으나, 우리말의 특이성을 찾아내어 구체적으로 체계를 세워 보았다는 점에서 이 체계는 높이 평가되어야 하겠으며, 이는 '주체적인 체계의 모색'이라 할 수 있다.

2.4. 『국어문법』에서의 '9기' 설정

주시경은 처음에는 품사를 『국문문법』에서는 7언분으로 설정하였고, 그 다음 『말』에서는 6체로 바꾸었고, 그 후 『국어문법』의 '기난갈'에서는 다시 품사를 9기로 다듬었다. 여기서 그는 품사에 해당하는 용어를 '체'에서 '기'로 바꾸고 품사에 대한 뜻매김을 하였다. 이것을 보이면 아래와 같다(주시경, 1910: 27~28).

"기는 낫말을 이르는 것으로 씀이니,[20] 여러 가지 몬이나 일을 따르어 이르는 말을 각각 부르는 이름으로 씀이라."

그러면 『국어문법』에서 사용한 '기'란 용어는 우리 옛말에서 가져온 말이 분명하다.
오늘날도 나이가 많은 노인들은 『千字文』에 나오는 종지사 〈焉, 哉, 也〉를 〈잇기 언, 잇기 재, 잇기 야〉로 각각 읽고 있는데,[21] 1575년에 출간된 『石峰千字文』에 따르면, "焉"은 "입겻 언", "哉"는 "입겻 지", "也"는 "입겻 야"로 읽고, 1804년에 출간된 『註解千字文』에 따르면 "也"는 "입긔 야"로 읽고 있다.[22]

---

20) 주시경 선생은 {-이니}를 흔히 {-인데}의 뜻으로 쓰고 있다.
21) 『주시경 선생의 생애와 학문』(1980)의 저자인 박지홍님의 증언에 따른 것이다.
22) 단국대학교 동양학 연구소(1984), 영인본 『千字文』 49, 184, 276쪽 참조.

이를 간추려 보면, 19세기의 초에 이르러서 이 3자는 다음 (16)ㄷ, (17)ㄷ, (18)ㄷ과 같이 읽혔음을 알 수 있다.

(16) 焉: ㄱ. 입겻(언) ──────→ ㄴ. 입긔(언) ──────→ ㄷ. 잇긔(언)
(17) 哉: ㄱ. 입겻(재) ──────→ ㄴ. 입긔(재) ──────→ ㄷ. 잇긔(재)
(18) 也: ㄱ. 입겻(야) ──────→ ㄴ. 입긔(야) ──────→ ㄷ. 잇긔(야)

그리고 이것이 20세기에 들어서자 "ㅢ(의)"가 안정감을 잃음에 따라(허웅, 1985:496) "잇긔"는 "잇기"로 바꾸었을 것으로 짐작된다. 오늘날 노인분들이 〈焉, 哉, 也〉를 〈잇기 언, 잇기 재, 잇기 야〉로 읽게 된 까닭도 여기에 있는 것 같다.

그러면 여기에 나오는 "잇기"를 무슨 뜻으로 받아들였을까? 이 말은 {잇+기}로 분석하고, {잇}은 {在(잇-)}가 이두에서 지정사 {이-}의 뜻으로 쓰이는 일이 있음으로23) 미루어 보아 〈이다〉의 어간 {이-}로 풀이하고는24) {이}는 맺음의 뜻으로, {기}는 낱말의 뜻으로 받아들인 것이다. 이렇게 보면, 주시경이 이 '기'가 토박이말이며, 이미 죽은 말이므로 이 말을 살려서 낱말의 뜻으로 썼으리라는 추측이 가능하다.

그러면 '기'의 뜻매김을 살펴보면, "기란 낫말을 이르는 말로 썼는데, 이는 여러 가지 사물에 따라 이르는 말을 각각 부르는 이름으로 썼다"고 했다. 그러므로 여기서의 '기'는 오늘날의 '품사'에 대한 새 용어를 설정한 것은 하나의 큰 발전으로 받아들일 수 있다. 그러나 '기〇씨)'는 낱말(word)과 품사(part of speech)를 구분하지 않고 쓰고 있다.

어떻든 주시경이 죽은말 '기'를 새 용어를 등장시킨 것은 품사의

---

23) 양주동(1979), 『古歌硏究(增訂)』, 일조각, 624쪽, "姉者零妙寺言寂法師在於…"에서.
24) 우리말의 {있다}에 맞서는 말인 영어의 be와 일본말의 aru(有)에는 {있다}, {이다}의 두 뜻이 있다.

개념을 확립하겠다는 생각에서 나온 것이 분명하므로(주시경, 1910: 116~118) '기'의 등장은 국어학 연구사에 있어 큰 의의를 가진다고 할 수 있다.

『국어문법』에서의 품사체계 설정은,『말』에서 설정한 '체'의 체계는 참고에 그치고,25) 되돌아가서『국문문법』의 '언분' 체계를 계승하게 된다. 그는『국문문법』에서 '언분'을 7갈래로 설정했으나, 실은 10언분을 의식하고 있었으므로, 이를 다듬어서 9기를 설정하였던 것이다.

『국문문법』에 설정한 7언분과『국어문법』에서 설정한 9기와 견주어 보면 다음 (19)와 같다.

(19) 『국문문법』의 7언분   『국어문법』의 9기
        ㄱ. 명호   ─────────   ㄱ. 임
        ㄴ. 형용   ─────────   ㄴ. 엇
          ㉠ 형명 ─────────   ㄷ. 언
          ㉡ 형형
          ㉢ 형동   ㄹ. 억
        ㄷ. 동작   ─────────   ㅁ. 움
        ㄹ. 간접   ㅂ. 겻
        ㅁ. 인접   ╳   ㅅ. 잇
        ㅂ. 경각   ㅇ. 놀
        ㅅ. 죠성   ─────────   ㅈ. 끗

곧, 품사를『국문문법』과『말』에서는 '명호, 형용, 동작…' 등과 같이 한자말로 이름하고 있었으나,『국어문법』에서는 이를 우리 토박이말로 바꾸고, 또한 '임, 엇, 움…' 등과 같이 줄여서 쓰고 있는데, 그 까닭은 대개 다음과 같다(박지홍, 1978: 87~88).

---

25) '인접, 간접'의 차례만 계승하고 있다.

첫째, 용어를 토박이말로 고친 것은 우리말을 설명하는 데는 우리 토박이말을 쓰는 것이 떳떳하고, 뜻이 분명하기 때문이라 하였고,

둘째, 한자말로 하지 아니한 것은, 한자말로 해 놓으면, 한자의 글자 뜻에 얽매여, 정확한 개념을 파악하기 어려워지기 때문이라 하겠다(주시경, 1910: 106).

여기서 주시경이 단순한 품사분류를 넘어서서 각 품사의 용어를 정확히 설정함으로써, 품사설정을 새로 해 보겠다는 의식을 가지게 되었음을 알 수 있는데, 이는 국어학 연구사에 나타나는 품사설정에 하나의 분수령을 그어 주는 중요한 처리이다.

이제 '기'의 뜻매김과 〈보기〉를 차례로 보이면 다음 (20)과 같다(주시경, 1910: 28), ([ ] 속에 적은 것은 줄인 용어에 대한 필자의 풀이임).

(20) ㄱ. 임: 여러 가지 몬과 이를 <u>이름</u>하는 기를 다 이름이라. [이름→임]

(본)26) 사람, 개, 나무, 돌, 흙, 물, 뜻, 잠, 아츰

ㄴ. 엇: 여러 가지 <u>엇더함</u>을 이르는 기를 다 이름이라. [엇더함→엇]

(본) 히, 크, 단단하, 착하, 이르, 이러하

ㄷ. 움: 여러 가지 <u>움즉임</u>을 이르는 기를 다 이름이라. [움즉임→움]

(본) 가, 날, 자, 먹, 따리, 잡, 먹이, 잡히

ㄹ. 겻: 임기의 <u>만이</u>나 움기의 <u>자리</u>를 이르는 여러 가지 기를 다 이름이라. [만이·자리→겻]27)

(본) 가, 이, 를, 을, 도, 는, 에, 에서, 로, 으로

ㅁ. 잇: 한 말28)이 한 말에 잇어지게 함을 이르는 여러 가지 기를 다 이름이라. [잇어→잇]

---

26) 〈본〉은 〈보기〉를 이르는 말이다.
27) '겻'은 옛말에서 빌려온 것 같다. 박지홍(1987), 풀이한 훈민정음, 과학사, 189~192쪽 참조.
28) 여기서 〈한 말〉은 〈하나의 언어형식(linguistic form)〉을 뜻하는 것 같다.

(본) 와, 가, 고, 면, 으면, 이면, 나, 이나, 다가, 는데, 아, 어

ㅂ. 언: 엇더한(임기)이라 이르는 여러 가지 기를 다 이름이라. [엇더한→언]

(본) 이, 저, 그, 큰, 적은, 엇더한, 무슨, 이른, 착한, 귀한, 한, 두, 세

ㅅ. 억: 엇더하게(움)라 이르는 여러 가지 기를 다 이름이라. [엇더하게→억]

(본) 다, 잘, 이리, 저리, 그리, 천천이, 꼭, 경하게, 매우, 곳, 크게, 착하게

ㅇ. 놀: 놀라거나 늣기어 나는 소리를 이르는 기를 다 이름이라. [놀라거나→놀]

(본) 아, 하, 참

ㅈ. 끗29): 한 말을 다 맞게 함을 이르는 여러 가지 기를 다 이름이라. [다 맞게→끗]

(본) 다, 이다, 냐, 이냐, 아라, 어라, 도, 오, 소

그러면 (20)에서 보인 『국어문법』의 9기를 『우리말본』과 견주어 보면, 대개 다음 (21)과 같다.

(21)　　　『국어문법』　　　　　　『우리말본』
ㄱ. 임(←名號)　───　ㄱ. 임자씨, 풀이씨의 이름꼴, '줄기+지'
ㄴ. 엇(←形容本體)　───　ㄴ. 그림씨의 줄기, 잡음씨「아니다」의 줄기
ㄷ. 움(←動作)　───　ㄷ. 움직씨의 줄기
ㄹ. 겻(←引接)　───　ㄹ. 자리토씨, 도움토씨
ㅁ. 잇(←間接)　───　ㅁ. 이음토씨, 움직씨, 그림씨의 이음씨끝, 「이다」의 이음꼴

---

29) 한문법에는 '終結詞'란 품사가 있다. 박지홍(1977), 『표준 漢文法』, 과학사, 76쪽 참조.

ㅂ. 언(←形名) ── ㅂ. 매김씨, 풀이씨의 매김꼴, '임자씨+의'
ㅅ. 억(←形形, 形動)── ㅅ. 어찌씨, '줄기+아/어', '줄기+게'
ㅇ. 놀(←警覺) ── ㅇ. 느낌씨
ㅈ. 끗(←助成) ── ㅈ. 마침법 씨끝, 「이다」의 마침꼴

주시경은 『국어문법』에서 우리말의 특이성에 따라 9기를 설정하였는데, 이 9기의 설정 의식은 다음과 같은 의식에서 설정된 것이다.

체언은 이를 잘게 나누지 않고, 하나로 묶어서 '임'으로 설정한 것은 이들 말이 모두 같은 '겻' 위에 쓰이고, 문장에서 모두 같은 성분으로 쓰인다는 것을 의식하고 있었기 때문이다. 그리고 〈이, 바, 줄/힘, 검음/히기, 검기/히지, 검지…〉 등을 '임'으로 처리한 것은 이들도 문장에서 토의 도움을 받아서 여러 가지 문장성분으로 쓰이기 때문이다. 그러므로 이들을 '임'으로 처리한 것은 순전히 문장에서의 **구실**을 기반으로 하여 설정한 것이다.

용언은 체언과 달리 '엇'과 '움'으로 나누어 설정하였는데, 이는 이 두 기에 결합되는 '잇'과 '끗'의 종류가 다름을 의식한 데서 온 것이다. 이 '엇'과 '움'의 설정은 이들이 문장 속에서 하는 **구실**과 낱말 자체가 안고 있는 **뜻**에 의하여 설정된 것이다. 그리고 품사의 벌림 차례에서 '엇'을 '움'의 앞에 둔 것은 영어문법과 일치된다. 또 9기의 설정에서 '임, 엇, 움'을 다른 '기(○씨)'보다 앞세운 것은 이들이 모두 의미소로만 된 말이기 때문이다. 문장에서 '임, 엇, 움'에 결합되어 문장 성분을 결정해 주는 토는 '겻, 잇, 끗'으로 나누어 설정했는데, '임, 엇, 움' 다음에 '겻, 잇'을 둔 것은 이들이 문법소로서 '임, 엇, 움'에 결합되는 문법소임을 의식하였기 때문이고, 차례를 '겻, 잇'으로 한 것은 『말』의 체계를 계승한 것이다.

또 '간접'을 계승한 '잇'과 '인접'을 계승한 '겻'은 그 차례를 바꾸어

서 '겻, 잇'의 차례로 다듬으면서 '잇'과 맞서는 '끗'은 기 벌림에 있어 맨 마지막에 둔 것은, '끗'은 문장 전체를 마쳐 주는 **구실**을 한다는 것을 의식한 까닭이다. 그러므로 이 세 '기'는 문장에서 문법적인 관계만을 나타내는 구실을 하는 품사이다.

수식어인 '형명, 형형, 형동'은 '형명'은 '언'으로 '형형'과 '형동'은 하나로 묶어서 '억'으로 설정하고 '임'을 꾸미는 말은 '언'이라 하고, '엇·움'을 꾸미는 말은 '억'이라 하였는데, '언'의 설정은 영어 형용사와는 달리 우리말의 특이성을 고려한 처리이고, '억'의 설정은 용언을 꾸미는 수식어를 둘로 나눈다는 것은 불가능함을 의식한 데서 온 것으로, 이는 큰 발전이라 할 수 있다. 그리고 수식어의 차례를 '언, 억'으로 한 것은, '언'은 '임'을 꾸미고, '억'은 '엇·움'을 꾸미기 때문이다.

이 '언'은 문장에서 뒤에 오는 '임이'나 '쏨이'를 꾸미는 구실을 하는 말로서 각각 '임이금'과 '쏨이금'이 된다. '억'은 '엇·움'을 꾸미는 말로서 문장에서 '남이'를 꾸미는 일을 하기 때문에 '남이금'이 된다. '임이금, 쏨이금, 남이금'은 문장에서 모두 '금이겯(가지겯)'이 된다(주시경, 1910: 39~41).

또 이 수식어를 '언, 억'으로 나누어 설정한 것은 이들이 꾸미는 대상이 다름을 의식한 데서 나온 것으로 **구실**과 **뜻**에 의하여 설정한 것이다. 그런데 '언'과 '억'을 '겻'과 '잇' 다음에 둔 것은 이들이 의미소에 문법소가 결합된 '기'임을 의식하였기 때문이다.

'놀'은 『말』에서 뺀 '경각'을 다시 등장시켜서 다듬은 것이다. 이를 '언, 억'과 '끗'의 사이에 둔 것은 이 '기'가 특히 다른 '기'와는 달리 독립되어 문장 머리에서만 쓰이므로, 실사로서는 가장 부속적인 '기'이며, 문장 통합에서 '끗'과 맞서는 '기'임을 의식한 때문이다.

주시경의 9기 설정과 벌림 차례의 의식을 도표로 나타내면 다음 (22)와 같다(박지홍, 1987: 74).

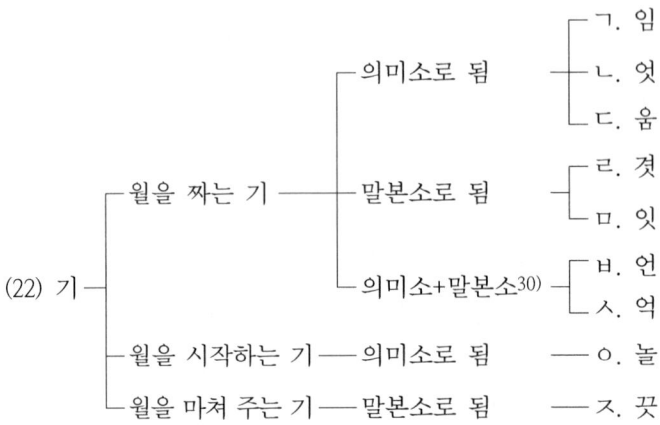

이제 '기'의 내용을 살펴보면, 이 체계에 있어서는 '임'을 제외한 나머지 8기는 주시경의 문법체계 안에서 형태적인 처리로는 잘 이루어진 셈이다.

그러나 '임'의 처리에서 '움'이나 '엇'에 결합되는 {-기, -음, -지}와, '언'의 처리에서 '움'이나 '엇'에 결합되는 {-는, -은, -을}들과, '임'에 결합되는 {-의}, 그리고 '억'의 처리에서 '엇'이나 '움'에 결합되는 {-아, -게}는 모든 '임'이나 '엇, 움'과 결합되는 문법소인데, 이를 접미사로 의식하고 처리한 것은 결코 좋은 처리로 보기는 어렵다.

전체적으로 보아 『국어문법』에서 우리 문법학상 처음으로 품사에 대해 뜻매김을 하고, 그 〈보기말〉을 낱낱이 들고 한 것은 앞의 여러 가지 저서들에 비하여 큰 발전이다.

또 우리 문법학의 초창기에 있어 품사분류는 『국어문법』에서 일단 그 매듭을 보게 되는데 이 후의 전통 문법학자들의 품사체계는 대개 여기서 출발된다. 그러므로 『국어문법』에서의 9기 설정은 주시경 문

---

30) '언'과 '억'을 의미소+문법소로 의식함은 문법소가 안 붙는 말도 이들 뒤에 문법소가 생략되어 있음을 의식한 까닭으로 짐작된다. 이는 강복수(1975), 앞의 책, 168쪽에 김두봉의 '모임씨' 해설 참조.

법에 있어서 '품사분류의 정립'이라 할 수 있다. 그리고 9기의 '기'는 다음에 나온 『조선어문법』(1911)에서부터는 모두 '씨'로 바꾸었는데, 오늘날 문법에서 이르는 '씨'(품사)는 여기서 나온 것이다.

2.5. 『말의소리』에서의 '6씨' 설정

주시경의 『국어문법』 9기 체계는 『말의소리』에서는 6씨 체계로 되돌아가고 있다.

그런데 이 6씨 체계는 『말』에서의 6씨 설정을 그대로 계승한 것 같으나, 여기에는 현저하게 다른 점이 있다.

『말』에서는 {먹→먹-기, 묵→묵-히, 착→착-하, 검→검-붉, 크→크-기는하}와 같이 말 만들기에서 막연히 어떤 의미소에 어떤 언어 형식이 붙어서 새로운 말이 생겨나는 데서 착안하여, 품사를 크게 의미소는 '원체부'로 문법소는 '관계부'로 나누었다. 그러나 『말의소리』에 나타나는 '씨난의 틀'에서는 구체적인 〈보기말〉이 나타나 있다.

주시경은 이 무렵에 형태소(morpheme)에 접근되는 '늣씨'를 설정하였다(1914: ㄴ). 이는 아무 뜻이 없는 고룸소리인 {의}를 의미소와 형태소를 잇는 '늣씨'로 보았다는 것 외는 오늘날의 형태소에 일치된다. 그는 이 '늣씨'의 설정에서 완전히 품사를 '몸씨'와 '토씨'로 나누게 된다. 이는 『말』에서 새 말을 만들기에 동원되는 언어형식만을 '관계부'에 소속시켜 체계 세운 것과는 그 뜻이 매우 다르며, 6씨의 체계는 『말의소리』에서 완성을 보게 되었다.

주시경이 9품사 체계를 버리고 6품사로 체계 세우려 한 것은 품사분류의 출발을 '늣씨'에서 찾으려는 의식 아래 이루어진 것이므로 이는 우리 문법 연구사에 있어 큰 의의를 가진다.

주시경은 이 책에서 먼저 『국어문법』에서 파생접미사로 의식하였던, {-기,-음, -은, -는, -을, -의, -아, -게}와 같은 형태소를 모두 '겻'으로 처리하였다. 그래서 수식어인 '언'과 '억'은 모두 어근형태소로 다듬어져서, 그 체계만은 아주 선명하게 되었다. 〈보기〉를 들면 다음 (23), (24)와 같다.

(23)　　　억(곱게) → 엇과 겻: 곱(엇)+게(겻)
(24)　ㄱ. 언(좋은) → 엇과 겻: 좋(엇)+은(겻)
　　　ㄴ. 언(착한) → 엇과 겻: 착하(엇)+ㄴ(겻)
　　　ㄷ. 언(이른) → 엇과 겻: 이르(엇)+ㄴ(겻)

이 작업이 끝난 후 "씨는 몬이나 일을 이르는 낫말을 이르는 이름이니라(주시경, 1914:ㄴ)"고 뜻매김하여, 뜻매김을 『국어문법』에서보다 한층 간결하고 선명하게 하고 이를 '몸씨'인 '임, 엇, 움'과 '토씨'인 '겻, 잇, 긋'의 6씨로 나누어서 체계 세웠다. 여기서 몸씨는 문장에서 뜻을 나타내는 것을 말하고, 토씨는 문법적 구실을 나타내는 것으로 보았는데, 이는 『말』에서 사용한 '원체부'와 '관계부'가 지양된 용어라 하겠다.

이제 『말의소리』 '씨난의 틀'에서 의식한 6씨 체계를 표로 다듬어 보면 다음 (25)와 같다.

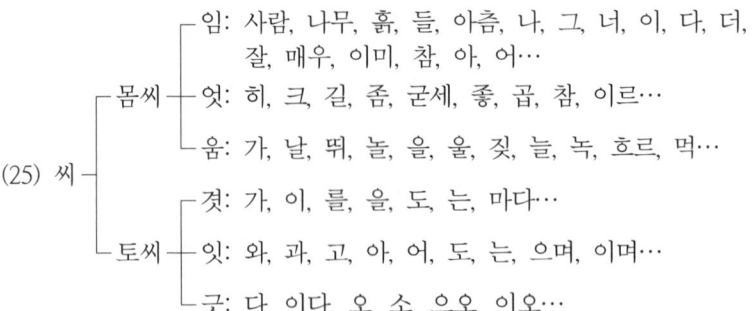

(25)의 체계에 따르면, 『국어문법』에서 체계 세운 '언, 억, 놀'을 모두 '임'에 포함시켰다. 이는 아마 '언, 억, 놀'이 『말의소리』에서는 의미소로만 다듬어졌기 때문에 이렇게 처리한 것 같은데, 이는 잘된 처리법으로 보기는 어렵다. 그렇지만 우리말의 낱말은 모두 '몸씨'나 '토씨'로 되어 있다고 설명하는 데에는 설득력을 얻게 되었다.

그러나 주시경이 '임'의 하위분류를 생각하지 않았을 리가 없다. 우리는 이를 『국문문법』에서 '형용'을 하위분류한 일이 있고, 또 『국어문법』에서도 '임'을 하위분류하여 '제임'과 '대임'으로 나눈 일이 있음에서 알아 낼 수 있다. 다만 여기서 하위분류를 제시하지 않은 것은 이는 『말의소리』 부록이므로 여기서는 다음에 새로 낼 문법31)에서의 품사분류의 새 체계 줄거리만 제시한 데서 그친 것이다. 이는 주시경이 새로운 문법을 만들어내지 못하고 돌아가셨기 때문에 미완성된 것으로 짐작된다. 그러면 새로 낼 문법에서 주시경이 의식하고 있었던 품사분류 의식을 더듬어 표로 만들어 보면 다음의 (26)과 같다.

주시경의 이 6씨 체계는 그의 품사분류 체계를 뒷걸음질 치게 하였다는 느낌을 준다. 그러나 품사를 이론에 따라 먼저 2분법으로 나누고, 다시 3분법으로 나누어 갔으며, 또 품사를 짜임을 기반으로 하여 상위단위를 설정하였다는 것은 큰 발전이다. 다만, 문장에서 하는 구실이 너무나 다른 '언, 억, 놀'을 묶어서 '임'에 포함시킨 것은 석연치 않다.

이러한 체계를 세우게 된 것은 『말의소리』에서 품사체계의 출발 의식이 낱말의 단위에서 형태소 단위로 바뀐 데서 온 것이라 할 수 있다. 그러므로 『말의소리』에서의 6씨 설정은 '새 체계의 시도'라 할 수 있다.

---

31) 탑출판사(1983), 『歷代韓國文法大系』 제1부 제8책에 영인되어 있는 김두봉(1916), 『조선말본』, 신문관, 1쪽 머리말 참조.

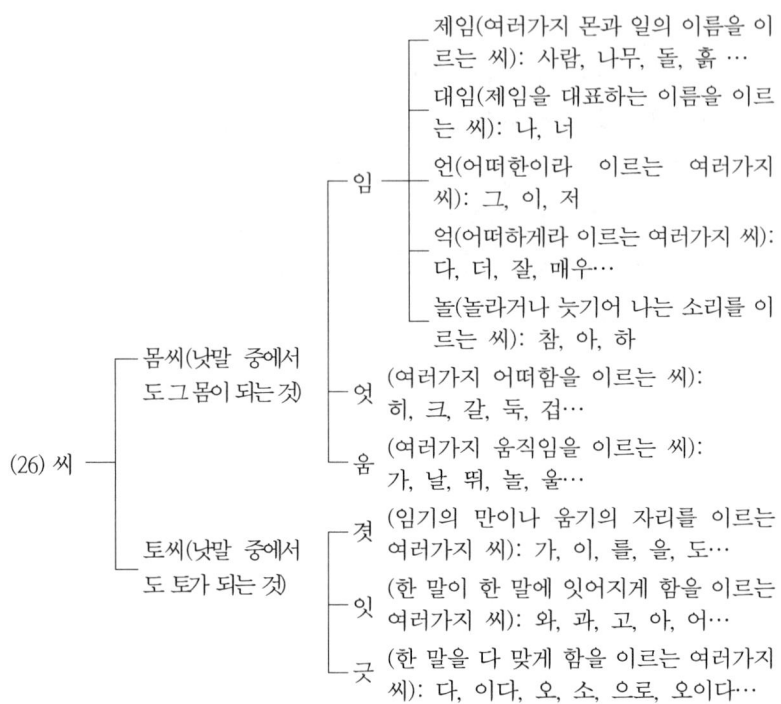

이제 『국어문법』의 9기 체계와 『말의소리』의 6씨 체계를 견주어 보면 다음 (27)과 같다.

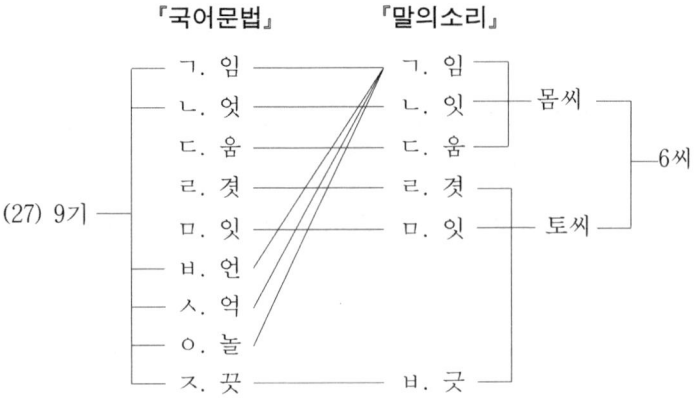

제1장에서 살핀 내용을 간추려서 정리하면 다음과 같다.

1) 주시경은 우리말 문법의 품사설정에서, 품사를 처음에 '언분(言分)'이라 하였고, 그 다음에 '체(體)'라 하였다가 그 후에는 '기'라 하였으며, 마지막에 가서는 '씨'라 하였다. 오늘날의 씨는 여기서 온 것이다.
2) 또 우리말의 품사를 처음에는 7언분으로 나누었다가 뒤에 6체으로 고쳤고, 그 후 9기로 다듬었다가 9씨로 고친 후 다시 6씨로 시도하였다. 그런데, 품사에 대한 체계는 『국어문법』의 9기 체계가 후계자에게 이어져 갔다.
3) 주시경은 품사분류의 원칙을 구체적으로 밝히지는 않았지만, 여러 저서에 나타나는 품사설정 의식은 용언의 어근형태소에 붙는 접사도 각각 분리하여 독립된 품사로 설정하였기 때문에 낱말의 내부에서 어형변화가 일어나지 않게 되었으므로, **꼴**은 낱말분류의 기반이 되지 못하고, **구실**(기능)을 주로 하고 **뜻**을 참고로 하여 품사분류하였다.
4) 주시경의 품사설정 변천과정을 정리하면 다음과 같다.

(가) 『국문문법』에서의 7언분 설정

『국문문법』(1905?)에서의 품사설정은 비록 우리말의 특성도 살펴져 있기는 하나, 영어문법과 한문문법의 영향 아래 출발하였는데, 여기서 품사를 '언분(言分)'이라 하고는, 이를 '명호, 형용, 동작, 간접, 인접, 경각, 죠셩'의 7언분으로 나누었다.

그러나 이는 10품사의 설정을 의식하고 있는 것이다. 이 설정은 '다른 나라 문법의 영향'이라 할 수 있다.

(나) 『말』에서의 6체 설정

『말』(1908?)에서는 품사를 '체(體)'라 하고 이를 '명호, 형용, 동작, 인접, 간접, 죠성'의 6체로 나누었다. 그는 우리말의 말 만들기 연구에서 우리말의 뜻을 나타내는 조각과 문법적 관계를 나타내는 조각이 있음을 의식하고, 뜻을 나타내는 조각을 '원체부', 뜻을 나타내는 조각에 붙어 문법적 관계를 나타내는 조각을 '관계부'라 하여 품사를 먼저 크게 둘로 나누었다.

그런데 이 체계는 말 만들기에만 한정되는 결함이 있으나,32) 우리말의 품사분류 이론의 출발을 여기서 보게 되었으므로, 이 『말』에서의 6체 설정은 '주체적인 체계의 모색'이라 할 수 있다.

(다) 『국어문법』에서의 9기 설정

『국어문법』(1910)에서는 품사를 '기'라 하고, (1911년에 낸 『조선어문법』에서는 "씨"로 고침) 처음으로 품사의 뜻매김을 하는 이를 '임, 엇, 움, 겻, 잇, 언, 억, 놀, 끗'의 9기로 다듬은 후 많은 〈보기말〉을 들고, 나아가 품사의 이름을 독창적으로 다듬었다. 이런 면에서 『국어문법』에서의 9기 설정은 '우리말 품사분류의 정립'이라 할 수 있다.

(라) 『말의소리』에서의 6씨 설정

『말의소리』(1914)에서는 『국어문법』에서 이르던 '기'를 1911년에 이미 '씨'로 바꾸었고, 우리말의 낱말을 '임, 엇, 움, 겻, 잇, 긋'의 6씨로 나누고는 상위단위로 '몸씨'와 '토씨'를 설정하였다. 이 6씨 체계는 '늣씨'의 발견에서 온 것으로 낱말의 분류를 형태소에서 출발하려는 의식을 보인 것이다. 그리고 문법소의 처리에서 파생접미사로 의식하였던 {-기, -음, -은, -는, -을, -의, -아, -게}와 같은 형태소를 '겻'으로 다듬은 것은 큰 발전이다.

---

32) '언'과 '억'은 그 소속이 없다.

『말의소리』에서의 6씨 체계는 출발 단위가 낱말에서 형태소로 바뀐 데서 온 것이므로, '새 체계의 시도'라 할 수 있다.

3. 각 품사의 형성

이 장에서는 주시경의 품사분류 의식을 토대로 하여 9기의 형성과 정과 그 하위분류의 발전단계를 살피게 되는데, 품사의 짜임으로 보아 의미소로 형성된 것, 문법소로 형성된 것, 의미소와 문법소로 형성된 것으로 나누어서 살핀다.

3.1. 의미소로 형성된 것

품사의 짜임이 꼴로 보아 의미소로 된 품사에는 '임, 엇, 움, 놀'의 4기가 있는데, 이 4기를 각각 형성과 분류로 나누어서 그 발전단계를 살핀다.

3.1.1. 임기의 형성과 분류

3.1.1.1. 임기의 형성

주시경 문법의 '임기'는 『국문문법』에서 설정되어 『국어문법』에서 형성되었는데 그 '임'의 형성과정을 살펴보면 다음과 같다.
주시경의 품사설정은 영어문법에서 받아들여 이루어지게 되는데, 먼저 영어문법의 Noun과 Pronoun을 통합하여, 『국문문법』에서 '명호(名號)'를 설정한 것은 실로 독창적이다. 그리고 명호란 한자의 글자 그대로 "이름을 일컫는다"는 뜻이 된다.

대한제국 말기의 한영서원 원장인 윤치호(尹致昊, 1864~1946)33)의 『英語文法捷徑』(1911)에는 우리말의 체언에 해당하는 용어가 명사(名詞)와 대명사(代名詞)로 나누어 설명되어34) 있으며, 명사는 다시 이를 특명(特名)과 상명(常名)으로35) 나눈 후 특명은 또 다시 인명(人名)과 지명(地名)으로, 상명은 합명(合名)과 무형명(無形名), 유수명(有數名), 물질명(物質名)으로 나누고 있다. 이 '명호'의 '명(名)'은 名詞, 代名詞와 特名, 常名의 '名'을 모두 포괄시켜서 설정한 것으로 짐작된다. 이것을 그림표로 보이면 다음 (1)과 같다.

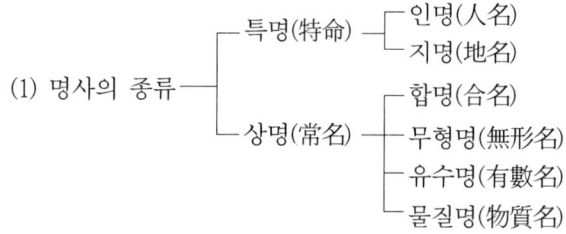

---

33) 李弘稙(편), 『國史大事典』(1974)에 따르면 윤치호는 1895년에 미국 유학에서 돌아온다. 그러므로 그의 영어문법 실력은 상당한 것으로 짐작되며, 그가 영어문법 책을 내기는 1911년이었으나 그는 이미 그 전에 韓英書院의 원장으로 있었으므로, 그의 영어문법에 대한 체계는 이미 훨씬 전에 이루어졌고, 그것이 사회에 널리 알려졌으리라는 것은 시인해도 좋을 것 같다.

34) 탑출판사(1983), 『歷代韓國文法大系』 제2부 제29책에 영인된 윤치호(1911), 英語文法捷徑, 1쪽 참조. 이하 『歷代韓國文法大系』는 줄여서 『문법대계』라 이른다.

35) 윤치호(1911), 앞의 책, 37쪽 참조. '特命'은 『우리말본』의 홀로이름씨에, '常名'은 두루이름씨에 해당된다.

주시경은 이 '명호'를 "각종 물건과 여러 가지 볼 수 업눈 바를 일홈ㅎ여 부르눈 것"이라고 뜻매김하였는데(1905: 16), 〈볼 수 업눈 바〉란 『英語文法捷徑』에서 말한 무형명(無形名)(윤치호, 1911: 37)에 맞서는 용어로서 〈일〉을 뜻하고, 〈물건〉이란 무형명 이외의 명사를 뜻함이 분명하다. 그러므로 '명호'는 결국 〈일이나 물건의 이름을 일컫는 것〉이란 뜻이 된다. 이 『국문문법』에서 보인 '명호'의 〈보기〉는 다음 (2)와 같다(주시경, 1905: 17-2).

(2) 명호의 〈보기〉

명호 ─┬─ ㄱ. 돌, 소, 잠, ㅁㅇㅁ, 지금, 말, 빅셩, 얼마, 각각, 쓰기
　　　├─ ㄴ. 나, 너, 즈긔, 우리, 누구, 혹,36) 무엇, 여긔, 저긔, 아모
　　　├─ ㄷ. 하나, 둘, 여럿
　　　├─ ㄹ. 이, 것, 줄, 기, 지
　　　└─ ㅁ. 씀

(2)의 〈보기〉를 살펴보면, '명호'는 문장에서 원칙적으로 주어나 목적어가 될 수 있는 낱말을 하나의 품사로 처리하고 있음을 알 수 있다. 그러므로 『국문문법』에서 '명호'의 설정기반은 **구실**을 기반으로 하여 설정된 '언분'이다. 이것을 보이면 다음 (3)과 같다.37)

(3) ㄱ. 돌이(주어), 돌을(목적어), 소가, 소를, 잠이, 잠을, 지금이, 지금을, 말이, 말을, 빅셩이, 빅셩을, 얼마가, 얼마를, 각각이, 각각을, 쓰기가, 쓰기를

---

36) 〈혹〉은 〈어떤이〉와 같은 뜻의 말이다.
37) 아세아 문화사(1976)에서 낸 『周時經全集』을 읽어 보면, 주시경이 이 책들 속에 적은 말과 오늘날의 서울말과의 사이에는 낱말의 굴곡이나 문장성분의 통합에 있어 어느 하나 다른 점을 발견할 수 없다. 그러므로 다음의 〈보기〉는 현대문법에서 찾은 것이나, 그때 말로 보아도 아무런 지장이 없다.

ㄴ. 내가, 나를, 네가, 너를, 즈긔가, 즈긔를, 우리가, 우리를, 누구가, 누구를, 혹이, 혹을,38) 무엇이, 무엇을, 여긔가, 여긔를, 져긔가, 져긔를, 아모가, 아모를

ㄷ. 하나가, 하나를, 둘이, 둘을, 여럿이, 여럿을

ㄹ. 이가, 이를, 것이, 것을, 줄이, 줄을, -기가, -기를, -지가, -지를

ㅁ. 씀이,39) 씀을

(2)에서 보인 여러 '명호'를 최현배의 『우리말본』 체계40)와 견주어 보면 다음 (4)와 같이 된다.

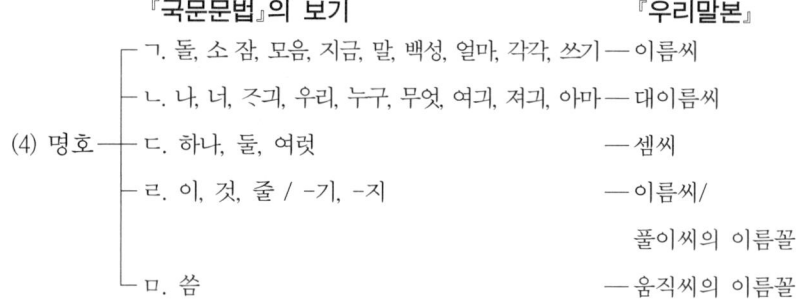

『국어문법』에 이르면, 용어의 확립을 꾀하게 되는데, 이는 뜻매김을 확립하기 위한 기초 작업으로 해석된다.41) 그리하여 용어 다듬기에 있어 그때까지 쓰던 '명호'라는 한자말을 버리고, 그 대신에 '임'이라는 토박이말로 다듬고, 이를 뜻매김하고는 〈보기말〉을 보인 다

---

38) 〈혹을〉이란 말은 실제로 쓰이지 않는다.
39) 〈씀〉은 실은 명사가 아니고 명사형이다.
40) 우리말의 현대문법의 대표적인 저서를 최현배님의 『우리말본』으로 잡는 것은 이미 우리 학계의 정설로 되어 있다. 그러므로 이 글에서는 현대문법의 표준으로 『우리말본』으로 삼았다. 그리고 다음 설명부터는 최현배님의 『우리말본』의 체계는 단순한 『우리말본』이라 적는다.
41) 『국어문법』 117쪽에서 주시경님은 '漢字로 짓지 안이함은 그 漢字의 뜻으로만 풀랴하고, 그 일의 뜻은 뜻하지 안이함을 덜고자 함이라'고 하였다.

음 '임'은 "이름의 이와 ㅁ만 가리어 씀이라"고 밝혔는데, 이것을 보이면 다음 (5)와 같다(주시경, 1910: 28~29).

  (5) 임: 여러 가지 몬과 일을 이름하는 기를 다 이름이라.
     〈본〉42) 사람, 개, 나무, 돌, 흙, 물, 뜻, 잠, 아츰

  (5)의 뜻매김과 〈보기말〉을 살펴보면, 주시경이 설정한 '임'은 『우리말본』의 체계로는 명사에 맞서는 말임을 알 수 있다. 그러나 『국어문법』의 '기난의 익힘'에서는 다음 (6), (7)과 같은 말도 모두 '임'으로 처리하고 있다.

  (6) <u>나</u>는 검은고를 타고 <u>너</u>는 노래를 하자.
  (7) <u>한아</u>에 둘을 더하면 <u>셋</u>이요.

  (6)에서 밑줄 친 〈나, 너〉는 『우리말본』에서는 대이름씨(대명사)가 되고, (7)에서 밑줄 친 〈한아, 둘, 셋〉은 『우리말본』에서는 셈씨(수사)가 된다. 그러므로 주시경이 설정한 '임'은 명사만을 가리키는 품사가 아니고, 이는 『우리말본』에서 이르는 임자씨(체언)에 맞서는 품사가 분명하다. 또 '기몸박굼'에서는 다음 (8)~(10)과 같은 말도 '임'으로 처리하고 있다.

  (8) 힘,43) 검음, 깊, 감, 먹음, 정함, 일함
  (9) 히기, 검기, 가기, 먹기
  (10) 히지, 검지, 가지, 먹지

---

42) 〈본〉은 〈보기〉의 뜻, 이하 〈본〉은 〈보기〉로 고쳐서 쓴다.
43) 〈힘, 히기, 히지〉는 지금 맞춤법에 따라 쓰면, 〈휨, 희기, 희지〉가 된다.

(8)~(10)에서 (8)과 (9)는 그 쓰임에 따라 극히 드물게 파생어로 처리될 경우도 있으나, 이는 일반적으로 {-음, -기}는 문장 속에서는 굴곡접사의 구실밖에 못한다. 〈보기〉를 들면 다음 (11)~(14)와 같다.

(11) 달빛이 히기가 눈 같으오. (『국어문법』, 60쪽)
　　　(명사형)
(12) 먹기 시합에서 크게 이겼다.
　　(명사)
(13) 그 때는 네가 잡음이 잘못이었다.
　　　　(명사형)
(14) 죽음은 어느 누구도 비끼지 못한다.
　　(명사)

(11)~(14)에서 보인 바와 같이 (11)의 〈히기〉는 〈달빛〉의 서술어인 동시에 〈같으오〉의 주어가 되어 있고, (13)의 〈잡음〉은 〈네가〉의 서술어인 동시에 〈잘못이었다〉의 주어가 되어 있다.

그러나 (12)의 〈먹기〉와 (14)의 〈죽음〉은 분명한 명사이다. 〈먹기〉는 다만 관형어가 되어 있고, 〈죽음〉은 주어가 되어 있다. 그러나 (12), (14)의 경우는 극히 드물다. 그리고 이때의 {-기, -음}은 접미사로 처리된다. 곧 {-기, -음}은 접미사로 쓰이기도 하고, 어미로 쓰이기도 한다. 그러므로 이는 문맥에 따라 판별해야 할 것이다. 그러나 『국어문법』의 '기몸박굼'에 나타나는 {-음, -기}는 모두 어미가 분명하다. 이 항은 접미사와 어미의 혼동에서 생긴 일이므로 바로 잡아야한다. 그리고 앞의 (10)은 어간에 굴곡접사 {-지}가 결합된 말이 분명하다. 『국어문법』의 '기몸박굼'에서 '임'은 어근에 파생의 접사가 결합되어서 된 것은 물론이오, 어근에 굴곡의 접사가 붙어서 된 명사형까지도 '임'으로 처리하고 있고, 부정보조 용언에 앞서는 용언 {-지}형까지도 '임'으로 처리하고 있다.

이와 같이 이들을 모두 같은 '임'으로 처리하게 된 것은 이들이 문장에서 하는 구실이 다른 '임'과 같다고 생각한 나머지 어간 뒤에 붙는 어미도 파생접미사로 의식하였기 때문이다. 앞의 (8)과 (9)에서 〈힘, 감〉과 〈히기, 가기〉는 다 같이 문장에서 주어나 목적어가 되기는 한다. 〈보기〉를 들면 다음 (15), (16)과 같다.

(15) ㄱ. 매화꽃은 빛깔이 힘이 특색이다.
　　 ㄴ. 우리는 빨리 감을 자랑했다.
(16) ㄱ. 박속이 히기가 백옥과 같다.
　　 ㄴ. 그들은 거기 가기를 싫어했다.

(15), (16)에서 이들을 굴곡으로만 보면, (15)의 〈힘〉은 주어이고, 〈감〉은 목적어이며, (16)의 〈히기〉는 〈같다〉의 주어이고, 〈가기〉는 〈싫어했다〉의 목적어이다.

그러나 (15)ㄱ의 주어 〈힘〉은 〈빛깔〉의 서술어이고, (15)ㄴ의 목적어 〈감〉은 〈우리〉의 서술어이다. 또 (16)ㄱ의 주어 〈히기〉는 〈박속〉의 서술어이고, (16)ㄴ의 목적어 〈가기〉는 〈그들〉의 서술어이다. 곧 〈힘, 감, 히기, 가기〉는 두 문장성분으로 쓰인 용언으로서 서술어를 겸해 있으므로, 이는 '임'이 될 수 없다. 그러나 주시경은 이들이 문장에서 하는 구실이 '임'의 구실과 같기 때문에 모두 '임'의 범주에 넣어서 처리하였다. 이것은 '임'의 설정에서 **구실**을 기반으로 하여 설정하였다는 또 하나의 증거가 된다. 또 〈히지, 검지, 접사, 먹지〉의 경우는 더욱 '임'이 될 수 없다. 이들 {-지}는 서술어가 분명하며, 이는 뒤의 용언과 더불어 하나의 문장성분이 되어 있다. 이들을 '임'으로 처리한 것은, (17), (18)과 같은 경우다.

(17) ㄱ. 백구는 히지가 않다.
　　 ㄴ. 먹이 검지가 않다.
(18) ㄱ. 손님은 가지를 아니한다.
　　 ㄴ. 그들은 먹지를 아니한다.

　(17), (18)과 같이 {-지}로 끝나는 주용언과 부정을 나타내는 보조용언이 결합될 때 {-지}에 주격조사 {-가}나 목적격조사 {-를}이 붙는 데서 온 잘못으로 생각된다.
　주시경은 '겻'의 분류에서 {-가, -이, -를, -을}을 '홋만'이라 하여 {-가, -이}는 오직 주어에, {-를, 을}은 목적어에 결합되는 '겻'으로 풀이하고 있는데, 이 법칙을 여기에 적용하여 〈히지, 검지, 가지, 먹지〉 등을 '임기'로 처리한 것이 분명하다. 주시경이 보조용언 위에 놓인 {-지}형까지 '임'으로 처리한 것은 '홋만'에는 문장성분을 결정하는 절대적인 힘이 있다고 생각한 데서 온 것으로 보아지는데 이 경우는 좋은 처리법이 되지 못한다.
　그러나 주시경도 {-지}형을 '임'으로 설정한 것에 대해서 이는 한정된 자리에 나타나는 현상으로 보고 있다.44) 그러므로 이는 (17), (18)과 같은 경우를 이른다고 하겠는데, (17), (18)의 {-가}, {-를}은 '홋만'의 주변적인 쓰임이며, 이는 결코 자리를 나타내는 '홋만'이 아니다. 그러므로 {-지}꼴을 '임'으로 설정한 것은 결코 잘 된 처리법이 되지 못한다. 또 『국어문법』 '임의 갈래'에서 다음 (19)와 같은 낱말도 '임'으로 처리하고 있다.

---

44) 주시경(1910), 앞의 책, 102쪽. (알이) {-지}와 {-기}의 다름을 가르고자 하면, {-기}를 더함은 두루 쓰이는 것이라 할지라.

(19) 이, 것, 바, 줄

　(19)에서 보인 낱말들은 완전한 독립성을 가지지 못하여 제 홀로는 쓰이지 못하고, 문장에서 언제나 관형어와 더불어 쓰이는 낱말들이다. 곧 〈사람〉과 같은 명사는 그 자체로써 속성을 나타내게 되는데, 이와 같은 뜻을 가진 (19)의 〈이〉와 같은 말은 독립되어 쓰이면, 그것이 혼자서 어떤 속성도 나타내지 못하며, 반드시 앞 말과 더불어 어떤 속성을 나타내게 된다. 이러한 낱말을 『우리말본』에서는 안옹근이름씨(불완전명사)로 처리하고 있다(최현배, 1937: 249). 이 낱말들은 완전명사와 마찬가지로 조사나 지정사 〈이다〉의 도움을 받아 문장에서 여러 성분으로 쓰이기도 하고 또 조사의 도움을 받지 않고서도 문장에서 여러 문장성분이 될 수 있기 때문에 일반적으로 명사로 처리하고 있다. 그는 이러한 현상을 의식하고 있었기 때문에 (19)와 같은 낱말을 모두 '임'의 한 갈래로 처리하였다. 이와 같은 처리 기준은 합리성이 있으며, 현재 품사분류의 기준으로 그대로 계승되고 있다.
　이제 『국어문법』에서 설정한 '임'의 영역을 『우리말본』과 견주어 그림표로 보이면 다음 (20)과 같다.

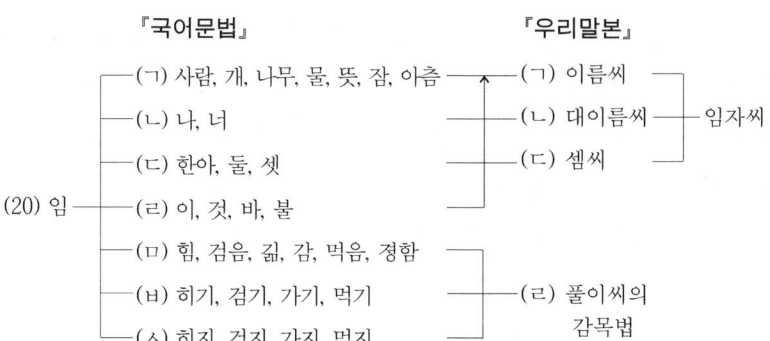

이와 같이 두 기능을 가진 용언들까지 '임'으로 처리한 것은 '임'의 설정에 있어서 그 **구실**만을 기반으로 하였기 때문인데, 이는 잘못이다.

3.1.1.2. 임기의 분류

앞 장의 품사의 설정에서도 밝힌 바와 같이 수많은 낱말을 하나하나 연구한다는 것은 불가능한 일이다. 그러므로 낱말의 복잡한 여러 현상을 정리하여, 하나의 공통된 규칙을 통해 몇 묶음으로 나눈다는 것은 문법연구에 있어 중요한 과정의 하나이다. 각 품사의 하위분류의 경우도 마찬가지이다.

'임기'에 해당되는 낱말은 대단히 많다. 그러므로 이 역시 몇 동아리로 나누어야 한다. 그런데 '임'은 특별한 예외(-음, -기, -지)를 두고 낱말이 갖추고 있는 꼴이나 문장 속에서 하는 구실이 같기 때문에 구태어 이를 다시 나누어서 독립된 품사로 설정할 필요를 느끼지 않는다. 허웅(1975: 49)에서는 "임자씨45)는 다시 이름씨, 대이름씨, 셈씨로 나누는 일이 있는데 이 세 가지는 그 구실이나 굴곡의 방식이 같기 때문에 순수 문법적인 입장에서 본다면 이 세 가지 품사를 구별할 필요가 거의 생겨나지 않는다. 다만 그 뜻으로는 그 다름이 두드러지기 때문에 구별하는 일이 편리할 때가 더러 있을 뿐이다"라고 했다. 이길록(1982: 95)에서도 "흔히 체언을 명사, 대명사, 수사로 하위분류하고 있으나, 이 세 가지의 품사는 형태 배합상으로나, 통사 기능상으로나 동일하기 때문에, 명사 하나로 설정해도 가능하다"고 하였다. 주시경은 이러한 사실을 그때 이미 의식하고 있었기 때문에 '임'을 더 잘게 독립된 품사로 설정하지는 아니한 것이다.

---

45) 허웅이 이르는 임자씨는 『우리말본』에서 이르는 임자씨와 같다.

박지홍(1979: 106)에서는 주시경이 '임'을 더 작은 씨로 나누어 그것을 독립된 씨로 설정하지 않은 까닭에 대하여 다음과 같이 평가하고 있다.

"임기를 더 작은 기로 나누지 않고, 이를 뭉뚱거려 하나의 기로 처리했는데, 이는 훌륭한 처리법이다. 이는 임기의 굴곡의 관찰에서 얻어진 것으로 짐작된다. 그것은 모든 임기는 다 똑 같은 겻기 위에 쓰이므로 이들 임기를 같은 성질을 가진 낱말의 한 동아리로 보는 것이 타당하기 때문이다."

이상을 통해 살펴보면, 주시경이 〈사람, 아츰, 개 …〉 등의 '제임'과 〈나, 너, 우리…〉 등의 '대임'과 〈한아, 둘, 셋 …〉 등의 '혬'을 묶어서 하나의 품사인 '임'으로 처리한 것은, 체언의 문법적 **구실**을 충분히 고려하여 분류한 것임을 알 수 있다. 그러므로 '임'을 더 작은 품사로 나누지 아니한 것은 국어학 연구사에 대단한 공헌을 했다고 할 수 있다. 그러나 흔히 체언을 명사와 대명사의 두 품사로 분류하고는 이를 대명사의 독특한 문법적 구실 때문이라고 하기도 한다.

이제 관형사와 체언과의 호응관계를 통해 명사와 대명사의 구실의 다름을 살펴보면, 일반적으로 대명사에는 예사명사와는 달리 관형사의 꾸밈을 받는 속성이 없다고 하여, 이 속성에 따라 체언을 하위분류하려고 한다. 그러나 이 역시 기준이 되지 못한다. 대명사 중에서도 물대명사의 셋째가리킴 중 안잡힘의 경우는 그렇지 않다. 이것들을 풀어보면 다음 (21), (22)와 같다(*표는 성립되지 못함을 나타냄).

(21) ㄱ. 새 사람 (학교, 책상)
　　　ㄴ. 헌 책 (옷, 모자, 필통)
(22) ㄱ. *새 나 (너, 우리)
　　　ㄴ. *헌 나 (당신, 너, 우리)

(21)에서는 관형사가 명사를 꾸미고 있으나, (22)에서는 관형사가 대명사를 꾸미지 못한다. 그러나 다음 (23)과 같은 경우에는 그 꾸밈이 가능하다.

(23) ㄱ. 그 무엇 (어느것, 아무것, 어떤것)
　　　ㄴ. 그 어데 (아무데, 어떤데)
　　　ㄷ. 그 어느쪽 (아무쪽, 어떤쪽)

(23)에서 관형사 〈그〉는 그 다음에 오는 물대명사의 셋째가리킴 중 안잡힘과는 호응이 가능하다. 곧 (23)ㄱ에서는 〈그〉는 일몬을 꾸미고 있고, (23)ㄴ에서는 곳(장소)을 꾸미고 있으며 (23)ㄷ에서는 쪽(방향)을 꾸미고 있다. 그러므로 체언의 하위분류는 뜻을 근거로 하여 분류할 수밖에 없다. 곧 명사는 어떤 사물의 이름을 나타내는 체언이고, 대명사는 어떤 사물의 이름을 대신하여 직접46) 가리키는 체언이다. 수사의 경우도 마찬가지이다. 이는 어떤 사물의 이름을 셈으로 바꾸어 쓰이는 체언이다.

이와 같이 체언의 하위분류는 문법적인 특성으로는 구별이 되지 않기 때문에 **뜻**에 의하여 분류되고 있다. 주시경의 문법에서도 한가지이다. '임'을 더 잘게 독립된 품사로 갈라 세우지는 않았지만,『국문문법』과『국어문법』에서 이를 **뜻**에 따라 각각 하위분류하고 있다. 먼저『국문문법』에서의 '명호'의 하위분류를 간추려서 표로 보이면 다음 (24)와 같다(주시경, 1905: 16~18).

---

46) 어머니가 〈순이가 오구나〉 하자 노마는 〈누나 왔구나〉한다. 이 문장에서 〈누나〉는 〈순이〉란 이름 대신에 쓰이고 있다. 그러나 〈누나〉는 대명사가 되지 못한다. 그것은 〈누나〉는 직접 가리키고 있지 않기 때문이다.
　〈나는 내일 가고, 너는 모레 가고, 저이는 글피에 보내라〉 등에서 〈나, 너, 저이〉 등이 직접 가리킴의 대상이 된다.

(24) 명호의 분별

명호(名號)
├─ ㄱ. 원명(原名): 각종 물건과 바탕이 업는 것을 불으는 것들
│   ├─ (ㄱ) 보통(普通): 각종 물건과 모든 바탕이 업는 것의 일홈들
│   │   ├─ ㉠ 유질(有質): 동물과 부동물 등의 일홈
│   │   │   〈보기〉돌, 소
│   │   ├─ ㉡ 무질(無質): 각 동작과 각 ᄉ정들의 일홈
│   │   │   〈보기〉 잠, ᄆᆞ음, 지금, 씀, 쓰기, 말
│   │   └─ ㉢ 합중(合衆): 여럿을 합ᄒᆞ여 분별업시 하나로 불으
│   │   는 것 〈보기〉 빅셩
│   └─ (ㄴ) 불변(不變): 인명과 지명 갓흔 것들
└─ ㄴ. 딕명(代名): 원명을 딕신하여 불으는 것들
    ├─ (ㄱ) 인민(人民): 사람을 딕신한 일홈들
    │   ├─ ㉠ 지목(指目)47): 나, 너, ᄌᆞ긔, 우리
    │   ├─ ㉡ 부지(不知): 누구, 혹, 아모
    │   ├─ ㉢ 분비(分排): 각각, 누구던지,48) 아모나49)
    │   ├─ ㉣ 긔수(基數): 하나, 둘
    │   ├─ ㉤ 무수(無數): 여럿, 얼ᄆᆞ
    │   └─ ㉥ 형접(形接): 형용에 접ᄒᆞᆫ다는 말이니 흉상 형용ᄌᆞ
    │   앞에 쓰이는 것들
    │   이
    ├─ (ㄴ) 물건(物件): 각종 동물과 부동물을 딕신ᄒᆞ여 일홈ᄒᆞ
    │   는 것들
    │   ├─ ㉠ 형접(形接): 것
    │   ├─ ㉡ 부지(不知): 무엇
    │   ├─ ㉢ 쳐소(處所): 여긔, 져긔
    │   ├─ ㉣ 분비(分排): 각각
    │   ├─ ㉤ 긔수(基數): 하나, 둘
    │   └─ ㉥ 무수(無數): 여럿, 얼ᄆᆞ
    └─ (ㄷ) 무질(無質): 여러 가지 바탕 업는 일홈들
        ├─ ㉠ 형접(形接): 것, 줄, 기, 지
        ├─ ㉡ 간접(間接): 고50) 먹는 것을 음식이라고 칭흠
        └─ ㉢ 부지(不知): 무엇

주시경은 (24)에서 '명호'는 뜻에 따라 크게 '원명'과 '딕명'으로 나누었는데, '원명'은 『우리말본』의 이름씨에 맞서고, '딕명'은 대이름씨와 셈씨를 어우른 것에 맞선다. 또 '원명'은 다시 '보통'과 '불변'으로 잘게 나누고, '보통'은 또다시 '유질(有質), 무질(無質), 합중(合衆)'으로 나누었다. '보통'은 『우리말본』의 두루이름씨(보통명사)에, '불변'은 홀로이름씨(고유명사)에 맞선다. '원명, 보통, 불변'은 다음날 『국어문법』에서 '제임'에 '두루, 홀로'로 계승되고, '보통'의 하위단위에서 '유질, 무질, 합중'은 『英語文法捷徑』의 유수명(有數名), 무형명-물질명, 합명(合名)을 적용한 것으로 짐작된다. 이는 『국어문법』에서 '몬'(유수명-유수합명), '일'(무형명-무형합명)로 계승된다. 또 '딕명'은 '인민, 물건, 무질'로 잘게 나누었는데, '딕명'은 『국어문법』에서 '대임'으로, '인민'은 '사람'으로, '물건'은 '몬'으로, '무질'은 '일'51)로 계승된다.

이것을 간추려서 견줌표로 보이면 다음 (25)와 같다.

---

47) '指目'은 글자 그대로 〈눈으로 보고 가리킨다〉는 뜻이 분명하므로, 이는 〈직접 가리킨다〉는 뜻이 되겠다.
48) 〈누구던지〉는 〈누구(던지)〉의 뜻으로 기록한 것이 분명함. 주시경은 이미 그때 '언분'에 '간졉'을 설정하고 있다.
 〈누구〉는 대개 어림수이다. "누가 왔더냐?" 하면 '순이가 왔는지? 노마가 왔는지? 돌쇠가 왔는지?' 몰라서 물을 때다. 그러나 〈누구던지〉의 경우는 〈누구〉는 홀수이다. 곧 '不知'가 '分排'로 된 것이다. "순이던지 노마던지, 누구던지 좋다" 할 때의 〈누구〉는 홀수가 분명하다. 그러므로 특히 〈누구(던지)〉의 〈누구〉를 분배라 한 것이다.
49) 〈아모나〉는 〈아모(나)〉의 뜻으로 기록한 것이 분명함. 풀이는 위의 각주 48)에 준한다.
50) {괴는 〈딕명〉의 하위단위가 아니고 독립된 딴 〈언분〉인 〈간졉〉이 분명하다. 〈형졉〉에 이끌려서 베끼는 이가 엉뚱한 것을 베낀 것으로 짐작된다.
51) 사건을 나타내는 '일'은 『국어문법』에서는 물건을 나타내는 '몬'과 같이 '몬'으로 적혀 있으나, 『조선어문법』에서는 '일'로 나타난다. 그러므로 뒤에 '몬'은 '일'을 잘못 베낀 것으로 짐작된다.

(25) 명호

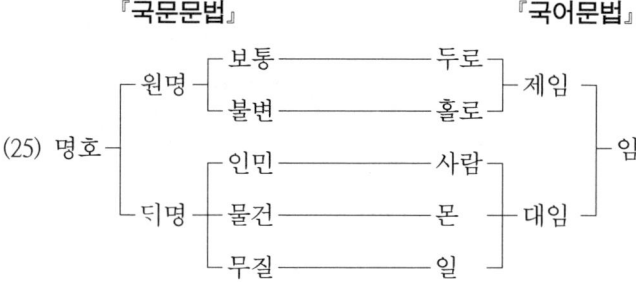

(25)의 견줌표에 따르면『국문문법』에서의 '명호'의 분류는『국어문법』에서 '임'의 분류와 완전히 일치된다. 이는 '임'의 분류가 '명호'의 분류를 계승한 것이기 때문이다. 그러므로 '명호'의 하위분류는 '임'의 분류에서 밝혀도 무방하고, 또한 간편하다.

그러면『국어문법』에서 '임'을 어떻게 하위분류하였는가를 살펴보면, 먼저 '임'을 뜻에 따라 크게 '제임'과 '대임'으로 나누고, '제임'은 다시 '두로, 홀로'로, '대임'은 '사람, 몬, 일'의 3으로 분류하였다. 이 '제임'의 분류를 간추려서 표로 보이면 다음 (26)과 같다(주시경, 1910: 67~71).

(26) 제임 — 여러 가지 몬과 일의 이름

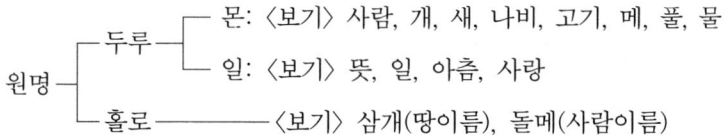

(26)의 '제임'은 그 쓰이는 사물의 범위의 다름에 따라 '두로'와 '홀로'로 나누었는데, '두로'는 일과 몬의 이름에 두루 쓰이는 것을 말하고, '홀로'는 어떤 특정한 일과 몬의 이름에 쓰이는 것을 말한다. 뒷날 이를『우리말본』에서 '두로'는 두루이름씨로, '홀로'는 홀로이름씨

로 계승하여 다시 다듬게 된다.52) 『국어문법』에서의 '임'의 하위분류는 이밖에 '임의 간략한 갈래'라 하여 '제임'의 하위분류를 2계층에서 1계층으로 줄여서 체계를 세웠는데, 여기서는 '몬'과 '일'로만 나누어 처리하였다. 이것을 그림표로 보이면 다음 (27)과 같다.

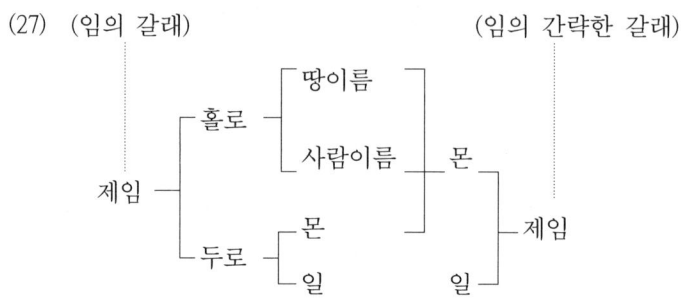

(27) (임의 갈래)　　　　　　　　　　(임의 간략한 갈래)

(27)의 표에서 그의 '홀로'의 내용을 엿보게 되는데, '홀로'에서 '일'을 뺀 것은 좋은 처리법이 되지 못한다. 예를 들면 〈인조반정〉 등에서 이를 두 낱말로 보고, 〈인조(홀로) 반정(두로)〉로 처리한 것 같다. 이러한 교정은 자연히 다음으로 넘어가게 된다.53)

다음으로 '대임'의 하위분류에 대하여 살펴보면, '대임'도 먼저 뜻에 따라 '사람, 몬, 일'로 하위분류하고, 이어서 '사람'은 다시 '가르침, 언잇, 모름, 헴'의 4갈래로 나누었고, '몬'과 '일'은 각각 '언잇, 모름, 헴, 곳'으로 나누었다. 이것을 표로 보이면 다음 (28)과 같다(주시경, 1910: 69~71).

---

52) 김두봉의 『조선말본』에서는 이에 대한 진전은 없다.
53) 최현배(1937), 『우리말본』, 241쪽에 보면 〈살수 대첩〉과 같은 말이 고유명사로 나타난다.

(28) 대임 - 제임을 대표(代表)54)하는 이름.

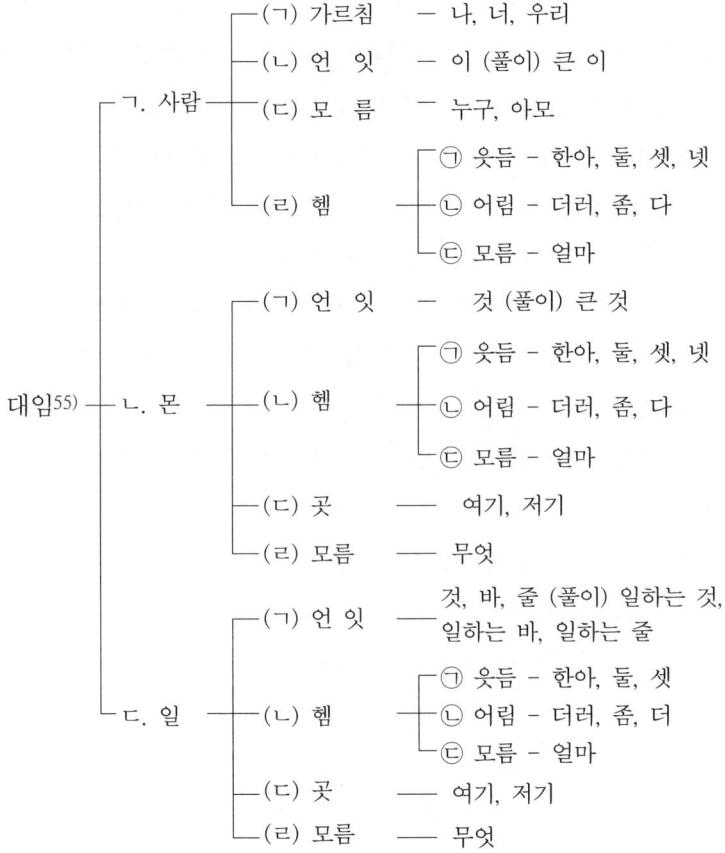

　주시경이 (28)에서 분류한 '대임'의 체계를 살펴보면, '몬'과 '일'의 하위분류가 일치되어 있다. 그리고 〈보기말〉도 '언잇'의 경우만 다르고 다른 것은 모두 같다. 이는 '언잇'56)은 '모름, 헴, 곳'과는 다른 성질의 체언임을 일러주는 것이다.

---

54) 〈代表〉란 〈대신하여 나타낸다〉는 뜻으로 해석된다.
55) 1913년에 낸 재판 『조선어문법』에는 '대임'이 '넛임'으로 되어 있다.
56) '언잇'은 '언기'의 아래에서 '언기'를 잇게 되므로, 여기서 얻어진 이름이다.

또 '사람대임'의 '헴'과 '몬, 일'의 '헴' 〈보기말〉이 일치되어 있는데, 이는 '헴'은 '언잇'이나 '가르침, 모름, 곳'과는 성질이 다른 것임을 일러주는 것이다. 주시경은 이것을 의식하지 못했다. '언잇'은 용어가 설명하고 있는 바와 같이 불완전한 '임기'이다. 그러므로 이는 완전한 '임기'와 맞서야 할 것이므로 '제임'의 하위단위로 처리되어야 했을 것이며, '헴'은 '제임'을 직접 가리키는 힘이 없으므로 '대임'과 맞서는 동아리로 처리되어야 했을 것이다.

끝으로 '가르침, 곳, 모름'의 경우를 살펴보면, '가르침'에는 셋째가리킴이 빠져 있고, '일·몬'에는 '가르침'이 전혀 나타나 있지 않다. 이는 그의 체계가 너무 분석적인 데서 온 것이다. 이는 〈이이, 그이, 저이〉와 같은 '사람대임'의 셋째가리킴이나 〈이것, 그것, 저것〉과 같은 '일몬대임'을 모두 두 낱말로 처리한 데서 생긴 결과로 짐작된다. 그리고 '임의 간략한 갈래'에서는 '대임'을 '몬'과 '일'의 둘로 나누었는데, 사람을 나타내는 '대임'은 모두 '몬'에 포함시키고 있다. 이것을 표로 묶어 보이면 다음 (29)와 같다(주시경, 1910: 72).

(29) 대임 ─┬─ 몬 ── 나, 너, 우리, 이, 누구, 아모, 한아, 둘, 셋, 더러, 좀, 얼마, 것, 무엇, 여기, 저기
       └─ 일 ── 것(이것, 저것, 그것)

이는 결국 꼴 있는 '대임'은 '몬'으로, 꼴 없는 '대임'은 '일'로 나눈 것이다. 품사의 간략한 갈래는 문법에 대한 지식이 모자라는 이를 위해서 나눈 것이므로, 가능한 한 작게 갈라야 하겠고, '대임'은 '몬'과 '일'로 나눈다면 이 기준이 가장 알맞겠으나 이는 주시경 문법의 표준이 아니므로 후계자들은 아무도 잇지 않게 되었다.

참고로 『국어문법』에서 '대임'의 하위분류를 『우리말본』 체계와

견주어 보면 다음 (30)과 같다.

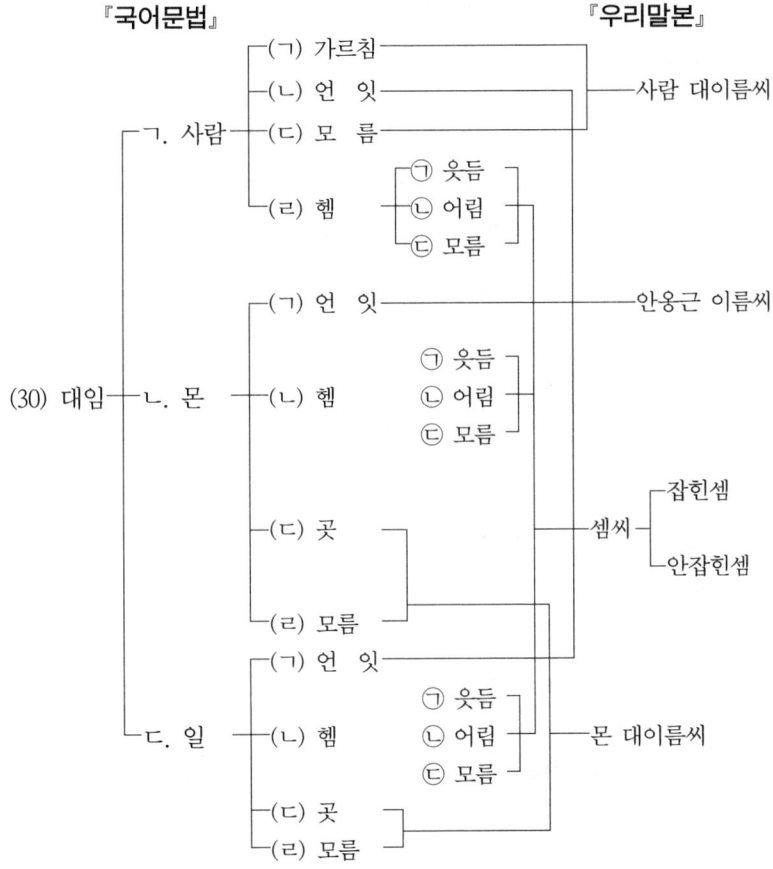

또 주시경이 『국문문법』에서 시도한 '명호'의 하위분류가 『국어문법』에 어떻게 계승되어 갔는가를 그림으로 보이면 다음 (31)과 같다.

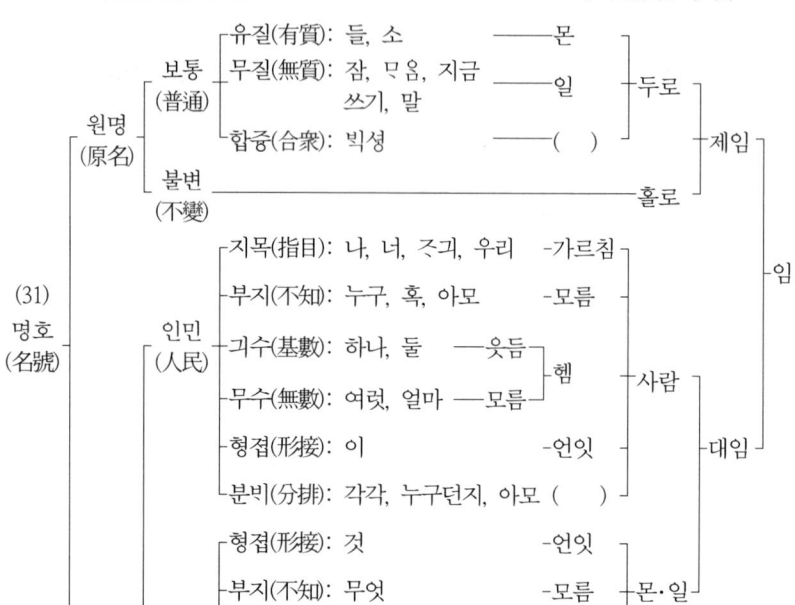

　주시경의 '명호〉임'의 하위분류는 순수한 문법적으로 보아서는 큰 의의가 없겠으나, 말의 연구는 말을 작은 동아리로 나누어야 능률적이므로, 그의 분류는 뒷날 후계자들이 '임'을 체언으로 이어받아 체언을 다시 명사, 대명사, 수사로 나누어 내는 데 그 모태가 되었다. 이는 국어학 연구사에서 큰 의의가 있다.

3.1.2. 엇기의 형성과 분류

3.1.2.1. 엇기의 형성

주시경이 『국어문법』에 설정한 '엇기'는 처음 『국문문법』에서는 '형용(形容)'으로 형성된다. 여기서는 이 '형용'을 "형용ᄒᆞ는 것들"이라고 뜻매김을 하였을 뿐 〈보기말〉은 전하지 않는다.

그런데 이 '형용'에 맞서는 말로서 영어문법에 adjective가 있는데, 이 adjective를 우리말로 옮겨 보면 문제가 간단하게 해결되지는 않는다.

윤치호의 『英語文法捷徑』에서 형용사의 정의를 보면 이는 "명사의 의사를 한정하거나 형용홈"으로 되어 있고, 〈This horse, a large man〉 등이 〈보기말〉로 올라 있다.57) 그러므로 여기서의 '형용'은 현재 우리가 이르는 관형사에 맞선다. 그러나 『英語文法捷徑』의 175쪽에 보면 형용사는 동사 아래에 쓰이면서 명사를 간접으로 형용하는 것이 나타난다.

(32) Iron is hard. (철은 단단하다.)

(32)의 〈hard〉는 우리말에 적용하면 이는 용언인 〈단단하다〉에 맞선다. 그러므로 '형용'은 사물을 형용하는 말로서 이는 명사를 한정하는 품사와 명사를 풀이하는 품사로 정리된다. 그러나 우리말에서는 명사를 한정하는 말에는 형용하는 말 이외에 동작하는 말이 있다. 『국문문법』에서 보인 〈가는, 먹는〉 등이 그 〈보기〉이다. 그래서 주시경은 이것도 '형용'에 넣고, {는} 등을 접미사로 처리한 것으로 해석된다.

그런데 명사를 형용하는 말 '형명'을 설정하고 보니, '형용'을 형용

---

57) 탑출판사(1983), 『歷代韓國文法大系』 제2부 제29책에 영인되어 있는 윤치호(1911), 英語文法捷徑, 1쪽 참조.

하는 말, '동작'을 형용하는 말은 독립된 품사로 처리할 것인가, '형용'의 하위단위로 처리할 것인가 하는 문제가 생겨나는데, 이들을 다 같이 어떤 낱말이 어떤 낱말을 형용한다고 보고, 모두 '형용'으로 처리하였던 것이다. 이것을 간추려서 표로 묶어 보이면 다음 (33)과 같다.58)

(33) 형용(形容) ― 형용ᄒᆞ는 것들
　　ㄱ. 형명(形名): 명호를 형용ᄒᆞ는 것들
　　ㄴ. 형형(形形): 형용을 형용ᄒᆞ는 것들
　　ㄷ. 형동(形動): 동작을 형용ᄒᆞ는 것들

그리고 『국문문법』의 '형명'에 〈그, 저, 이〉가 나타나는 것으로 보아 '형명'은 영어문법의 article에서도 영향을 받은 것으로 보인다. 그러므로 '형형'과 '형동'은 영어문법의 adverb에서 영향을 입었다고 보아지는데, 『국문문법』에는 그 〈보기〉가 나타나지 않으므로 더 이상 자세한 것은 알 수 없다.

이제 『국문문법』에 나타나는 '형용'의 〈보기말〉을 간추려서 표로 보이면 다음 (34)와 같다(주시경, 1905: 18~19).

(34) 형용의 〈보기〉

형용 ─┬─ ㄱ. 귀한, 무른, 여진, 착흔, 큰, 적은, 엇더흔, 이런, 져런….
　　　├─ ㄴ. 가는, 먹는
　　　├─ ㄷ. 한, 둘, 셋
　　　└─ ㄹ. 그, 져, 이

---

58) 탑출판사(1986), 『歷代國語文法大系』 제1부 제39책에 영인되어 있는 주시경(1905), 국문문법, 16쪽 참조.

(34)ㄱ은 일과 몬의 모양이나 상태를 나타내는 형태소가 토와 더불어 문장에서 관형어가 되는 말이고, (34)ㄴ은 움직임을 나타내는 형태소가 토와 더불어 문장에서 관형어가 되는 말이고, (34)ㄷ은 셈을 나타내는 형태소로서 문장에서 단독으로 관형어가 될 수 있는 말이고, (34)ㄹ은 가리킴을 나타내는 형태소로서 문장에서 단독으로 관형어가 되는 말이다.

이제 『국문문법』의 '형용'의 〈보기말〉을 『우리말본』 체계와 견주어 보면 다음 (35)와 같다.

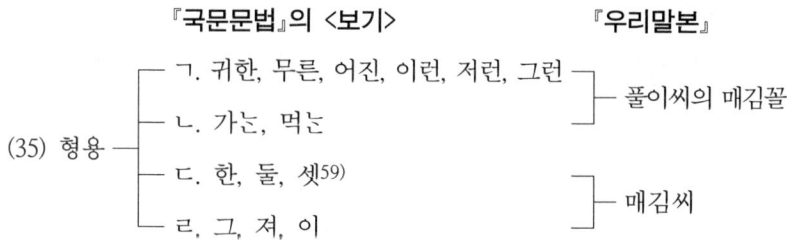

그러므로 『국문문법』에 있어서의 '형용'은 오늘날의 용언의 관형사형과 관형사로 이루어졌다. 이 '형용'은 『말』(1908)에 이르면, '형용본체, 형명, 형동'으로 바뀌게 된다.

이제 『국문문법』에 나타나는 체계와 『말』에 나타나는 체계를 견주어 보면 다음 (36)과 같은 표가 형성된다.

---

59) (35)ㄷ에서 〈둘, 셋〉은 〈두, 세〉의 변이형태로 본 것 같다.

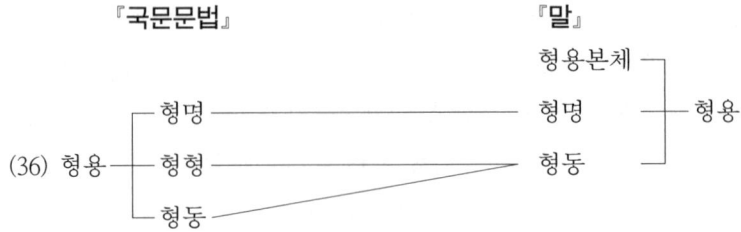

(36)의 『말』에서 '형형'과 '형동'을 묶은 것은 '형형'과 '형동'의 영역이 나누어지지 않은 데서 온 것으로 짐작하고, '형용본체'를 설정한 것은 '형용'의 원형이 단독으로 독립되어 쓰이지 못하므로 이를 다시 다듬은 것 같다. 곧 주시경은 {-다}를 접미사로 처리한 것으로 생각된다. 이때 주시경은 이 분류를 다음 (37)과 같이 의식한 것이다.

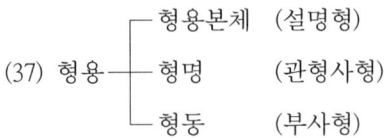

(37) 형용 ─┬─ 형용본체 (설명형)
　　　　　├─ 형명　　　 (관형사형)
　　　　　└─ 형동　　　 (부사형)

다음은 『말』에 나타나는 '형용'의 분별과 그 〈보기말〉을 간추려서 보이면 다음 (38)과 같다(주시경, 1908: 7).

(38) 형용의 〈보기〉

ㄱ. 좋다, 귀ㅎ다, 크다, 어질다, 착ㅎ다, 급ㅎ다, 분ㅎ다,
　　이르다, 늦다, 많다, 흔ㅎ다, 이러ㅎ다, 그러ㅎ다, 엇더ㅎ다 ──── 형용본체

ㄴ. 그, 저, 이, 한, 두, 세, 어느, 모든

ㄷ. 좋은, 귀흔, 큰, 젹은, 어진, 착흔, 급흔, 분흔. 이른
　　늦은, 많은, 흔흔, 이러흔, 그러흔, 엇던 ──── 형명

ㄹ. 가는, 간, 갈, 먹는, 먹을, 먹은

ㅁ. 솔(나무)

ㅂ. 좋게, 귀ㅎ게, 크게, 적게, 어질게, 착ㅎ게, 빠르게,
   많게, 적게, 흔ㅎ게, 이러케, 저러케, 엇더ㅎ게, 분ㅎ게
ㅅ. 가게, 먹게
ㅇ. 이리, 저리, 그리, 멀리, 갓가이, 또, 다시, 혹
   가령, 급히, 아마, 과연, 그러나, 여긔, 저긔

형동

(38)ㄱ은 오직 '형용'에 접미사로 의식한 토 {-다}가 첨가되어 이루어진 것이므로, 이는 모두가 하나의 단위가 되겠으나, (38)ㄴ, ㄷ, ㄹ, ㅁ은 이와 다르다. (38)ㄴ은 혼자서 수식어가 되는 말이고, (38)ㅁ은 '임기'가 관형어가 되는 경우이며,[60] (38)ㄷ과 (38)ㄹ은 접미사로 의식한 토와 더불어 수식어가 되나, (38)ㄷ은 '형용'을 나타내는 말이고, (38)ㄹ은 '동작'을 나타내는 말이다. 또 (38)ㅂ, ㅅ, ㅇ의 경우도 그렇다. (38)ㅇ은 혼자서 수식어가 되는 말이고, (38)ㅂ과 (38)ㅅ은 접미사로 의식된 토와 더불어 수식어가 되는 말이다.

그 후 『국어문법』에 이르러서는 『말』의 '형용'을 '엇'으로 이어받아 발전시켜 나가게 되는데, 먼저 '형용'의 하위단위인 '형명'은 '언'이란 단독의 품사로 체계를 세웠다. 이를 표로 보이면 다음 (39)와 같다.

---

60) 이때는 '임기'와 '임기' 사이에 토 {의}가 생략된 것으로 본다. 자세한 것은 박지홍(1986), 우리 현대말본, 과학사, 162~163쪽 참조.

『국어문법』'기난갈의 기난틀'에서 '엇'을 "여러 가지 엇더함을 이르는 기를 다 이름이라"고 뜻매김하였다. 이는 『국문문법』 뜻매김인 "형용ᄒᆞ는 것들"과 견주어 보면, 『국문문법』의 것은 의미적인 뜻매김인데, 『국어문법』의 것은 구실적인 뜻매김이다. 그러므로 이는 국어학 연구사에 있어 그 의의가 크다.

또 이에 대한 〈보기말〉을 보인 다음, (잡이)에서 '엇'은 "엇더하의 엇만 가리어씀이라"고 하여 용어를 뜻매김과 연관시켰는데, 이는 '형용'의 계승에서 얻어진 것이다.

이제 『국어문법』에서 밝힌 '엇'의 뜻매김과 〈보기말〉을 간추려서 보이면 다음 (40)과 같다(주시경, 1910: 28~29).

(40) 엇: 여러 가지 엇더함을 이르는 기를 다 이름이라.
〈보기〉 히, 크, 단단하, 착하, 이르, 이러하

(40)의 『국어문법』에서 설정한 '엇'의 〈보기〉에서 보인 낱말을 살펴보면, 이들은 모두 '형용본체'를 다시 다듬은 것임을 쉽게 알 수 있다. 그는 품사의 단위를 형태소에서 찾았으므로, '형용본체'를 '엇'으로 계승하였는데, 이는 일과 몬의 모양이나 상태를 나타내는 굴곡낱말의 어근만으로써 '엇'을 정립하였던 것이다. 그리고 '형명'을 이어받은 '언'과 '형동'을 이어받은 '억'은 다른 '기'로서 새로 마련하였다. 이는 성질이 다른 낱말을 오직 꾸밈의 구실이 같다고 해서 하나로 묶은 것을 셋으로 나눈 것은 발전이라 할 수 있다. 그러나 이 '엇'은 여러 가지 어떠함을 나타내는 굴곡낱말의 어근형태소로서 이는 단독으로는 문장에서 쓰이지 못하고, '잇기'나 '끗기'의 도움을 받아 서술어의 구실을 한다.

주시경이 구속형태소를 하나의 독립된 낱말로 처리한 것은 좋은 처리법이라 할 수는 없다. 그렇지만 '엇기'가 문장에서 서술어의 구실을 함을 발견한 것은 처음 있는 일이다.

3.1.2.2. 엇기의 분류

주시경은 『국문문법』, 『말』, 『국어문법』 등에서 '엇기(형용)'의 하위분류에 대하여 다음과 같이 언급하고 있다.

먼저 『국문문법』에서는 '말' 단원에서 '형용의 분별'이라 하여 '형용'을 '품질(品質), 모양(模樣), 수량(數量), 지목(指目)'의 4 갈래로 하위분류하고, 이것을 다시 잘게 나누어 뜻매김하고, 〈보기말〉을 들었는데, 이것을 정리하여 보이면 다음의 (41)과 같다(주시경, 1905: 18~19).

(41)의 표에 따르면 『국문문법』에서 분류한 '형용'의 분류는 '형용'을 분류한 것이 아니고, '형용'의 하위단위의 하나인 '형명'을 뜻에 따라 분류한 것이다. 그러나 '형용'의 분류는 '형명'의 분류만 전해 오는 셈이다. 그러나 『말』에 전해 오는 '형용'의 분류를 통해 우리는 '형명'이나 '형형, 형동'의 하위분류도 대개 짐작할 수 있다. 그것은 『국문문법』의 '형용'의 분류가 『말』의 '형명'의 분류와 일치하기 때문이다.

이 '형명'의 분류에서 '품질'은 물건의 성품과 바탕을 형용하는 말로서 이는 다시 '물품, 힝품, 부지'로 하위분류 되어 있다. 또 '모양'은 물건의 모양을 형용하는 말로서, 이것은 다시 '물모, 힝모, 동작, 부지'로 하위분류하고 있고, '수량'은 수를 가리키는 말로서, 다시 '긔슈, 가량'으로 하위분류하고 있으며, '지목'은 어떤 사물이나 모양을 가리키는 말로서, 다시 '즉지, 셜비, 부지, 시간'으로 하위분류하고 있다. 이들은 모두 문장에서 다른 말을 한정하는 문장성분으로 쓰이는 말이다.

주시경의 '형명'은 문장에서 관형어가 되는 일체의 낱말을 모두 합쳐서 설정한 '형용'의 한 갈래이므로, 이는 여러 가지 뜻을 가진 낱말의

(41) 형용의 분별(形容의 分別)

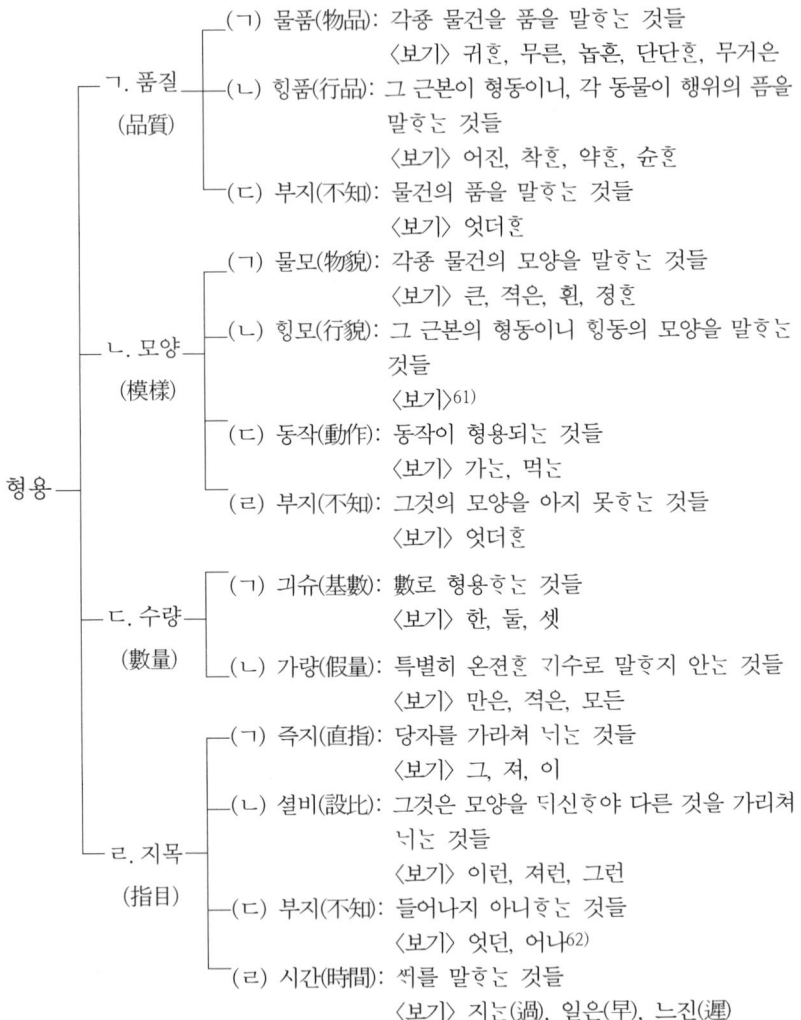

복잡한 어휘 떼이다. 본디 사람의 생각은 대개 비슷비슷한 것이므로, 품사도 그 동아리에 따라 뜻이 어느 정도는 어떤 중심으로 뭉쳐진다.

---

61) '힝모'의 〈보기〉에는 〈보기말〉이 없다. 그러나 『국문문법』의 뒤를 이은 『말』에는 〈보기

그런데 '형용'은 형태소로 보아 그것이 자립형태소이든 구속형태소이든, 문장에서 관형어가 되는 것을 모두 '형명'으로 처리했으므로, 『국문문법』 에서의 '형명'의 하위분류는 분류를 위한 분류에서 그치고 말았다.

이제 『말』에서 분류한 하위분류를 살펴보면, 『말』에서도 '형용의 분별'이라 하여 '형용'을 하위분류하고 있는데, 이는 『국문문법』의 계승이 분명하다. 여기서 '형용'을 크게 '형용본체, 형명, 형동'으로 나누고, 이를 다시 잘게 나누어 나갔다. 이것을 표로서 묶어 보이면 (42)와 같다(주시경, 1908: 7).

(42) 형용의 분별(形容의 分別)

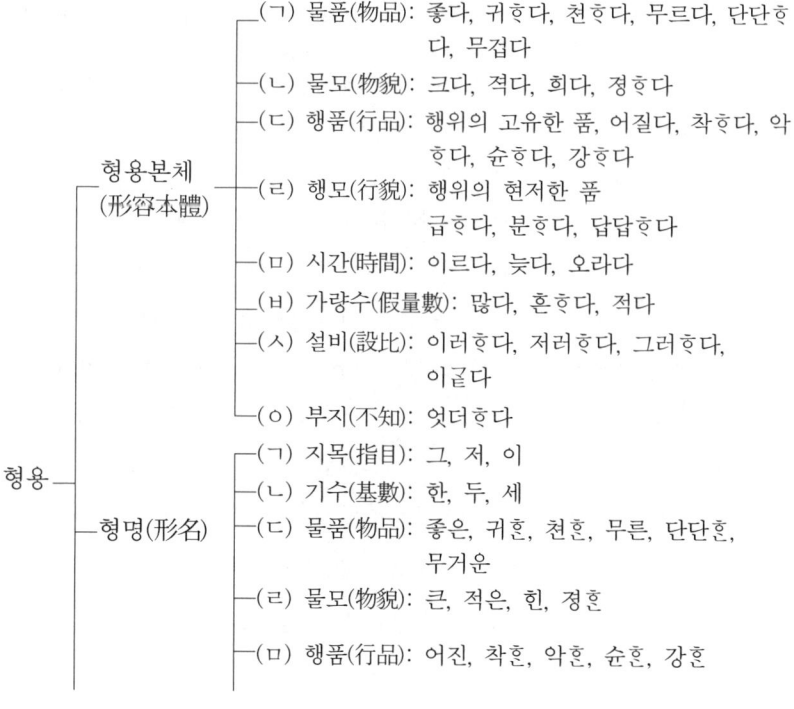

말〉이 3개(급흔, 분흔, 답답흔)가 나타난다.
62) {어내}는 {어늬}를 표현한 것이다.

```
                ┌─(ㅂ) 행모(行貌): 급흔, 분흔, 답답흔
                ├─(ㅅ) 동작(動作): 가는, 간, 갈, 먹는, 먹을, 먹은
                ├─(ㅇ) 시간(時間): 이른, 오란, 늦은, 지난
                ├─(ㅈ) 가량수(假量數): 많은, 적은, 모든, 왼, 맨
                ├─(ㅊ) 설비(設比): 이러흔, 저러흔, 그러흔
                ├─(ㅋ) 부지(不知): 엇던, 어느
                └─(ㅌ) 명호(名號): 솔나무
                ┌─(ㄱ) 물품(物品): 좋게, 귀흐게, 천흐게, 단단흐게, 무르
                │                  게, 무겁게
                ├─(ㄴ) 물모(物貌): 크게, 적게, 희게, 정흐게, 길게
                ├─(ㄷ) 행품(行品): 어질게, 착흐게, 악흐게, 순흐게, 강흐
                │                  게, 신실흐게
                ├─(ㄹ) 행모(行貌): 빠르게, 급히, 천천히, 분흐게, 순흐게,
                │                  감안이
                ├─(ㅁ) 동작(動作): 가게, 먹게
                ├─(ㅂ) 가량(假量): 많게, 적게, 흔흐게
                ├─(ㅅ) 설비(設比): 어리케, 저러케, 그러케, 이굳이
   ─형동(形動)─┼─(ㅇ) 부지(不知): 엇더흐게, 왜, 어딕, 언제
                ├─(ㅈ) 처소(處所): 이러, 저리, 그리, 멀리, 갓가이,
                │                  여긔, 저긔
                ├─(ㅊ) 중복(重複): 또, 다시, 흔히, 자조, 번번이, 잇다금,
                │                  각금, 일즉이, 늦게, 이내, 흥상
                ├─(ㅋ) 거절(拒絶): 안이, 못, 다만, 그러나, 특별이, 달리
                ├─(ㅌ) 허락(許諾): 과연, 참, 글세
                ├─(ㅍ) 의심(疑心): 혹, 가령, 그러나, 아마, 글세
                └─(ㅎ) 연유(緣由): 그런고로, 이럼으로
```

(42)의 『말』에서 첫 단계로 '형용'을 '형용본체, 형명, 형동'으로 나눈 것은 『국문문법』에서 시도한 '형명, 형형, 형동'을 계승·발전시킨 것인데, 2차 단계의 하위분류는 문법적 뜻에 따라 '형용본체'는 8으로, '형명'은 12로, '형동'은 14로 나누었다. 이것을 간추려 표로 보이면 다음 (43)과 같다.

(43) 형용 ┬ ㄱ. 용본체 - 물품, 물모, 행품, 행모, 시간, 가량수, 설비, 부지(8)
         ├ ㄴ. 형 명 - 지목, 기수, 물품, 물모, 행품, 행모, 동작, 시간, 가량수, 설비, 부지, 명호(12)
         └ ㄷ. 형 동 - 물품, 물모, 행품, 행모, 동작, 가량, 설비, 부지, 처소, 중복, 거절, 허락, 의심, 연유(14)

이제 『국문문법』과 『말』의 '형명'을 보기 쉽게 간추려서 견주어 보면 다음 (44)와 같다.

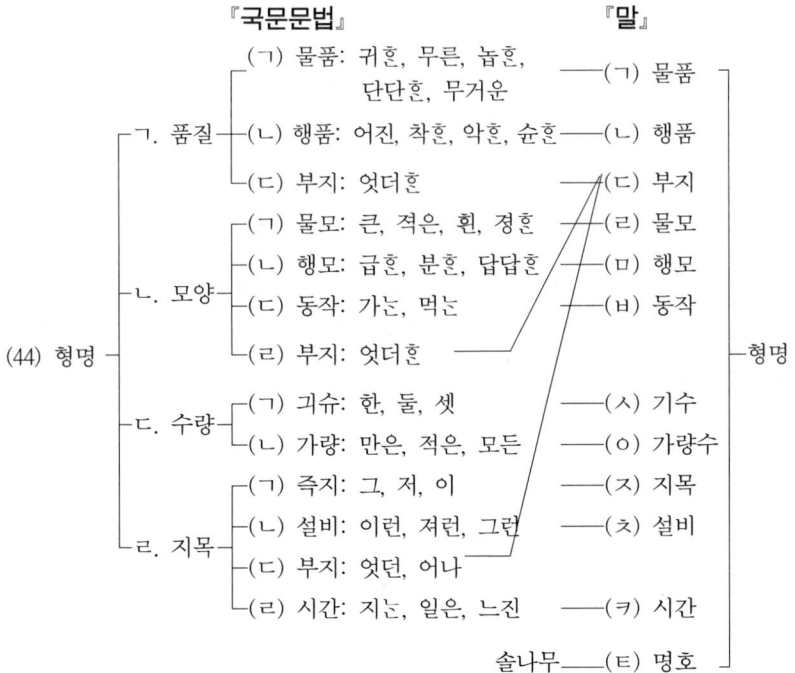

(44)의 견줌표를 살펴보면, 첫째 단위인 '품질, 모양, 수량, 지목'은 그 내용이 같은 범주에 속하기 어렵다. 이는 서로가 비슷한 유형도, 맞선 유형도, 아무것도 아니다. 여기에 착안하여 1차적 분류를 없앤 것은 발전이다. 그리고 『국문문법』에서는 '부지'의 〈엇더흔〉과 같이 뜻이 같고 〈보기〉가 같은 말을 다른 동아리로 나누었다. 그런데, 여기서는 '품질'의 '부지' '모양'의 '부지', '지목'의 '부지'를 하나로 묶고 있다. 이는 발전이다. 그러나 '명호'는 분명히 '형용'과 맞서는 다른 품사인데, 이것이 관형어가 된다고 하여 이를 '형명'에 넣은 것은 좋은 처리법이라 할 수 없다. 그것은 '명호'를 '형명'에 넣으면, 모든 '명호'가 '형명'이 되어 '명호'의 영역과 '형명'의 영역이 구별이 없어지기 때문이다. 그러므로 '형용본체'나 '형동'도 한 가지지만 앞에서 지적한 바와 같이 꼴은 고려 없이 문장에서 다 같은 문장성분이 된다는 구실 하나로 묶은 것이다.

다음은 『국어문법』과 『조선어문법』에서 분류한 '엇기'의 하위분류를 살펴보면, 『국어문법』에서는 『말』의 '형명'은 '언기'로 '형동'은 '억기'로 각각 독립된 품사로서 계승하고, '형용본체'만 '엇기'로 계승하여 다시 다듬게 된다. 그 하위단위는 '물품, 물모, 행품, 행모, 때, 헴'의 6으로 나누었고, 『조선어문법』에서는 '견줌'을 하나 더 설정하여 7으로 분류하였다. 그러므로 '형명〉언'과 '형동〉억'의 분류 문제는 각각 해당 장으로 미루기로 한다. 이것을 정리해서 '엇'의 갈래를 보이면 다음 (45)와 같다(주시경, 1910: 72).

(45) 엇의 갈래

ㄱ. 물품(物品): 여러 가지 몬의 품(品)이 엇더하다 이르는 것
  〈보기〉 좋, 무르, 단단하, 무겁, 부드럽, 질기, 서늘하, 덥, 차

ㄴ. 물모(物貌): 여러 가지 몬의 모양이 엇더하다 이르는 것
  〈보기〉 크, 적, 히, 좁, 길

ㄷ. 행품(行品): 여러 가지 행위의 품성이 엇더하다 이르는 것
　　〈보기〉 착하, 어질, 슬기롭, 어리석
ㄹ. 행모(行貌): 여러 가지 행위의 모양이 엇더하다 이르는 것
　　〈보기〉 잰, 게르, 답답하, 굼굼하
ㅁ. 때: 때가 엇더하다 이르는 것
　　〈보기〉 이르, 늦, 오라, 길
ㅂ. 헴: 헴이 엇더하다 이르는 것
　　(ㄱ) 어림 〈보기〉 많, 적, 혼하
　　(ㄴ) 모름 〈보기〉 엇더하
ㅅ. 견줌: 이것을 다른 것으로 견주는 것63)
　　〈보기〉 이러하, 저러하, 그러하

이제 『말』에서의 '형용본체'의 분류와 『국어문법(조선어문법)』에서 '엇'의 분류를 견주어 보면 다음 (46)과 같다.

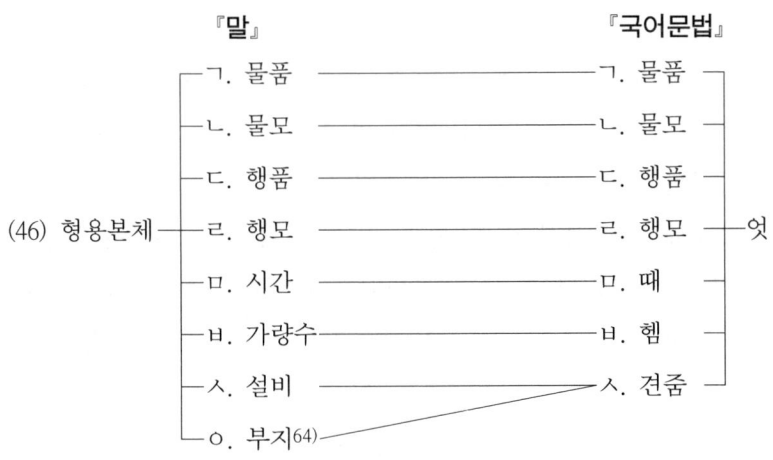

―――――――――――――――
63) 주시경(1911), 조선어문법, 80쪽 참조.
주시경(1910)의 책에는 없고, 주시경(1911)의 책에서 하나 더 첨가한 것이다.

『국어문법(조선어문법)』에서의 '엇'의 분류는『말』의 분류를 그대로 계승하여 다듬은 것인데, 여기에는 용어를 우리말에 접근시켜 보겠다는 노력과 '부지'를 '견줌'에 통합시킴에 지나지 않은 것 같다. 그러나 이 분류는 그 나름으로 의의가 있다고 할 수 있다.

첫째, '부지(不知)'를 없앤 것이다. 이 '부지'는 다음과 같은 분류가 이루어져야 그 설정이 가능하다. 이것을 표로 나타내면 다음 (47)과 같다.

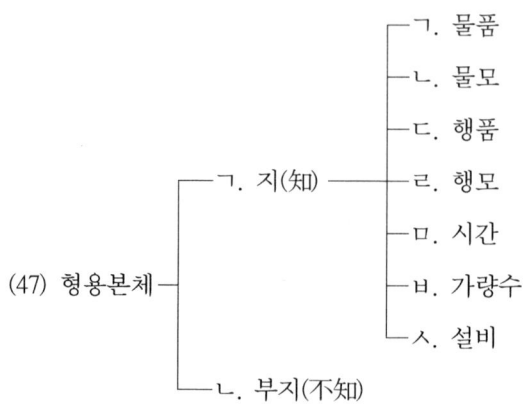

그런데 '형용본체'의 '부지'〈엇더ᄒ〉는 '지(知)'와 맞설 내용이 아니고, 이는 '설비'의 하나이다. 이런 점에서 '부지'를 덜어 내었다는 것은 발전이 아닐 수 없다. 그러나 '엇'의 갈래는 또 다른 문제가 있다. 우선 '때'의 갈래이다. '때'는 '공간'과 대립 관념 속에서 형성된다. 그러므로 굳이 '때'를 갈라 세우려면 이는 다음 (48)과 같은 분류가 이루어져야 한다.

---

64)〈엇더하〉는〈이러하, 저러하, 그러하〉와 한 동아리이므로 '부지'는 '견줌'에 포함시킨 것 같다.

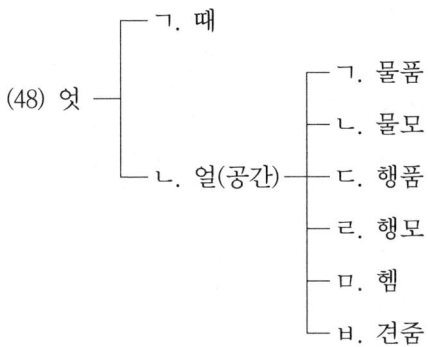

그런데 이 갈래는 불가능하다. 그것은 '헴'의 존재인데, '헴'은 '혜지못함'의 대립개념이 있기 때문이다. 이처럼 '형용'과 '엇'의 하위분류는 어휘적 뜻에 따른 분류이므로 이는 문법적으로는 큰 의의를 갖지 못한다. 그러나 이 품사의 하위분류를 처음으로 꾀했다는 점에서 국어학 연구사에 있어 의의가 있다.

3.1.3. 움기의 형성과 분류

3.1.3.1. 움기의 형성

주시경이 설정한 '움기(〈동작〉)'는 그의 저서 『국문문법』에서 '동작'으로 설정되었다가 『국어문법』에서 '움기'로 형성되었다.

이 '움기'의 형성과정을 살펴보면, 그때 우리나라에서 쓰이던 영어문법의 Verb를 우리말의 문법에 적용한 데서 시작한 것으로 짐작되는데, 이는 『국문문법』에서 '동작(動作)'으로 받아들이고 있다.

윤치호의 『英語文法捷徑』(1911)에서 "동사(verb)는 人이나 物의 동작(action)이나 경황(state)을 설명홈"(1911: 1)이라고 뜻매김하고는, 이 동사의 종류를 동작동사, 경황동사[65], 보조동사의 3으로 나누었다.

그리고 "동작동사는 有形ㅎ나65) 無形한 동작을 설명홈"이라 뜻매김하고, 유형동사의 〈보기말〉로는 〈walk, eat, write, read, sleep, run〉을 들었고, 무형동사의 〈보기말〉로는 〈love, think, feel, know, enjoy, hate〉를 들었으며, 경황동사의 〈보기말〉로는 〈be, am, is, are, been, was, were〉를 들었다(윤치호, 1911: 96~98).

주시경은 이 동작동사를 받아들여 『국문문법』에서 '동작(動作)'이란 품사를 설정한 것 인데, '동작'은 움직임을 나타내는 굴곡낱말의 어근형태소를 하나의 품사로 잡은 것이다. 그리고 구속형태소를 하나의 품사로 처리한 까닭은 '엇기'의 경우와 같다.

『국문문법』에 나타나는 '동작'의 풀이와 〈보기말〉을 간추려서 보이면 다음 (49)와 같다.67)

(49) 동작: 동작ㅎ는 것들
　　〈보기〉 먹다. 자다.

(49)의 〈보기〉를 살펴보면, 〈먹다, 자다〉에는 움직임을 나타내는 굴곡낱말의 어근형태소인 {먹-, 자-}에 가지형태소인 {-다}가 결합되어 있다. 그러므로 이 〈보기〉만으로 보면, 그는 '동작'의 기본형을 어근형태소에 {-다}가 결합된 꼴로 처리한 것으로 짐작된다.

그러나 '언분(言分)'의 분류에 보면, 거기에는 '죠셩(助成)'이란 '언분'이 나타나고, 뒷날 나온 『말』에는 '원체부'라 하여 어근형태소가 단독의 품사로 풀이되어 있으며, 『국어문법』의 '움'의 〈보기〉는 〈가, 날,

---

65) 경황동사란 흔히 이르는 '불완전 자동사'를 말한다.
66) 〈有形ㅎ나〉는 〈꼴이 있거나〉의 뜻.
67) 『국문문법』에서는 '동작'의 뜻매김이 빠져 있는데, 앞의 2.2에서 필자가 보충해 넣은 것을 따온 것이며, 〈보기말〉은 '동작의 분별'에서 가려 넣은 것이다.

자, 먹, 따리, 잡, 먹이, 잡히〉와 같이 모두 어근형태소로만 되어 있다. 그러면 과연 주시경은 {-다}를 기본형으로 보았을 것인가? 그러나 이는 초기에 있어서 {-다}를 기본형으로 보았다고 볼 수밖에 없다.

그러므로 토인 {-다}를 품사분류에서는 '죠셩'으로 의식하였고, 말만들기에서는 접미사로 의식하였다고 보는 것이 가장 타당한 설명이 된다. '동작'은 이런 경위를 겪어 형성된 것이다.

『국문문법』에 등장시킨 '동작'은 『말』에 이르러서는 '원체부'[68]의 하위단위로 체계가 세워져 있는데 이밖에는 아무런 설명이 없다. 이것을 보이면 다음 (50)과 같다(주시경, 1908: 29).

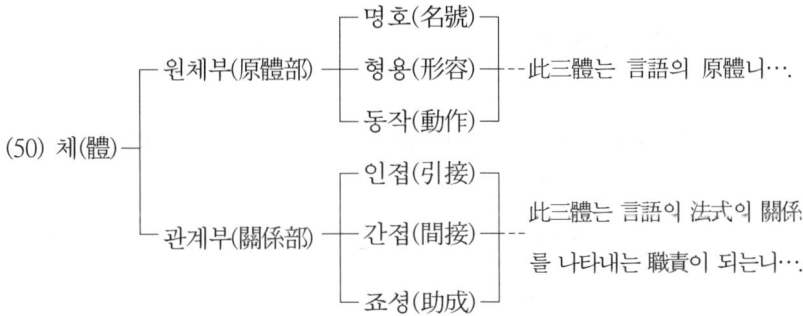

『국문문법』과 『말』의 '동작'은 『국어문법』에 이르러 '움'으로 계승·발전된다.

『국어문법』의 '기난갈'에서 비로소 '움'을 뜻매김하고 〈보기〉를 들게 되는데, 이것을 보이면 다음 (51)과 같다(주시경, 1910: 28~29).

(51) 움[69]: 여러 가지 움즉임을 이르는 기를 다 이름이라.
　　　〈보기〉 가, 날, 자, 먹, 따리, 잡, 먹이, 잡히

---

68) '원체부'는 오늘날의 의미소에 맞서는 용어이다.
69) '움'은 움즉임의 '움'을 가리어 썼다고 『국어문법』에 풀이되어 있다.

(51)의 〈보기〉를 통해 '움'을 형태적으로 살펴보면, 이때에 움직임을 나타내는 굴곡낱말들의 어근을 '움'의 기본형으로 잡고 있음을 알 수 있다. '움기'는 이렇게 하여 형성되었던 것이다. 여기서 서로 성질이 다른 자립형태소와 구속형태소를 같은 동아리로 처리하여 {가-다, 가-고, 가-며, 가-니} 등에서 앞뒤의 두 구속형태소들을 모두 자립형태소로 처리하고 있는데, 이는 결코 좋은 처리법이 되지 못한다.

그러나 똑같은 뜻을 가진 {-다}를 경우에 따라 '끗기'란 하나의 품사로 처리하기도 하고, 접미사로 처리하기도 하는 모순을 덜어낸 점에서 이는 하나의 발전이다.

3.1.3.2. 움기의 분류

'움(〈동작〉'의 하위분류에 대하여는 『국문문법』과 『국어문법』에 기술하고 있다.

먼저 『국문문법』에서 분류한 '동작'의 갈래를 살펴보면, '동작의 분별'에서 '동작'을 '타동'과 'ᄌ동'으로 나누고, 또 행동하는 권한에 따라 '직동'과 '피동'으로 나누었다. 이것을 정리해 보이면 다음 (52)와 같다(주시경, 1905: 16).

(52) 동작의 분별
    ㄱ. 타동(他動): 힝동과 감경이 달은 것에서 가는 것들
        〈보기〉 먹다
    ㄴ. ᄌ동(自動): 힝동과 정형과 감경이 달은 것에게 가지 아니ᄒᄂᆫ 것들
        〈보기〉 자다

이에 쏘 권력의 분별이 잇스니 그 힝동ᄒᆞᄂᆞᆫ 권한을 나타내ᄂᆞᆫ 것들.

　ㄱ. 직동(直動): 한 말의 쥬쟝의 힝동과 경형의 나타나ᄂᆞᆫ 것들
　　　　　〈보기〉(ㄱ) 내가 자오. (ㄴ)고양이가 쥐를 잡앗다.
　ㄴ. 피동(被動): 한 말의 쥬쟝의 힝동이 달은 자 힝동ᄒᆞᄂᆞᆫ 권의 졀제
　　　　　를 밧는 것들
　　　　　〈보기〉 쥐가 고양이흔테 잡혔다.

(52)에서 '동작'의 분별은 움직임의 대상이 있느냐, 없느냐에 따라 '타동'과 'ᄌᆞ동'으로 나눈 것인데, '타동'은 움직임의 대상이 있는 것이고, 'ᄌᆞ동'은 움직임의 대상이 없는 것이다.

또 움직임의 주체가 제 스스로 움직이느냐, 남의 움직임을 받느냐에 따라 '직동'과 '피동'으로 나눈 것이다. 이러한 분류는 영어문법의 verb의 분류와 일치한다.

이것을 영어문법과 대조하여 보이면 다음 (53), (54)와 같다.

(가) 동작이 다른 것에 미치고 미치지 않음에 따라

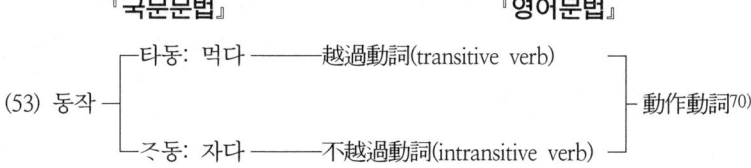

(나) 주체의 움직임이 스스로냐 그렇지 않느냐에 따라

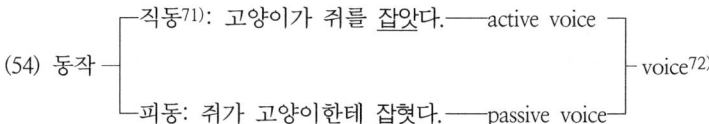

그런데 이러한 분류는 단순히 **뜻**에 따라 나눈 것이 아니고, '동작'이 문장 속에서 하는 **구실**에 따라서 나눈 것이므로 문법에 있어 의의를 가진다. 그것은 '동작'이 '타동'이냐 '즈동'이냐, 또 '직동'이냐 '피동'이냐에 따라 문장의 구조가 달라지기 때문이다.

『국문문법』의 '동작'은 『국어문법』에서 '움'으로 계승하고는 이를 '움뜻'과 '움힘'으로 나누고, '움뜻'은 다시 '제움'과 '남움'으로 나누고, '움힘'은 다시 '바로움'과 '입음움'으로 나누었는데, 이것을 정리하여 보이면 다음 (55)와 같다(주시경, 1910: 73~74).

(55) 움의 갈래
    ㄱ. 움뜻: 움즉이는 성질
        (ㄱ) 제움: 제몸에서 움즉이는 것 〈보기〉 자, 날, 잡히
        (ㄴ) 남움: 남의 몸에 움즉이는 것 〈보기〉 잡, 따리, 먹, 먹이
    ㄴ. 움힘: 움직이는 힘[73]
        (ㄱ) 바로움: 자유로 움즉이는 것 〈보기〉 따리, 자, 잡, 날
        (ㄴ) 입음움: 남의 움즉임을 입어 움즉이는 것 〈보기〉 잡히

(55)의 분류는 원칙적으로 『국문문법』의 '동작'의 분별을 그대로 이은 것이나 용어를 다시 다듬고, 분류를 잘게 한 점에서 이는 '동작'의 분류를 한 걸음 발전시킨 것이다.

이제 『국문문법』과 『국어문법』을 견주어 보면 다음 (56)과 같다.

---

70) 윤치호(1911), 앞의 책, 6~7쪽 참조.
71) '직동'은 오늘날 흔히 '능동'이라 한다.
72) 탑출판사(1983), 앞의 책, 제2부 제29책에 영인되어 있는 李起龍(1911),『中等英文典』, 85쪽 참조.
73) 〈잡이〉에 있는 풀이를 이용하여 필자가 보충해 넣은 것이다.

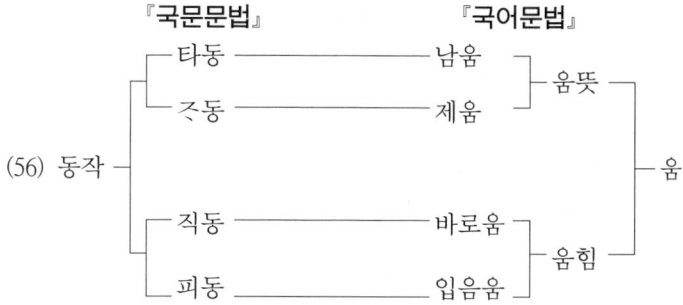

(56)에서 '움뜻'은 움직임의 대상이 있느냐, 없느냐에 따라 나눈 것으로 추측되는데, 움직임의 대상이 '씀이듬'(목적어, object)을 취하는 것은 '남움'으로, '씀이듬'을 취하지 않는 것은 '제움'으로 분류하였고, '움힘'은 움직임의 주체가 제 스스로 움직이느냐, 남의 움직임을 입어서 움직이느냐에 따라 나눈 것으로 추측된다(허웅, 1971: 32). 주체가 제 스스로 움직이는 것은 '바로움'으로, 남의 움직임을 입어서 움직이는 것은 '입음움'으로 분류하였다.

이것을 정리하여 표로 묶어 보이면 다음 (57)과 같다.

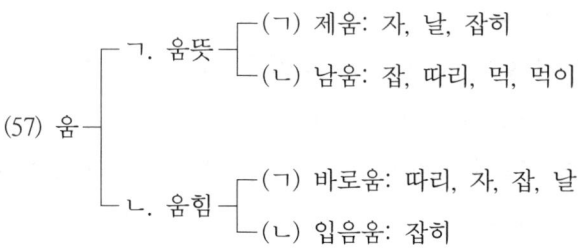

그런데 (57)의 표를 보면, 여기에서 (57)ㄱ의 {잡히}가 '제움'도 되고, '입음움'도 되고, {따리}가 '남움'도 되고 '바로움'도 되며, (57)ㄴ의 {먹}과 {먹이}가 꼭 같이 '남움'이 되어 있다.

이와 같이 뜻이 같고, 꼴이 같은 하나의 낱말이 두 범주에 속하게 된다든가, 꼴과 뜻이 다른 한 낱말이 같은 범주에 속하게 된다든가 하는 것은 바른 처리법으로 보기는 어렵다.

(58) 소가 사람에게 잡히다.
(59) 아이들이 개를 따리다.

(58)에서 {잡히}의 1차 구실은 '제움'이고, 2차 구실은 '입음움'이며, (59)에서 {따리}의 1차 구실은 '남움'이고, 2차 구실은 '바로움'이다. 그리고 {먹}과 {먹이}는 다음 (60), (61)과 같은 설명이 가능하다.

(60) 닭이 모이를 먹다.
(61) 어머니가 아이에게 젖을 먹이다.

(60)에서 {먹}의 구실은 바로 '남움'이고. (61)에서 {먹이}는 1차 구실은 '남움'이고, 2차 구실은 하임(사동)이다.

'움기'의 이러한 분류는 일본문법[74]의 영향을 받아 쓰여진 유길준의 『조선문전』에서도 찾아 볼 수 있다.

『조선문전』의 동사의 하위분류를 살펴보면, 움직임에 따른 동사의 분류는 작용하는 성질에 따라 자동과 타동으로 나누고, 작용하는 관계에 따라 주동과 피동으로 나누고 있다. 이것을 간추려 보이면 다음 (62)와 같다(유길준, 1904?: 8~17).

(62) 동사의 종류
    ㄱ. 그 작용하는 성질에

---

[74] 강복수(1975), 『국어문법사연구』, 형설출판사, 78~80쪽 참조.

(ㄱ) 자동사: 〈보기〉 곶이 <u>피엇다</u>. 새가 <u>우눈도다</u>.
　　　(ㄴ) 타동사: 〈보기〉 지위가 집을 <u>짓소</u>. 사공이 비를 <u>졋더라</u>.
　ㄴ. 그 작용하는 관계에
　　　(ㄱ) 주동사: 〈보기〉 져 아희가 개를 <u>짜리오</u>.
　　　(ㄴ) 피동사: 〈보기〉 개가 져 아희에게 <u>맛져소</u>.

이것을 주시경의 『국어문법』과 대조하여 보면 다음 (63)과 같이 견주어진다.

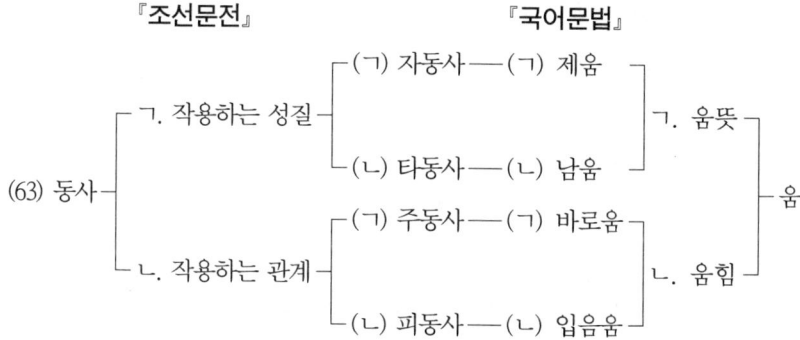

이상에서 살펴본 바에 따르면, 주시경이 『국어문법』을 쓸 때는 유길준의 문법을 참고했을 가능성도 있다. 그것은 '주동, 타동'이 윤치호의 문법에서는 '越過動詞, 不越過動詞'로, 유길준의 문법에서는 '자동, 타동'으로 나타나기 때문이다. 그러나 이는 더 연구해 볼 문제이다.

이밖에 유길준이 동사를 그 작용하는 변화에 따라 정격동사와 변격동사로 나누고 있는데, 주시경은 모두 뜻에 따라 나누었을 뿐 벗어난 '움'에 대하여는 의식하지 못한 것처럼 되어 있다. 그러나 『국어문법』의 '국어 습관소리'와 『말의소리』의 '말의 익음소리' 설명 가운데에 용언의 네 가지의 벗어난 꼴이 나타난다. 이것을 간추려 보이면 다음 (64)와 같다(주시경, 1910: 22~24), (주시경, 1914: ㄱㅁ~ㄱㅅ).

(64) 말의 익음소리
　ㄱ. 'ㄹ' 긋소리를 그 알에 무슨 소리와 잇을 때에는 흔하게 나이지 아니함이 잇으니,
　　〈보기〉 (ㄱ) 울지 말아라 → 우지 말아라.
　　　　　 (ㄴ) 울는 아기 → 우는 아기.
　ㄴ. 'ㅂ' 긋소리를 그 알에 무슨 소리와 잇을 때에는 나이지 아니함이 잇으니,
　　〈보기〉 춥으면 → 추으면
　　(잡이) '추으면'은 '추면'이라고도 함.
　ㄷ. 'ㅅ' 긋소리를 그 알에 무슨 소리와 잇을 때에는 나이지 아니함이 잇으니,
　　〈보기〉 잇으면 → 이으면
　　(잡이) 잇으면 → 이면
　ㄹ. 'ㅅ'와 'ㄹ'를 긋소리로 두로 씀이 잇으니,
　　〈보기〉 (ㄱ) 듯고 → 듯고 (닷소리 우에)
　　　　　 (ㄴ) 들으면(홀소리 우에)

(64)ㄱ은 ㄹ불규칙(벗어난 끝바꿈) '움기'의 변동이고, (64)ㄴ은 ㅂ불규칙(벗어난 끝바꿈) '엇기'의 변동이고, (64)ㄷ은 ㅅ불규칙(벗어난 끝바꿈) '움기'의 변동이고, (64)ㄹ은 ㄷ불규칙(벗어난 끝바꿈) '움기'의 변동이다. 그런데 주시경은 이를 모두 소리의 현상으로 의식하여 '소리갈'에 돌리고 있다. 이와 같이 '엇, 움'의 변동현상을 발견한 것은 탁견으로 높이 평가되어야 한다. 그러나 주시경이 '움'의 분류에 있어서 '보조동사(auxiliary verb)'에 대하여는 의식하지 못한 것 같다.

그러나 주시경의 '동작〉움'의 하위분류는 구실에 따라 분류한 것이므로 문법적으로도 큰 의의가 있으며, 국어학 연구사에서도 높이 평가되어야 하겠다.

3.1.4. 놀기의 형성과 분류

3.1.4.1. 놀기의 형성

주시경이 『국어문법』에 설정한 '놀'은 처음 『국문문법』에서는 '경각(警覺)'으로 등장된다.

『국문문법』의 '언분(言分)'에서는 '경각'을 "무슨 이외에 감정이 일어나 스스로 놀나는 것"이라고 뜻매김하였는데(주시경, 1905: 16), 이는 완전한 의미적인 뜻매김이다. 곧 '警'은 〈놀란다〉는 뜻이고, '覺'은 〈자기가 깨치다〉는 뜻이므로, 〈스스로〉를 나타낸 것이라 하겠다.

그런데 이 '경각'의 등장과 뜻매김은 영어문법의 Interjection을 우리말 문법에 적용하는 데서 형성된 것 같다.

윤치호의 『英語文法捷徑』에 "Interjection(感歎詞)은 喜怒哀樂의 感情을 說明홈"75)이라고 뜻매김하고 있다. 이로 보아 이 『국문문법』의 '경각'은 『英語文法捷徑』의 Interjection의 영향을 받은 것이 분명하다. 바로 이 뜻매김을 좀 더 구체화한 것이라 하겠다.

그러나 『말』에서는 '경각'이 독립된 품사로 설정되지 못했다. 그 후 이 '경각'은 『국어문법』에서는 '놀'로 계승·발전되는데, 그 뜻매김과 〈보기말〉은 다음 (65)와 같다(주시경, 1910: 28).

---

75) 윤치호(1911), 앞의 책, 3쪽 참조.

(65) 놀: 놀나거나 늣기어 나는 소리를 이르는 기를 다 이름이라.
　　　〈보기〉 아, 하, 참

　(65)『국어문법』에서의 "놀" 뜻매김은『국문문법』에서의 뜻매김을 잘 다듬었다는 점에서 그 의의가 있겠으나, 완전히 의미에 따른 뜻매김이란 점에서는 앞 뜻매김과 다를 바 없다. 그리고『국문문법』에는 〈보기말〉이 전해오지 않는데, 여기서는 비록 세 낱말이기는 하나 분명히 나타나 있어 '놀'은 뒷날 '늑'으로 계승·발전되어 가 오늘날의 감탄사와 대체로 일치함을 알 수 있다. 그러나 독립어인 〈여보〉 등의 두루부름말과 〈예〉 등의 두루대답말이 과연 '놀'의 영역 안에 들어있는지 그렇지 않는지는 이 〈보기〉만으로는 알 길이 없다.
　그런데 이 '놀'은『말의소리』'씨난의 틀'에서는 또다시 독립된 품사로 설정되지 못하고 '임'에 포함시키고 있다. 여기에 대한 자세한 설명이 없기 때문에 이 이상 더 알 길은 없으나, '놀'을 '임'에 포함시킨 것은 잘된 처리법으로 볼 수는 없다.

3.1.4.2. 놀기의 분류

　『국문문법』이나『국어문법』에서는 '놀기'의 하위분류를 하지 않았다. 이는 주시경이 의미적인 하위분류에 큰 의의를 느끼지 않았는지 모른다.
　그러나 '엇'의 분류 등에서 의미적으로 하위분류하고 있으므로 오히려 그때 영어문법에서 감탄사가 하위분류 되지 않음에 입은 영향이 아닐까 한다.
　그러나 후계자들은 뜻에 의하여 하위분류를 하고 있다(김두봉: 1916, 최현배: 1937, 김윤경: 1948). 이런 하위분류는 문법적으로나 의미적으로

별 의의가 없기 때문에 오히려 하위분류를 하지 아니하는 것이 옳을 것 같다.

3.2. 문법소로 형성된 것

문장의 몸을 짜는 품사로서, 품사의 짜임이 꼴로 보아 문법소로만 형성된 품사에는 '겻, 잇, 끗'의 3기가 있다. 이 3기에 대하여 각각 형성과 그 분류를 살피기로 한다.

3.2.1. 겻기의 형성과 분류

3.2.1.1. 겻기의 형성

주시경은 '늣씨'를 낱말의 단위로 잡고, 이를 그 성질에 따라 나눈 대시 품사분류가 이루어셨다. 그러므로 그의 문법에서는 구속형태소도 하나의 품사가 된다. '겻기'도 이러한 이론적 배경에서 형성된 것이다.
주시경이 설정한 '겻기'는 『국문문법』에서 '인접(引接)'으로 등장되었다가 『국어문법』에 이르러서 이는 '겻'으로 계승·발전되어 형성되었다. 그러나 이 품사를 하나의 독립된 품사로 볼 수 있느냐의 문제가 있다.
이 '겻기'가 독립된 품사로 될 수 없음을 맨 먼저 주장하고 이 이론을 계속 발전시켜 가면서 끝까지 전개해 간 학자는 정렬모이다. 그는 한글사에서 낸 동인지 『한글』의 2권 2호(1928) "朝鮮語文法論"에서 우리말의 낱말을 다음 (1)과 같이 분류하였다.

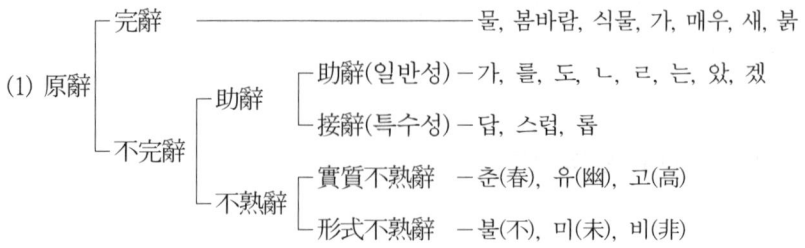

(1)에서 이르는 완사76), 조사, 불숙사는 시구문법에서 이르는 품사와는 다르다고 하였다. 정렬모는 이들을 하나의 형태소로 보고, 조사는 반드시 완사와 더불어서 하나의 낱말이 된다고 주장하였다. 그리고 『신편고등국어문법』에서는 '겻'이나 '맺'77)은 단독성(독립성)이 없어서 제 힘만으로는 한 개념을 나타내지 못하므로 이는 낱뜻이지 감말78)[辭]은 아니라고 주장하고 있다(정렬모, 1946: 49). 이리하여 우리말의 품사분류를 '명사, 동사,79) 관형사, 부사, 감동사'의 5갈래로 분류하였다.

그러나 오늘날의 우리말 문법에서는 '겻기'를 하나의 독립된 품사로 설정하는 데에 의견이 거의 일치되어 있다. '겻기'를 독립된 품사로 설정해야 한다는 까닭을 간추려서 보이면 대개 다음과 같다.

정렬모가 '겻기'는 혼자서 독립되어 쓰이지 못하고, 반드시 완사에 결합되어서 하나의 낱말이 된다고 하는 이론은 타당하지 않다.

첫째, '겻기'는 용언에도 붙는다.

(2) ㄱ. 나는 그 일에 대하여 알아는 두었지요.
    ㄴ. 그는 그 과일은 보지도 않았다.

---

76) 완사는 단독으로 쓰이는 의미소를 이른다.
77) '맺'은 '끗기'를 이른다.
78) '감말'은 '낱말'에 접근되어 용어이다.
79) '동사'는 '용언'과 같은 뜻으로 사용하였다.

ㄷ. 저 산은 높게만 보인다.
　　ㄹ. 그는 울고야 있었지.

　(2)의 밑줄 친 '겻기'인 {-는, -도, -만, -야}가 용언의 어미 {-아, -지, -게, -고}에 결합되어 있다. 그러므로 여기서는 '겻기'가 완사에만 결합된다는 설은 성립되지 않는다.
　둘째, '겻기'는 구(句)나 문장에도 붙을 수 있다.

(3) ㄱ. 그것은 누구가 가느냐가 문제이다.
　　ㄴ. 우리는 누구를 보내야 하느냐를 의제로 삼아야 한다.
　　ㄷ. 내일부터 우리는 무엇을 해야 할 것인가에 대해서 살펴야 한다.

　(3)의 밑줄친 '겻기'인 {-가, -를, -에}는 문장이나 구(句)에 붙어 있는데, 여기서도 '겻기'는 완사에만 결합된다는 설은 이루어지지 않는다.
　다음으로 이숭녕은 15세기의 국어의 품사분류를 '名詞, 代名詞, 數詞, 後置詞, 動詞, 形容詞, 副詞, 感歎詞'의 8갈래로 나누고는 격(格)을 설정하여 종래의 학교문법에서 취하던 '조사(助詞)'는 인정하지 않는다고 하였다. 그리고 이숭녕은 여기서 체언와 '겻기'의 결합에서, '겻기'를 체언에 붙어서 곡용하는 어미로 처리하였다. 이제 이숭녕이 설정한 격의 표를 보이면 다음 (4)와 같다(1981: 149~150).

(4)

一般格	形　　態	第2次機能	第3次機能	第4次機能
主題格	-는, 는, 은, 은, ㄴ			
對格	-를, 를, 을, 을, ㄹ			
主格	-이, ㅣ, zero	變爲格	比較格	

屬 格	-이, 의	處 格	向 格	
處 格	-애, 에, 예	向 格	比 較 格	原 因 格
造 格	-으로, 으로, 로	向 格		
共 格	-과, 와	比 較 格		
呼 格	-아, 야, 여, 하			

그러나 (4)의 표에는 보조사를 주제격으로 잡는 것은 {-눈, -는, -은, -은, -ㄴ}밖에 나타나지 않는다. 그러므로 이들 보조사는 결국 후치사로 처리해야 되며, 결과적으로 꼴이 같고 뜻이 같은 한 낱말이 두 품사로 처리되게 된다. 이는 결코 좋은 처리법이 아니다.

그리고 주제격 {눈} 등에 대하여도 〈보기〉를 〈어디닌 이 뮏이오. (賢者是兄.杜八 27)〉와 같은 그것을 격으로 볼 수 있는 것만 보이고 있다. 그러나 {눈} 등은 보조사이므로 이는 체언 이외의 품사에도 결합된다. 〈보기〉를 들면 다음 (5)와 같다.

(5) ㄱ. 나히 ᄌᆞ라매 <u>니르런</u> 血氣 ᄀᆞ득ᄒᆞ더니=年至長成ᄒᆞ야 血氣充滿ᄒᆞ더니.『능엄 2: 5』

ㄴ. ᄂᆞᄎᆞᆯ 當ᄒᆞ야 ᄆᆞᅀᆞᆷ을 보내요ᄃᆡ ᄂᆞᄎᆞᆯ <u>도라ᄂᆞᆫ</u> 웃ᄂᆞ다=當面輸心背面笑『두언 25: 25』

ㄷ. 王이 ᄉᆞ랑ᄒᆞ샤미 <u>ᄃᆞ외야ᄂᆞᆫ</u> 도ᄅᆞ혀 나ᄅᆞᆯ 브리ᄂᆞ다『석보 11: 29~30』

(5)에서 {눈} 등은 모두 용언에 결합되어 있다. 그러므로 '겻기'를 체언에 붙여서, 곡용을 하는 어미로 처리하는 것은 잘못이다.

'겻기'를 굴곡의 어미로 처리하게 되면, 결국 우리말의 곡용은 체언은 물론이고, 용언도 곡용하게 되고, 부사도 곡용하게 되며, 심지어 문장이나 마디도 곡용을 하게 된다고 설명하지 않으면 안 된다. 이것은 곡용의 원래의 성격에서 벗어난 현상이 아닐 수 없다(허웅, 1983: 36~38).

또 체언과 '겻기'의 결합은 용언에 있어서의 어간과 어미의 결합과는 크게 다르다. 체언의 경우는 자립형태와 구속형태소의 결합이고, 용언의 경우는 구속형태와 구속형태소의 결합이다. 그러므로 용언의 경우 어떤 경우라도 어느 한 쪽도 독립될 수 없으나, 체언의 경우는 체언은 독립되며, 체언이 독립되어 나가면 '겻기'는 독립되어 체언 이외의 품사나 낱말 이외의 요소에도 결합된다.

그러므로 주시경이 '겻기'를 하나의 독립된 품사로 설정한 것은 타당한 처리이다.

이제 『국문문법』에 내세운 '인접(引接)'의 뜻매김을 살펴보면 다음 (6)과 같다.[80]

(6) 인접(引接): 명호 아리 쓰는 것들인디 동작을 인도ᄒ여[81] 되는 것을 가르치는 것들

(6)에서 보인 '인접'의 〈인(引)〉은 〈이끌다〉는 뜻으로, 〈접(接)〉은 〈잇는다〉는 뜻으로 곧 〈인도〉의 뜻으로 쓰인 것이다. 그리고 뜻매김에서 '인접'이 쓰이는 곳은 '명호' 아래이고, 하는 일은 '동작'을 '명호'에게 인도하는 것으로 해석할 수 있다. 곧 '인접'은 '동작'을 이끌어서 '명호'와 통합시키는 문법적인 구실을 하는 품사로 의식하고 있다.

윤치호의 『英語文法捷徑』(1911: 2)에는 우리말의 '겻기'에 해당하는 말로 전치사(前置詞, preposition)가 소개되어 있는데, 이 preposition의 뜻매김과 〈보기말〉을 보이면 다음 (7)과 같다.

---

80) 탑출판사(1986), 『歷代韓國文法大系』 제1부 제39책에 영인되어 있는 주시경(1905), 『국문문법』, 16쪽 참조. 이하 『歷代韓國文法大系』는 『문법대계』라 이른다.
81) 〈인도하여〉의 {-여}는 {-게}의 뜻으로 해석된다.

(7) preposition: 명사(名詞)나 대명사(代名詞) 우헤 치(置)ᄒ야 그 명사와 타사(他詞) 간(間)에 관계를 설명홈(조선어에 "토"와 如홈)
　ㄱ. I go to school.
　　To 자82)는 전치사니 school 자 우헤 치ᄒ야 go 자와 school 자의 관계를 설명홈.
　ㄴ. The book came from Seoul.
　　From 자는 전치사니 Seoul 자 우헤 치ᄒ야 came 자와 Seoul 자의 관계를 설명홈.

　(7)로 보아 『국문문법』에서의 '인졉'은 영어문법의 preposition에 해당하는 품사이다.
　『말』에서의 '인졉'은 『국문문법』의 '인졉'을 계승한 것이다. 이는 주격과 목적격, 부사격을 나타내는 토를 하나의 품사로 처리한 데서 형성된 것이다.83) 『말』의 '언체의 변법'에서 '인졉'은 관계부84)로서 "언어의 법식의 관계를 나타내는 직책이 되ᄂ니 인졉은 주물격(主物格)85) 이 되게 ᄒ는 것이 有ᄒ고…"라고(주시경, 1908: 29)하여 '인졉'의 구실과 내용에 대하여 언급하였다. 그러면 『말』의 '인졉'에서 보인 〈보기〉를 간추려서 보이면 다음 (8)과 같다(주시경, 1908: 80).

---

82) '자(字)'는 '낱말'의 뜻.
83) 탑출판사(1985), 『문법대계』 제1부 제3책에 영인되어 있는 주시경(1908), 말, 80쪽 '單子' 참조.
84) '관계부'는 문법소를 이른다.
85) '주물격'은 주자격과 물자격이 어울려서 된 말인데, 주자격은 『우리말본』의 임자자리, 물자격은 부림자리에 맞선다.

(8) 인접
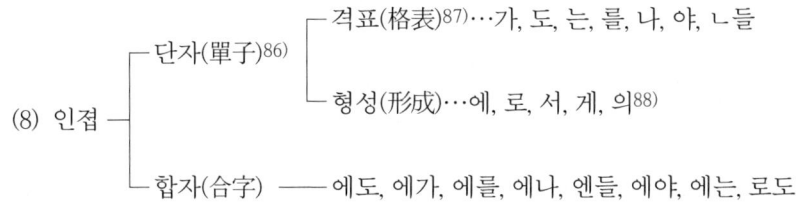

　(8)의 〈보기〉를 살펴보면, '격표'에는 반드시 올려져야 할 관형격과 독립격(호격)이 나타나 있지 않다. 또 『말』의 '관계부'에서 "인접……의 직책은 '장어식(長語式)'89)의 관계를 들어내 설명ᄒᆞ는 것이니, 곳 원체부 명호, 형용, 동작 3체가 장어식으로 조직되게 하는 것이라 이처럼으로 차 3체(인접, 간접, 죠셩)는 장어식에 관계부니라"(주시경, 1908: 80)고 하였다. 그러므로 주시경은 『말』에서 '인접'은 격(자리)을 나타내는 토로 의식하고 있는 것이다.

　그러므로 『말』에 있어서의 '인접'의 풀이는 큰 발전이다. 그 후 『국어문법』에서는 '인접'을 '겻'으로 이어받게 되는데, 이는 다른 용어와는 달리 『월인석보』 권1·2에 실려 있는 『언해본 훈민정음』의 각주에 나타나는 '겻, 겾'을 이어받은 것이90) 분명하다. 이는 주체의식에 따라 용어를 다듬어 나가겠다는 노력으로 보아야 한다.

　이제 『국어문법』 '기난갈'을 통해 '겻'에 대한 뜻매김과 〈보기〉를 보이면 다음 (9)와 같다(주시경, 1910: 28).

---

86) '단자, 합자'는 『우리말본』의 '홀씨, 겹씨'에 해당된다.
87) '격표'는 자리를 나타낸다는 뜻이고, '형성'은 '형동'을 이룬다는 뜻으로 해석되며, 『우리말본』의 어찌자리에 해당되는 것 같다.
88) 『우리말본』의 어찌자리토씨(부사격조사) {-에}는 1910년대에는 {-에, -의}의 둘로 표기되었다.
89) '장어식'이란 오늘날의 문장(sentence)에 해당하는 말로 쓴 것 같다.
90) ① 『말의소리』의 부록에 보면, 주시경이 『月印釋譜』 권 1,2를 보았음을 알 수 있다.
　② 박지홍(1987), 풀이한 훈민정음, 과학사, 123~125쪽 참조.

(9) 겻: 임기의 만이나 움기의 자리를 이르는 여러 가지 기를 다 이름이라.
　　〈보기〉 가, 이, 를, 을, 도, 는, 에, 에서, 로, 으로
　　〈잡이〉 겻: 서로 얽히는 뜻이라.91)

(9)의 뜻매김은 『말』에서 '인졉'을 풀이한 것으로서, "인졉은 주물격 되게 ᄒᆞ는 것과 형성체가 되게 ᄒᆞ는 것이 有ᄒᆞ고…"를 그대로 이어받아서 다듬은 것이다.

곧 〈주물격이 되게 ᄒᆞ는 것〉은 〈임기의 만이〉로, 〈형성체가 되게 ᄒᆞ는 것〉은 〈움기의 자리〉로 다듬어 낸 것이다. 그러므로 이 뜻매김은 '겻'의 뜻매김이 아니고, '겻'의 영역이 되고 말다. 그리고 『국어문법』의 '겻의 갈래'에 나타나는 '겻'의 〈보기말〉을 보이면 다음 (10)과 같다(주시경, 1910: 74~82).

(10) 겻 ┬ 만이 - 가, 이, 를, 을, 에서, 도, 는, 은, ㄴ들, 인들, 라도, 이라도, 든지, 이든지, 나, 이나, 만, 아, 야, 여, 이여, 마다
　　　 └ 자리 - 에, 로, 으로, 에서, 까지, 쯤, 서, 에게, 게, 에게서, 다려, 와, 과, 엔들

(10)의 '겻'의 〈보기말〉은 우리말에 나타나는 '겻'이 거의 다 나타나는데, 여기에는 『말』에서는 나타나 있지 않던 독립격(호격)도 나타나 있다. 그러나 관형격은 역시 나타나 있지 않다. 그리고 마땅히 두 성분을 잇게 되는 접속격이 나타나야 하는데 이 역시 나타나지 않았다.

그러므로 『국어문법』에 있어서의 '겻'에 대한 연구는 양적으로나 질적으로나 『말』에 비해 많은 발전을 본 것이나 '겻'의 영역의 설정

---

91) '겻'은 〈겻다〉의 어간로 보여지는데, '겻'이 〈서로 얽히는〉 뜻이란 풀이로 보아 '겻'은 {곁}의 그릇된 표기가 분명하다. 『조선말본』 56쪽 참조.

은 역시 다음 시대로 넘어가게 된다. 그러나 '겻기'는 여기서 일단 그 형성을 보게 된 것이다.

주시경의 마지막 저서인 『말의소리』에서 '겻'은 다시 다듬게 된다. 그 〈보기말〉과 〈보기 문장〉을 간추려 보이면 다음 (11), (12)와 같다 (주시경, 1914: ㄴ).

(11) 겻: 〈보기〉 가, 이, 를, 을, 는, 마다, 든지, 이든지, 나, 이나, 야, 이야, 아, 여, 이여, 의, ㄴ, 은, 게, 에, 에서, 로, 으로, 까지, 와, 과, 에는, 에도, 에야, 로도

(12) 〈보기 문장〉
    ㄱ. 사람<u>이</u> 밥<u>을</u> 먹소.
         겻   겻
    ㄴ. 메<u>는</u> 푸르고 내<u>는</u> 맑다.
         겻   겻
    ㄷ. 기럭이<u>사</u> 봄<u>에는</u> 노 쪽<u>으로</u> 가고
         겻   겻   겻
    ㄹ. 스스<u>의</u> 말을 받아라.
         겻   겻
    ㅁ. 메<u>와</u> 내<u>가</u> 곱다.
         잇   겻

(11), (12)의 〈보기〉에 따르면, 『국어문법』에서는 접미사로 처리되어 있던 관형격 {-의}가 '겻'으로 나타나 있다. 그러나 똑 같이 어떤 문장성분에 붙어서 뒤 문장성분과 같은 자리를 나타내는 토인 {-와/-과}는 여기서도 '잇기'로 처리되어 모순을 가져오고 있다. 그러나 『국어문법』'겻'의 영역은 『말의소리』에 이르러 그 정립을 보게 되었다.

또 〈보기말〉에서 보인 바와 같이 그때까지 접미사로 의식하였던 {-은, -는, -을, -아, -게}와 같은 문법소도 '겻'으로 처리하였다. 이는 구속형태소도 하나의 품사로 처리하는 그의 문법체계 안에서는 다 같은 자리를 나타낸다는 뜻[92])에서 하나의 큰 발전이다. 그러나 이는 결국 구속형태소에 결합된 구속형태소를 하나의 품사로 처리한 만큼 다음날 다시 다듬어져야 하게 되었다. 그렇지만 『국어문법』에서 접미사로 의식하였던 관형격조사 {-의}를 '겻씨'로 처리한 것은 큰 발전이다.

3.2.1.2. 겻기의 분류

'겻기'의 하위분류는 『말』과 『국어문법(조선어문법)』에 실리어 전해 온다. 『말』의 '관계부'에서 '인졉'을 크게 '격표인졉(格表引接)'과 '형성인졉(形成引接)'으로 나누고는 이를 다시 그 구실에 따라 '격표인졉'은 '젼졔격(專制格), 젼수격(專受格), 반격(反格), 동격(同格), 동차격(同差格), 불관격(不關格)'의 6으로 나누었다. 그러나 '형성인졉'의 하위분류는 그때 아직 이루어지지 않았는지 전하지 않는다.

이제 『말』에 나타나는 '인졉'의 하위분류를 간추려서 정리해 보이면 다음 (13)과 같다(주시경, 1908: 81~84).

(13) 인졉의 분별
  ㄱ. 격표인졉: 쟝어식(長語式)에 주자(主者)나 물자(物者)가 그 말의 셩자(成者)[93])에 관계호 권한을 표호는 인졉

---

92) {-은, -는, -을}은 관형격을 나타내고, {-아, -게}는 부사격을 나타낸다고 볼 수 있다.
93) 『우리말본』의 서술어에 맞서는 용어이다.
94), 95)의 풀이는 필자가 원문에서 간추려서 보충한 것이다.

(ㄱ) 전제격: 한 장어의 주자가 일을 힝ᄒ기를 아무 관계없이 온전이 힝ᄒ는 것94)

〈보기〉 가, 이

㉠ 소<u>가</u> 꼴을 먹는다.

㉡ 말<u>이</u> 물을 먹는다.

(ㄴ) 전수격: 아무 관계없이 행동의 절제를 받는 것95)

〈보기〉 를, 을

㉠ 소가 꼴을 먹는다.

㉡ 배<u>를</u> 먹는다.

(ㄷ) 반격: 한 장어의 주자에 타 주자보다 특별한 성격(행동이나 사정)을 가진 것이나, 한 장어의 물자가 특별한 행동을 받는 것

〈보기〉 는, 은

㉠ 나<u>는</u> 간다.

㉡ 말<u>은</u> 달린다.

(ㄹ) 동격: 한 장어의 주자가 타 주자와 상동(相同)ᄒᆫ 성격(행동과 사정)을 가진 것이나, 한 장어의 물자가 타물자와 상동ᄒᆫ 성격(행동이나 사정)을 받는 것

〈보기〉 도

㉠ 나<u>도</u> 간다.

(ㅁ) 동격차: 이 주자가 성격이 피(彼)주자의 성격과 상동ᄒ되 그러ᄒᆫ 중에 특별히 차등 나는 사정이 잇는 것

〈보기〉 ㄴ들, 인들

㉠ 손<u>들</u> 싯.96)

㉡ 그 사람<u>인들</u> 알겟소.

---

96) 싯=실

(ㅂ) 불관격: 주자나 물자가 중수(衆數)중에 피차를 불분(不分)ᄒᆞ고 한 성자를 가지는 것
〈보기〉 던지, 이던지
ㄴ. 형성인졉: 쟝어식에 성자를 한졍ᄒᆞᄂᆞᆫ 인졉
〈보기〉 에, 로, 도, 서, 게, 의

(13)에서 '인졉'을 '성자'의 '주자'나 '물자'에 붙는 것과 '성자'를 한정하는 말에 붙는 것의 둘로 나누었다. 이 분류는 영어문법에서 subject, object는 문장의 주성분이 되어 있는데, 전치사와 체언으로 결합된 문장성분은 부사적 수식어[助詞職分](윤치호, 1911: 78)의 구실을 함을 적용한 데서 이루어진 것이다. 이 분류는 1차적으로 구실에 따라 나누고, 2차적으로 뜻에 따라 나누었다는 것은 잘된 처리법이다.

그리고 우리말 연구사에서 처음으로 격(case)을 세운 후 이를 분류했다는 점과 이 '인졉'의 분류가 『국어문법』의 '겻'의 갈래의 출발이 되었다는 점 등으로 이 '인졉' 분류는 국어학 연구사에 있어 큰 의의를 가진다. 다음날 『국어문법』의 '겻'의 갈래는 이 분류를 계승·발전시킨 데서 이루어진 것이 분명하다. 그런데 (13)의 분류표에 의하면 '인졉'의 {-도}는 '격표'에도 속해 있고, '형성'에도 속해 있다. — '형성인졉'이란 『우리말본』에서 이르는 어찌자리토씨(부사격조사)이다.— 꼴이 같고 뜻이 같은 한 낱말이 두 갈래에 달리 속하게 되었다는 것은 결코 좋은 처리법이 아니므로 『국어문법』에서 다듬어진다. 주시경이 미처 '인졉'에 자리를 나타내는 것과 뜻을 돕는 것이 달리 존재함을 발견하지 못했던 것이다.

다음은 『국어문법』에서 시도한 '겻'의 하위분류에 대하여 살펴보면, 이 책에서의 하위분류는 『말』에서의 '인졉'의 하위분류를 계승·발전시킨 데서 이루어졌음을 알 수 있다.

주시경은 '겻'을 크게 문장의 중심이 되는 문장성분에 붙는 '만이'와 꾸밈이 되는 문장성분에 붙는 '금이'의 둘로 나누고, 이를 다시 대개 어휘적 뜻에 따라 '만이'는 12로, '금이'는 11로 나누었다. 이것을 간추려서 정리해 보이면 다음 (14)와 같다(주시경, 1910: 74~83).

(14) 겻의 갈래

ㄱ. 만이: 임이와 씀이[97]의 만[98]의 다름. 곳 임이와 씀이의 직권의 분별

곳 임이나 씀이가 되는 표. 곳 임기의 직권이 엇더함을 보이는 것

(ㄱ) 임홋만: 아모 다른 뜻 없이 단순하게 임이 되는 직권만 보이는 것

곳 임기가 아모 관계없이 임이 되는 직권만 잇음을 보이는 것

〈보기〉가, 이

(풀이) ㉠ 새가 날더라.

㉡ 물이 맑으오.

(ㄴ) 씀홋만: 아모 다른 뜻이 없이 단순하게 씀이 되는 직권만 보이는 것

곳 임기가 아모 관계없이 씀이 되는 직권만 잇음을 보이는 것

〈보기〉를, 을

(풀이) ㉠ 저 사람이 조히를 접으오.

㉡ 사람이 말을 타오.

---

97) 여기서 씀이는 목적어(부림말), 객체말, 독립어(홀로말)을 통틀어 일컫는 것 같다. 바로 뒤에 나오는 "임기의 직권이 엇더함을 보이는 것"이란 말에서 이를 짐작할 수 있다.

98) '만'은 '직권'의 뜻

(ㄷ) 덩이임만: 여럿이 겹치어 한덩이 몸으로 임이가 됨을 보이는 것

    〈보기〉에서

    (풀이) ㉠ 우리나라<u>에서</u> 이기었다.

(ㄹ) 한가지만: 이 임이의 남이가 그 뜻한 어느 임이의 남이와 서로 같은 것과 이 씀이가 그 임이의 움즉임을 받음이 그 뜻한 어느 씀이가 그 임이의 움즉임을 받음과 서로 같음을 보이는 것

    〈보기〉도

    (풀이) ㉠ 나<u>도</u> 가오.

         ㉡ 아기가 밥<u>도</u> 먹으오.

(ㅁ) 다름만: 이 임이의 남이가 그 뜻한 어느 임이의 남이와 다른 것과 이 씀이가 그 임이의 움즉임을 받음이 그 뜻한 어느 씀이가 그 임이의 움즉임을 받음과 다른 것

    〈보기〉는, 은

    (풀이) ㉠ 나<u>는</u> 가오.

         ㉡ 아기가 젓<u>은</u> 먹으오.

(ㅂ) 다름한만: 이 임이나 씀이가 한 남이에 힘이 첨에는 그 뜻한 어느 임이나 씀이가 그 남이에 힘보다 더 낫거나 더 못한 분량, 곳 같지 안이한 일이 잇다가 나종에 되는 것은 서로 같음에 돌아가는 것

    〈보기〉ㄴ들, 인들, 라도, 이라도

    (풀이) ㉠ 쟝<u>슌들</u> 메야 뽑겟나냐.

         ㉡ 스승<u>이라도</u> 모르오.

(ㅅ) 안가림만: 한 남이에 임이나 씀이가 됨이 많음에서 이와 저를 가리지 안이하는 것

    〈보기〉든지, 이든지, 나, 이나

(풀이) ㉠ 소든지 말이든지 다 풀을 먹는다.
　　　 ㉡ 소나 말이나 다 풀을 먹는다.
(ㅇ) 낫됨만: 한 남이의 임이나 씀이가 될 만한 여럿에서 그 한아만 되는 것
　　〈보기〉 나, 이나99)
　　(풀이) ㉠ 내나 가겠다.
　　　　　㉡ 나는 밤이나 먹겠다.
(ㅈ) 특별함만: 한 남이에 이와 저는 다 임이나 씀이가 될 수가 없으되 그 한아는 특별이 될 수가 있는 것
　　〈보기〉 야, 이야
　　(풀이) ㉠ 아모 칼이라도 조히야 베지.
(ㅊ) 홀로만: 다른 이는 다 없는 남이를 이 임이나 씀이는 홀로 있는 것
　　〈보기〉 만
　　(풀이) ㉠ 나만 자오.
(ㅋ) 부름만: 부름을 입은 임이.
　　〈보기〉 아, 야, 여, 이여
　　(풀이) ㉠ 돌아 글을 읽어라.
　　　　　㉡ 쇠내야, 나의 말을 들어라.
　　　　　㉢ 사랑하시는 어버이여 오래 살으소서.
(ㅌ) 낫한만: 한 남이에 임이나 씀이가 됨이 낫낫이 같은 것
　　〈보기〉 마다
　　(풀이) ㉠ 사람마다 숨을 쉬오.
ㄴ. 금이나 자리: 남이의 자리를 금하는 것, 곧 움즉임의 자리를 가르치는 것

---

99) 원문에는 〈보기〉가 빠져 있는 것을 필자가 (풀이)를 보고 보충해 넣은 것이다.

곳 임기의 알에 더하여 억기 몸, 곳 금이가 되게하는 것

(ㄱ) 자리금: 남이가 곳에서 됨을 가르치는 것

　　〈보기〉 에, 로, 에서, 까지, 쯤

　　(풀이) ㉠ 나물이 들에 잇다.

　　　　　㉡ 내가 들로 가오.

　　　　　㉢ 샘이 땅에서 나오.

　　　　　㉣ 내가 서울까지 가겟다.

　　　　　㉤ 그 사람이 지금 돌다리쯤 가겟다.

(ㄴ) 몬금: 움즉임이 몬에서 됨을 가르치는 것

　　〈보기〉 에, 에서

　　(풀이) ㉠ 먹이 벼루에 잇다.

　　　　　㉡ 향긔가 꼿에서 나오.

(ㄷ) 때금: 남이가 때에서 됨을 가르치는 것

　　〈보기〉 에, 로, 으로, 에서, 까지, 쯤

　　(풀이) ㉠ 이슬이 아츰에 오오.

　　　　　㉡ 리치는 예로 지금까지 한가지요.

　　　　　㉢ 내가 아츰에서 저녁까지 글을 읽으오.

　　　　　㉣ 그 사람이 저녁때쯤 오겟다.

(ㄹ) 헴금: 움즉이는 수량에 됨을 가르치는 것

　　〈보기〉 에, 로, 으로, 에서

　　(풀이) ㉠ 한아에 둘을 더하오.

　　　　　㉡ 내가 모시 한 끗으로 두루마리를 만들엇다.

　　　　　㉢ 열에서 셋을 덜어라.

(ㅁ) 부림금: 움즉임이 어느 몬을 부리어 됨을 가르치어 내는 것, 곳 몬이나 일의 임기가 그 임이의 움즉임에 부리어짐이 됨을 가르치어 내는 것

〈보기〉로, 으로

(풀이) 내가 광이로 밧을 파오.

(ㅂ) 움몬금: 움즉임이 움즉이는 몬에 됨을 가르치어 내는 것

〈보기〉에서, 서, 에게, 게, 에게서, 다려

(풀이) ㉠ 우리의 몸이 어버이에게서 나앗다.

㉡ 네가 소의 젓을 아기에게 주어라.

㉢ 네가 그 사람다려 오라고 말하여라.

(ㅅ) 일금: 움즉임이 일 임기에서 됨을 가르치어 내는 것

〈보기〉에, 에서

(풀이) ㉠ 일의 일움이 뜻에 잇소.

㉡ 큰 일이 큰 뜻에서 나오.

(ㅇ) 낫한금: 움즉임의 됨이 일마다나 몬마디에 잇음을 가르치어 내는 것

〈보기〉마다

(풀이) ㉠ 봄에는 꼿이 곳마다 피오.

(ㅈ) 까닭금: 남이의 까닭을 가르치어 내는 것

〈보기〉에, 로, 으로, 고로

(풀이) ㉠ 봄이 된 까닭에 꼿이 피오.

㉡ 봄된고로 꼿이 피오.

(ㅊ) 함게금: 이 임이가 어느 임이로 더불어 한가지 움즉임이 잇음을 가르치어 내는 것

〈보기〉와, 과

(풀이) ㉠ 내가 너와 가겟다.

(ㅋ) 다름한금: 그 남이에 금이가 될 힘이 첨에는 그 뜻한 어느 것이 금이가 될 만한 일보다 더하다가 나중에 되는 것은 서로 같음에 돌아가는 것

〈보기〉 엔들

(풀이) ㉠ 그러하게 큰 고기야 가람엔들 잇겟나뇨.

(14)에 의하면, '만이'는 『말』에서 시도된 '격표인졉'을 계승하여 다듬은 것이고, '금이'는 '형성인졉'을 계승하여 다듬은 것인데, '만'은 직권을, '금'은 한정을 나타내는 토박이말로 생각된다. 곧 '만이'는 문장에서 주어 또는 독립이나 목적어에 붙는 '겻'을 이르고, '금이'는 서술어를 금하는(한정하는) 문장성분에 붙는 '겻'을 이른다(주시경, 1910: 37).

(14)의 '겻'의 갈래를 살펴보면, 『말』에서는 {-도}가 두 갈래에 속해 있던 것이 여기서는 한 갈래인 '한가지만'으로 다듬어졌다. 곧 '금이'에 속하게 될 {-도}는 빼낸 것이다. 이로보아 『국어문법』에서의 처리는 『말』에서 갖추지 못한 것을 보충한 것이다.

(15) '한가지만'의 〈보기 문장〉
   ㄱ. 나도 가오.
   ㄴ. 벌도 날더라.
   ㄷ. 풀도 푸르다.
   ㄹ. 아기가 밥도 먹으오.
   ㅁ. 이것도 나무요.

(15)ㄱ~(15)ㄷ의 〈나도, 벌도, 풀도〉의 {-도}는 주어에 붙는 〈보기〉이고, (15)ㄹ~(15)ㅁ의 〈밥도, 이것도〉의 {-도}는 목적어에 붙는 〈보기〉이다. 여기에는 〈눈도(←눈에) 젖은 날개〉와 같은 객체말에 붙는 {-도}는 나타나 있지 않다.

이제 '겻'의 갈래를 한눈에 볼 수 있게 간추려서 표로 보이면 다음 (16)과 같다.

(16) 겻의 간추린 갈래

```
         ┌ (ㄱ) 임홋만: 가, 이
         ├ (ㄴ) 씀홋만: 를, 을
         ├ (ㄷ) 덩이임만: 에서
         ├ (ㄹ) 한가지만: 도
         ├ (ㅁ) 다름만: 는, 은
    ㄱ. 만이 ├ (ㅂ) 다름한만: ㄴ들, 인들, 라도, 이라도
         ├ (ㅅ) 안가림만: 든지, 이든지, 나, 이나
         ├ (ㅇ) 낫됨만: 나, 이나
         ├ (ㅈ) 특별함만: 야, 이야
         ├ (ㅊ) 홀로만: 만
         ├ (ㅋ) 부름만: 아, 야, 여, 이여
         └ (ㅌ) 낫한만: 마다
 겻 ─┤
         ┌ (ㄱ) 자리금: 에, 로, 에서, 까지, 쯤
         ├ (ㄴ) 몬금: 에, 에서
         ├ (ㄷ) 때금: 에, 으로, 에서, 까지, 쯤
         ├ (ㄹ) 헴금: 에, 로, 으로, 에서
    ㄴ. 금이 ├ (ㅁ) 부림금: 로, 으로
         ├ (ㅂ) 움몬금: 에서, 서, 에게, 게, 에게서,
         │                  다려
         ├ (ㅅ) 일금: 에, 에서
         ├ (ㅇ) 낫한금: 마다
         ├ (ㅈ) 까닭금: 에, 로, 으로
         ├ (ㅊ) 함께금: 와, 과
         └ (ㅋ) 다름한금: 엔들
```

다음은 『말』의 '인접'의 갈래가 『국어문법』의 '겻'의 갈래로 계승·발전한 관계를 표로써 견주어 보이면 다음 (17)과 같다.

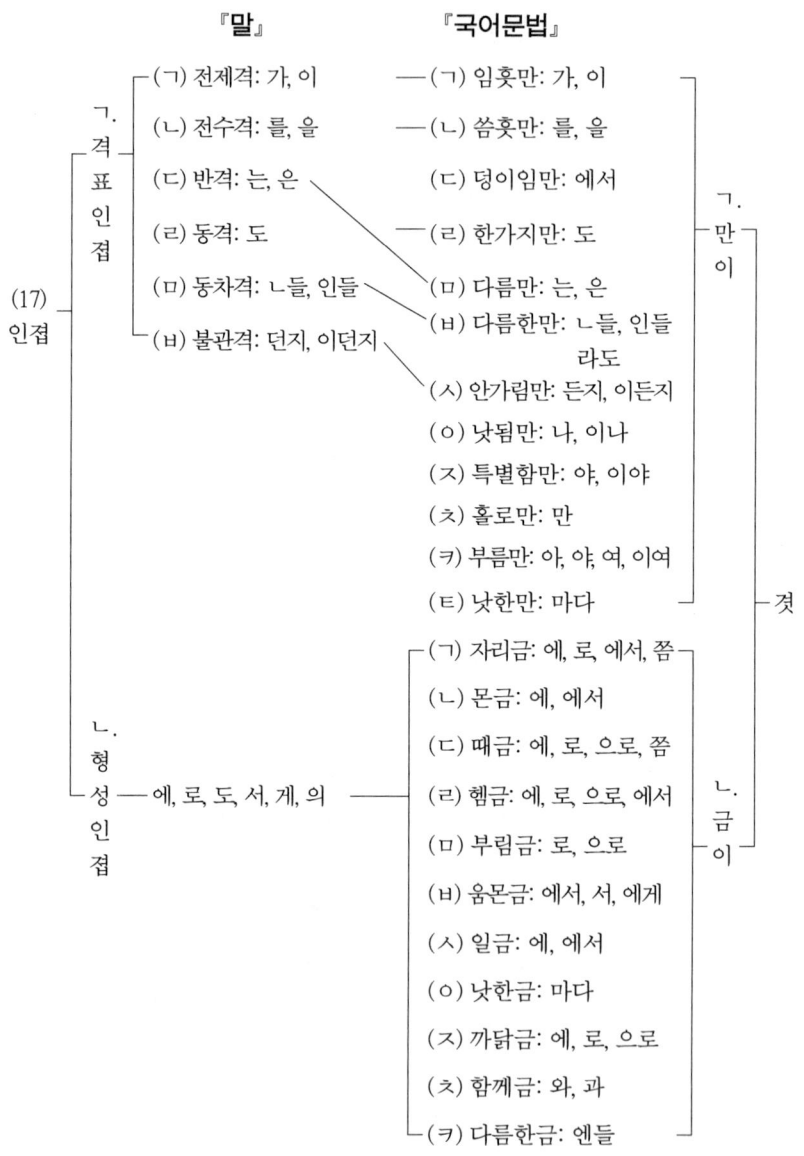

(17)의 표에 의하면, '만이'는 '격표인졉'보다 갑절이나 잘게 나누어져 있고, 더 많은 '겻'이 등장되어 있다. 또 '형성인졉'의 경우도 많은 '겻'이 등장하며, 『말』에서는 분류조차 찾을 수 없었던 것이 아주 잘게 나누어져 있다. 그러나 이 중에서 {-에서, -야, -마다, -에}의 4겻은 여러 갈래에 딸려 있다. '만이'의 {-에서}는 '금이'의 {-에서}들과는 뜻이 다르고, '만이'의 '특별함'의 {-야}와 '부름만'의 {-야}는 뜻이 다르다는 것을 이미 의식한 분류이다.

그러나 {-마다}는 꼴이 같고, 뜻이 같으며, {-에}나 {-에서}도 꼴이 같고, 넓은 뜻에서 뜻이 같은데, 이들을 여러 갈래로 갈라 세웠으므로, 이것은 좋은 처리법이 될 수는 없다.

(18) {-마다}: ㄱ. 사람마다 숨을 쉬오. (낫한만)
 ㄴ. 꽃이 봄마다 피오. (낫한금)
(19) { -에}: ㄱ. 나물이 들에 잇다. (자리금)
 ㄴ. 먹이 벼루에 잇다. (몬금)
 ㄷ. 일을 이룸이 뜻에 잇다. (일금)
(20) {-에서}: ㄱ. 샘이 땅에서 나오. (자리금)
 ㄴ. 아침에서 저녁까지 한가지오. (때금)
 ㄷ. 큰 일이 큰 뜻에서 나오. (일금)

(18)의 {-마다}를 '만이'와 '금이'에 각각 달리 갈라 세운 것은, '겻'에는 자리(격)를 결정해 주는 것과 뜻을 돕는 것이 있음을 그때에는 미처 깨닫지 못한 데서 이루어진 처리로 생각된다. 또 (19)의 {-에}와 (20)의 {-에서}를 여러 갈래로 갈라 세운 것은 꼴이 같은 말은, 넓은 의미에서 공동의 뜻을 찾아내어서 갈래를 될 수 있는 한 단일화하는 것이 문법연구에 있어 필요함을 미처 깨닫지 못한 데서 이루어진 것

이다. 이밖에 유의되는 일은 '임홋만'과 '씀홋만'[100]의 명명이다.

주시경이 {-이, -가}를 '임홋만'으로, {-을, -를}을 '씀홋만'으로 명명한 것은 {-이}와 {-가}는 '임이'에만, {-을, -를}은 '씀이'에만 결합됨을 알고 있었기 때문이다. 그러나 여기에서 한걸음 더 나아가서 {-이, -가}가 앞 말을 '임이'로 만들어 주고, {-을, -를}이 앞 말을 '씀이'로 만들어 주는 것을 깨닫지는 못하였다.

만약 그때에 이들 '겻'이 격을 만들어 주는 것을 의식했더라면, 그때에는 격을 결정하는 '겻'과 뜻을 도와주는 '겻'이 있음을 알게 되었을 것이고, 그에 따라 '겻'의 하위분류는 객관적 기준을 찾게 되었을 것이다. 그리고 격조사와 보조사가 '만이'와 '금이'를 대신하여 등장하게 되었을 것이다. 이들의 등장이 뒷날로 미루어짐은 순전히 '임기'와 '겻'의 결합관계 해석의 불충분에서 나왔던 것이다. 이런 관계로 '겻'의 하위분류는 '만이'와 '금이'의 분류부터 다시 다듬어져야 하게 되었다.

그러므로 이 『국어문법』에서 '겻'의 하위분류는 『말』의 '인접'의 하위분류를 계승·발전시켜서 '격표인접'은 '만이'로 이어받고, '형성인접'은 '금이'로 이은 후 이를 대개 어휘적 뜻에 따라 나눈 것이 분명하다. 다만 '만이'의 '임홋만'과 '씀홋만'은 **구실**에 따라 나누었다.

그런데 '만이'의 하위분류는 문장성분을 결정해 주는 것과 성분의 그것과는 관계없는 것이 같은 '만이' 이에 속하게 되어 '금이'와의 구별이 선명하지 못하게 되고, 또 '금이'의 하위분류는 너무 뜻에 치우쳤기 때문에 꼴이 같은 '금이'가 여러 갈래로 나누어지고 말았다. 그러나 주시경이 '임홋만' {-이/가}는 주어에만, '씀홋만' {-을/를}은 목적어에만 붙는다고 밝힌 것은 국어학 연구사에 있어 격(case)의 성립에 큰 계기가 되었으므로 매우 의의가 크다.

---

100) {홋}은 {홀}의 그 때의 표기로 {오직}과 같은 뜻이다.

3.2.2. 잇기의 형성과 분류

3.2.2.1. 잇기의 형성

주시경이 설정한 '잇기'는 『국문문법』에 '간접(間接)'으로 등장된다. 이는 "흔 말이 달은 말을 이어지게 ᄒᆞᄂᆞᆫ 것들"이라고(주시경, 1905: 16) 뜻매김되어 있을 뿐 여기에는 〈보기말〉은 전해 오지 않는다. 그러므로 '간접'에 대하여 여기서는 이 이상 구체적인 것은 알 길이 없다. 그러나 그 뜻매김으로 보아 영어문법의 conjunction에 해당하는 품사임을 알 수 있다.

이 무렵의 영어문법책으로는 역시 윤치호의 『英語文法捷徑』을 들 수 있다. 윤치호는 이 책의 제1편 1장 文法八詞(1911: 2)에서 접속사에 대하여 다음 (21)과 같이 뜻매김을 하고 그 〈보기말〉을 들어 풀이하고 있다.

(21) 接續詞(conjunction)는 단어나 句語101)를 연락홈.
  〈보기〉 The cat and the dog.
  and는 접속사니 cat 字와 dog 字를 연락홈.

그런데 '간접'의 뜻매김은 (21)의 영어 접속사의 뜻매김과 일치된다. 곧 〈단어나 句語〉를 〈말〉로 바꾸어서 뜻매김을 다시 다듬었던 것이다. 이 '간접'은 다음날 『말』에 계승·발전되어 간다. 『말』의 '言體의 變法'에서 '間接'을 '관계부'의 하위단위의 하나로 보았다. 이는 다만 '형성구절(形成句節)'102)이 되게 하는 것과 '명호구절(名號句節)'103)이

---

101) '句語'는 'sentence'를 우리말로 옮겨 적은 것이다.

되게 하는 것의 둘로 나누어져 있을 뿐 뜻매김도 〈보기말〉도 나타나지 않는다(주시경, 1908: 29).

그러나 이 책의 '言體의 變法'의 '形成되게 ᄒᆞ는 것'에 많은 〈보기말〉이 실리어 전한다(주시경, 1908: 61~79). 이것을 보이면 다음 (22)와 같다.

(22) ㄱ. 검<u>어</u> 딜 더럽다.
　　 ㄴ. 빠르<u>어</u> 못 싸르겟다.
　　 ㄷ. 깃부<u>어</u> 춤춘다.
　　 ㄹ. 덥<u>어</u> 안 입엇다.
　　 ㅁ. 옅<u>어</u> 건느기 쉽다.
　　 ㅂ. 곱<u>아</u> 사랑ᄒᆞ다.
　　 ㅅ. 좋<u>아</u> 다닌다.
　　 ㅇ. 맑<u>아</u> 좋다.
　　 ㅈ. 낫<u>아</u> 갑갑하다.
　　 ㅊ. 낫<u>아</u> 더 빗사다.

그런데 (22)의 분류와 〈보기말〉을 통해 '간접'을 살펴보면 이는 영어문법의 접속사에서 영향 받았음을 알 수 있다.

윤치호는 『英語文法捷徑』의 제2편 7장 접속사에서 접속사를 '同續詞, 附續詞, 助續詞, 疊續詞, 雙續詞'의 5으로 나누고, 그 〈보기말〉을 들고 있다. 이들 중 동속사와 부속사가 우리말 문법에 적용되어 있다. 이제 이들에 대한 그 풀이와 〈보기말〉을 보이면 다음 (23)과 같다.

---

102) '형성구절'은 '풀이구(句)(용언구)'를 이른 것 같다.
103) '명호구절'은 '명사구(句)(체언구)'를 이른 것 같다.

(23) 동속사(Co-ordinate Conj): 동등한 단어나 句語를 연락홈.
  〈보기〉 You and I, love God.
   단어 you와 I 자가 독립ᄒ야 하나가 업셔도 의사가 완전한 고로 and 자를 동등접속사라 칭함(조선어에 "와", "故로" 등 자가 동속사니라).
   I am a Korean and you are a Japanese.
   The weather is good, but it is cold.

(24) 부속사(Sub-ordinate Conj): 二句語를 연락하되 一句104)는 의사가 독립ᄒ고, 一句는 의사가 他句에 부속홈.
  〈보기〉 I will come, if it does not rain.
   此 句語에 二句가 잇스니, 一은 I will come이라 의사가 독립ᄒ야 他句가 업서도 말이 되나, if it does not rain은 혼자는 말이 아니되고, I will come에 부속홈.

(23)과 (24)의 뜻매김을 살펴보면, 『말』에 나타나는 〈'명호구절'이 되게 ᄒ는 '간졉'〉은 동속사를 적용한 것이고, 〈'형용구절'이 되게 ᄒ는 '간졉'〉은 부속사를 적용한 것임을 알 수 있다.
이것을 표로 견주어 보이면 다음 (25)와 같다.

　　　　『영어문법』　　　　　　　　　『말』
(25) ┌ 동속사(조선어의 "와", "故로" 등 자가 ── 명호구절이 되게 ᄒ는 간졉
　　 │ 동속사니라.
　　 └ 부속사(二句語를 연락ᄒ되…)　　　── 형성구절이 되게 ᄒ는 간졉

---

104) 句는 마디[節]를 가리킨다.

그러므로 『말』에서 보인 〈검어 덜 더럽다〉 등은 〈검어[그래서(and)] 덜 더럽다〉로 풀어보면, {-어}가 '간접'이 됨을 알 수 있다. 이렇게 해서 '간접' {-와/과, -아/어 …} 등이 우리말 문법에 등장되었다. 그러나 {-와/과}는 자립형태소에 붙는 토이나 {-아/어}는 구속형태소에 붙는 토이다.

그런데 낱말은 일반적으로 〈확고한 말의 단위〉로 인정되는 것이지만 모든 언어에 적용될 수 있는 낱말의 정의는 결정되기 어려운 것이므로, 때로는 그 규정이 모호할 때가 많다(허웅, 1975: 26~27).

(26) 저것은 붉은 집이다.

(26)의 문장은 세 낱말로 처리하는 일도 있고, 넷으로 처리하는 일도 있고, 다섯이나 여섯 또는 일곱, 여덟으로 처리하는 일도 있다.
(26)의 문장을 품사분류해 보이면 다음 (27)과 같다.

(27) ㄱ. 저것은   붉은   집이다. (3)
     ㄴ. 저것 은   붉은   집이다. (4)
     ㄷ. 저것 은   붉은   집 이다. (5)
     ㄹ. 저것 은   붉 은   집 이다. (6)
     ㅁ. 저 것 은 붉 은   집 이다. (7)
     ㅂ. 저 것 은 붉 은   집 이 다. (8)

(27)ㄱ은 품사의 단위를 가장 크게 어절로 잡은 것이고, (27)ㅂ은 품사의 단위를 가장 작게 형태소로 잡은 것인데, 품사의 단위를 형태소로 잡았다고 해서 그 처리는 잘못이 아니다. 이것은 엄연히 하나의 기준 아래 이루어진 것이기 때문이다.

그러나 {붉-은}, {이-다}는 구속형태소와 구속형태소의 결합, 곧 매인형태소와 매인형태소로 이루어졌으므로, 이때 이들을 모두 하나의 독립된 품사로 처리하는 것과 같은 것은 되도록 피하는 것이 좋다. 우선 사전에 {붉-}이나 {이-}를 한 낱말로 올릴 수 없다. 그러므로 이러한 토를 독립된 품사로 잡는 데 대한 문제는 다음날 논란거리가 되었다.

'간겹'은 『국어문법』에서는 '잇'으로 계승되어 뜻매김이 다시 다듬어지는데, 여기에는 〈보기말〉이 많이 나타난다. 이것을 보이면 다음 (28)과 같다(주시경, 1910: 28).

(28) 잇: 한 말이 한 말에 이어지게 함을 이르는 여러 가지 기를 다 이름이라.
〈보기〉 와, 과, 고, 면, 으면, 이면, 나, 으나, 이나, 다가, 는데, 아, 어

그런데 (28)의 〈잡이〉에서 '잇'은 "한 말의 끗과 한 말의 끗을 서로 매어 따로 나게 하지 안이하고 한 줄이 되게 하는 뜻이라"고 덧붙여 두었다(주시경, 1910: 29).

그것은 토가 아닌 것은 '잇'이 될 수 없다는 것이다. 그러므로 앞 영어문법의 동속사에서 but[105] (The weather is good but it is cold)에 맞서는 우리말 〈그러나〉 등은 '잇기'가 될 수 없다는 것이다. 그러면 이들 〈그러나〉와 같은 낱말은 『국어문법』에서 이를 '억기'로 처리하고 있다(주시경, 1910: 90).

이제 (28)의 뜻매김을 '간겹'의 뜻매김과 견주어 보면, '잇'의 뜻매김은 훨씬 더 문법에 맞게, 그리고 선명하게 다듬어졌음을 알 수 있다. '잇'과 '간겹'의 사이에 나타나는 뜻매김을 살펴보면 다음과 같다.
"한 말이 다른 말을 이어지게 하는 것"(간겹) → "한 말이 한 말에

---

[105] 여기서 but가 〈그러나〉로 옮겨질 경우이다.

이어지게 하는 여러 가지 기를 다 이름이라"(잇)

이는 곧, 용어에 있어서는 '간접'을 '잇'으로 고쳐서 문법에 어긋난 부분을 바로 잡았고, 〈겻〉의 내용은 밝혀서 〈여러 가지 기〉로 다듬어 내어서 뜻을 선명하게 하였다.

그리고 (잡이)에 있어서는 『말』에서 쉽게 이해되지 않던, '형성구절'을 풀이해서 읽는 이에게 이해를 돕게 하였다.

'잇기'의 뜻매김은 여기서 일단 그 완성을 보게 되었다. 그런데 '잇기'의 {잇}은 〈잇다〉의 어간 {잇-}인데, 이 용어는 언뜻 보기에는 오늘날 접속사(이음씨)에 접근되는 품사로 짐작하기 쉽다. 그러나 이는 오늘날의 접속사와는 그 영역이 크게 다르다.

이제 주시경이 설정한 '잇기'의 영역을 알아보기 위해서 『국어문법』에서 보인 '잇'을 모두 보이면 다음 (29)와 같다(주시경, 1910: 83~87).

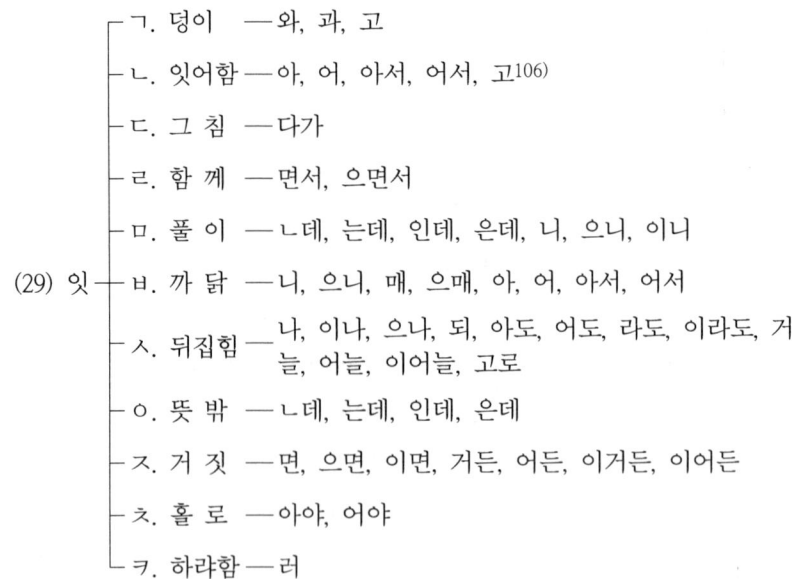

(29)의 표를 살펴보면, '잇기'의 영역은 대개 다음 (30)과 같음을 알 수 있다.

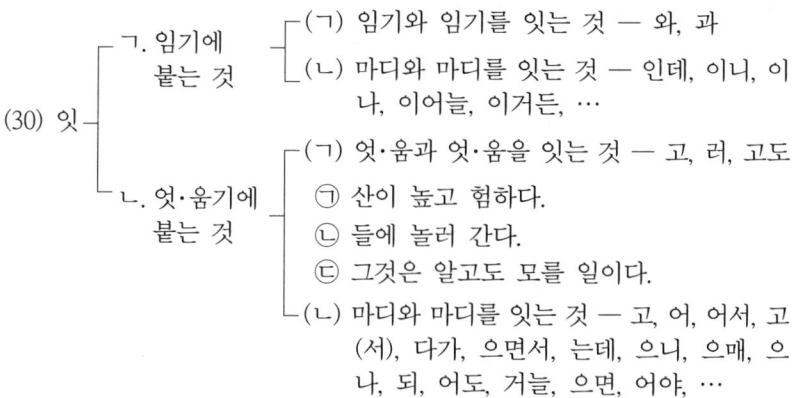

(30)에 설정된 '잇기'를 살펴보면, {-와/과}는 품사분류에 있어 '겻기'와 다를 바가 없다. 이밖에 '잇'은 두 언어형식을 잇는 토를 하나의 품사로 처리한 데서 이루어진 것이므로 다른 품사와 '잇'의 사이에 끼어드는 형태소의 처리 문제가 생겨난다.

『국어문법』에서 다음의 {앗, 엇, 겟, 더, 시, 오} 등의 형태소는 '잇기'나 '끗기' 앞에서도 한결같이 붙는다.

(31) ㄱ. 앗으니, 엇으니(잇) ↔ 앗읍니다. 엇읍니다.(끗)

　　ㄴ. 겟으니(잇) ↔ 겟읍니다.(끗)

　　ㄷ. 더니(잇) ↔ 더냐(끗)

　　ㄹ. 시니, 오니(잇) ↔ 시브니다. 오브니다.(끗)

---

106) 여기서 {고}는 {고서}의 준말이다.

또 구속형태소에 이어지는 구속형태소를 하나의 품사로 처리할 것이냐, 굴곡어미으로 처리할 것이냐 하는 문제도 생긴다. 그러나 '잇기'의 영역은 『국어문법』에서는 일단 마무리 되었으므로 '잇기'는 여기서 그 형성을 보게 되었다.

3.2.2.2. 잇기의 분류

주시경의 '잇기(〈간겹〉)'의 하위분류는 『말』에 처음으로 나타난다. 여기에는 '간겹'은 '형성구절(形成句節)'이 되게 하는 것과 '명호구절(名號句節)'이 되게 하는 것이 있다고만 하였을 뿐 설명이나 〈보기말〉은 없다(주시경, 1908: 29). 그러므로 여기에서는 이 이상 자세한 것은 알 길이 없다. 그러므로 '간겹'의 분류다운 분류는 『국어문법』에 비로소 나타난다.

그 후 『국어문법』에서 '간겹'을 '잇기'로 이어가게 되는데, '잇기'를 뜻에 따라 〈덩이, 잇어함, 그침, …〉 등 11갈래로 나누었다. 그런데, '덩이'에서는 '임기'에 붙는 토를 '잇'으로 처리하고 있고, 나머지 10은 '엇기·움기'에 붙은 토를 '잇'으로 처리하고 뜻에 따라 잘게 나누어 체계를 세웠다. 이제 『국어문법』에 나타나는 '잇기'의 하위분류를 보이면 다음 (32)와 같다(주시경, 1910: 83~87).

(32) 잇의 갈래
    ㄱ. 덩이: 한 덩이가 되게만 하랴고 사이에 두는 것
        〈보기〉 와, 과, 고[107]
        (풀이) 벼루와 먹이 잇소.
            그 말은 히고 크오.

---

107) 여기서도 {고}는 {고서}의 준말이다.

ㄴ. 잇어함: 연하여 행함을 이름이니 둘로 둘 더 되는 움즉임을 차제
(次第)로 하는 것
　㉠ 한일: 몬저 움과 나종 움이 다 한가지 일이 되는 것이라.
　　　〈보기〉 아, 어, 아서, 어서
　　　(풀이) 고기를 썰어 먹소.
　㉡ 다른 일: 몬저 움과 나종 움이 서로 아모 관계없이 다른 가지의
　　　일로, 그 몬저와 나종의 차석(次席)만 잇는 것
　　　〈보기〉 고
　　　(풀이) 글을 읽고 밥을 먹겟다.
ㄷ. 그침: 한 움을 하다가 다 못하고 다른 움을 하는 것
　　　〈보기〉 다가
　　　(풀이) 글을 읽다가 자오.
ㄹ. 함게: 두 움을 한 때에 하는 것
　　　〈보기〉 면서, 으면서
　　　(풀이) 그 사람이 가면서 노래하오.
ㅁ. 풀이: 이미 말한 것을 다시 풀어 말하는 것
　　　〈보기〉 ㄴ데, 는데, 인데, 은데, 으니, 이니
　　　(풀이) 한 새가 저 나무에 잇는데 빗은 누르고 노래는 아름
　　　　　답다.
　　　　　해가 돋으니 사람이 일어나고 새가 잭잭하오.
ㅂ. 까닭: 한 말이 한 말에 까닭으로 잇어지는 것
　　　〈보기〉 니, 으니, 매, 으매, 아, 어, 아서, 어서
　　　(풀이) 봄이 되니 꽃이 피오.
　　　　　바람이 불매 배가 가오.
ㅅ. 뒤집힘: 한 일이 그와 관계된 일의 뜻에 뒤집히는 것
　　　〈보기〉 나, 이나, 으나, 되, 아도, 어도, 라도, 이라도, 거늘,

어늘, 이어늘, 고로

(풀이) 그 글은 배호나 그 뜻은 모르오.

ㅇ. 뜻밧: 이 일에는 나지 안이할 만한 다른 일이 나는 것

〈보기〉 ㄴ데, 는데, 인데, 은데

(풀이) 저 사람이 옳<u>은데</u> 웨 나물하오.

　　　　그 사람이 글을 배호<u>는데</u> 웨 부르오.

ㅈ. 거짓: 저 일이 이러하게 되면, 이 일이 엇더하게 되리라고 맘으로 거짓 뜻하는 것

〈보기〉 면, 으면, 이면, 거든, 이거든, 이어든

(풀이) 비가 오<u>면</u> 풀이 잘 자라오.

　　　　그것이 얼음<u>이면</u> 녹겟다.

ㅊ. 홀로: 여러 일에서 될 것은 한가지에만 잇는 것

〈보기〉 아야, 어야

(풀이) 보<u>아야</u> 알겟다.

ㅋ. 하랴함: 이 몬저 움을 하는 것은, 저 나종 움을 하랴고 하는 것

〈보기〉 러

(풀이) 글을 배호<u>러</u> 가오.

(32)의 분류를 살펴보면, 꼴은 전혀 돌보지 않고, '임기'에 붙는 토(덩이{와/과})와 '엇기'와 '움기'에 붙는 토를 같은 범주 속에 넣었고, 꼴이 같고 뜻이 비슷한 {-아, -어, -아서, -어서}와 {-ㄴ데, -는데, -인데, -은데}가 완전히 다른 두 갈래에 속해 있다. 또 {-으니}의 주된 뜻은 '까닭'이고, '풀이'는 주변적인 뜻에 불과한데 이를 같은 자격으로 두 갈래로 나누었다. 이는 결코 좋은 처리법이 아니다.

이들 '잇기'의 하위분류는 주로 **뜻**에 따라 나누었으므로 잘게 나누어져서 '잇기'의 분류체계를 번거롭게 만들었고, 문법적으로도 별 의

의가 없다. 그러나 이 분류는 뜻에 따라 상당히 정밀하게 나누어져 있고, 우리말의 '잇기' 분류를 가장 먼저 다루었으며, 뒷날 『우리말본』에서 용언의 접속법 하위분류의 토대가 되었다는 점에 있어 국어학 연구사에서는 그 의의가 크다고 할 수 있다.

3.2.3. 끗기의 형성과 분류

3.2.3.1. 끗기의 형성

주시경이 설정한 '끗기'는 처음엔 『국문문법』에 '죠셩(助成)'으로 설정된다. 이는 "명호나 동작이나 형용을 도아 한 말을 마치는 것들"이라고(주시경, 1905: 16) 뜻매김되어 있을 뿐 여기에는 〈보기말〉은 전해 오지 않는다. 그러므로 '죠셩'에 대하여 이 이상 구체적인 것은 알 길이 없다. 그러나 말에는 문장을 끝맺어 주는 품사가 있음을 의식하게 되어 '끗기'를 설정하게 된 것은 실로 독창적이라 할 수 있다.

그런데 주시경의 품사설정의 결과는 대개 영어문법과 일치하는데, 이 '죠셩'은 영어문법에는 이런 유형이 없고, 한문문법의 종결사(終結詞)[108]와 일치한다. 한문에서는 특히 문장을 맺어 주는 품사에 종결사란 품사가 있는데, 이는 한문문법에 있어 중요한 자리를 차지하고 있다. 이것을 우리말과 견주어 보면 다음 (33)~(36)과 같다(이가원, 1960: 59~61).

---

[108] 종결사를 일본에서는 흔히 終尾詞라고도 한다. 일본의 한학자인 塚本哲三은 更訂漢文解釋法(1937: 초판은 1917)의 文法篇에서 終尾詞는 한문 독자의 품사이며, 그 용법은 데리케이드하다고 말하고 있다.

(33) 明日彼必來矣(시간) → 내일 그는 반드시 올 것이다. (오-ㄹ 것이다.)
(34) 吾未見其人也(지정) → 나는 그 사람을 보지 못하였다.
(35) 我知者, 其惟哲洙乎(의문) → 나를 아는 이는 그 오직 철수이냐?
(36) 放其心而不知求, 哀哉(감탄) → 그는 마음을 놓아 버리고 구하지 않다니 슬프구나.

이제 '죠셩()끗'에 대한 뜻매김을 살펴보면, 그것은 '명호'나 '동작, 형용'과 같은 앞 품사를 도와서 말, 곧 문장을 이룩한다는 뜻임을 알수 있다. 이는 앞 한문의 인용과 견주어 보면, '명호'인 〈人, 哲洙〉나 '동작'인 〈來〉, '형용'인 〈哀〉 등에 종결사인 {矣, 也, 乎, 哉} 등이 붙어서 문장을 형성함과 일치한다.

이 '죠셩'은 다음날 『말』에 계승되었다. 『말』의 '언체의 변법'에서 이를 '관계부'의 하위 단위의 하나로 처리하였을 뿐, 여기서는 '죠셩'의 형성과 관계되는 것에 대한 풀이는 나타나지 않는다(주시경, 1908: 29).

'죠셩'은 『국어문법』에서는 '끗'으로 계승되고, 그 뜻매김이 다시 다듬어 지는데, 여기에는 〈보기말〉이 여러 개 나타난다. 이것을 보이면 다음 (37)과 같다(주시경, 1910: 28).

(37) 끗: 한말을 다 맞게 함을 이르는 여러 가지 기를 다 이름이라.
   〈보기〉 다, 이다, 냐, 이냐, 아라, 어라, 도다, 오, 소
   (잡이) 끗 — 마지막의 뜻이라.

(37)의 뜻매김에 나타나는 (잡이)로 보아 '끗기'의 '끗'은 〈끝〉의 그때 표기가 분명하다. 이는 〈끝맺는〉의 뜻으로 풀이된다.

그리고 '죠셩'을 '끗'으로 바꾼 것은 그때까지 한문의 구조로 적용하여 이 기가 앞 기를 도와서 문장을 이룬다고 본 것을, 여기서는 이

기가 문장에 붙어서 문장 전체를 마무리 지어 준다고 의식한 것으로 풀이된다. 곧 〈꽃이 피〉란 말에 {-ㄴ다}가 붙으면 서술문이 되고, {-느냐가 붙으면, 의문문이 된다고 생각한 데서 이루어진 것이 분명하다. 여기에서 영어의 마침표(·), 물음표(?), 느낌표(!)의 구실에서 상당한 영향을 받은 것 같다. 이는 '끗기' 형성에 대한 큰 노력으로 해석된다. 〈보기〉로 보인 말을 살펴보면, 이는 '잇기'와 맞서는 품사가 분명하다. 그러므로 '끗기'는 곧 문장을 마쳐 주는 토이다. 이 (37)의 뜻매김을 '죠셩'의 뜻매김과 견주어 보면, 매우 잘 다듬어졌음을 알 수 있다.

그러면 '죠셩'의 뜻매김이 '끗'에 어떻게 계승되었는가를 살펴보면 다음과 같다.

〈명호나 동작이나 형용을 도와 한 말을 마치는 것들(죠셩)〉 → 〈한 말을 맞게 함을 이르는 여러 가지 기를 다 이름이라(끗)〉 곧, 용어에 있어서는 '죠셩'을 '끗'으로 다듬어서 개념 파악을 쉽게 하였고, 뜻매김에 있어서는 '명호, 동작, 형용' 같은 구체적인 말을 덜어 내어서 뜻매김을 추상화한 것이다.

그러므로 『국어문법』의 '끗'은 『말』의 '죠셩'을 계승·발전시킨 것이 분명하다. 이는 어떤 독립된 품사에 붙어서 문장을 맺어 주는 토를 모두 하나의 독립된 품사로 처리하고 '잇'과 맞세운 데서 형성된 것이다. 이제 『국어문법』에서 보인 '끗'을 모두 보이면 다음의 (38)과 같다(주시경, 1910: 92~94).

(38)의 표에서 보인 〈보기말〉을 살펴보면 〈이다, 이지, 이냐, 이가〉 등 {이-}계는 다른 '끗'과는 달리 '임기'에 붙는 '끗'이다. 이들을 모두 다른 '끗'과 같은 동아리로 처리한 것은 좋은 처리법이 아니다. 그리고 이로 말미암아 '끗'의 영역 설정이 크게 불투명하게 되었다. 또 '끗'은 어떤 언어영역에 붙어서 문장을 끝내어 주는 토를 하나의 품사로 처리한 데서 이루어진 것이므로, 앞 언어형식과 '끗'과의 사이

(38) 끗
― ㄱ. 이름: 다, ㄴ다, 는다, 앗다, 엇다, 겟다, 리라, 으리라, 앗으리라, 엇으리라, 앗겟다, 엇겟다, 요, 이요, 오, 이오, 소, 앗소, 엇소, 겟소, 잇겟소, 이다, 오이다, 읍나이다, 옵나이다, 이옵나이다, 으옵나이다, 습나이다, 더라, 이더라, 더이다, 이더이다, 옵더이다, 옵더이다, 읍더이다, 으옵더이다, 습더이다, 시옵더이다, 앗옵더이다, 시더라, 지, 이지, 지요, 이지요, 읍지요, 옵지요, 십지요
― ㄴ. 물음: 냐, 으냐, 이냐, 뇨, 이뇨, 으뇨, 나냐, 앗나냐, 엇겟나냐, 나뇨, 랴, 으랴, ㄴ가, 인가, 은가, 야, 이야, 지, 이지, 요, 이요, 오, 으오, 소, 앗소, 엇소, 겟소, 앗겟소, 엇겟소, 지요, 이지요, 시오, 으시오, 요이가, 오이가, 옵나이가, 옵나이가, 이옵나이가, 옵나이가, 으옵나이가, 습나이가, 더이가, 이더이가, 옵더이가, 옵더이가, 읍더이가, 습더이가, 으옵더이가, 시옵더이가, 앗옵더이가, 앗습더이가, 더냐, 이더냐, 뎌요, 시더뇨, 이더뇨, 시더뇨, 읍지요, 습지요
― ㄷ. 시김: 아라, 어라, 오, 으오, 시오, 옵소서, 오소서, 읍소서, 시옵소서, 오시옵소서, 시옵시오, 으시오
― ㄹ. 홀로: 다, 이다, ㄴ다, 는다, 앗다, 엇다, 리다, 겟다, 으리라, 앗겟다, 엇겟다, 앗으리라, 엇으리라, 로다, 이로다, 으리로다, 고나, 이고나, 는고나, 앗고나, 엇고나, 겟고나, 리로고나, 이로고나, 도다, 이도다, 는도다, 앗도다, 엇도다, 겟도다, 지, 이지, 앗지, 엇지, 겟지, 앗겟지, 냐, 야, 나냐, ㄴ가, 인가, 뇨, 이뇨, 으뇨, 랴, 으랴

에 끼어드는 형태소 처리 문제가 생겨난다.

주시경이 다음 (39)의 {앗, 엇, 겟, 더, 시, 오, 시옵, 옵시}들과 같은 형태소들이 파생의 접사냐, 아니냐에 따라 '끗기'의 영역은 크게 달라진다. 그런데 이들 형태소가 한결같이 '끗기'에 붙는다. 이들 또한 '잇기' 영역 설정도 크게 흐리게 하였다.

(39) ㄱ. 앉다, 엇다. (끗) ↔ 앉으니, 엇으니. (잇)
ㄴ. 겟다, 겟나냐. (끗) ↔ 겟으니. (잇)
ㄷ. 더냐. (끗) ↔ 더니. (잇)
ㄹ. 시더라, 오ㅂ니다. (끗) ↔ 시니, 오니. (잇)

또 (39)에서도 '잇기'에서와 같이 구속형태소에 이어지는 구속형태소를 하나의 품사로 처리할 것이냐, 굴곡어미로 처리할 것이냐 하는 문제가 생긴다. 이는 '끗기'를 과연 설정할 수 있느냐 하는 문제와 직결된다. 그러나 '끗기'는 『국어문법』에서 뜻매김이 이루어지고 불비하나마 그 뜻매김에 따라 영역이 확정된 것은 사실이므로, '끗기'는 여기서 형성되었다. 그렇지만 『우리말본』에서는 '끗기'를 용언의 굴곡현상으로 이어받고, 〈이다〉계의 {이-}는 어간으로, {-다}는 어미로 처리하고, 그 나머지는 모두 어미로 처리하였는데 이로 말미암아 '끗기'는 독립된 품사로서의 계승은 끊어지고 말았다.

3.2.3.2. 끗기의 분류

주시경의 '끗기(〈죠성〉)'의 하위분류는 『말』에 처음으로 나타난다. 여기서 "助成은 時間을 兼ㅎ어 陳, 問, 命, 自, 四句의 分別이 有ㅎ니라"(주시경, 1908: 29)고 하였을 뿐 설명이나 〈보기말〉은 없다. 그러므로 더 이상 자세한 것은 알 길이 없다.

그러나 『국어문법』에 나타나는 서술로 보아 〈시간을 겸한다〉는 말은 '죠성'에는 〈시제가 있다〉(주시경, 1910: 99~100)는 뜻이오, 〈陳, 問, 命, 自〉는 그 용어로 보아 이들이 서법(mood)을 일러 주는 것(주시경, 1910: 93~94)임을 쉽게 알 수 있다. 곧 '陳'은 〈베풀다〉의 뜻이니, 말할이가 들을이에게 아무 요구없이 그저 말하는 데서 그치는 것을 이름이고, '問'은 〈묻다〉의 뜻이니, 들을이에 대해 대답을 요구하는 것을 이름이며, '命'은 〈시키다〉의 뜻이니, 들을이에 대해 행동을 요구함을 이름이고, '自'는 〈홀로〉의 뜻이므로, 들을이 없이 혼자서 말함을 이른 것이다. 이를 정리하면 다음 (40)과 같다.

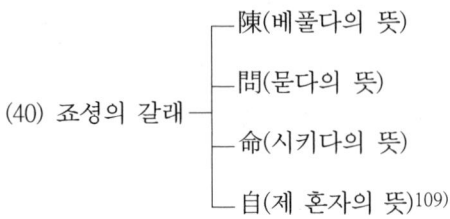

(40)의 분류는 '끗기'에 대한 거의 완전한 분류라 할 수 있으며, 이미 그때 서법에 따라 '끗기'를 나누어 내었다는 점과 그것이 『국어문법』에 계승되어 뒷날 우리말 문법에 있어 이에 관한 분류의 기틀이 되었다는 점에서 이 분류는 독창적인 것으로서, 국어학 연구사에 있어 그 의의가 크다.

그 후 『국어문법』에 있어서의 '끗기'의 분류는 『말』에 나타나는 '죠셩'의 부류를 계승한 것이다. 여기서 용어를 토박이말로 다듬었고, 뜻매김을 붙이고, 〈보기말〉을 들어서 체계를 한결같이 하였다. 이것을 간추려 보이면 다음 (41)과 같다(주시경, 1910: 92~94).

---

109) 上田萬年 등(1941), 『大字典』, 啓成社 참조.

(41) 끗기의 갈래

┌ ㄱ. 陳 - 이름: 이르는 말로 끗맺는 것

　　〈보기〉다, ㄴ다, 앗다, 잇다, 겟다, 리다, 으리라, 앗으리라, 엇
　　으리라, 앗겟다, 잇겟다, 요, 이요, 오, 으오, 소, 앗소,
　　엇소, 겟소, 앗겟소, 엇겟소, 이다, 오이다, 웁나이다, 옵
　　나이다, 이웁나이다, 으웁나이다, 습나이다, 더라, 이더
　　라, 더이다, 이더이다, 웁더이다, 옵더이다, 웁더이다,
　　으웁더이다, 습더이다, 시웁더이다, 앗웁더이다, 시더
　　라, 지, 이지, 지요, 이지요, 옵지요, 웁지요, 십지요

　　(풀이) 우리나라가 곱다.

├ ㄴ. 問 - 물음: 뭇는 말로 끗맺는 것

　　〈보기〉냐, 으냐, 이냐, 뇨, 이뇨, 으뇨, 나뇨, 나냐, 앗나냐, 엇겟
　　나냐, 나뇨, 랴, 으랴, ㄴ가, 인가, 은가, 야, 이야, 지, 이
　　지, 요, 이요, 오, 으오, 소, 앗소, 엇소, 겟소, 앗겟소, 엇
　　겟소, 지요, 이지요, 시오, 으시오, 요이가, 오이가, 웁나
　　이가, 옵나이가, 이웁나이가, 옵나이가, 으웁나이가, 웁
　　나이가, 더이가, 이더이가, 웁더이가, 옵더이가, 웁더이
　　가, 습더이가, 으웁더이가, 시웁더이가, 앗웁니이가, 앗
　　습더이가, 더냐, 이더냐, 뎌뇨, 시더뇨, 이더뇨, 시더냐,
　　웁지요, 습지요

　　(풀이) 네가 무엇을 배호나냐.

├ ㄷ. 命 - 시김: 시기는 말로 끗맺는 것

　　〈보기〉아라, 어라, 오, 으오, 시오, 웁소서, 오소셔, 읍소서, 시
　　웁소서, 오시웁소서, 시웁시오, 오시오

　　(풀이) 글을 읽어라.

└ ㄹ. 自 - 홀로: 홀로 하는 말로 끗맺는 것

　　〈보기〉다, 이다, ㄴ다, 는다, 앗다, 엇다, 리다, 겟다, 으리라, 앗
　　겟다, 엇겟다, 앗으리라, 엇으리라, 로다, 이로다, 으리
　　로다, 고나, 이고나, 는고나, 앗고나, 엇고나, 겟고나, 리
　　로고나, 이로고나, 도다, 이도다, 는도다, 앗도다, 엇도
　　다, 겟도다, 지, 이지, 앗지, 엇지, 겟지, 앗겟지, 냐, 야,
　　나냐, ㄴ가, 인가, 뇨, 이뇨, 으뇨, 랴, 으랴

　　(풀이) 우리나라가 곱고나.

　　(잡이) 홀로 하는 말에는 스스로 이르는 끗과 스스로 뭇는 끗이
　　　　　잇나니라.

(41)의 표를 보면, 『국어문법』의 '끗기'의 분류가 『말』에서의 '죠셩'의 분류를 계승한 것임을 분명히 알 수 있다. 그런데 여기에는 꼴이 같고, 뜻이 같은 많은 '끗기'가 '이름'과 '홀로'의 두 갈래에 소속되었다. 그리고 '엇기·움기'와 같은 구속형태소에 붙는 {-다}계와 '임기'와 같은 자립형태소에 붙는 〈이다〉가 같은 동아리가 되어 있다.

또 뒷날 『우리말본』에 나타나는 {-자, -읍시다}와 같은 꾀임(청유)을 나타내는 〈끗기〉는 어느 곳에도 소속되어 있지 않다. 이는 결코 좋은 처리법이 아니다. 그러나 박지홍(1987: 120~121)은 이 하위분류에 대하여 다음과 같이 언급하면서 이를 높이 평가하고 있다.

> "'끗'은 말할이의 생각의 태도에 따라 '이름, 물음, 시김, 홀로'로 나눈 것은 잘 다듬어 낸 체계인데 뒷날의 종지법 어미의 체계는 모두 여기서 비롯된다.

이 분류를 통해 주시경의 서법의식을 짐작해 보면 다음 (42)와 같은 표가 이루어진다.

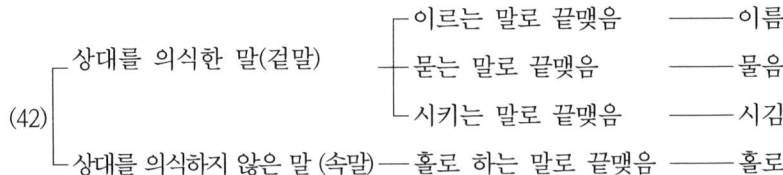

주시경이 이 체계에서 '시김'을 다시 '시김'과 '꾀임'으로 나누는 데까지 이르지 못함은, 영어문법의 적용에서 온 것으로 짐작되나 …"

그러나 '끗기'의 하위분류는 여기서 일단 완성을 보았다고 할 수 있다.

『말』과『국어문법』에서 분류한 '끗기〈죠성〉'의 하위분류는 구실에 의하여 **서법**(mood)에 따른 독창적인 분류이므로 문법적으로도 그 의의가 클 뿐만 아니라 국어학 연구사에 있어서도 그 의의가 크다. 그리고 오늘날『우리말본』에서 분류한 풀이씨의 마침씨끝인 '베풂꼴, 물음꼴, 시킴꼴, 꾀임꼴'은 바로 '끗기'의 하위분류인 '이름[陳], 물음[問], 시김[命], 홀로[自]'를 계승·발전시킨 것이다.

3.3. 의미소와 문법소로 형성된 것

품사의 짜임을 형태로 보아 의미소와 문법소로 짜인 품사에는 '언, 억'의 2기(씨)가 있다. 이 2기에 대하여 그 형성과 하위분류를 살펴보기로 한다.

3.3.1. 언기의 형성과 분류

3.3.1.1. 언기의 형성

주시경 문법의 '언기'는 처음『국문문법』에서 '형용(形容)'의 하위 단위인 '형명(形名)'으로 설정되는데, '형명'은『국문문법』에서는 아직 독립된 품사로 형성되지 못하였다. 이것을 표로 보이면 다음 (1)과 같다(주시경, 1905: 16).

```
                  ┌─ 형명(形名): 명호를 형용ᄒ는 것들
   (1) 형용(形容) ─┼─ 형형(形形): 형용을 형용ᄒ는 것들
                  └─ 형동(形動): 동작을 형용ᄒ는 것들
```

『국문문법』의 '언분(言分)'에서 '형명'은 "명호를 형용하는 것들"이라고 뜻매김한 것을 보면, 이 '형명'은 바로 '명호'를 꾸미는 낱말로 의식하였음을 알 수 있다. 이 '형명'의 〈보기말〉은 『국문문법』의 '형용의 분별'에 나타나는데, 이것을 간추려 보이면 다음 (2)와 같다.110)

(2) 형명의 〈보기〉

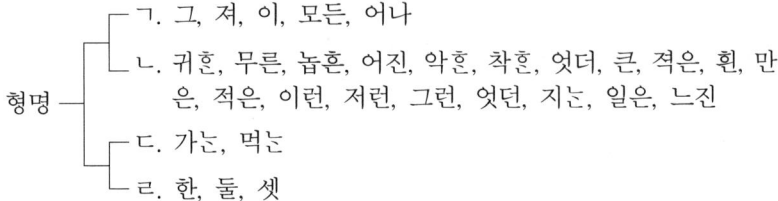

(2)의 표를 살펴보면 (2)ㄹ만 제외하고, 모두 '명호'를 꾸미는 낱말이 분명하다. (2)ㄱ은 하나의 자립형태소로 되어 있고, (2)ㄴ은 '엇기'에 토가 붙어 있고, (2)ㄷ은 '움기'에 토가 붙어 있는 것이다. 그리고 주시경은 이들 토를 파생접사로 의식하였던 것 같다. 그러므로 이들 낱말은 '형명'으로 볼 수도 있다. 그러나 (2)ㄹ은 이들과 다르다. (2)ㄹ에서 〈한〉은 '명호'를 꾸미는 '형명'이나, 〈둘, 셋〉은 다르다. 이것은 분명히 '명호'이다. 그러므로 이들은 뒷날『말』에서는 〈두, 세〉로 바로 잡아져 있다(주시경, 1908: 7).

그런데 『국문문법』에서 설정된 '형명'은 (2)ㄴ, ㄷ과 같은 것은 '엇기·움기'에 붙은 토가 한정된 품사에만 붙는 것이 아니고, 모든 품사에 붙을 수 있다.

『말』에 등장되는 '형명'은 『국문문법』의 '형명'을 그대로 계승하여

---

110) 여기서의 '형용'은 〈보기말〉로 보아 '형용'의 하위단위인 '형명'에 국한되어 있다. 주시경(1905), 앞의 책, 18~19쪽 참조.

발전시킨 것인데, 여기서도 독립된 품사로 설정되지 않았다. 이『말』
에 전해오는 '형명'의 뜻매김과 〈보기말〉을 간추려서 표로 보이면 다
음 (3)과 같다.111)

(3) 형명: 명호를 형용한단 말이니 엇더한 명호란 말이오 명호가 엇더하
   다는 것이 안이다.

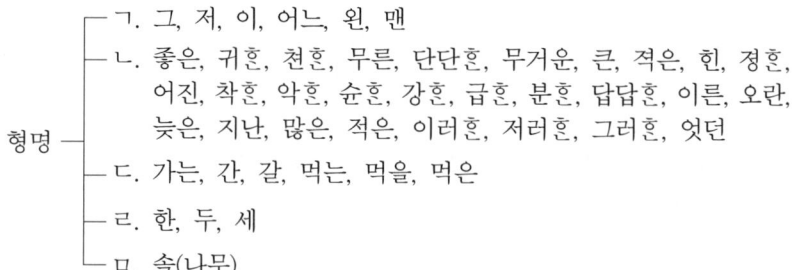

(3)의 표에는 '형명'의 뜻매김이 나타나는데, 이에 따르면 '형명'이 adjective의 한정용법의 적용임을 분명히 알 수 있다. 이밖에 (3)ㄹ에서처럼 『국문문법』에서 〈둘, 셋〉으로 되어 있던 것이 〈두, 세〉로 다듬어져 있다. 또 (3)ㅁ에서처럼 '명호'를 꾸미는 '명호'를 '형명'으로 처리한 것이 『국문문법』과 다르다.

이제 『말』의 '언체의 변법'112)에서 보인 '형명'의 〈보기말〉을 간추려 보면 다음 (4)와 같다(주시경, 1908: 33~58), (*는 『국문문법』에서 이어받은 것임).

(4) 명호를 형용되게 ᄒᆞ는 것

   ㄱ. 나의(붓), 학싱의(칙)
   ㄴ. 벼룻(집), 고깃(국), 바닷(물), 산ㅅ(골), 산ㅅ(봉우리), 칼ㅅ(자루),

---
111) 주시경(1908), 앞의 책, 7쪽 참조.
112) '언체의 변법'은 '말 만들기(조어법)'를 이른다. 여기서의 '언체'는 '품사'이다.

물ㅅ(독), 이불ㅅ(보), 바람ㅅ(소리), 밥ㅅ(그릇)
　ㄷ. 부엌ㄴ(일), 비단ㄴ(이불), 눈ㄴ(약), 밤ㄴ(엿), 산ㄴ(여호), 무명ㄴ(요)
　ㄹ. 물ㄹ(양푼), 털ㄹ(요), 박달ㄹ(윷), 가을ㄹ(일)
　ㅁ. 광에(쥐), 눈에(약)
　ㅂ. 명쥬(옷), 모시(옷), 오리(알), 강(오리), 배(나무), 봄(보리)
　ㅅ. 암ㅎ(개), 수ㅎ(개)

(5) 형용을 형명되게 ㅎ는 것
　ㄱ. *힌(옷/엿), 검은(옷/엿)
　ㄴ. 찰(째), 길(째), 맑을(째), 검을(현), 춥을(째)
　ㄷ. 깃부던(마음), 어렵던(사람)

(6) 동작을 형명되게 ㅎ는 것
　ㄱ. 간(사람), *가는(사람) 갈(사람), 갈(째), 팔(물건), 먹은(사람), *먹는(사람), 먹을(째)
　ㄴ. 가던(사람), 먹던(사람)
　ㄷ. 갈앗던(칼)

　'언체의 변법'이란 품사의 몸바꿈(곧 말 만들기)을 이르는 것이므로, 여기에는 자연히 말 만들기에 따른 새 말만이 〈보기말〉로서 등장되기 마련이다. 그러므로『말』에 등장된 '형명'은 〈보기말〉만으로는『국문문법』의 '형명'과 크게 다른 점은 없다. 그러나 단 하나이기는 하나 질적으로 큰 변동이 보이는 것은 〈토 {-의}를 파생접사로 의식한〉 점이다(주시경, 1910: 89).

　주시경은 (4)ㄱ에서는 토 {-의}를 파생의 접사로 의식하고 있고, (4)ㄴ,ㄷ,ㄹ에서는 {-의}가 줄어서 된 사잇소리를, (4)ㅁ에서는 {-의}

가 변한 {-에}를, (4)ㅂ에서는 '임기' 뒤에 숨어 있을 {-의}를, (4)ㅅ에서는 〈암ㅎ, 수ㅎ〉 뒤에 숨어 있다고 생각되는 {-의}를 모두 파생의 접사로 의식하고 있다. 그러나 이는 잘못 생각한 것이다. {-의}는 결코 한정된 '임기'에 붙지 않고, 모든 '임기'에 붙는다. 그리고 (5)의 '형용'에 붙는 토나 (6)의 '동작'에 붙는 토는 그것이 한정된 '형용'이나 '동작'에는 붙지 못하므로 파생의 접사가 되지 못한다.

그 후『국어문법』에서는 '형명'을 '언'으로 계승하여 그 뜻매김을 하게 되는데, '언'은 여기서 형성되었다. 이제『국어문법』에 나타나는 '언'의 뜻매김(주시경, 1910: 28~29)과 〈보기말〉을 간추려서 보이면 다음 (7)과 같다.

(7) 언: 엇더한 〈임기〉이라 이르는 여러 가지 기를 다 이름이라.
　　　(잡이) '언'은 엇더한의 '어'와 'ㄴ'만 씀이라.
　　ㄱ. 이, 저, 그
　　ㄴ. 좋은, 귀한, 무른, 무겁은, 부드럽은, 연하나 질겁은, 큰, 힌, 적은, 정한, 착한, 순한, 강한, 잰, 게른, 깃븐, 굼굼한, 반갑은, 답답한, 섭섭한, 분한, 급한, 이른, 늦은, 오란, 한, 두, 세, 네, 일곱, 많은, 흔한, 이러한, 저러한, 그러한, 엇더한
　　ㄷ. 간, 먹은, 가는, 먹는, 갈, 먹을, 가던, 먹던, 씰엇던, 가앗던
　　ㄹ. 돌집
　　ㅁ. 나의(칼)

(7)의 뜻매김을 보면, '언기'가 '임기'를 꾸미는 말로만 쓰임을 의식한 것이 분명하다. 이 뜻매김은 '언기'의 성립기반을 마련하게 되었다. 그러나 '언기'의 〈보기말〉을 보면 여기에는 (7)ㄱ이 '밋언'[113]임을 밝

---

113) 주시경(1910), 앞의 책, 87쪽 참조('밋'은 '밑[原]'의 뜻).

힌 풀이가 실려 있어 '언'의 분류에 약간의 시사가 보일 뿐, 이는 『국문문법』의 '형명'과 『말』의 '형명'을 어울러서 계승한 것일 뿐이다.

그 후 『국어문법』에서 설정된 '언'은 마지막 저서인 『말의소리』에서는 크게 달리 다듬어졌는데 "씨난의 틀"에서 우리는 그것을 볼 수 있다. 이것을 간추려 보면 다음 (8)과 같다(주시경, 1914: ㄴ).

(8) 씨는 몬이나 일을 이르는 낫말을 이르는 이름이니라. 임, 엇, 움은 몸씨오, 겻, 잇, 긋은 토씨라.

이것을 표를 묶어 보이면 다음 (9)와 같다.

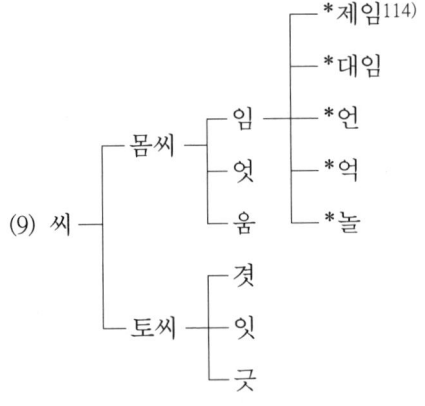

(9)에서 의미소는 '몸씨', 문법소는 '토씨'로 처리하였고, 나아가 자립의미소로만 된 것은 '임, 엇, 움'으로 나누었으며, '토씨'는 '겻, 잇, 긋'으로 나누었다.

(8)에서 품사의 뜻매김은 잘 다듬어졌고, 품사의 상위분류도 『말』

---

114) *표는 주시경이 미처 적지 않은 것을 필자가 『국문문법』, 『말』, 『국어문법』, 『말의소리』의 씨난 〈보기〉를 참조하여 간추려 넣은 것이다.

에서 보다는 선명해졌다. 그러나 이 품사분류에 대한 아무런 설명이 없으므로 여기에 대한 구명은 이 장에서는 다만 참고로 그치기로 한다. 단 『말의소리』에는 각 품사에 대한 〈보기말〉이 상당히 자세히 나타나는데, '겻'의 〈보기〉에 이런 말들이 나타난다. 이것을 차례로 적어서 간추려 보면 다음 (10)과 같다(주시경, 1914: ㄴ), (*표는 『말의소리』에서 '겻'으로 다듬어진 것임).

(10) ㄱ. 가, 이, 를, 도, 는, 마다, 든지, 나, 이나, 야, 이야, 아, 이여
   *ㄴ. 의, ㄴ, 은
   *ㄷ. 게
    ㄹ. 에, 에서, 로, 으로, 까지, 와, 과, 에는, 에도, 에야, 로도

(10)에서 (10)ㄱ, (10)ㄹ은 『국어문법』의 '겻'을 그대로 계승한 것이고, (10)ㄴ, ㄷ은 새로 기워 넣은 것이다. (10)ㄴ의 {-의, -ㄴ, -은}과 (10)ㄷ의 {-게}는 '씨난의 보기'를 통해 살펴보면, 이는 모두 '엇기, 움기'에 붙는 토인데, 그때까지 파생의 접사로 의식한 토이다. 여기서 이들 토를 '겻'으로 다듬은 것은 큰 발전이며, '언기'는 여기서 그 영역이 완전히 다듬어진다. 이제 이를 통해 『국어문법』과 『말의소리』에서 '언기'의 계승을 살펴보면 다음 (11)과 같다.

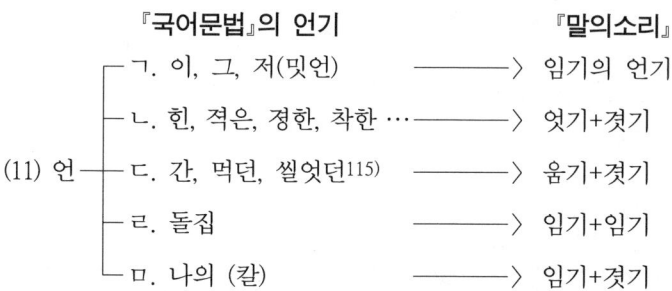

곧 '언'은 '밋언' 하나로 다듬어졌고, 여기서 '언기'는 형성되었다. 『국문문법』에서 '형용'의 하위단위로 등장된 '형명'은 『국어문법』에서 독립된 품사 '언'으로 다듬어졌다. 이 '언'은 실로 그때 주시경 문법에만 등장하는 독창적인 품사로써 국어학 연구사에 있어 큰 의의를 가지며, 높이 평가되어야 한다.

그러나 『말의소리』에서는 또다시 독립된 품사로 설정되지 못하고 '임기'의 하위단위로 처리되었는데, 이는 좋은 처리가 되지 못한다. 그렇지만 그때까지 파생의 접사로 인식하였던 토를 모두 다른 품사로 돌리고, '밋엇'만을 '임의 언기'로 처리한 것은 큰 공적이다.

3.3.1.2. 언기의 분류

주시경의 '언기(〈형명〉)' 분류는 『국문문법』과 『말』, 『국어문법』에 전해 온다.

『국문문법』에서 '형명(〉언기)'은 '형용의 분별'이라 하고 이것을 두 계층으로 분류하였는데, 먼저 '형용'을 '픔질, 모양, 수량, 지목'의 4 갈래로 나누고 이것을 다시 잘게 나누어 갔다. 그런데 이들은 모두 어휘적 뜻에 따라 이루어졌으므로 문법적으로는 별 의의를 가지지 못하지만 '언'의 최초의 분류란 점에서 국어학 연구사에 있어 의의가 있다. 이것을 표로 묶어 보이면 다음 (12)와 같다(주시경, 1905: 18~19).

---

115) (11)ㄷ의 〈먹던{먹-더-ㄴ}, 썰엇던{썰-엇-더-ㄴ}의 토 {더, 엇}은 『국어문법』에 따르면 '겻기'의 한 부분이 된다.

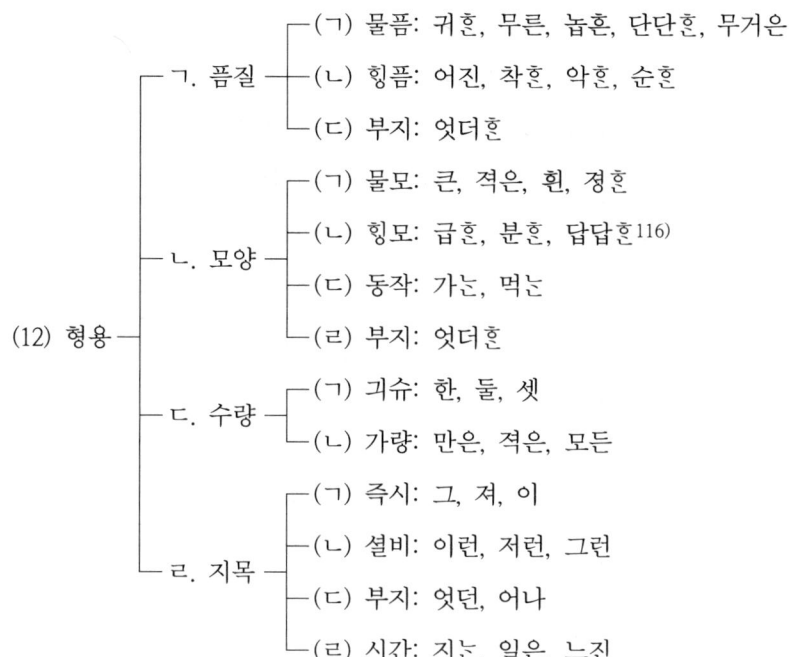

(12)의 표를 살펴보면, 꼴이 같고 뜻이 같은 〈엇더흔(엇던)〉이 두 갈래에 속해 있다. 그리고 〈가는, 먹는〉과 같은 말은 분명히 '동작'인데, 이것이 〈큰, 격은, 흰(물모), 급흔, 분흔, 답답흔(행모)〉과 같은 '형용'과 한 범주 속해 있다.

그 후『말』에서는『국문문법』의 '형명'의 분류를 계승하여 이를 발전시켰다. 여기서는 '형명'을 '지목, 기수, 물품, 물모, 행품, 행모, 동작, 시간, 가량수, 설비, 부지, 명호'의 12갈래로 나누었다. 이것도 역시 뜻에 따라 분류한 것이다. 이제『말』에 나타나는 '형명'의 하위분류를 간추려 표로 묶어 보이면 다음 (13)과 같다(주시경, 1908: 7).

---

116) 원문에서 〈보기〉가 빠져있는 것을『말』의 7쪽에서 보충하였다.

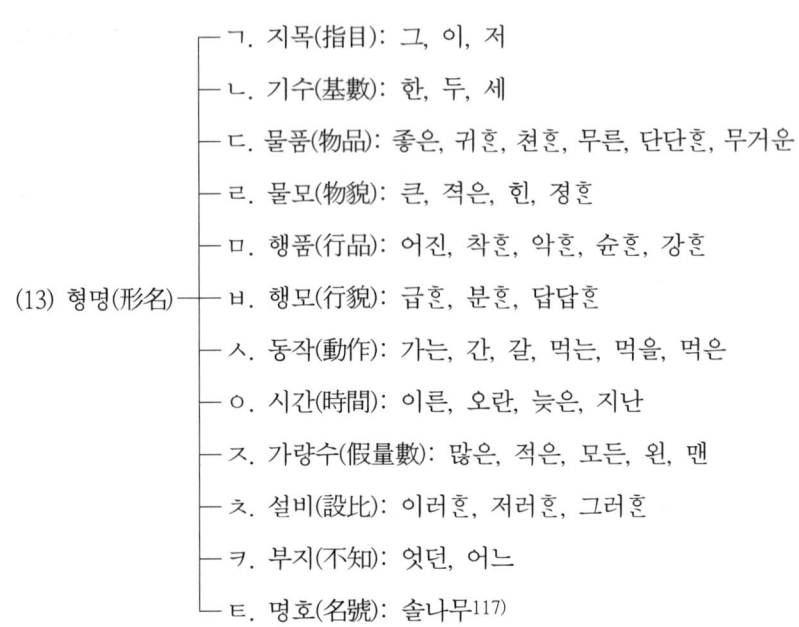

(13)의 표에 따르면 『국문문법』에서 설정한 상위단위는 없애고, 하위단위만으로 다시 다듬은 것임을 알 수 있다. 이제 『국문문법』과 『말』의 '형명'을 견주어 보면 다음의 (14)와 같다.

(14)의 견줌표에 따르면, 『국문문법』에서 '픔질, 모양, 지목'의 셋에 각각 소속되어 있던 '부지'를 『말』에서는 하나로 묶었으며, '긔슈'의 〈한, 둘, 셋〉을 『말』에서는 〈한, 두, 세〉로 다듬고, '명호'를 하나 더 세운 것이 다를 뿐 그 외의 것은 모두 그대로 계승되었음을 알 수 있다. 여기서 꼴이 같고, 뜻이 같은 '부지'를 하나로 묶은 것과 '명호'로 밖에 볼 수 없는 〈둘, 셋〉을 '형명'이 분명한 〈두, 세〉로 다듬은 것은 큰 발전이라 하겠으나, '명호'를 '형명'으로 내세운 것은 좋은

---

117) 주시경은 〈솔나무〉와 같은 것은 〈솔〉의 뒤에 {-의}가 숨어 있다고 보고 있으며, 이 {-의}를 파생접사로 보고 있는 것 같다.

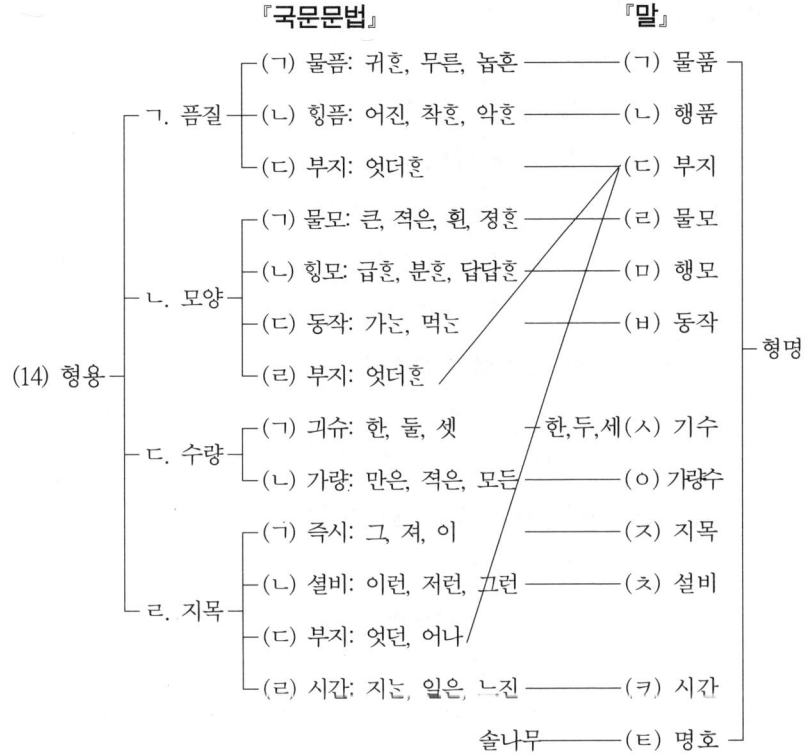

처리라 할 수 없다.

그 후 『국어문법』에서는 『국문문법』과 『말』에 나타나는 '형용' 또는 '형명'의 하위분류를 그대로 계승하여 발전시켜 나갔다. 여기서는 '언'을 '가르침, 물품, 물모, 행품, 행모, 때, 헴, 견줌, 모름, 움, 임'의 11갈래로 다듬었다. 그런데 이 분류도 뜻에 따라 분류한 것이다. 이제 『국어문법』에서 시도된 '언'의 하위분류를 간추려 보이면 다음 (15)와 같다(주시경, 1910: 87~89).

(15) 언의 갈래
    ㄱ. 가르침: 가리어 내는 것
          〈보기〉이, 그, 저
          (풀이) <u>저</u> 나무가 푸르오.
    ㄴ. 물품: 여러 가지 몬의 품이 엇더한
          〈보기〉 좋은, 귀한, 무른, 무겁은, 부드럽은, 연한, 질겁은
          (풀이) 내가 <u>좋은</u> 붓을 사앗다.
    ㄷ. 물모: 여러 가지 몬의 모양이 엇더한
          〈보기〉 큰, 힌, 젹은, 경흔
          (풀이) 나는 <u>큰</u> 말을 타오.
    ㄹ. 행품: 여러 가지 행위의 품성이 엇더한
          〈보기〉착한, 순한, 강한, 좋은
          (풀이) <u>착한</u> 사람은 착한 일을 사랑하오.
    ㅁ. 행모: 여러 가지 행위의 모양이 엇더한
          〈보기〉 잰, 게른, 깃븐, 굼굼한, 반갑은, 답답한, 섭섭한
          (풀이) 나는 <u>깃븐</u> 맘이 나오.
    ㅂ. 때: 때의 엇더한
          〈보기〉 이른, 늦은, 오란
          (풀이) 나는 <u>이른</u> 아츰에 일어나오.
    ㅅ. 헴: 헴의 엇더한
          〈보기〉 한, 두, 세, 네, 일곱, 많은, 젹은, 혼한
          (풀이) <u>두</u> 새가 날아가오.
    ㅇ. 견줌: 이것을 다른 것으로 견주어 엇더한
          〈보기〉 이러한, 저러한, 그러한
          (풀이) <u>이러한</u> 붓이 질기오.
    ㅈ. 모름: 들어나지 안이한

　　　　　〈보기〉엇더한

　　　　　(풀이) 엇더한 붓이 질기오.

　　ㅊ. 움: 움기로 언기가 된 것

　　　　　〈보기〉간, 먹은, 가는, 먹는, 갈, 먹을, 가던, 먹던, 씰엇
　　　　　　　　던, 가앗던

　　　　　(풀이) 길로 가는 저 사람이 누구요.

　　ㅋ. 임: 임기가 언기 노릇하는 것

　　　　　〈보기〉돌집

　　　　　(잡이) 나의 칼(영속격)

　이제『말』에서의 '형명'의 하위분류와『국어문법』'언기'의 하위분
류를 견주어 표로 묶어 보이면 다음 (16)과 같다.

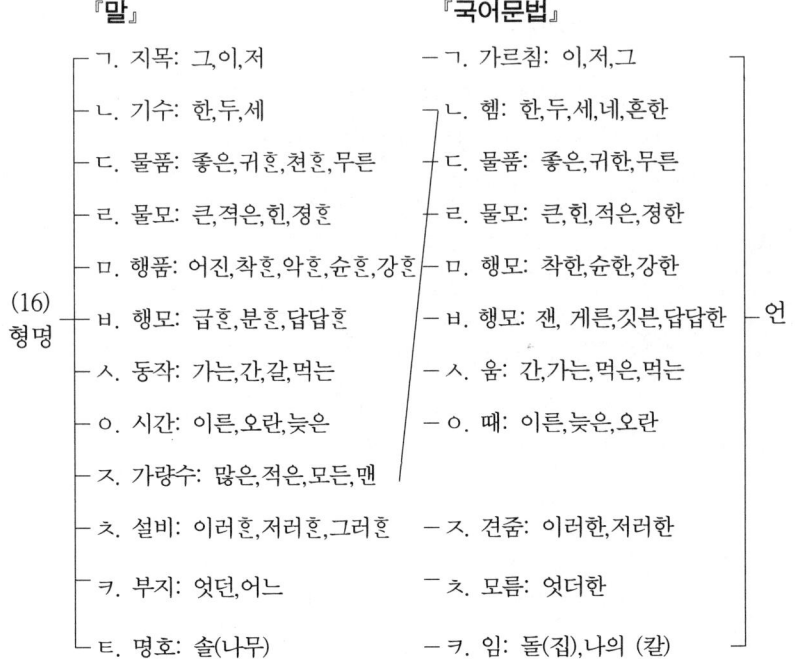

(16)의 견줌표에 의하면 『국어문법』에서는 하위단위의 용어를 '물품, 물모, 행품, 행모'를 제외하고 토박이말 용어로 바꾸었으며, 뜻이 같은 '긔수, 가량수'는 '헴'으로 묶었을 뿐 모든 〈보기말〉까지 그대로 이어받고 있다. 비록 뜻에 따라 하위분류하였지만, '긔수'와 '가량수'를 묶은 것은 큰 발전이다.

그러면 『국문문법』에 나타나는 '형명'의 분류와 『국어문법』에서의 '언'의 분류를 견주어 보면 다음 (17)과 같다.

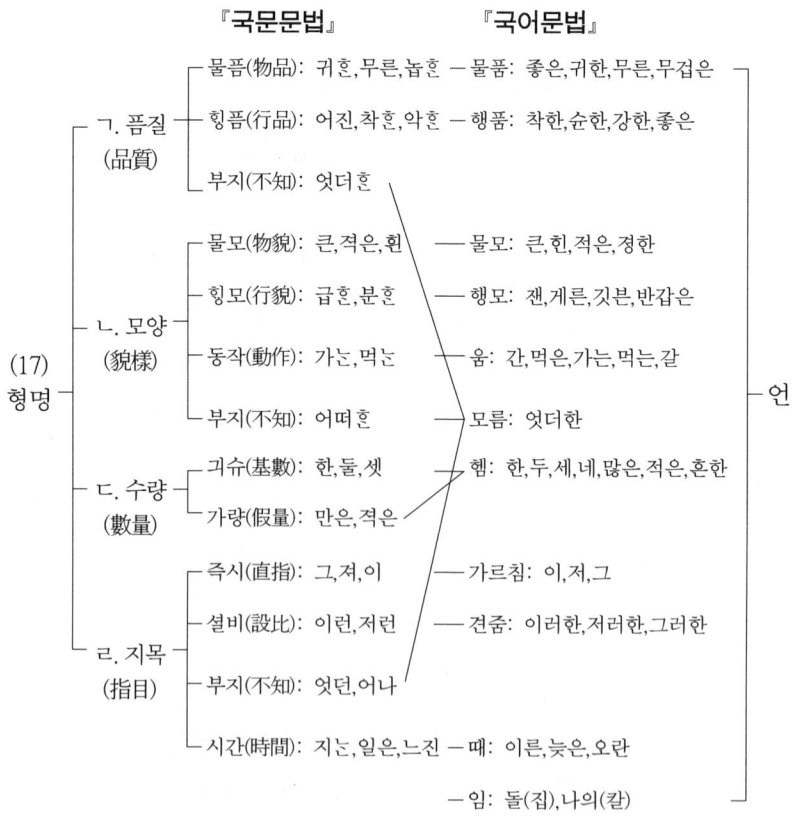

(17)의 표를 살펴보면, 『국어문법』에서는 『국문문법』도 계승하여 다시 다듬어 갔음을 쉽게 알 수 있다.

먼저 '동작'과 '몰모, 행모'와의 관계의 모순을 덜어내기 위해 상위단위인 '품질, 모양, 수량, 지목'을 없앴고, 여러 갈래에 속해 있던 〈엇더흔〉을 한 갈래에 모으고, 용어의 개념을 선명하게 하기 위해 이를 토박이말로 다듬었다. 그러나 본디 문법의 하위분류는 꼴과 구실을 주로 하고, 뜻을 참고로 하는 데서 그쳐야 하는데, 주시경은 **뜻**을 주로 하여 나누었으므로 여기서도 꼴과 뜻이 같은 말이 두 갈래에 달리 소속되었다. 곧 〈좋은〉은 '믈품'에도 소속되어 있고, '행품'에도 소속되어 있다.

또 『국문문법』에서 빠뜨렸다고 생각된 '언'을 보충하여 '임'의 한 갈래를 더 보충하였는데, 이는 오히려 '언'의 분류를 더 흐트러지게 만들고 말았다. 그것은 만일 '언'의 '임'을 인정한다면 모든 '임'이 경우에 따라서는 '언'이 되기 때문이다. '움'의 경우도 한가지이다. 이 '움'도 그것을 인정한다면 모든 '움'이 경우에 따라 모두 '언'이 된다.

그리고 '가르침'의 〈이, 저, 그〉와 '혬'의 〈한, 두, 세, 네, 일곱〉을 두고는 '물품, 물모, 행품, 행모, 견줌, 모름, 때'와 '혬'의 일부인 〈많은, 적은, 흔한, …〉도 이를 '언'으로 처리한다면 모든 '엇'은 경우에 따라 모두 '언'이 된다. 여기에 대한 수정은 뒷날 『말의소리』에서 이루어진다. 곧 『말의소리』에서는 '언기' 〈좋은, 먹는〉 등에서 '엇기・움기'의 뒤에 붙은 토 {-은, -는} 등을 '겻기'로 다듬고 〈나의 (칼)〉 등에서 '임기'의 뒤에 붙는 토 {-의}를 '겻'으로 정리했다. 이 '언기'를 다시 정리한 것은 높이 평가되어야 한다.

3.3.2. 억기의 형성과 분류

3.3.2.1. 억기의 형성

주시경 문법의 '억기'도 처음 『국문문법』에서는 '형용(形容)'의 하위단위로 설정되었다.

『국문문법』의 '언분(言分)'에서 '형용'을 '형명, 형형, 형동'의 셋으로 나누었는데, 이중 '형형'과 '형동'이 어울려서 한 품사가 되어 『국어문법』에서 '억'으로 계승되었다. 이 『국문문법』에서 '형형'과 '형동'을 '형용'의 하위단위에 둔 것은 영어문법 adjective의 영향으로 생각된다. 영어의 adjective는 그것이 직접이든 간접이든 문장에서 수식어가 된다. 그 속에서도 특히 noun의 수식어가 되므로 먼저 '형명'을 설정하여 그것을 '형용'의 하위단위에 두고, 이와 나란히 adverb를 적용하여 하나의 단위를 마련하고 다시 이를 '형형, 형동'으로 나누어 갔다. '형용'은 문장에서 수식어의 구실을 하는 '언분'인데, '형형'은 '명호'만 꾸미게 되므로, 마땅히 '형용'의 수식어와 '동작'의 수식어도 같은 자격으로 세워져야 한다고 생각한데서 이루어진 것이다.

그러나 adverb를 '형형'과 '형동'으로 나누어 적용하는 데는 상당한 무리가 있다. 주시경도 이 점을 느껴서 '형형'을 풀이하여 "곳 형동이로되 쓰임만 갓지 아니홈"(주시경, 1905: 16) 이라고 하였다. 이것은 '형형'과 '형동'이 꼴은 같은데, 꾸밈을 입은 '언분'이 다르다는 뜻으로 해석되며, 다음날 '형형'과 '형동'이 한 기(씨, 품사)로 어울리게 되어야 함을 일러 주는 것이다.

이제 『국문문법』에 나타난 '형형'과 '형동'에 대한 풀이를 살펴보면 다음 (18)과 같다(주시경, 1905:10).

(18) 형용(形容) - 형용ᄒᆞ는 것들

　ㄱ. 형명(形名) - 명호를 형용ᄒᆞ는 것들
　ㄴ. 형형(形形) - 형용을 형용ᄒᆞ는 것들
　　　　　　　　 (곳 형동이로되 쓰임만 갓지 아니홈)
　ㄷ. 형동(形動) - 동작을 형용ᄒᆞ는 것들

(18)의 풀이에 따르면 '형형'은 '형용'을 꾸미는 낱말이라 할 수 있고, '형동'은 '동작'을 꾸미는 낱말이라 할 수 있다. 이 '형동'은 다음 날 『말』에 계승되어 갔다. 이 『말』에 전해 오는 '형동'의 뜻매김과 〈보기말〉을 간추려서 보이면 다음 (19)와 같다(주시경, 1908: 7).

(19) 형동: 동작을 형용ᄒᆞᆫ다는 말인듸 동작만 형용ᄒᆞ는 것 ᄲᅮᆫ 안이요, 형용이나 형동도 형용하는 것이니라.
　〈보기〉ㄱ. 왜, 어듸, 언제, 이리, 저리, 그리, 여긔, 저긔, ᄯᅩ, 다시, 잇다금, 각금, 이내, ᄒᆞᆼ상, 안이, 못, 다만, 과연, 참, 글세, 혹, 가령, 아마
　　　　ㄴ. 급히, 천천이, 감안이, 멀리, 갓가이, 자조, 번번이, 특별이, 달리, 일즉이, 흔이
　　　　ㄷ. 좋게, 귀ᄒᆞ게, 천ᄒᆞ게, 단단ᄒᆞ게, 무르게, 무겁게, 크게, 좋게, 히게, 경ᄒᆞ게, 길게, 어질게, 착ᄒᆞ게, 악ᄒᆞ게, 슌ᄒᆞ게, 강ᄒᆞ게, 신실ᄒᆞ게, ᄲᅢ르게, 분ᄒᆞ게, 많게, 적게, 흔ᄒᆞ게, 이러케, 그러케, 엇더ᄒᆞ게, 늦게
　　　　ㄹ. 가게, 먹게
　　　　ㅁ. 그러나, 그런고로, 이럼으로(이러-ㅁ-으로)

(19)의 뜻매김을 살펴보면, 여기서는 '형동'은 '동작'과 '형용'과 '형동'을 모두 꾸민다고 되어 있다. 여기서 '형형'과 '형동'을 합하여 '형

동'이란 새 기(품사)를 설정한 것이다. 이는 『국문문법』에 있어서 갖추어지지 못한 점을 다시 다듬은 것이다. 주시경 문법의 품사분류에 있어, '엇기'를 꾸미는 품사와 '움기'를 꾸미는 품사로 확연히 나눌 수 없음을 발견한 것은 큰 성과이다. 이렇게 하여 주시경 문법의 '억기(〈형동〉)'는 형성되었다.

또 『국문문법』에서는 '형동'에 대한 〈보기말〉이 전혀 전해오지 않는다. 『말』에는 위에 보인 바와 같이 많은 〈보기말〉이 나타나 있다. 그 유형을 살펴보면, 이는 크게 넷으로 나누어진다.

(19)ㄱ은 자립형식의 어근형태소로 이루어져 있고, (19)ㄴ은 구속형식의 어근형태소에 파생의 접사로 의식된 토 {-이, -히}가 결합되어 이루어져 있으며, (19)ㄷ과 (19)ㄹ은 '엇기, 움기'란 구속형식의 어근형태소에 파생의 접사로 의식된 토 {-게}가 붙어서 이루어져 있다. 그런데, 토{-이, -히}나 {-나, -ㄴ고로, -ㅁ으로}는 한정된 어근에만 붙어서 새 말을 만들어 주는 구실을 하지만 토 {-게}는 그 구실이 다르다. 이는 모든 '엇기·움기'에 붙을 수 있다. 그러나 {-게}는 새 말을 만들어 주는 구실을 하지 못한다.

그러나 '억'은 『말』에서 그 뜻매김이 이루어지고 그 영역이 결정되었으므로, '억기'는 여기서 형성되었다. 그러면 『말』에서 보인 '형동'의 영역을 표로 보이면 다음 (20)과 같다.

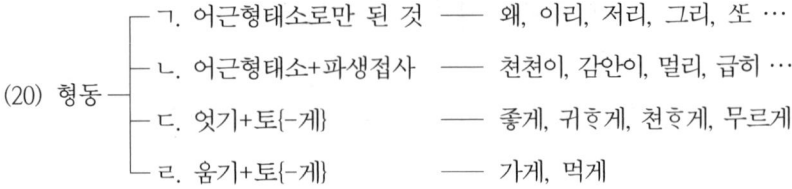

『국어문법』에서는 『말』의 '형동'을 '억'으로 계승하여 발전시켜 나갔다. 『국어문법』에 전해오는 '억'의 뜻매김과 〈보기말〉을 간추려서 표로 보이면 다음 (21)과 같다(주시경, 1910: 28).

(21) 억: 엇더하게 (움)라 이르는 여러 가지 기를 다 이름이라.
　　〈보기〉ㄱ. 다, 잘, 매우, 꼭, 이리, 저리, 그리
　　　　　ㄴ. 천천이118)
　　　　　ㄷ. 정하게, 크게, 착하게
　　(잡이) 억에는 엇더하게 (엇, 억)라 이르는 여러 가지 기를 이르는 것
　　　　　도 잇나니라.
　　〈보기〉 매우

(21)에 나타나는 (잡이)를 참고로 하여 뜻매김을 살펴보면, 이 뜻매김은 『말』의 뜻매김을 그대로 계승한 것임을 알 수 있다. 그런데 여기서 '억'을 "엇더하게(움)라 이르는 여러 가지 기"라고 뜻매김하고 있다. 이것은 '억'은 〈엇더하게〉의 뜻으로 꾸미는 품사를 말하는데, 꾸며지는 품사는 '움기'란 뜻이 된다. 그러나 이 '억'은 '움기' 이외의 품사도 꾸미기 때문에 이 뜻매김은 다시 다듬어야 했다. 그래서 (잡이)에서는 '엇·억'을 꾸미는 것도 있다고 덧붙여 두었다.

다음으로 〈보기말〉의 꼴을 살펴보면, 여기에는 『말』에서 처리한 그대로 계승되어 있을 뿐이다. 이밖에 『국어문법』의 '억의 갈래'의 〈보기〉에는 더욱 많은 〈보기말〉이 실리어 있는데, 이를 꼴에 따라 나누어서 간추려 보이면 다음 (22)와 같다(주시경, 1910: 89~92).

---

118) 〈천천이〉는 『조선어문법』(1911)에는 〈천천하게〉로 되어 있고, 〈정하게〉는 『조선어문법』(1913)에는 〈곱게〉로 되어 있다.

(22) 억
- ㄱ. 잘, 이리, 저리, 그리, 곳, 잇다금, 벌서, 오래, 이제, 악가, 이내, 다, 거진, 겨우, 좀, 안이, 못, 다만, 참, 글쎄, 과연, 아마, 가령, 왜
- ㄴ. 천천이, 혼이, 가만이, 일쯕이, 넉넉이, 가득이, 많이, 온젼이, 길이, 특별이, 너무, 곳곳이, 때때로, 나날이, 다달이, 그러하나
- ㄷ. 이같이, 이처럼
- ㄹ. 뛰어, 씹어, 날아, 돌아119)
- ㅁ. 옳게, 길게, 크게, 적게, 굵게, 빠르게, 모질게, 착하게, 슌하게, 엇더하게, 엇더하게, 이러하게, 저러하게, 그러하게120)
- ㅂ. 길로, 들로, 들에, 들에는, 들에야, 들에만, 들어든지, 들엔들, 들에라도, 들이라도, 들에나, 아츰에, 저녁에, 둘에, 둘에서, 둘에야, 둘에도, 둘엔들, 둘에나, 둘에만, 나무에, 돌에, 소에, 소에게, 붓에게, 붓에는, 붓에만, 붓에든지, 붓엔들, 붓으로, 붓마다, 나와, 뜻에, 일에, 말에, 일에는, 일에야, 일에만, 일에든지, 일엔들, 일로, 일마다, 일과
- ㅅ. 큼에, 적음에, 엇더함에

(22)ㄱ은 어근형태소로만 된 것이고, (22)ㄴ은 어근형태소에 파생의 접사가 붙어서 된 것이며, (22)ㄷ은 두 품사가 어울려서 된 것이다. 그리고 (22)ㄹ은 '움기'에 파생의 접사로 의식한 토 {-아/어}가 붙어서 된 것이고, (22)ㅁ은 '엇기'에 파생의 접사로 의식한 토 {-게}가 붙어서 된 것이며, (22)ㅂ은 '임기'에 파생의 접사로 의식한 여러 '겻'이 붙어서 된 것이고, 다시 (22)ㅅ은 '임기'로 의식한 '엇기'에 파생의 접사로 의식한 '겻' {-에}가 붙어서 된 것이다. 그런데 이 경우도 (22)ㄹ, (22)ㅁ, (22)ㅅ을 '억'으로 처리한다면, '엇기·움기'의 영역과 '억기'의 영역이 크게 흐트러진다.

그러므로 『국어문법』에 나타나는 '억'의 이러한 처리는 결코 좋은 처리라 할 수 없다. 그러면 『국어문법』에서 설정된 '억기'의 영역을

---

119) 이들 〈보기말〉은 『국어문법』의 '기몸박굼'에도 많이 나타난다. 110~112쪽 참조.
120) 이들 〈보기말〉은 『국어문법』의 '기몸박굼'에도 많이 나타난다. 110~112쪽 참조.

간추려 표로 보이면 다음 (23)과 같다.

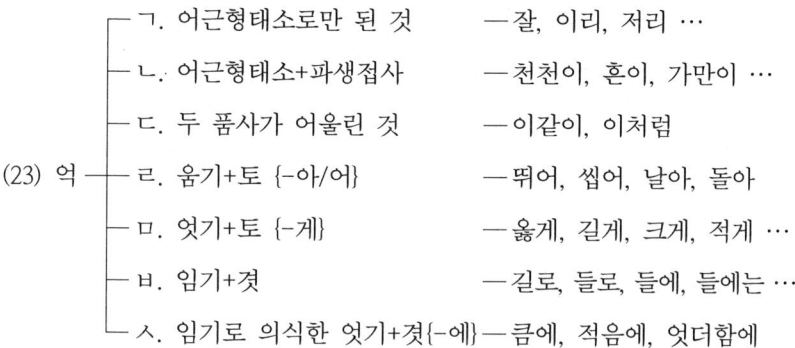

그러면 『국어문법』에서 성립된 '억기'는 다음날 『말의소리』에서는 어떻게 다듬어졌는가를 살펴보면, 여기서는 '억기'도 '언기'와 같이 '임기'의 하위단위에 두었다.

주시경은 『말의소리』에서 〈뛰어, 씹어, 날아, 돌아〉들의 {-어}는 '잇기'로 처리하고(1914: ㄴ), 〈옳게, 길게, 크게, 적게〉의 {-게}와 〈길로, 들에, 들에는, 큼에〉 등에서 {-로, -에, -에는} 등은 '겻기'(1914: ㄴ)로 처리하여 '움기, 엇기, 임기'와 '억기'의 서로의 영역을 분명히 하였다. 그러므로 주시경 문법의 '억기'의 영역은 마침내 여기서 완전히 결정되었다.

그러면 『말의소리』에서 '임기'의 하위단위로 설정된 '억기'의 영역을 간추려 표로 보이면 다음 (24)와 같다.

(24) 임기의 억기 ┌ ㄱ. 어근형태소로만 된 것 - 잘, 이리, 벌서, 겨우 …
　　　　　　　　└ ㄴ. 어근형태소 + 파생접사 - 천천이, 많이, 너무, 곳곳이 …

이제『국어문법』과『말의소리』와의 계승을 표로 묶어 보이면 다음 (25)와 같다.

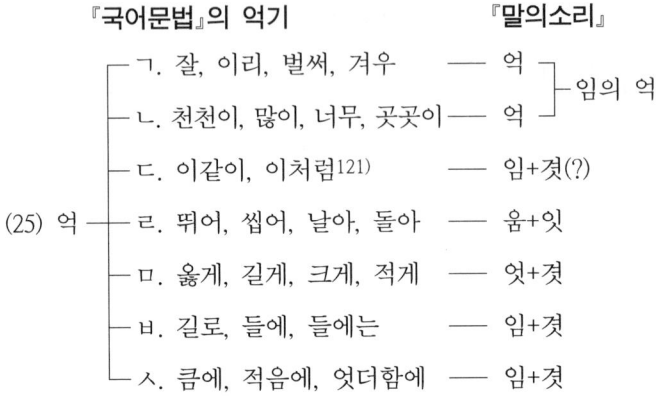

이상을 간추려 보면, 주시경 문법의 '억'은 처음『국문문법』에서는 '형형'과 '형동'으로 나누어 설정하였으나,『말』에 이르러 이 두 품사를 어울러서 '형동'으로 지양되었다.『말』에 나타는 뜻매김은 아직 덜 갖추어진 점이 있다고 하더라도 그 객관적인 뜻매김과 영역이 여기서 이루어진 것은 사실이다. 이런 과정을 거쳐 '억기'는『국어문법』에서 형성되었다. 그러나 '억기'의 영역은『말의소리』에서 더욱 발전을 보게 된다.

3.3.2.2. 억기의 분류

주시경 문법의 '억기(〈형동〉)'의 하위분류는『말』과『국어문법』에 전해 온다.

---

121) 여기에 대해서『말의소리』에 〈보기말〉이 나타나 있지 않아서 확실한 것은 알 수 없다. 그러나 주시경은 여기서 '임기'는 뚜렷이 '임기'로 내세우려 애썼고, 〈같이, 처럼〉은 파생의 접사가 아니므로 〈이같이, 이처럼〉은 '임+겻'으로 처리되었으리라 짐작된다.

먼저 『말』에서는 '형동'을 '물품(物品), 물모(物貌), 행품(行品), 행모(行貌), 동작(動作), 가량(假量), 설비(設比), 부지(不知), 처소(處所), 중복(重復), 거절(拒絶), 허락(許諾), 의심(疑心), 연유(緣由)'의 14갈래로 나누었다. 이는 모두 뜻에 따라 나눈 것이므로, 문법적으로는 별 의미가 없다고 하겠으나, 우리말 문법에 있어 최초의 분류란 점에서 국어학 연구사에 있어서는 그 의의가 크다.

이제 『말』에 나타나는 '형동'의 하위분류를 묶어 표로 보이면 다음 (26)과 같다(주시경, 1908: 7).

(26) 형동(形動)
- ㄱ. 물품(物品): 좋게, 귀ㅎ게, 천ㅎ게, 단단ㅎ게, 무르게, 무겁게
- ㄴ. 물모(物貌): 크게, 젹게122), 히게, 졍ㅎ게, 길게
- ㄷ. 행품(行品): 어질게, 착ㅎ게, 악ㅎ게, 슌ㅎ게, 강ㅎ게
- ㄹ. 행모(行貌): 쌔르게, 급히, 천천이, 분ㅎ게, 슌ㅎ게, 감안이
- ㅁ. 동작(動作): 가게, 먹게
- ㅂ. 가량(假量): 많게, 적게, 흔ㅎ게
- ㅅ. 설비(設比): 이러케, 저러케, 그러케, 이긋이
- ㅇ. 부지(不知): 엇더ㅎ게, 왜, 어듸, 언제
- ㅈ. 처소(處所): 이리, 저리, 그리, 멀리, 갓가이, 여긔, 저긔
- ㅊ. 중복(重復): 또, 다시, 혼이, 자조, 번번이, 잇다금, 각금, 일즉이, 늣게, 이내, 흥상
- ㅋ. 거절(拒絶): 안이, 못, 다만, 그러나, 특별이, 달리
- ㅌ. 허락(許諾): 과연, 참, 글세
- ㅍ. 의심(疑心): 혹 가령, 그러나, 아마, 글세
- ㅎ. 연유(緣由): 그런고로, 이럼으로

(26)의 표를 살펴보면 '형동'을 뜻에 따라 분류하였으므로 꼴이 같고, 뜻이 비슷한 '형동'이 두 갈래에 달리 소속되어 있는 것이 나타난다. 〈보기〉를 들면, 〈슌ㅎ게〉는 (26)ㄷ의 '행품'에도 소속되어 있고, (26)ㄹ의 '행모'에도 소속되어 있으며, 〈그러나〉는 (26)ㅋ의 '거절'에도 소속되어 있고, (26)ㅍ의 '의심'에도 소속되어 있다. 또, '엇기·움기'에 붙는 토 {-게}를 파생의 접사로 의식하고 있었던 것으로 짐작된다. 이렇게 되면 '형동'의 수효는 '엇기·움기'의 수효에 다 '밋억'을 더한 숫자만큼 될 것이다. 이는 결코 좋은 처리법이 될 수 없다.

『국어문법』에서는 '형동'을 '억기'로 계승·발전시켜 나갔다. 여기서 '억기'를 '엇덤, 자리, 때, 헴이나 길, 막이, 그럼, 아마, 모름, 견줌, 몬, 일'의 11갈래로 다듬었다. 그러나 이것도 모두 **뜻**을 중심으로 하여 나눈 것이므로, 문법적으로는 큰 의의가 없다. 이 분류는 어디까지나 다른 품사와의 분류 균형을 맞추기 위하여 시도한 것으로 짐작된다. 이제 『국어문법』에 나타나는 '억기'의 하위분류는 간추려 보이면 다음 (27)과 같다(주시경, 1910: 89~92).

(27) 억의 갈래

    ㄱ. 엇덤: 움과 엇의 모양을 말하는 것, 곳 움과 엇의 엇더함

        〈보기〉 잘, 천천이, **빠르게**, 가만이, 모질게, 착하게, 슌하게, 옳게, 길게, 크게, 적게, 굵게, 뛰어, 날아, 돌아, 씹어

    (풀이) 저 말이 <u>빠르게</u> 가오.

    ㄴ. 자리: 움즉이는 거리

        〈보기〉 이리, 저리, 그리, 길로, 들에, 들로, 들에서, 들에는, 들에도, 들에야, 들에만, 들에든지, 들엔들, 들에라도, 들이라도, 들에나, 곳곳이

---

122) 〈적게〉는 오늘날의 〈작게〉의 뜻으로 짐작된다.

　　　　　(풀이) 그 사람이 <u>저리</u> 가오.
　　　　　　　그 사람이 <u>길로</u> 가오.
ㄷ. 때: 남이의 때
　　　　　〈보기〉 곳, 늘, 잇다금, 일즉이, 벌서, 빠르게, 오래, 늦게, 길이,
　　　　　　　　이제, 악가, 아츰에, 밤에, 어적게, 때때로, 날날이, 달
　　　　　　　　달이, 이내
　　　　　(풀이) 그 사람이 <u>늘</u> 글을 읽소.
ㄹ. 헴이나 길: 남이의 수량이나 도수(度數)를 말하는 것
　　　　　〈보기〉 다, 거진, 겨우, 매우, 좀, 혼이, 넉넉이, 가득이, 많이,
　　　　　　　　크게, 적게, 넘어, 첫재, 온젼이, 둘에, 둘에서, 둘에는,
　　　　　　　　둘에야, 둘에도, 둘엔들, 둘에나, 둘에만
　　　　　(풀이) 그 사람이 <u>거진</u> 가앗다.
ㅁ. 막이: 막은 거절의 뜻이라. 그 남이를 막는 것이니, 곳 그 남이를 허락하
　　　지 안이하는 것이요, 또 남이가 그러하지 안이하다 하는 것이라.
　　　　　〈보기〉 안이, 못, 다만, 그러하나, 마는, 특별이
　　　　　(풀이) 내가 밥을 <u>안이</u> 먹겟다.
ㅂ. 그럼: 그럼은 인정(認定)의 뜻과 같이 씀이니, 그 남이를 허락하는 것
　　　　　〈보기〉 참, 글세, 과연
　　　　　(풀이) 글을 배호기가 <u>참</u> 어렵소.
ㅅ. 아마: 아마는 의심의 뜻과 같이 씀이니, 그 남이를 의아하는 것
　　　　　〈보기〉 아마, 글세, 혹, 가령
　　　　　(풀이) <u>아마</u> 비가 오겟다
　　　　　(알이) 가상(假想)하는 것
ㅇ. 모름: 그 남이의 모르는 바가 잇는 것
　　　　　〈보기〉 왜, 엇더하게
　　　　　(풀이) 네가 글을 <u>엇더하게</u> 배호앗나냐.

ㅈ. 견줌: 그 남이의 엇더함을 그와 같은 것으로 견주어 말하는 것

〈보기〉 이러하게, 저러하게, 기러하게, 이같이, 이만하게, 이처럼, 이같이

(풀이) 너는 <u>이러하게</u> 서어라.

ㅊ. 몬: 임기의 겻기가 더하여 억기로 쓰이는 것

〈보기〉 나무에, 돌에, 소에, 소에게, 붓에게, 붓에는, 붓에야, 붓에만, 붓에든지, 붓엔들, 붓으로, 붓마다, 나와

(풀이) <u>붓에</u> 먹을 찍어라.   <u>붓으로</u> 그림을 그리어라.
<u>붓마다</u> 먹을 찍어라.   내가 <u>너와</u> 가겟다.

ㅋ. 일: 일 임기에 겻기가 더하여 억기로 쓰이는 것

〈보기〉 뜻에, 일에, 큼에, 말에, 아츰에, 적음에, 엇더함에, 일에서, 일에는, 일에야, 일에만, 일에든지, 일엔들, 일로, 일마다, 일과

(풀이) 그 사람의 맘이 늘 <u>일에</u> 잇소.

(27)의 갈래를 보면, 주시경은 여기서도 '억기'를 뜻에 따라서 나누었으므로 꼴이 같고, 뜻이 비슷한 '억'이 둘이나, 그 이상으로 서로 다른 갈래로 분류되어 문법의 체계를 복잡하게 만들어 주고 있다. 곧 〈글세〉는 (27)ㅂ의 '그럼억'으로도 쓰이고, (27)ㅅ의 '아마억'으로도 쓰여 있고, 〈크게, 작게〉는 (27)ㄱ의 '엇덤억'으로도 쓰이고, (27)ㄹ의 '헴이나 길억'으로도 쓰이고 있으며, 〈아츰에〉는 (27)ㄷ의 '때억'으로도 쓰이고 (27)ㅋ의 '일억'으로도 쓰이고 있다. 또 (27)ㄴ '자리억'의 〈길로, 들에는…〉 등과 (27)ㄷ '때억'의 〈아츰에, 밤에〉와 (27)ㄴ '헴이나 길억'의 〈둘에, 둘에서, 둘에는〉 등과 (27)ㅊ '몬억'의 〈나무에, 들에, 소에, 소에게〉 등과 (27)ㅋ '일억'의 〈뜻에, 일에, 말에…〉 등도 '억'으로 처리하고 있는데 이는 문장에서 부사어 구실을 하는 문장성분을 모두 '억'으로 처리한 것이다.

이처럼 '임기'에 토가 붙어서 된 말을 '억'으로 처리한 것을 보면, 이들 토를 파생의 접사로 의식하고 있는 것 같다. 만일 이들 토를 파생의 가지로 처리하게 되면 '억기'의 수효가 '임기'의 수효만큼 많아진다. 그러므로 이는 모순이다. 이제『말』에서의 '형동'의 하위분류와『국어문법』'억기'의 하위분류를 견주어 표로 보이면 다음 (28)과 같다.

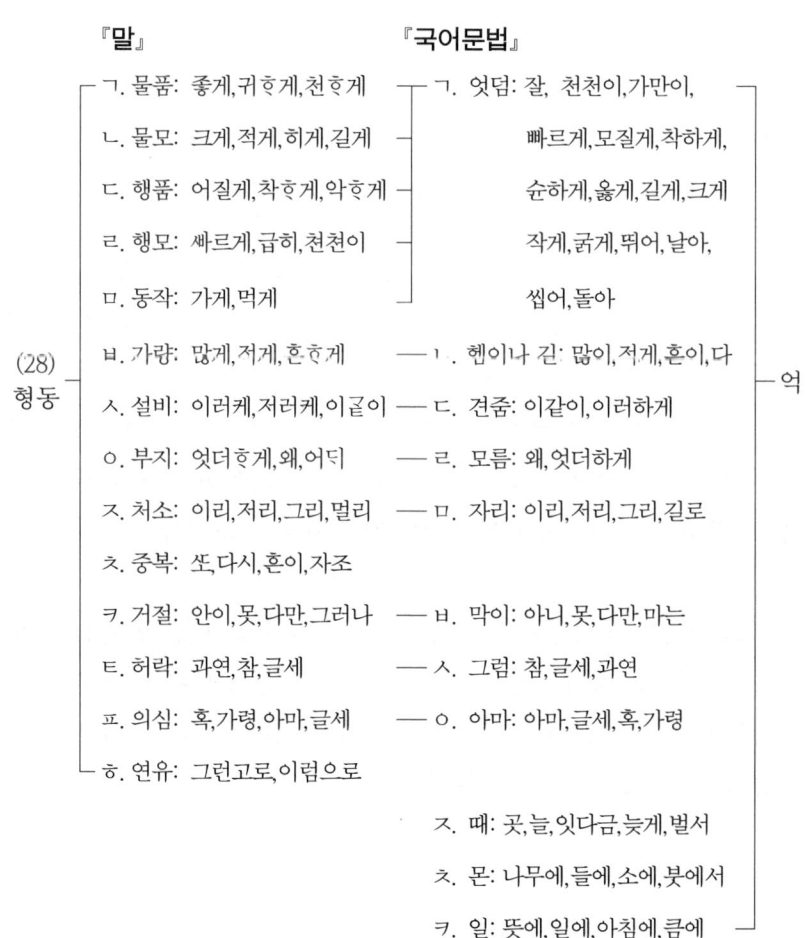

(28)의 표에 의하면 『국어문법』에서는 용어를 쉬운 토박이말로 다듬어서 이해를 돕게 했으며, 성질이 비슷한 '물품, 물모, 행품, 행모, 동작'은 '엇덤'으로 묶어 내었는데, 이는 큰 발전이다. 그러나 '임기'에 '겻기'가 붙은 것까지 '억기'로 잡고서, '몬, 일'을 세웠는데, 이는 결코 좋은 처리가 아니다. 그리고 '중복, 연유'의 계승은 짐작하기 어렵다. 그렇지만 『국어문법』에서 '억기'의 하위분류는 『말』의 '형동'의 하위분류를 계승·발전시킨 것이 분명하다.

4. 마무리

제1장에서 살핀 내용을 간추려 정리하면 다음과 같다.

1) 주시경의 우리말 문법의 품사론에 대한 연구는 대체로 『국문문법(1905?)』, 『말(1908?)』, 『국어문법(1910)』에 나타나는데, 그 연구가 문법의 모든 분야에 이르러 있으므로, 실로 우리말 문법 연구에 있어 전반적인 길을 열어 놓았다. 그 중에서도 『국어문법』은 당시의 시대성에 비추어 볼 때 대단히 뛰어난 업적으로 평가해야 한다.

2) 주시경의 품사분류의 특징은 용언의 어근과 어근에 붙는 접사도 각각 독립된 품사로 설정하였다. 그러므로 낱말 분류의 기반이 되는 **꼴, 구실, 뜻** 가운데서 꼴은 낱말 분류의 기반이 되지 못하고, 주로 **구실**과 **뜻**에 의하여 품사분류하였다.

3) 주시경의 우리말 문법연구에 대한 업적을 간추려 보면 다음과 같다.
(1) 『국어문법』에서 용어를 토박이말로 바꾸고, 정확한 용어의 정의와 함께 각 품사를 뜻매김하고 〈보기말〉을 보인 후 각 품사를 하위분류한 것
(2) 우리말의 품사에는 뜻을 나타내는 '원체부〈〉몸씨'와 문법적인 관계를 나타내는 '관계부〈〉토씨'가 있음을 발견하고 체계를 세운 것
(3) 『말』에서 '인젭〈〉겻'에는 '격표인젭〈〉만이'과 '형성인젭〈〉금이'가 있다고 하여 우리말 문법에서 처음으로 격(case)을 세운 후 이를 하위분류한 것
(4) 체언은 문장에서 하는 구실이 같음을 의식하여 더 작은 품사로 나누지 않고, '임(〈명호〉'으로 설정한 것
(5) 용언은 '엇(〈형용〉'과 '움(〈동작〉'으로 나누어 설정하였는데, 이는 **뜻**과 이 두 품사에 결합되는 '잇'과 '끗'의 종류가 다름을 의식한 데서 온 것이며, 우리말 문법에서 처음으로 '엇'이 문장에서 서술어의 **구실**을 함을 발견한 것
(6) 수식어인 '언(〈형명〉'은 우리말 문법에서 독창적으로 설정한 품사이며, 이 수식어는 문장에서 꾸미는 대상이 다름을 발견하여 '언'과 '억'으로 나누어 설정한 것
(7) '움(〈동작〉'의 하위분류는 **구실**에 의하여 '움뜻'과 '움힘'으로 나누었는데, '움뜻'은 움직임의 대상이 있느냐, 없느냐에 따라 '남움(〈타동〉'과 '제움(〈ᄌ동〉'으로 나누고, '움힘'은 움직임의 주체가 제 스스로냐 남의 움직임을 입느냐에 따라 '바로움(〈직동〉'과 '입음움(〈피동〉'으로 나누어 완벽하게 분류해 낸 것
(8) 『국어문법』'겻'의 하위분류에서 '임홋만'인 {-이/가}는 주어에만 붙고, '씀홋말'인 {-를/을}은 목적어에만 붙는다고 밝힌 것
(9) '끗(〈죠셩〉'을 설정하고, 그 하위분류에서는 우리말 문법에서 최초로 서법(mood)에 따라 '이름(〈陳〉, 물음(〈問〉, 시김(〈命〉, 홀로(〈自〉'로 분류

해 낸 것

(10)『말의소리』에서 형태소(morpheme)에 접근되는 '늣씨'를 발견하여 낱말의 분류를 '늣씨'(형태소)에서 출발하려는 의식을 보인 것

등은 주시경이 처음으로 밝혀 낸 것이거나 독창적인 것으로서 국어학 연구사에서 큰 의의를 가지는 것이므로 높이 평가하고 있다.

4) 주시경의 품사 형성과정을 간추려 보면 다음과 같다.
(1)『국문문법』의 7언분은 '다른 나라 문법의 영향'에서 이루어졌다.
(2)『말』의 6체는 '주체적인 체계의 모색'에서 이루어졌다.
(3)『국어문법』의 9기는 '우리말 품사분류의 정립'에서 이루어졌다.
(4)『말의소리』의 6씨는 '새 체계의 시도'에서 이루어졌다.

5)『국어문법』에 나타나는 품사 벌림 차례로 보아 주시경은 품사 분류 체계에 대하여 다음과 같이 의식하고 있는 것 같다.

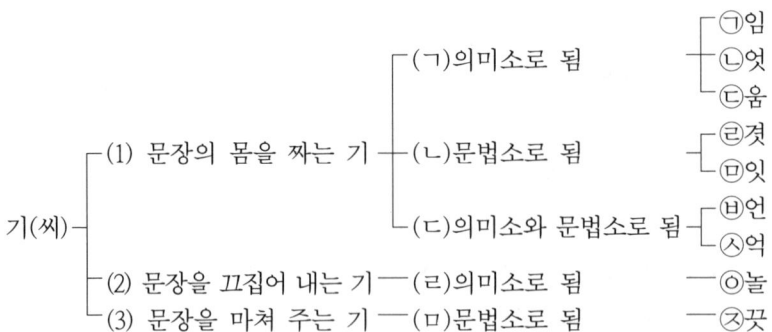

6) 각 품사의 성립은 주로 **구실**에 의하여 형성되었는데, 이것을 간추려 보면 다음과 같다.

(1) 임: '명호〉임'은 문장에서 주어가 될 수 있는 낱말을 하나의 품사로 처리하는 데서 이루어졌다.
(2) 엇: '형용〉엇'은 문장에서 수식어가 되는 문장성분을 하나의 품사로 보려는 데서 등장하여 일과 몬의 모양이나 상태를 나타내는 굴곡낱말의 어간를 하나의 품사로 잡는 데서 이루어졌다.
(3) 움: '동작〉움'은 움직임을 나타내는 굴곡낱말의 어근을 하나의 품사로 처리한 데서 이루어졌다.
(4) 겻: '인접〉겻'은 서술어와 직접 관계하는 문장성분에 붙는 토를 하나의 품사로 처리하는데서 이루어졌다.
(5) 잇: '간접〉잇'은 두 언어형식을 잇는 문법소를 하나의 품사를 처리하는 데서 이루어졌다.
(6) 언: '형명〉언'은 '명호〉임'을 수식하는 문장성분으로서 '형용'의 하위단위로 등장되어, 문장에서 관형어가 되는 문장성분을 하나의 품사로 처리하는 데서 이루어졌다.
(7) 억: '형형·형동〉억'은 형용사를 꾸미는 '형형'과 동사를 꾸미는 '형동'을 통합하여 문장에서 부사어가 되는 문장성분을 하나의 품사로 처리하는 데서 이루어졌다.
(8) 놀: '경각〉놀'은 문장에서 독립어로 쓰인 낱말을 하나의 품사로 처리한 데서 이루어졌다.
(9) 끗: '죠셩〉끗' 은 어근형태소에 붙어서 문장을 마쳐 주는 문법소를 하나의 품사로 처리한 데서 이루어졌다.

주시경의 품사분류는 접사의 분류와 그 자질 파악의 잘못으로 구속형태소에 붙는 구속형태소까지 독립된 품사로 처리하는 등 불투명한 점이 생긴 것은 잘된 처리법으로 보기는 어렵다.

그러나 『국문문법』에서 처음 다른 나라 문법의 영향에서 7언분으로 시작한 품사설정은 『국어문법』에 이르러서는 그 영향에서 벗어나 우리말에 맞는 창조적인 9기로 품사 형성을 보게 되었다. 이 9기는 대체로 **구실**에 의하여 분류되었는데, 다만 '엇·움'과 '언·억'의 형성은 **구실**과 **뜻**에 의한 것이다. 이는 국어학 연구사에서 높이 평가되어야 하겠다.

7) 각 품사의 하위분류는 **뜻**과 **구실**에 의하여 이루어졌다.

문법의 분류는 주로 **꼴**과 **구실**에 따라 나누는 것이 원칙인데, 주시경의 8품사에 대한 하위분류는 '움'과 '끗' 그리고 일부 '겻'(임홋만, 쏨홋만)을 제외하고는 거의 **뜻**에 따라 나누었기 때문에 품사의 하위분류를 번거롭게 만든 점이 많은 것이 흠이다.

그러나 『국어문법』이 나오기 이전까지의 각 품사에 대한 체계적인 하위분류는 발견되지 않고 있으므로 그 이전은 말할 수 없지만, 『국어문법』에서의 각 품사에 대한 하위분류는 우리말 문법연구에 있어 처음으로, 전반적으로 그리고 체계적으로 시도되었다는 점에서는 높이 평가되어야 한다.

각 품사의 하위분류 과정을 도표로 나타내면 다음과 같다(빈 칸은 전하지 않는 것임).

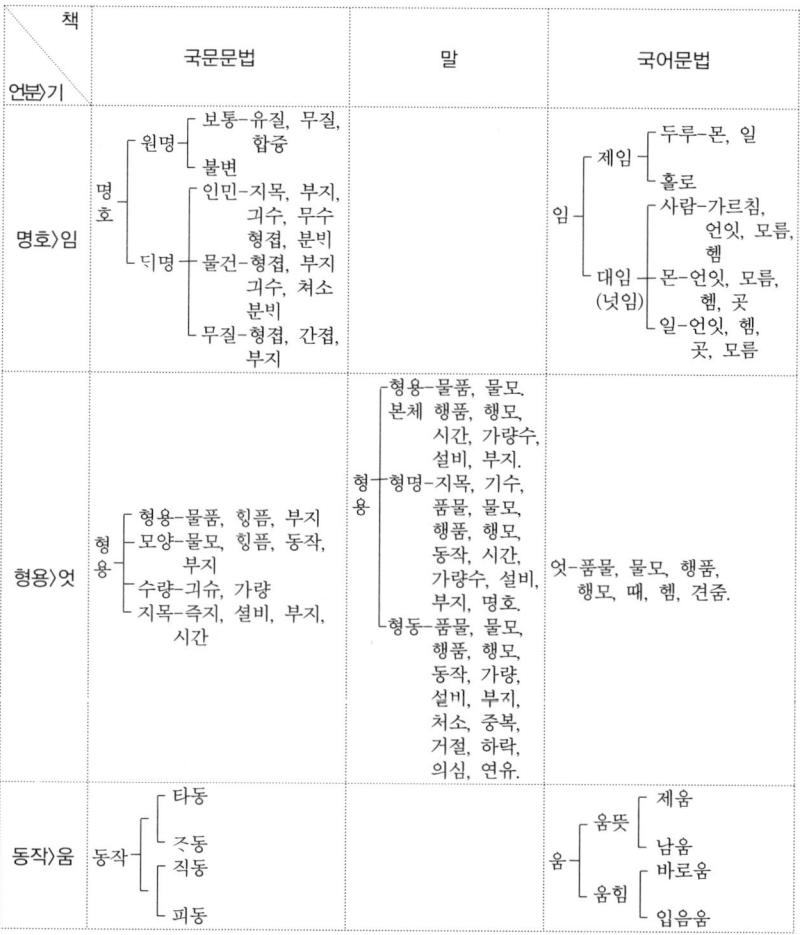

제1장 품사론의 형성 161

책 연분기	국문문법	말	국어문법
인접〉겻		인접 ┬ 격표인접 ─ 전제격, 　　　　　　　　　반격, 　　　　　　　　　전수격, 　　　　　　　　　동격, 　　　　　　　　　동차격, 　　　　　　　　　불관격 　　　└ 형성인접	겻 ┬ 만이 ┬ 임홋만, 씀홋만, 덩이임만, 　　　　　│　한가지만, 다름만, 다름한만, 　　　　　│　안가림만, 낫됨만, 특별함만, 　　　　　└　홀로만, 부름만, 낫한만. 　　└ 금이 ┬ 자리금, 몬금, 때금, 헴금, 　　　　　│　부림금, 움몬금, 일금, 　　　　　│　낫한금, 함게금, 까닭금, 　　　　　└　다름한금.
간접〉잇		간접 ┬ 명호구절이 되게 　　　│　하는 것 　　　└ 형성구절이 되게 　　　　 하는 것	잇-덩이, 잇어함, 그침, 함께, 풀이, 까닭, 뒤짐힘, 뜻밖, 거짓, 홀로, 하랴함.
형명〉언	형명 ┬ 품질─물품, 힝품, 부지. 　　├ 모양─물모, 힝모, 동작, 　　│　　　부지. 　　├ 수량─긔슈, 가량. 　　└ 지목─즉지, 설비, 부지, 　　　　　　시간.		언-가르침, 물품, 행품, 행모, 때, 헴, 견줌, 모름, 움, 임.
형형 형동 〉억		형동─물품, 물모, 행품, 행모, 동작, 가량, 설비, 부지, 처소 중복, 거절, 허락, 의심, 연유.	억-엇덤, 자리, 때, 헴이나 길, 막이, 그림, 아마, 모름, 견줌, 몬, 일.
경각〉놀			
죠성〉끗		죠성-陳, 問, 命, 自.	끗-이름, 물음, 시김, 홀로.

제2장 문장론의 형성

제1절 문장성분의 형성

1. 머리말

주시경(1876~1914)은 대한제국 시대에 우리 국어문법을 과학적으로 연구하고, 국어교육 및 한글운동에 한평생을 바친 사람이다. 그의 저서 『국어문법』(1910)과 고친판 『조선어문법』(1911, 1913)은 당시 중등학교 학생들과 조선어 강습원 수강생들에게 큰 영향을 미쳤을 뿐만 아니라 국어문법의 형성에도 많은 영향을 미쳤다. 그러한 까닭으로 뒷날 국어문법 연구가들은 주시경 학문에 대하여 많은 관심을 가지게 되었고, 또 지금까지 많은 논문 발표와 저서를 발간하여 그의 학문을 한층 높은 단계로 끌어 올려놓았다.

그 연구 업적들 가운데는 주시경 문법의 문장론(통어론) 분야를 대상으로 한 논문도 많이 발표되었으나[1] 그의 문법에서 문장론 분야에 대한 전반적인 이론이 밝혀진 것은 아니다.

그런데 그의 문법 저서에서 문장론에 대하여 기술한 부분은 최광옥(1908)이나, 김규식(1909), 최현배(1937)에 비교하면 비교적 많은 양을 차지하고 있다[2]. 이것은 주시경(1910)에서 이미 문장론의 중요성을 의식하고 있었음을 알 수 있다.

제1절에서는 『국어문법』의 문장론 분야 가운데서 그의 문장성분이 어떻게 형성되어 왔는가를 밝히는 데 그 목적이 있다.

ㄹ. 여러 언어형식의 설정

주시경은 『국어문법』에서 여러 가지 언어형식(linguistic form)의 설정에 앞서 오늘날의 문장론(통어론, syntax)에 해당하는 용어로 "짬듬갈"을 설정하고, 그 뜻매김을 하고 있는데, 이것부터 먼저 보이면 다음 (1)과 같다.

(1) 짬듬갈의 쓰는 뜻
   ㄱ. 짬: 움기 짜에 ㅁ을 더한 임기니 짜는 것이라 함이요, 꿈임과 한뜻이라.

---

[1] 홍양추(1980), 박영환(1983), 진말득(1984), 강기진(1985, 1987), 박태권(1986), 김석득(1988), 전수태(1989), 구연미(1992), 최규수(1997. ㄱ. ㄴ) 등을 들 수 있다.

[2] 주시경(1910) 당시의 문법책들과 최현배(1937)에 나타난 문장론 부분의 분량을 보이면 다음과 같다.

책	전체 분량(쪽)	문장론 분량(쪽)	비율(%)
최광옥(1908)	79	14	17.72
유길준(1909)	128	38	29.69
김규식(1909)	113	25	22.12
주시경(1910)	118	34	28.81
김희상(1911)	145	41	28.28
최현배(1937)	1200	227	18.92

ㄴ. 듬: 말이 꿈이어지는 여러 가지 法을 이르는 이름으로 쏨이라.
ㄷ. 갈: 우에 먼저 보인 뜻과 한가지니 여러 듬의 결에를 배홈을 이름이라.

그러함으로 짬듬갈은 다 (짠 말을 이름이니, 뜻은 알에 말함)가 꿈이어지는 여러 가지 法을 배호는 것이라 이름이라.

(『국어문법』: 36)

(1)의 뜻매김에 의하면, (1)ㄱ의 "짬"은 동사 〈짜다〉의 명사형으로 구성, 조직의 뜻이요, (1)ㄴ의 "듬"은 체언에 조사가 결합하거나, 용언의 어간에 어미가 결합되어 이루어진 것으로 어절에 접근되는 말로 보인다. 그러나 이 "듬"이 어디서 나온 말인지는 정확하게 밝혀져 있지 않다 (허웅, 1971: 47에서는 어디서 온 말인지 모르겠다고 하였다). 그리고 (1)ㄷ의 "갈"은 이미 주시경(1910: 27)에서 "硏의 뜻과 같은 말이니, 배호나 알아내의 뜻. 곳 學이나 硏究의 뜻과 한가지로 쓰어 각 기의 결에를 배홈을 이름이라"고 뜻매김을 하였기 때문에 여기서는 앞의 뜻매김에 미루었다. 이 뜻매김에 의하면 "갈"은 "學" 또는 "論"에 해당하는 것이다.

그러므로 (1)의 뜻매김에 의하면 "짬듬갈"이란 "다"를 구성하는, 또는 조직하는 學 또는 論이므로 문장론에 맞서는 용어이다. 이러한 용어에 대한 풀이는 주시경이 직접 만든 용어이므로 독자들의 이해를 돕기 위하여 하나하나 분석하여 풀이한 것으로 보인다.

이어서 『국어문법』에서 몇 가지의 언어형식을 설정하고 이에 대하여 뜻매김을 한 후 그 상·하위의 관계를 알 수 있도록 그림으로 보였는데, 이것을 정리해 보이면 다음 (2)와 같다.

(2) 말듬을 갈기에 없을 수 없는 이름을 만들고 그 뜻을 알에 말하노라.
    ㄱ. 말: 뜻을 나타내는 소리니 낫말 곳 기나 짠말 곳 다를 다 이름이라.

ㄴ. 기: 낫말을 이름이니, 한낫 몬이나 일을 이름이라.
ㄷ. 다: 둘로부터 둘 더 되는 기로 짠 말을 다 이름이라.
ㄹ. 모: 한 짠 말에 남이(뜻은 알에 말함)가 없음을 다 이름이라.
ㅁ. 드: 한 짠 말에 남이가 잇어 다 맞은 말을 다 이름이라.
ㅂ. 미: 한 일을 다 말함을 다 이름이라.3)

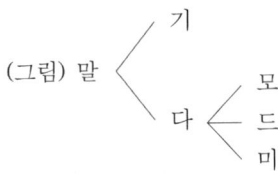

(『국어문법』: 36~37)

 일반적으로 언어학에서 언어형식이란 일정한 소리에 일정한 뜻이 맞붙어 있는 말의 덩이를 일컫게 되는데, 이에는 긴 것으로는 문장에서 짧은 것은 형태소(morpheme)에 이르기까지 모두 언어형식인데, 이러한 언어형식은 모두 뜻을 가지고 있다(허웅, 1983: 149).
 그러므로 (2)ㄱ~(2)ㅂ이 모두 언어형식에 해당하는 것들이다.
 (2)ㄱ의 "말"은 그 뜻풀이로 보아 낱말과 "다"를 합하여 함께 이르는 것으로, 이것은 여러 가지 언어형식 가운데 가장 큰 단위로 의식한 것이다. 그런데 이 "말"이 언어형식에 해당한다는 견해는 이미 여러 학자들에 의해서 제기되었다.
 허웅(1971: 47)에서는 "말"은 언어형식에 해당한다. 다만 언어형식은 형태소를 포함하게 되어 있으나, 여기서 "말"은 낱말을 더 작게 쪼갠 형태소를 생각한 것 같지는 않다(낱말을 가장 작은 말의 낱덩이로

---

3) 조선어문법(1911: 39)에서는 "한 일을 다 말하여 길게 된 말을 다 이름이라"고 뜻매김하였음.

생각한 듯)고 하여 이 "말"은 형태소보다는 큰 언어형식을 모두 포함하는 것으로 인식하였다.4) 그러나 김석득(1979: 122)에서는 표현이 이루어지는 단위를 크게 "말"의 단위로 보고 "말"은 단순히 품사(낱말)나 품사가 배합하여 이루어지는 "다"로 처리하였다. 여기서도 "말"은 낱말이나 낱말의 결합단위보다는 큰 단위로 인식하였다는 점에서는 같은 견해라 할 수 있다.

(2)ㄴ의 "기"는 그 뜻으로 보아 낱말 또는 품사(씨)에 해당하는 것으로 주시경(1911)에서부터는 "씨"로 나타나는데, 이것은 품사론(씨갈, 형태론)의 단위이지 문장론의 단위는 아니다. 그런데 이 "기"가 주시경(1910)에서는 뜻을 나타내는 가장 작은 단위로 의식하였으나, 『말의소리』(1914)의 "씨난의 틀" 단원에서는 소리와 뜻이 연결된 가장 작은 단위인 형태소에 접근되는 말로 "늣씨"를 의식하게 되었는데, 이것은 미국의 구조주의 언어학자 블룸필드(Leonard Bloomfield, 1887~1949)가 『Language』(1933)에서 최소의미단위의 뜻으로 쓰기 시작한 "morpheme"보다는 약 20년 앞서 사용한 용어로 이는 국어학 연구사에서 높이 평가되고 있다(김민수, 1977: 98~101).

그러므로 이 "기"(>씨)는 형태소보다는 큰 언어형식인 낱말에 해당하는 것이다. 물론 이 "기"는 낱말이란 뜻으로만 쓰인 것이 아니다. 그런데 이 "기"는 "품사(씨)"의 뜻으로 더 많이 쓰이기는 하였으나, 낱말의 뜻으로도 "기"나 "씨"로 불렸던 것은 사실이다(허웅, 1971: 47).

어떻든 이 "기"는 낱말이나 품사의 뜻을 나타내는 용어로 쓰였으나 품사론의 단위이지 문장론의 단위는 아님을 알 수 있다.

(2)ㄷ의 "다"는 그 뜻풀이로 보아 둘 이상의 낱말로 짜여진 말은 다 이르는 것이므로, 이것은 이은말, 마디, 문장들을 포함하는 용어

---

4) 그 외 박지홍(1978), 홍양추(1980)에서는 모두 단순한 언어형식으로만 의식하고, 그 범위에 대하여는 아무런 언급이 없었다.

로 어절보다는 큰 단위의 언어형식임을 알 수 있다.

그런데 주시경(1910: 40~41)에서 완전한 문장을 이루고 있는 문장을 "다된 다"라고 하였는데, 이것을 간추려 보이면 다음 (3)과 같다.

(3) ㄱ. 아기가 자라오
   (알이) 이 말은 임, 남 두 듬으로 다된 다니라.
      다된 다는 아모리 적어도 이 두 듬은 잇나니라.
  ㄴ. 아기가 젓을 먹소
   (알이) 이 말은 임, 씀, 남 세 듬으로 다된 다니라.
      다된 다는 아무리 크어도 이 세 듬에 더함이 없나니라.

(『국어문법』: 40~41)

(3)ㄱ의 문장에서 "다된 다"는 주어와 서술어를 갖추고 있는 문장을 이르는 것으로 이 "다된 다"는 아무리 작은 "다"라도 이 두 문장성분을 갖추고 있다는 것이다. (3)ㄱ에서 〈아기가〉는 주어이고, 〈자라오〉는 서술어이므로 완전한 문장을 이루고 있는 것이다.

(3)ㄴ의 문장에서 "다된 다"는 주어, 목적어, 서술어를 모두 갖추고 있는 문장을 이르는 것으로 이 "다된 다"는 아무리 큰 "다"라도 이 세 문장성분만은 갖추고 있다는 것이다. 역시 (3)ㄴ에서 〈아기가〉는 주어이고, 〈젓을〉은 목적어이고, 〈먹소〉는 서술어이므로 세 문장성분을 갖추고 있는 완전한 문장이다.

그러므로 (3)ㄱ은 "다된 다" 가운데 가장 작은 "다"이고, (3)ㄴ은 "다된 다" 가운데 가장 큰 "다"라는 뜻이므로 이 "다된 다"는 문장성분들 가운데 주성분만으로 이루어진 완성된 문장을 이르는 것이다. 곧 "다된 다"는 마침법으로써 끝나는 문장임을 알 수 있으니, 완전한 문장을 "다된 다"라고 하고 있는 것이다(박지홍, 1978: 98).

(2)ㄹ의 "모"는 그 뜻풀이로 보아 "다"의 하위단위로 한 언어형식에서 서술어가 없이 이루어진 언어형식을 이르는 것이므로 이것은 이은말에 해당하는 것이다.

이 "모"에 대한 내용을 더욱 확실하게 알 수 있는 대목은 주시경(1910: 96)의 "잇기의 마듸" 단원에 나타나 있다. 이것을 정리해 보이면 다음 (4)와 같다.

(4) 모잇: 모와 모를 잇는 것
   (본) 힌 조희와 검은 먹
      와는 모 힌 조희에서 모 검은 먹을 잇는 것

『국어문법』: 96)

(4)에서 〈힌 조희〉와 〈검은 먹〉이 "모"인데, 이것은 다음 (4)′ 같은 기저형에서 도출된 표면구조이다.

(4)′ ㄱ. 힌 조히 ← 조히(가) 히(다)
    ㄴ. 검은 먹 ← 먹(이) 검(다)

그러므로 〈힌 조희〉와 〈검은 먹〉은 각각 하나의 사물에 대한 통일된 개념을 나타내는 "짠말"로 보고, 용언의 관형사형과 주어가 결합한 구조로 이루어진 이은말을 가리키는 것이 "모"이다(홍양추, 1980: 172). 그리고 허웅(1971: 48)에서도 "남이"란 용언의 어간을 이르는 말이므로 "모"란 결국 서술어가 없는 이은말에 해당한다고 하였으나, 박지홍(1978: 98)에서는 『국어문법』(1910: 96)에서 보인 "모"의 〈보기말〉인 〈힌 조희〉와 〈검은 먹〉은 관형변형으로써 "남이"(서술어)는 관형어로 바뀌고, "임이"(주어)만 있는 모자라는 문장임을 알 수 있다고 하였는데, 이것도 역시 이은말이다.

어떻든 『국어문법』에서 의식한 이 "모"란 언어형식은 그 〈보기말〉에 따르면 주어 앞에 용언의 관형사형으로 이루어진 관형어가 놓여있는 구조로 이것은 이은말에 해당하는 언어형식임에 틀림없다고 하겠다.

(2)ㅁ의 "드"는 역시 "다"의 하위단위로 그 뜻풀이로 보아 언어형식 가운데 서술어를 가지는 언어형식을 이르는 것이므로 문장을 이르는 것이다. 이 "드"는 『국어문법』(1910: 96)의 "잇기의 마듸" 단원에서 보인 〈보기말〉을 보면 더욱 명확하게 알 수 있다. 이것을 정리해 보이면 다음 (5)와 같다.

(5) 드잇: 드와 드를 잇는 것
  ㄱ. 못맞은 드잇
    (본) 바람은 가볍고 구름은 히오.
    고는 못맞은 드, 곳 끗기가 없는 드
    바람은 가볍에서 드 구름은 히오를 잇는 것
  ㄴ. 맞은 드잇
    (본) 날이 춥다마는 나는 가겟다.
    마는은 맞은 드, 곳 끗기 다가 잇는 드
    날이춥다에서 드 나는 가겟다를 잇은 것

(『국어문법』: 96)

(5)에서 "드"를 "맞은 드"와 "못맞은 드"로 구분하고 있는데, 이것은 "드"의 필수성분인 "남이"가 문장을 끝맺는 경우와 끝맺지 못하는 경우로 구분한 것이다.

(5)ㄱ에서 {-고}는 문장을 끝맺지 못하고, 완성되지 않은 마디를 이어주기 때문에 〈바람은 가볍〉은 "못맞은 드"이고, (5)ㄴ에서 {-다}

는 문장을 끝맺어 주고 {-마는}에 의해서 다음 문장과 이어 주므로 이것은 완성된 문장을 잇기 때문에 〈날이 춥다〉는 "맞은 드"라고 하였다. 그러므로 허웅(1971: 48)에서 "드"란 완성된 문장은 물론이지마는 완성되지 못한 말일지라도 서술어만 있으면 다 이에 포함시킨 것으로 생각된다. 따라서 〈먹는다〉도 상황에 따라 "드"가 되는 것이라고 하였다. 그러나 이 "드"의 기준은 "임이"와 "남이"의 결합에서 이루어진 언어형식으로서 '마디'에 해당됨을 알 수 있다(박지홍, 1978: 99)고 하였는데, 여기서 '마디'는 구와 절을 포함한 것으로 추측된다.

이와 같이 이 "드"는 어떤 상황이 설정되고, 문장의 주성분 가운데 서술어만 있고, 나머지 다른 문장성분이 생략된 언어형식도 모두 포함하는 용어임을 알 수 있다.

(2)ㅂ의 "미"도 "다"의 하위단위로 "한 일을 다 말함을 다 이름이라"고 뜻풀이를 한 것으로 보아 어떤 사물을 완전하게 묘사한 것으로 보이는데, 이렇게 되면 문장보다는 긴 단위의 언어형식으로 보아야 할 것이다. 그렇다면 이것은 하나의 완전히 뭉뚱그려진 생각을 나타내는 "대목"(단락)에 접근되는 용어일 가능성이 있다. 그러나 〈보기말〉이 없기 때문에 정확하게 단정하기는 어렵다.

그래서 허웅(1971: 48)에서는 실지 쓰인 예가 잘 보이지 않지만 설명만으로 볼 것 같으면, 아마 한 문장을 일컫는 말이 아닐까 생각된다고 하였는데, 그렇게 되면 앞의 "드"와 큰 차이가 나지 않게 된다. 그리고 박지홍(1978: 100)에서 "미란 속뜻(deep structure)을 전혀 가지지 않은 다를 이르는 것이다" 속뜻을 모두 겉으로 드러내면 말이 길어지니 주시경 선생은 이 특징을 잡아서 설명한 것이라고 하였다가 그 후 박지홍(1999)에서는 "미"를 완전문장 즉 반드시 갖추어야 할 문장성분을 다 갖춘문장(?)이라고 하면서 의문부호를 붙이고 있다. 여기서도 앞의 "드"와 의미상 별 차이가 나지 않는다.

또 홍양추(1980: 175)에서는 "미"가 "다"의 최대형으로 하나의 이야기 거리가 담겨져 있는 발화(utterance) 단위로 추측할 수 있다고 하여 문장보다는 긴 언어형식임을 암시하고 있다.

그러므로 이 "미"는 "다"의 하위단위 언어형식 가운데 가장 긴 발화형태로 대목 또는 단락에 접근되는 언어형식으로 보는 것이 타당할 것 같다.

지금까지 주시경의 『국어문법』(1910) "짬듬갈"에 나타나는 여러 가지 언어형식을 살펴보았는데, 이 언어형식 가운데 가장 긴 형식을 "말"이라 하고, "말"은 다시 "기"와 "다"로 나누었는데, 이 "기"(>씨, 품사)는 낱말 또는 품사를 나타내는 것으로 문장론의 단위가 아니고 품사론의 단위이다. 그리고 "다"는 이은말, 마디, 문장들을 포함하는 용어로 어절보다는 큰 언어형식이다. 그런데 이 "다"는 다시 "모, 드, 미"로 하위분류하였는데, "모"는 언어형식에서 서술어가 없는 이은말에 해당하는 것이고, "드"는 서술어를 가지는 완전한 문장을 이르는 것이고, "미"는 〈보기말〉이 없어서 정확한 것은 알 수 없으나 "드"보다는 긴 언어형식임에는 틀림이 없다. 그렇다면 이 "미"는 한 생각이 단락 지워진 단위인 대목 또는 단락에 접근되는 용어로 봄 직하다.

3. 문장성분의 형성

문장은 몇 개의 어절로 짜여 있는데, 이 어절들은 그것이 문장에서 하는 구실에 따라 몇 갈래로 나눌 수 있다. 이때 이 어절들을 그것이 문장에서 하는 구실에 따라 나눈 것을 문장성분(elements of the sentence)이라 한다(박지홍, 1999: 262). 즉 한 문장을 구성하는 요소들을 문장성분이라 한다.

일반적으로 문장성분에는 그 쓰임과 중요성의 다름을 따라 주성분(주요성분, 으뜸조각)과 부속성분(종속성분, 붙음조각)과 독립성분(홀로조각)으로 나눈다. 그리고 주성분 앞에 부속성분이 놓여 더 큰 단위의 문장성분으로 구성되어 있는 것을 구비성분(갖은 문장조각)이라 하는 문법 학자도 있다.5)

그러면 이러한 문장성분이 주시경(1910)에는 어떻게 형성되어 있는가를 주성분, 부속성분, 주어부(임자부)와 서술부(풀이부)로 나누어 살펴보기로 한다.

3.1. 주성분의 형성

문장성분 가운데 주성분은 문장의 성립에 필수적인 문장성분으로 문장의 골격을 이루는데, 그것이 빠지면 불완전한 문장이 된다. 일반적으로 국어문법에서 문장의 주성분에는 주어(임자말), 목적어(부림말), 서술어(풀이말), 보어(기움말)로 나누고 있다.

그런데 주시경(1910: 37)에서는 국어문법의 주성분에는 주어, 목적어, 서술어가 있음을 의식하고, 이들을 각각 "임이, 씀이, 남이"로 설정하고, 이 주성분에 결합하는 토를 각각 "임이빗, 씀이빗, 남이빗"이 있음을 의식하고, 이 "빗"은 제 홀로는 쓰이지 못하고 반드시 "이"[語]와 결합하여야만 문장성분의 구실을 할 수 있음을 의식하여 앞의 각 "이"에 "빗"이 결합된 것을 각각 "임이듬, 씀이듬, 남이듬"이라 하고 있는 것으로 보아 보어(기움말)은 설정하지 않았음을 알 수 있다.

이제 주시경(1910: 37)에서 설정한 문장의 주성분에 해당하는 "임이, 씀이, 남이"의 뜻매김을 정리해 보이면 다음 (6)과 같다.

---

5) 최현배(1937), 『우리말본』, 연희 전문학교 출판부, 1013~1014쪽 참조.

(6) ㄱ. 임이: ①임: 主와 한 뜻

　　　　　 ②이: 者와 한 뜻

　ㄴ. 씀이: ①씀: 움기 쓰이의 이를 덜고 ㅁ을 더하여 임기되게 한 것

　　　　　 ②이: 우에 말한 것과 한가지니 알에도 다 이러함.

　ㄷ. 남이: ①남: 움기 나에 ㅁ을 더하여 임기되게 한 것

(『국어문법』: 37)

　(6)ㄱ에서 "임이"는 "주자"(主者)6)이므로 이 말은 문장의 임자가 되는 조각으로 주어에 해당하는 문장론의 용어이다.

　그런데 이 주어의 성립은 체언(임자씨)이나 체언의 기능을 하는 말에 주격조사(임자자리토씨)가 붙어서 성립되는 것이 일반적인 방법인데, 여기서는 주어로 쓰인 체언만을 "임이"라 하였다. 그 〈보기말〉을 보이면 다음 (7)과 같다.

(7) 소가 풀을 먹소.

(국어문법: 41)

　(7)에서 〈소〉만이 "임이"(주어)에 해당하는 것인데, 이 〈소〉가 "기난갈"(씨난갈, 품사론)에서는 "임"에 해당하고, "짬듬갈"(월갈, 문장론)에서는 "임이"라 하였으므로 오늘날 이르는 주어와는 그 차원을 조금 달리한 것이라 하겠다. 그러므로 주시경(1910)에서 이르는 "임이"는 문장의 임자가 되는 주어에 해당하지만 그 범위는 주어로 쓰인 체언만을 가리키는 용어이다.

　(6)ㄴ에서 "씀이"는 "물자"(物者)인데, 그 뜻매김에서 "씀"은 동사

---

6) 주시경(1910: 39)에서 "임이"는 주자(主者), "씀이"는 물자(物者), "남이"는 설자(說者)라 이르고 있음.

〈쓰이〉에서 {-이}를 덜어내고 {-ㅁ}을 더하여 명사가 되게 한 것이라 하였다. 이 "씀이"는 타동사(남움직씨)가 문장의 서술어가 될 적에 그 움직임이 사용하는 또는 지배하는 목적물을 나타내는 말로 쓰인 목적어를 이르는 문장론의 용어이다.

그런데 이 목적어의 성립은 체언이나 체언 구실을 하는 말에 목적격조사(부림자리토씨)인 {-을/-를}이 결합하여 성립되는 것이 일반적인 방법인데, 여기서의 "씀이"는 사용되는 사물을 나타내는 체언만을 가리키고 있다. (7)에서 〈풀을〉이 목적어인데, 여기서는 〈풀〉만이 "씀이"에 해당한다. 이 역시 〈풀〉이 품사론에서는 "임"에 해당하고, 문장론에서는 "씀이"에 해당하는 것이다.

(6)ㄷ의 "남이"는 "설자"(說者)인데, 그 뜻매김에서 "남"은 동사어간 {-나}에 {-ㅁ}을 더하여 명사가 되게 한 것이라 하였다. 이 "남이"는 주어의 행위나 상태, 성질 등을 풀이하는 서술어를 이르는 문장론의 용어이다.

그런데 이 서술어의 성립은 동사, 형용사, 또는 체언이나 체언 구실하는 말에 {-이다}가 결합하여 성립되는 것이 일반적이다. 그러나 여기서 "남이"는 주어로 된 움직임과 성질과 종족의 어떠함을 나타내는 용언의 어간만을 가리키는 것인데, 이것은 주시경 문법의 품사 분류에서 용언의 어간과 어미를 각각 독립된 품사로 설정한 데서 비롯된 것이다. 그 〈보기말〉을 보면, 문장(7)에서 〈먹다〉의 {먹-}만이 "남이"에 해당하는 것이므로 동사의 어간만을 가리키는 문장론의 용어이다. 그러나 용언의 어간만으로는 문장에서 서술어의 구실을 하지 못한다.

지금까지 (6)ㄱ~(6)ㄷ에서 살핀 "임이, 씀이, 남이"는 문장론의 주성분으로 오늘날의 주어, 목적어, 서술어에 해당하는 문장론의 용어인데, "임이"는 문장에서 주어로 쓰인 체언만을 가리키고, "씀이"는 문장에서 목적어로 쓰인 체언만을 가리키고, "남이"는 문장에서 서술어로 쓰인 용언의 어간만을 가리킨다. 결국 주시경 문법의 문장론에서 주성분으로 쓰인, "임이, 씀이, 남이"는 오늘날의 주어, 목적어, 서술어와는 그 가리키는 대상의 범위가 꼭 일치하지는 않는다.

또 주시경(1910: 37)에서는 문장의 주성분인 "임이, 씀이, 남이"가 되게 하는 표를 "빗"으로 의식하고 이것을 각각 "임이빗, 씀이빗, 남이빗"이라 하였다. 이것을 정리해 보이면 다음 (8)과 같다.

(8) ㄱ. 임이빗: 빗 – 보람과 한 뜻이니, 임이빗은 곳 임이의 직권표(職權表)라 함과 한 뜻이요, 알에도 다 이러함.
ㄴ. 씀이빗:
ㄷ. 남이빗:

(『국어문법』: 37)

(8)에서 "임이빗"의 뜻매김에서 "빗"의 뜻을 유추해 보면, 그 "빗"은 "직권표"이므로, 이것은 표 또는 표지(marker)의 뜻으로 쓰였음을 알 수 있다.

(8)ㄱ의 "임이빗"은 "임이의 직권표"라 뜻매김하였으므로 이것은 문장에서 주인노릇하는 사물을 나타낸 체언을 그 문장의 주인노릇하는 자리(임자자리, 주격)에 서게 하는 표가 되는 조사를 이르는 것이므로 곧 주격조사(임자자리토씨)에 해당하는 용어이다. 그 〈보기말〉을 보면, 문장(7)의 주어 〈소가〉에서 〈소〉는 "임이"이고, {-가}는 "임이빗"이다.

(8)ㄴ의 "씀이빗"은 (8)ㄱ의 "임이빗" 뜻매김에서 "씀이빗, 남이빗"도 다 같다고 하였으므로, "씀이빗"은 "씀이의 직권표"가 된다. 이것은 문장에서 목적이 되는 사물을 나타내는 체언이 문장의 목적어의 자리(부림자리)에 서게 하는 표가 되는 조사를 이르는 것으로, 곧 목적

격조사(부림자리토씨)에 해당하는 것이다. 그 〈보기말〉을 보면, 문장(7)의 목적어 〈풀을〉에서 〈풀〉은 "씀이"이고, {-을}은 "씀이빗"이 된다.

(8)ㄷ의 "남이빗"은 "남이의 직권표"이므로 이것은 문장에서 용언이 서술어가 되게하는 토를 이르는 것으로, 곧 용언의 여러 가지 어미에 해당하는 것이다. 그 〈보기말〉을 보면, 문장(7)의 서술어 〈먹소〉에서 {먹-}은 "남이"이고, {-소}가 "남이빗"이 된다.

그러므로 (8)에서 살펴본 "빗"은 주어, 목적어, 서술어가 되게 하는 토를 이르는 것이지만 문장론의 용어는 아니다. 그리고 주시경(1910)에서 문장의 주성분을 "이[語]"와 "빗"으로 분리하여 다 같이 문장론의 용어로 의식한 것은 그의 분석적 태도에 의한 품사분류 이론에서 비롯된 것으로 보인다.

어떻든 문장의 주성분을 "이"와 "빗"으로 분리하여 문장성분을 설명한 것은 잘된 처리로 보기는 어렵지만 그의 이론에서는 조리정연한 설명이다. 그리고 다음 단계로 "이"와 "빗"이 결합하여 어울린 것을 "듬"이라하며 다시 문장성분 단위를 설정하게 된다. 주시경(1910: 37~38)에서 문장의 주성분에 해당하는 "임이, 씀이, 남이"와 그 주성분이 되게 하는 표지에 해당하는 "임이빗, 씀이빗, 남이빗"이 어울린 것을 각각 "임이듬, 씀이듬, 남이듬"이라 하였는데, 이것이 오늘날의 주어, 목적어, 서술어와 일치하는 용어이다. 이것을 정리해 보이면 다음 (9)와 같다.

(9) ㄱ. 임이듬: 듬 - 格과 한 뜻이니, 임이듬은 임이되는 格이라 함이요, 알에도 다 이러함.
　　ㄴ. 씀이듬
　　ㄷ. 남이듬

(『국어문법』: 37~38)

(9)에서 "듬"은 "格과 한 뜻"이라 하였는데, 이때 "格"은 "자격"의 뜻으로 쓰인 것이다. 그리고 이 "듬"은 오늘날 어절 단위의 문장성분과 같은 단위로 문장론 용어로 쓰인 것이다.

(9)ㄱ의 "임이듬"은 "임이"에 "임이빗"이 결합하여 한 단위를 이룬 것이므로 이 "임이듬"은 "임이"(주어)가 되는 자격을 뜻하므로 오늘날의 주어에 일치하는 용어이다. 문장(7)의 〈보기문장〉에서 주어는 〈소가〉인데 여기서 〈소〉는 "임이"요, {-가}는 "임이빗"이요, 〈소가〉는 "임이듬"이 되므로 이것은 오늘날의 주어와 일치하는 용어임을 확실하게 알 수 있다.

(9)ㄴ의 "씀이듬"은 (9)ㄱ의 "임이듬"의 뜻풀이로 미루어 "씀이 되는 格"인데, 이 "씀이듬"은 "씀이"(목적어)가 되는 자격을 뜻하는 것으로, "씀이"에 "씀이빗"이 결합하여 한 단위를 이룬 것이므로, 오늘날의 목적어와 같은 뜻으로 쓰인 문장론 용어이다. 문장(7)의 〈보기문장〉에서 목적어는 〈풀을〉인데, 여기서 〈풀〉은 "씀이"요, {-을}은 "씀이빗"이요, 〈풀을〉은 "씀이듬"이 되므로 이것은 오늘날의 목적어와 일치하는 문장론 용어이다.

(9)ㄷ의 "남이듬"도 (9)ㄱ의 "임이듬"의 뜻풀이로 미루어 "남이 되는 格"인데, 이 "남이듬"은 "남이"(서술어로 쓰인 용언의 어간)에 "남이빗"(용언의 어미)이 결합하여 한 단위를 이룬 것으로 오늘날의 서술어와 일치하는 문장론 용어이다. 역시 문장(7)의 〈보기문장〉에서 서술어는 〈먹소〉인데, 여기서 {먹-}은 "남이"요, {-소}는 "남이빗"이고, 〈먹소〉가 "남이듬"이 되므로 오늘날의 서술어와 일치함을 알 수 있다.

지금까지 살핀 문장을 구성하는 데 주성분에 해당하는 것들을 〈보기문장〉(7)로써 그림으로 나타내 보이면 다음 (7)'와 같다.

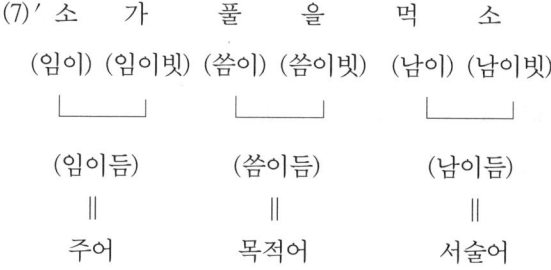

 여기서 특히 주목할 만한 것은 문장론의 단위가 아닌 "빗"을 문장론에서 설정하였는가에 대해서는 정확하게 알 수 없지만 품사론의 단위와 문장론의 단위와의 정확한 경계를 설정하지 못한 데서 비롯된 것으로 보인다. 어떻든 "이"와 "빗"이 결합한 "듬"이 오늘날 문장의 주성분 단위임을 알 수 있다.

3.2 부속성분의 형성

 문장성분 가운데서 문장의 골격을 이루는 데는 아무 기여를 하지 못하고, 다른 문장성분에 딸려 있는 문장성분을 부속성분 또는 종속성분이라 한다. 부속성분은 문장 성립에 필수적으로 요구되는 것이 아니므로 수의적 성분이라고도 하는데, 이 부속성분에는 관형어(매김말), 부사어(어찌말)가 있다(고영근, 1993: 236).
 이 부속성분의 주된 기능은 다른 문장성분을 꾸며주는 것인데, 주시경(1910: 38)에서도 다른 문장성분을 꾸며주는 부속성분에 해당하는 문장성분을 설정하였다. 즉 주성분인 주어, 목적어, 서술어를 꾸며주는 부속성분에 해당하는 것을 각각 "임이금, 씀이금, 남이금"이라 하고 그 뜻매김을 하였는데, 여기서 주성분을 꾸며주는 부속성분의 용어를 각각 달리한 것이 그 특색이다. 이것을 정리해 보이면 다음 (10)과 같다.

(10) ㄱ. 임이금: 금 - 금낸다7)하는 금이니, 가르치의 뜻과 한가지로 씀이
요, 알에도 다 이러함
엇더한 (임이)이라 함을 이름이라.
ㄴ. 씀이금: 엇더한 (씀이)이라 함을 이름이라.
ㄷ. 남이금: 엇더한(남이)이라 함을 이름이라.
(엇더한은 엇더하게와 한가지로 씀이라)

(『국어문법』: 38)

문장성분 가운데 체언으로 된 주어, 목적어, 보어와 같은 문장성분 앞에 붙어서 이들 문장성분을 꾸며주는 말을 관형어라 하는데, 이 관형어는 없어도 문장이 성립할 수 있으므로 이 관형어는 수의적 성분이다(고영근, 1993: 265).

그런데 주시경(1910: 38)에서는 이 관형어가 주어를 꾸미는 것과 목적어를 꾸미는 것을 구별하여 각각 "임이금"과 "씀이금"으로 설정하였지만, 실제로는 주어와 목적어를 꾸미는 관형어가 구별되어 쓰이지 않는다. 다만 놓이는 자리가 주어 앞에 놓이느냐 목적어 앞에 놓이느냐에 따라 용어를 다르게 했을 뿐이다.

또 "금이"의 뜻매김을 보면, 주시경(1910: 38)에서 "여러 금을 각각 이름이라"하였다. 그러므로 여기서 "금이"는 "임이, 씀이, 남이"를 꾸미는 말을 묶어서 "금이"라는 용어를 사용하고 있는 것으로 보아 이 용어는 수식어(관형어, 부사어)을 포괄하는 용어임을 알 수 있다.

(10)ㄱ에서 "임이금"은 그 뜻매김으로 보아 "임이"(주어의 체언)를 꾸며주는 말을 이르는 것임을 알 수 있다. 그 〈보기문장〉을 보이면 다음 (11)과 같다.

---

7) 주시경(1911, 1913)에는 "금나인다"로 표기되어 있음.

(11) 저 소가 푸른 풀을 잘 먹소.

(국어문법: 41)

문장(11)의 〈저 소가〉에서 〈저〉가 "임이금"인데, "임이"인 〈소〉를 꾸며주는 말로 오늘날의 관형어에 해당하는 것이지만, 실제로 "임이금"은 "임이"인 〈소〉만을 꾸미는 것이 아니고, "임이듬"인 〈소가〉를 꾸며주는 것이다. 주시경(1910)에서 "임이금"이 "임이"만을 꾸며주는 것으로 의식한 것은 문장론에서 "임이"와 "임이빗"을 분석하고, 또 그 결합을 "임이듬"이라고 의식한 데서 비롯된 것이다. 이것은 문장론의 단위와 품사론의 단위를 완전하게 분리하지 못한 데서 비롯된 것으로 보인다.

(10)ㄴ에서 "씀이금"은 그 뜻매김으로 보아 "씀이"(목적어의 체언)를 꾸며주는 말을 이르는 것임을 알 수 있다. 문장(11)의 〈푸른 풀을〉에서 〈푸른〉이 "씀이금"인데, "씀이"인 〈풀〉을 꾸며주는 말로 의식한 것으로 오늘날의 관형어에 해당하는 말이다. 여기서도 "씀이금"은 "씀이"에 해당하는 〈풀〉을 꾸며주는 것이 아니고, "씀이듬"에 해당하는 〈풀을〉을 꾸며주는 것이다.

이처럼 주시경(1910)에서는 주어와 목적어를 꾸며주는 문장성분을 각각 "임이금"과 "씀이금"으로 구별하여 설정하고 있으나, 실제로는 "임이금"과 "씀이금"은 모두 체언을 꾸며주는 공통적인 구실을 갖고 있기 때문에 굳이 구별하여 따로 문장성분을 구별할 필요가 없다. 그러므로 오늘날은 주어, 목적어, 보어를 꾸며주는 말을 모두 묶어서 '관형어'이라 한다. 이러한 사실을 주시경(1910)에서는 의식하지 못한 것 같다.

(10)ㄷ에서 "남이금"은 그 뜻매김으로 보아 "남이"(서술어의 용언 어간)를 꾸며주는 말을 이르는 것임을 알 수 있다. 문장(11)의 〈잘 먹소〉에서 〈잘〉이 "남이금"인데, "남이"인 {먹-}을 꾸며주는 말로 오늘

날의 부사어에 해당하는 말이다. 여기서도 "남이금"은 "남이"인 {먹-}을 꾸며주는 것이 아니고, "남이듬"인 〈먹소〉를 꾸며주는 것이다. 이 "남이금" 앞의 "임이금"이나 "씀이금"과는 그 꾸며주는 대상이 다름을 알 수 있다.

그러므로 주시경(1910: 38)에서 문장의 부속성분으로는 "임이금, 씀이금, 남이금"이 있는 것으로 의식하였는데, 이들은 모두 주성분을 꾸며주는 성분으로 그 주성분의 이름을 따라 구분하여 설정한 것이다.

이제 지금까지 살펴본 주시경 문법의 문장론에서 주성분과 부속성분에 해당하는 것을 문장(11)의 〈보기문장〉을 통하여 그림으로 그려 보이면 다음 (11)′와 같다.

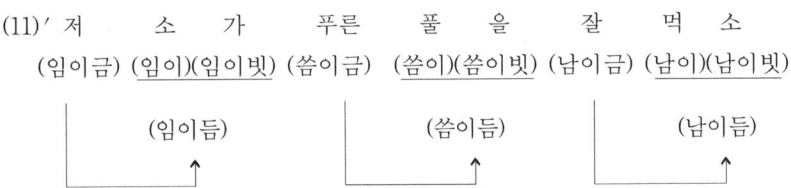

이어서 주시경(1910: 38)에서 "금이"에도 "빗"과 "듬"이 있음을 의식하고, 이들을 설명하고 있는데, 이것들을 정리해 보이면 다음 (12)와 같다.

(12) ㄱ. 금이빗: 빗 - 금이되게 하는 빗을 이름이니, 곳 임이나 씀이나 남이를 금이가 되게 하는 빗을 이름이라. 이러함으로 금이빗은 금이되는 빗이라 함이라.

ㄴ. 금이듬: 임이나 씀이나 남이가 제 빗을 가지지 못하고 금이되는 빗을 가지어 금이 됨을 이름이니, 금이듬이라 함이 곳 금이라 함과 한 가지라.

(『국어문법』: 38)

주시경(1910)에서 "빗"은 이미 앞의 (8)에서 밝힌 바와 같이 "직권표"(職權表)이다. 이것은 표 또는 표지에 해당하는 것으로, 여기서 "금이빗"은 "금이"가 되게 하는 표 또는 표지이므로 오늘날의 관형어나 부사어를 만들어주는 용언의 관형사형 어미와 부사형 어미를 아울러 이르는 말이다.

(12)ㄱ의 "금이빗"은 "금이 되게 하는 빗"이라 뜻매김하였는데, 이것은 금이(수식어)을 만들어 주는 표 또는 표지를 이르는 것이다.

문장(11)에서 〈씀이금〉인 〈푸른〉을 형태소 분석을 하면 {푸르-}와 {-ㄴ}으로 분석된다. 이때 {-ㄴ}은 용언의 어간 {푸르-}에 결합하여 수식어가 되게 하는 표지인데 이것을 "금이빗"으로 의식한 것인데, 오늘날의 용언의 관형사형 어미나 부사형 어미에 해당하는 용어이다.

(12)ㄴ의 "금이듬"은 "금이"와 "금이빗"이 결합되어 더 큰 문장성분 단위를 형성한 것으로 오늘날의 관형어와 부사어를 묶어서 이르는 용어이다.

문장(11)에서 〈푸른〉이 "씀이금"인데 이것은 "금이"인 {푸르-}와 "금이빗"인 {-ㄴ}이 결합한 〈푸른〉은 "금이듬"이 되는 것이다.

그러므로 "금이듬"은 용언의 어간에 관형사형 어미나 부사형 어미가 결합하여 이루어진 문장성분으로 문장에서 관형어나 부사어로 쓰인 문장성분을 이르는 것이다.

지금까지 살핀 바와 같이 주시경(1910: 38)에서 문장성분의 종류와 그 뜻매김을 끝내고 이것을 다시 분류하여 단계적으로 설명한 후에 체계를 세웠다.

첫째 단계로 문장의 주성분을 이루는 "임, 씀, 남"을 "줄기"(莖 或 原體)라 하고, 이 줄기에 결합하는 문법소인 "빗"과 줄기를 꾸며주는 요소인 "금"은 "가지"(枝 或 枝葉)라 하고, 줄기도 가지도 아니고 독립되어 이어주는 말을 "잇이"로 설정한 후 그 "잇이"는 "잇는 것이라"

고 뜻매김하였다. 여기서 이르는 "잇이"는 바로 접속어(이음말)를 이르는 용어이다.

둘째 단계로 문장성분을 다시 나누어 체계를 세웠는데, 문장의 주성분인 "임이, 씀이, 남이"는 "줄기결"(莖部 或 原體部) 또는 "웃듬결"(으뜸겨레)이라 하고, 이 "줄기결"에 붙는 문법소인 "빗"과 "줄기결"을 꾸며주는 "금"은 "가지결"(枝部 或 枝葉部) 또는 "붙이결"이라 한다고 하였는데, 이것은 문장성분을 주성분과 부속성분으로 구분하고 있음을 알 수 있다.

셋째 단계로 "가지결"은 다시 나누어 세 빗(임이빗, 씀이빗, 남이빗)은 "만이결"(關係部 곳 職權部)이라 하고 세 금(임이금, 씀이금, 남이금)은 "엇더함이결"(如何部)이라 하고 이것들을 그림으로 그려 보였는데, 이것을 보충하여 다시 그림표로 나타내 보이면 다음 (13)과 같다.

(13) 드
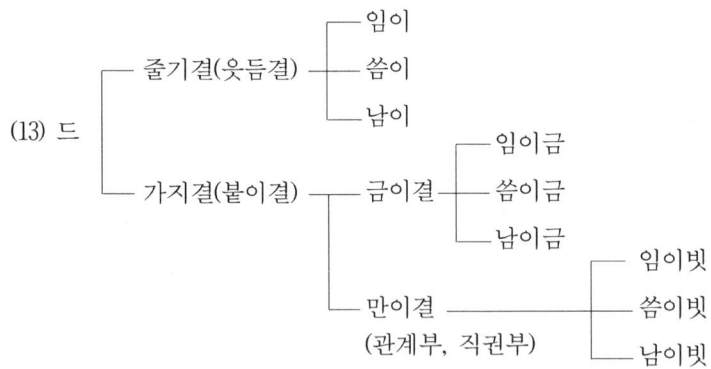

3.3 주어부와 서술부(임자부와 풀이부)의 형성

한 문장을 양분하면 크게 주어부(임자부)와 서술부(풀이부)로 나누어지는데, 주어부는 두 성분 이상 즉 관형어와 주어가 한 덩이를 이루어 주어의 구실을 하는 부분이고, 서술부는 두 성분 이상 즉 주어를 제외한 주성분과 부속성분이 한 덩이를 이루어 서술어가 되어 주어부와 호응하고 있는 부분이다.

그러므로 문장성분을 크게 주어부와 서술부로 나눌 때 주어부에는 주어와 그 주어를 꾸며주는 관형어가 속하고, 서술부에는 주성분인 목적어, 보어, 서술어와 이들을 꾸며주는 부속성분인 관형어와 부사어가 속하게 되는데, 주어부를 제외한 나머지는 모두 서술부에 속하게 된다.

이처럼 문장성분 가운데 주성분과 부속성분이 한데 어울려 더 큰 단위를 형성한 것을 주시경(1910: 39)에서는 "붙이"라는 용어를 사용하고 있다.

이 "붙이"는 "임이, 씀이, 남이"에 각각 "빗"과 "금이"가 붙어서 문장성분보다 더 큰 단위를 형성한 것을 이르는 것인데, 이것은 곧 "듬"에 "금이"가 결합되어 형성된 것이다. 그리고 이 "붙이"는 주성분을 기준으로 형성된 것으로 여기에는 "임이붙이"(主者部 或 主者屬), "씀이붙이"(物者部 或 物者屬), "남이붙이"(說者部 或 說者屬)가 있음을 의식하고 이것을 그림으로 그렸다. 이것을 보이면 다음 (14)와 같다.

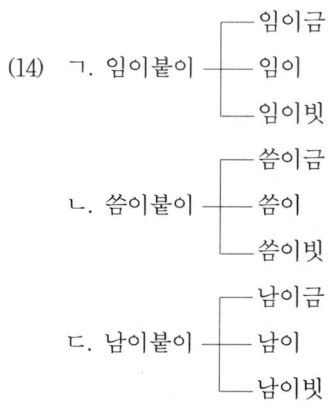

(『국어문법』: 39)

(14)ㄱ의 "임이붙이"는 "임이"에 "임이빗"과 "임이금"이 결합되어 이루어진 문장조각을 이르는 것으로, 이것은 오늘날 주어와 관형어가 어울린 주어부(임자부, 갖은주어)에 해당하는 것이고, (14)ㄴ의 "씀이붙이"는 "씀이"에 "씀이빗"과 "씀이금"이 결합하여 이루어진 문장조각을 이르는 것으로, 이것은 오늘날의 목적어와 관형어가 어울린 목적어부(부림부, 갖은목적어)에 해당하는 것이다. (14)ㄷ의 "남이붙이"는 "남이"에 "남이빗"과 "남이금"이 결합하여 이루어진 문장조각으로 이것을 오늘날의 서술어와 부사어가 어울린 서술부(풀이부, 갖은서술어)에 해당하는 것이다. 이제 이들 세 조각을 앞의 문장(11)′에 적용시켜 그림으로 그려 보이면 다음 (11)″와 같다.

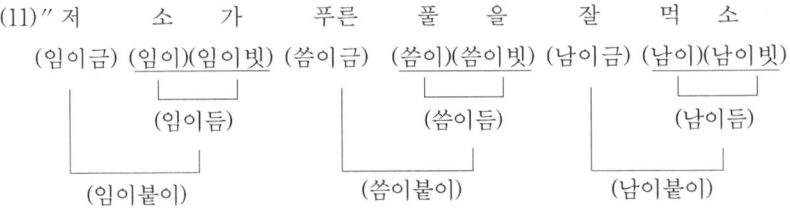

이러한 문장조각의 의식은 문장이 계층적으로 짜여져 있음을 의식한 것인데, 오늘날 변형생성문법에서 즐겨 쓰고 있는 나뭇가지 그림은 이미 주시경(1910)에서 싹튼 것으로 서양문법보다 훨씬 앞서 있음을 알 수 있다. 그러나 주시경(1910)에서는 세 "붙이"보다 더 큰 단위는 의식하지 못한 것 같다. 즉 "씀이붙이"와 "남이붙이"가 결합된 오늘날의 서술부는 의식하지 못한 것 같다.

이러한 주시경(1910)에서의 "붙이"는 최현배의 『우리말본』(1937)에 그대로 계승되어 있다.

『우리말본』에서는 으뜸조각이 각각 그 수식어를 갖춰 있는 것은 갖은문장조각(구비성분)이라하야 그 수식어를 갖훈 주어를 갖은주어

(구비주어), 그 수식어를 갖훈 목적어를 갖은목적어(구비객어), 그 수식어를 갖훈 보어를 갖은보어(구비보어), 그 수식어를 갖훈 서술어를 갖은서술어(구비설명어)이라 일컫느니라(최현배, 1937: 1013) 하고 그 〈보기문장〉을 보였는데 이것을 보이면 다음 (15)와 같다.

(15) 약한   사람이   무거운   짐을   멀리   지고 간다
    (어떤)   (임자)   (어떤)   (부림)   (어찌)   (풀이)
    └─────┘   └─────┘   └─────┘
    (갖은주어)   (갖은목적어)   (갖은서술어)

이것은 앞의 주시경(1910: 39)의 설명과 비교하면 용어만 다를 뿐 설명 내용과 〈보기문장〉의 그림이 모두 같음을 알 수 있다. 다만 주시경(1910)에서는 문장의 주성분에 보어를 설정하지 않음이 다를 뿐이다.

4. 마무리

지금까지 살핀 내용을 간추려 보면 다음과 같다.

1) 주시경(1910)에서는 문장론(월갈)에 맞서는 통어론 "짬듬갈"을 사용하고, 이것을 풀이한 후 여러 가지 언어형식을 설정하고 뜻매김을 하였다.

이 언어형식들 가운데 가장 큰 단위를 "말"이라 하였는데, "말"은 다시 "기"와 "다"로 나누었는데, "기"는 품사 또는 낱말에 해당하는 용어로 문장론의 단위가 아니고, "다"는 이은말, 마디, 문장을 포함하는 언어형식이다. 이 "다"는 다시 "모, 드, 미"로 하위분류하였는데, "모"는 서술어가 없는 이은말이고, "드"는 서술어를 가지는 문장을 이르는 것이고, "미"는 "드"보다는 긴 언어형식을 이르

는 것이다.

2) 문장성분은 크게 주성분과 부속성분만을 의식하였는데, 주성분으로는 "임이(주어의 체언), 씀이(목적어의 체언), 남이(서술어의 용언어간)"의 세 성분만을 설정하였고, 부속성분으로는 이 주성분을 꾸미는 것을 각각 "임이금, 씀이금, 남이금"이라 하였다. 그러나 보어나 독립어(홀로말)는 설정하지 않았고, 주어와 목적어를 꾸미는 관형어를 각각 "임이금, 씀이금"으로 나누어 설정하였는데, 이것은 주성분과 부속성분과의 관계를 일치시키려는 의식에서이고, 또 "잇이"(이음말)를 설정한 것은 아주 앞선 생각이다.

3) 문장성분을 "이[語]"라 하고, 문장성분이 되게 하는 문법소를 "빗"이라 하였는데, "이"와 "빗"이 결합된 것을 "듬"이라 하였다. 이 "임이, 씀이, 남이"에 "임이빗, 씀이빗, 남이빗"이 결합한 것을 각각 "임이듬, 씀이듬, 남이듬"이라 하였는데 이것은 오늘날의 주어, 목적어, 서술어에 해당하는 용어이다. 그리고 "빗"은 형태론적 단위가 통사론적 단위로 쓰인 것이다.

4) 한 문장은 크게 주어부와 서술부로 나누어지는데, 이 "부"에 맞서는 용어로 "붙이"를 설정하고, "임이금+임이듬"을 "임이붙이"라 하고 "씀이금+씀이듬"을 "씀이붙이"라 하고 "남이금+남이듬"을 "남이붙이"라 하였는데, 이들은 각각 주어부, 목적부, 서술부에 해당하는 용어이다.

이와 같은 문장성분의 상위단위를 의식한 것은 직접성분 분석의 기초가 된 것으로 서양문법보다 훨씬 앞선 것으로 국어문법 연구사에서 높이 평가 되어야 할 것이다.

5) 그 외 "드"를 다시 분류하여 주성분인 "임이, 씀이, 남이"를 "줄기결(웃듬결)"이라 하고, "줄기결"에 붙는 문법소인 "빗"과 "줄기결"을 꾸며주는 "금"은 "가지결" 또는 "붙이결"이라 하여 체계를

세웠는데, 이것은 문장성분을 주성분과 부속성분으로 체계 세우는 기초가 되었다.

제2절 문장구조의 형성

1. 머리말

주시경의 『국어문법』(1910)에는 오늘날의 문장론(월갈, 통어론, syntax)에 해당하는 용어로 "짬듬갈"을 만들어 사용하고 있는데, 『국어문법』의 "짬듬갈" 단원(36~64)에서는 문장론에 해당하는 내용이 기술되어 있다.

그는 먼저 "짬듬갈"의 용어를 풀이한 다음에 "말듬을 갈기에 없을 수 없는 이름을 만들고 그 뜻을 알에 말하노라(36쪽)" 하고 여러 가지 언어형식의 용어를 만들어 풀이하고 있다.[8]

그 다음에는 (본드)라 하여 10개의 〈보기문장〉과 (버금본드)라 하고 11개의 〈딸림보기문장〉을 제시하고 (그림)을 그려 그 문장들을 하나하나 풀이하였다.

(본드1)에서 (본드3)까지는 (기난), (듬난)을 보인 다음에 (그림)을 그리고 그 (그림)에 대한 설명을 하고, 꼭 알아야 할 것은 (알이)라 하여 보충설명을 하였다. 또 (본드4)에서 (본드10)까지와 (버금본드1)에서 (버금본드10)까지는 (그림)을 그리고 설명을 붙인 후 꼭 알아야 할 것은 (알이)라 하고, 맘에 가지어 두어야 할 것은 (잡이)라 하여 보충설명을 하고 있다.

제2절에서는 주시경 지은 『국어문법』의 "짬듬갈" 단원에 나타나는

---

8) 최낙복(2000), 「주시경 문법의 문장성분 연구」, 『부산한글』 19집, 265쪽~288쪽 참조.

10개의 〈본드〉와 11개의 〈버금본드〉를 어떻게 풀이하고 있는가를 살피고, 그것들이 오늘날의 관점에서 볼 때 어떻게 형성되어 왔는가를 밝히는 데 그 목적이 있다.

2. 문장구조의 형성

문장의 종류는 그 짜임새에 따라 홑문장(단순한 문장)과 겹문장(복잡한 문장)로 나뉘는데, 겹문장은 다시 안은겹문장(포유문)과 이은겹문장(접속문)으로 나뉜다. 또 이은겹문장은 다시 벌임이은겹문장(대등접속문)과 딸림이은겹문장(종속접속문)으로 나뉘는데, 이러한 문장들을 주시경의 『국어문법』 "짬듬갈"(39~64)에서는 모두 21개의 〈보기문장〉을 보이고 〈그림〉으로 그려서 설명하였다.

이제 그 21개의 문장이 어떻게 형성되어 있는가를 살피기 위하여 문장의 짜임새에 따라 나누어 살펴보기로 한다.

2.1. 홑문장의 형성

모든 문장은 반드시 서술어(풀이말)와 주어(임자말)를 갖추어야 하는데, 주어와 서술어의 관계가 한 번만 나타나고, 서술어가 용언의 마침법으로 된 문장을 "단순한 문장"(홑문장)이라 한다(허웅, 1983: 257). 이러한 홑문장을 주시경의 『국어문법』에 나타나는 〈보기문장〉에서 찾아서 보이면 다음 (1)~(5)와 같은 것들이 있다.

(1) 아기가 자라오 (본드1: 39)
(2) 아기가 젓을 먹소 (본드2: 40)

(3) 이것이 먹이다 (버금본드1: 51)

(4) 먹는다 (버금본드2: 52)

(5) 그 말이 들로 뛰어 가더라 (버금본드3: 53)

　(1)~(4)는 주성분으로만 짜여진 홑문장이고, (5)는 부속성분인 꾸미는 성분이 들어있는 홑문장이다.
　(1)과 (3)은 〈임이듬(주어)남이듬(서술어)〉의 구조로 이루어진 가장 기본이 되는 문장의 구조이다. (1)의 (알이)에서 (본드1)은 "임, 남 두 듬으로 '다된 다'⁹⁾라 하고 이 '다된 다'는 아모리 적어도 이 두 듬은 잇나니라(40쪽)" 하였으므로, 이것은 아무리 단순한 문장일지라도 주어와 서술어가 있어야 문장이 성립되는 것으로 의식한 것이다. 그리고 (3)은 {-이다}가 그 앞의 체언과 더불어 하나의 서술어를 이루고 있는데, 임기(체언) 〈것〉은 언기(관형사) 〈이〉와 더불어 〈이것〉이 되어야 어떠한 뜻을 나타내므로 이 〈것〉이 언기를 임기로 바꾼다고 의식하였다. 또 (알이)에서 이 "〈것〉을 '언붙이임'이라 하니 홀로는 쓰임이 없고 늘 언에 붙어야 말이 됨을 이름이라(52쪽)" 하였는데, 이것은 관형어 아래 쓰이는 의존명사(매인이름씨)를 의식한 것으로 보인다. 또 〈이것〉의 설명에서 "이것은 곳 먹이요, 먹은 곳 이것이니라(52쪽)" 한 것은 〈이것〉이 가리키는 대상이 바로 〈먹〉임을 의식한 것이다.
　(2)는 〈임이듬+씀이듬(목적어)+남이듬〉으로 이루어진 홑문장을 보인 것인데, 앞의 (1), (3)과는 달리 타동사(남움직씨)가 서술어가 되었을 때에는 그 움직임의 대상을 나타내는 문장성분인 목적어(부림말)가 필요로 함을 보인 문장이다. 그리고 (알이)에서 (본드2)는 "임, 씀, 남의 세 듬으로 '다된 다'라 하고, '다된 다'는 아모리 크어도 이 세

---

9) '다된 다'는 임자말과 풀이말을 갖추고 있는 월을 말함. 자세한 것은 최낙복(2000: 269~270) 참조.

듬에 더함이 없나니라(41쪽)" 하였는데, 이것은 서술어가 타동사인 경우에는 목적어를 필요로 하지만 아무리 문장이 확대되더라도 문장의 주성분은 더 이상 필요로 하지 않음을 의식한 설명이다.10)

(4)는 주어와 목적어가 숨어 있는 홑문장을 보인 것인데, 〈먹는다〉가 타동사이기 때문에 주어와 목적어를 필요로 하는 두 자리 서술어지만 여기서는 둘 다 숨어있다고 보았다. 그것은 주어는 들을이의 이해에 지장이 없을 때에는 밖으로 나타나지 않는 경우가 있으나, 말할이의 마음속에는 항상 숨어있는 것이다(허웅, 1983: 262). 이 숨어있는 뜻을 표시하는 부호로 주시경(1910)에서는 모두 "ㅅ"을 사용하였다.11) 이와 같은 처리 방법은 변형생성문법에서 심층구조에 있던 주어와 목적어를 삭제 변형에 의하여 생략시켜서 표층구조를 형성한 것이다(전수태, 1998: 118). 이처럼 현대언어학에서 속뜻 또는 숨은 뜻에 대한 이론은 이미 주시경(1910)에서 의식된 것으로 이것은 서양문법 이론보다는 무려 40~50년 이상 앞선 이론이므로 국어문법 연구사에서 높이 평가되어야 한다.

(5)의 구조는 (1)~(4)의 구조와는 약간 다른 구조로 짜여진 문장인데, (5)의 심층구조에 있던 (5)'와 같은 두 개의 문장이 하나의 표층구조로 나타난 문장이다.

(5)' ㄱ. 그 말이 들로 가더라.
ㄴ. 그 말이 뛰어 가더라.
⇒ 그 말이 들로 뛰어가더라.

---

10) 문장 (1)~(3)의 (그림)은 다음과 같이 그려 설명하였다.

| (주어) | (목적어) | (서술어) | | |

11)

| ㅅ | ㅅ | 먹 | | |
| ㅅ | ㅅ | 는다 | | |

(5)'ㄱ, ㄴ에서 같은 주어 〈그 말이〉와 같은 서술어 〈가더라〉가 겹쳐져 있으므로 하나씩 줄여 없애고 두 문장을 이으면 〈그 말이 들로 뛰어가더라〉가 되는데, 이것은 〈들로〉라는 남이금(부사어)과 〈뛰어〉라는 남이금이 〈가더라〉라는 남이(서술어)를 꾸미는 것으로 의식하였다.

그리고 (알이)에서 "{뛰-}와 {가-}를 한 낱의 일로 보아 알에처럼 그림도 좋으니라(54쪽)" 하였는데, 이것은 〈뛰어가더라〉가 접속법의 어미 {-아/-어}로 이어진 합성어적인 통어적 짜임새로 그 뜻이 어느 정도 긴밀히 녹아붙은 것은 하나의 서술어로 볼 수 있다고 의식한 것이다.

이와 같은 처리방법은 대단히 수준 높은 처리방법이라 할 수 있는데, (5)에서 〈가더라〉라는 서술어를 꾸미는 〈들로〉와 〈뛰어〉를 나누어 "뭇남이금"(용언을 꾸미는 부사어의 겹침)으로 처리할 수도 있고, 또 〈뛰어가〉를 하나의 서술어로 처리할 수도 있음을 의식한 것으로 이것도 홑문장이라 할 수 있다. 이와 같은 이론은 국어문법 연구사에서 대단히 앞선 이론으로 평가되어야 할 것이다.

2.2. 겹문장의 형성

2.2.1 안은겹문장

겹문장은 한 문장 안에서 주어와 서술어의 관계가 두 번 이상 이루어져 있는 문장을 이른다. 그 가운데서 어떤 문장이 다른 문장 속에 하나의 문장성분 구실을 하며 들어가 안겨 있는 문장을 "안은겹문장"(포유문)이라 한다(하치근, 1999: 257).

이와 같은 겹문장이 주시경의 『국어문법』 "짬듬갈" 단원에서는 어떻게 기술되고 있는가를 〈보기문장〉에서 찾아 보이면 다음 (6)~(11)과 같다.

(6) 저 소가 푸른 풀을 잘 먹소 (본드3: 41)

(7) 저 붉은 봄꽃이 곱게 되오 (본드8: 48)

(8) 이마가 붉은 두름이가 소리가 길게 울더라 (본드9: 49)

(9) 그 사람이 맘이 착하오 (본드10: 50)

(10) 좋은 사람은 뜻이 없이 잇을 때가 없나니라 (버금본드9: 59)

(11) 달빗이 히기가 눈 같으오 (붙음본드: 60)[12]

(6)은 〈주어+목적어+서술어〉의 구조로 짜여진 문장인데, 각 문장성분의 앞에는 주성분을 한정하거나 꾸미는 부속성분이 놓여 있는 문장을 보인 것이다. 이러한 부속성분을 주시경(1910: 42)에서는 (그림)으로 풀이할 때에 모두 굵은 선 위에 놓이도록 그렸다.[13]

그런데 (6)의 심층구조는 다음 (6)′와 같은 두 개의 문장으로 구성되어 있었으나 표층구조에서는 하나의 문장으로 나타난 것이다.

(6)′ ㄱ. 저 소가 잘 먹소.
ㄴ. 풀이 푸르다. (→푸른 풀)
⇒저 소가 푸른 풀을 잘 먹소. (본드3)

(6)의 〈푸른 풀〉은 (6)′ㄴ의 〈풀이 푸르다〉에서 "빠져나간 관형사

---

12) 국어문법(1910)에서는 (버금본드10)으로 되어 있으나, 조선어문법(1911)에는 (붙음본드)로 되어 있고, 조선어문법(1913)에는 (붙음보기드)로 되어 있다. (버금본드10)의 중복을 피하기 위하여 1911년을 따랐음.

13)

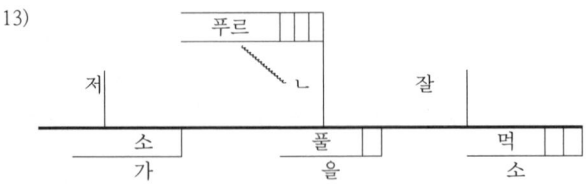

절"인14) 〈푸른 풀〉로 바뀐 것에 목적격조사인 {-을}이 결합되어 목적어로 쓰인 것이다. 그러므로 (6)은 〈풀이 푸르다〉라는 문장을 안고 있으므로 안은겹문장이다.

그런데 박지홍(1978: 104~105)에서는 이 〈푸른〉의 {-ㄴ}을 금이빗으로 보지 않고 금이를 만들어 주는 빗이라 하여 뒷가지처럼 처리한 것은 관형사형 어미에 해당하는 {-ㄴ}과 같은 형태소는 한문에서는 '之'가 되며, 아무런 뜻이 없으므로 〈푸른〉을 하나의 금이(수식어)로 처리한 것이다. 그리고 (그림풀이)에서 〈푸른〉에 세 줄을 그어 남(서술어)를 겸해 있음을 나타내고 있다고 하였다. 이러한 변형이론의 의식도 촘스키의 변형생성문법 이론보다는 40~50년 이상 앞선 이론이므로 국어문법 연구사에서 높이 평가되어야 한다. (7)은 주어로 쓰인 〈꽃〉을 〈저〉, 〈붉은〉, 〈봄(의)〉15)이 한정하고 있는 것을 보인 문장이다. 이 때 〈꽃〉을 주시경(1910: 49)에서는 "뭇금이임"16)이라 하고, 〈저〉, 〈붉은〉, 〈봄〉은 언기(관형사)로 금함이 잇음을 이름이라 하였다. 그러므로 (7)의 심층구조에 있던 다음 (7)′와 같은 문장들이 하나의 표층구조로 나타난 안은겹문장이다.

(7)′ ㄱ. 저 봄꽃이 붉다.
　　　ㄴ. 저 봄꽃이 곱다.
　　　ㄷ. 저 봄꽃이 피다.
　　　　⇒저 붉은 봄꽃이 곱게 피오. (본드8)

---

14) 허웅(1983), 『국어학』, 샘문화사, 273쪽 참조.
15) 주시경(1910: 49)의 (알이)에서 두 임이 우알로서 잇을 때에는 몬저 임기는 나종 임기의 언기 노릇을 하나니 이 말에 〈봄〉은 임기로되 그 〈꽃〉이 어느 때에 〈꽃〉이라고 말하는 언기가 되느니라. 이러함으로 {-의}를 속뜻으로 두어 〈봄의 꽃〉이라고 풀어 그림도 좋으니라 한 것은 체언은 홀로 관형어로 쓰일 수 있음을 보인 것이다.
16) 체언을 꾸미는 관형어의 겹침을 이르는 말(衆限定者名詞).

(7)′ㄱ은 주어가 뒤로 자리를 옮기면서 〈붉다〉가 〈붉은〉으로 꼴이 바뀐 것인데, 이것은 속뜻으로 있는 문장의 한 성분이 뒤로 자리를 옮기면서 서술어가 관형사형으로 바뀐 빠져나간 관형사절이 된 것이다. (7)′ㄴ은 〈(저 봄꽃이) 곱게〉가 되어 부사절이 된 것이고, (7)′ㄷ은 〈저 봄꽃이 피오〉로 〈주어+서술어〉의 구조로 짜여진 문장이다.

그러므로 (7)은 (7)′ㄷ의 〈주어+서술어〉의 짜임으로 이루어진 문장에 (7)′ㄱ이 빠져나간 관형사절로 안기고, (7)′ㄴ이 부사절로 안겨 있는 안은겹문장이다.

또 (잡이)에서 "〈붉은〉과 〈곱게〉는 (본드3)의 〈푸른〉에 견주어 볼 것이라(49쪽)" 하고, (그림)에서도 가로 세 줄을 그어 서술어가 될 수 있음을 보였는데, 이것은 {붉-}과 {곱-}이 각각 본래는 서술어이었던 것이, 꼴을 바꾸어 관형어로 쓰였음을 보인 것이다. 이것은 용언이 한편으로 서술어의 기능을 하면서 다른 한편으로는 다른 품사처럼 기능하는 두 기능법(허웅, 1975: 627)을 의식한 것으로 이 두 기능법의 기반은 이미 여기서 싹튼 것임을 알 수 있다.

그리고 (알이)에서 "〈꽃〉을 뭇금이임이라 하니, 〈저〉와 〈붉은〉과 〈봄〉의 언기로 금함이 잇음을 이름이니라(49쪽)" 한 것은 관형어로 쓰인 〈저〉와 〈붉은〉과 〈봄〉이 모두 〈꽃〉을 꾸미고 있음을 뜻하는 것이다. 여기서 "뭇금이임"이라 한 것은 체언을 꾸미는 관형어의 겹침 구조를 뜻하는 것이다. 아울러 이 세 관형어는 놓이는 차례가 없으므로 자리를 바꾸어도 뜻에는 변함이 없음을 밝히고 있는 것은 이들이 각각 독립적으로 〈꽃〉을 꾸미고 있음을 의식한 것이다.

(8)의 심층구조는 다음 (8)′와 같은 세 개의 문장으로 구성되어 있었으나 표층구조에는 하나의 문장으로 나타난 것이다.

(8)′ ㄱ. 이마가 붉은(←이마가 붉다)

ㄴ. 소리가 길게(←소리가 길다)

ㄷ. 두름이가 울더라.

⇒ 이마가 붉은 두름이가 소리가 길게 울더라. (본드9)

(8)은 (8)′ㄷ의 〈두름이가 울더라〉라는 어미문장(matrix sentence)에 (8)′ㄱ의 〈이마가 붉다〉라는 문장에서 짜임새를 바꾸지 않고 그 의향법의 어미만을 관형법 어미로 만든 "완전한 관형사절"(허웅, 1983: 273)이 된 〈이마가 붉은〉과 (8)′ㄴ의 〈소리가 길다〉라는 문장에서 용언 〈길다〉의 활용에 의하여 부사절이 된 〈소리가 길게〉가 안겨있는 안은겹문장이다.

이것을 주시경(1910: 50)에서는 〈이마가 붉은〉은 금이드 또는 언드라 하였는데, 이것은 주어 〈두름이〉를 한정하는 것으로 의식한 것이므로 관형사절이며, 〈소리가 길게〉는 "금이드" 또는 "억드"라 하였는데, 이것은 서술어 {울-}을 꾸미는 것으로 의식한 것이므로 부사절이다. 결국 (8)의 문장은 (8)′ㄷ 속에 (8)′ㄱ과 (8)′ㄴ이 안겨 있는 안은겹문장이다.

(9)는 〈주어+서술어〉의 구조로 짜여진 한 문장이 마디가 되어 다른 문장의 한 성분으로 쓰인 것을 보인 것이다. 즉 (9)의 서술어의 자리를 〈맘이 착하오〉라는 서술절(풀이마디)이 서술어로 쓰인 것이므로 (9)는 서술절을 안은 안은겹문장이다.

(10)의 심층구조에는 다음 (10)′와 같은 네 개의 문장이 표층구조에서는 하나의 문장으로 나타난 것이다.

(10)′ ㄱ. 사람은 때가 없나니라.

ㄴ. 사람이 좋다(→좋은 사람)

ㄷ. 뜻이 없다(→뜻이 없이)
　　ㄹ. 그 사람이 잇다(→그 사람이 잇을)
　　　⇒ 좋은 사람은 뜻이 없이 잇을 때가 없나니라. (버금본드9)

　(10)′ㄱ의 문장 속에는 〈때가 없나니라〉라는 서술절이 서술어로 안겨있는 안은겹문장이고, (10)′ㄴ은 〈사람이 좋다〉라는 문장이 〈좋은 사람〉이라는 "빠져나간 관형사절"이 된 것이고, (10)′ㄷ은 〈뜻이 없다〉라는 문장이 〈뜻이 없이〉라는 부사절이 되어 줄어진 주어 〈그 사람〉을 꾸미는 구실을 하는 것이고, (10)′ㄹ은 〈(그 사람이) 잇다〉에서 〈(그 사람이) 잇을〉이라는 "완전한 관형사절"이 되어 주어 〈때가〉를 한정하는 구실을 한다. 그러므로 (10)은 두 개의 관형사절과 두 개의 서술절과 한 개의 부사절을 안고 있는 안은겹문장이다.
　(11)의 심층구조에는 다음 (11)′와 같은 문장들이 숨어있는 것으로 의식한 것이다.

　(11)′ㄱ. 달빗이 히다(→달빗이 히기)
　　ㄴ. (달빗이) 눈 같으오
　　　⇒ 달빗이 히기가 눈 같으오. (붙음본드)

　(11)′ㄱ은 〈주어+서술어〉의 구조로 짜여진 문장인데, 그 서술어가 〈히기〉로 바뀌어 〈달빗이 히기〉라는 체언절을 만들고, 이 체언절은 조사 {-가}가 결합되어 주어 노릇을 하게 하고, (11)′ㄴ은 주어인 〈달빗이〉가 줄어지고 〈눈 같으오〉가 서술어로 쓰인 것인데, (11)′ㄱ은 (11)′ㄴ에 대한 주어가 되어 있다. 그러므로 (11)은 체언절을 안은 안은겹문장이다.
　주시경(1910: 61)에서 "〈달빗이 히기〉를 다 '임이' 자리에 둠은 이

말이 다 한덩이 임기로 {같-}의 임이로 쓰어짐을 보임이라" 한 것은 바로 〈달빗이 히기〉가 체언절이 되어 주어로 쓰였음을 보이는 것이다. 그리고 (그림)에서 〈달ㅅ빗〉의 "ㅅ은 속뜻으로 잇는 {-의}를 보임이요(61쪽)"라 한 것은 〈명사+명사→명사〉가 된 합성어의 경우에 앞의 명사가 관형어 노릇함을 의식하여 〈달빗〉을 〈달의 빗〉으로 의식하고 그린 (그림)이다. 이러한 의식은 앞말이 뒷말에 대한 꾸밈기능을 가지고 있다고 느껴질 때 {-의}가 속뜻으로 있다고 할 수 있다(홍양추, 1980: 175).

2.2.2. 이은겹문장

이은겹문장은 몇 개의 문장이 다른 문장과 나란히 이어지는 것으로, 앞에 놓이는 문장의 서술어가 접속어미로 어미바꿈을 한 꼴에 다른 문장이 이어진 겹문장을 이은겹문장(접속문)이라 한다(하치근 1999: 257). 이 이은겹문장은 다시 벌임이은겹문장(대등접속문)과 딸림이은겹문장(종속접속문)으로 나뉜다.

2.2.2.1 벌임이은겹문장

이은겹문장 가운데 접속어미 {-고, -지만, -으나, -면서} 등에 의하여 이어지고 두 마디 사이의 관계가 뜻으로 보아 벌임으로 이어진 문장을 벌임이은겹문장(대등접속문)이라 한다. 이와 같은 문장을 주시경의 『국어문법』 "짬듬갈" 단원에 나타나 있는 〈보기문장〉 가운데서 찾아 보이면 다음 (12)~(16)과 같은 문장들이 있다.

(12) 이 소는 누르고 저 말은 검다 (본드4: 43)

(13) 저 사람이 노래하면서 가오 (본드5: 44)

(14) 소와 말이 풀을 먹소 (본드6: 46)

(15) 내가 소와 말과 닭과 오리와 거위를 기르오 (본드7: 47)

(16) 한 사람이 낙시를 들고 내에 와서 고기를 잡으오 (버금본드7: 57)

(12)~(16)은 모두 벌임이은겹문장에 해당하는 문장들인데, (12)는 두 개의 마디가 잇기(잇이) {-고}로 이어진 문장으로, 심층구조에 있는 다음 (12)′와 같은 두 개의 문장이 표층구조에서는 대등한 관계로 이어진 벌임이은겹문장이다.

(12)′ ㄱ. 이 소는 누르다.
　　　ㄴ. 저 말은 검다.
　　　⇒ 이 소는 누르고 저 말은 검다. (본드4)

(12)′ ㄱ, ㄴ을 주어는 주어끼리, 서술어는 서술어끼리 모아서 이은 문장을 만들면 〈이 소는 저 말은 누르고 검다〉가 된다. 이것을 다시 두 주어를 접속조사로 이으면 〈이 소와 저 말은 누르고 검다〉가 된다.
　그러나 이 두 문장이 벌임법의 대등관계로 이어지면 〈이 소는 누르고, 저 말은 검다〉가 되어 표층구조로 나타난 것이다. 그리고 (알이)에서 〈이 소가 누르〉를 윗마디, 〈저 말은 검다〉는 아래 마디라 하고, 이 두 마디는 {-고}가 잇고 있는데 윗마디의 남이는 남이빗이 없고, {-고}가 아울러 가짐으로 "다못일운 마듸"라 하고, 아래 마디의 남이는 남이빗이 있기 때문에 "다된 마듸"라 하였다. 이것은 종결어미가 있느냐 없느냐에 따라 구별한 것으로 보인다.
　또 이 마디는 먼저와 나중의 구별이 없다는 것을 의식하여 〈저 말은 검고 이 소는 누르다〉라 하여도 한가지라 하였으므로, 이 문장은 사건의 차례에 따라 이루어진 문장이 아님을 밝히고 있는데 이 문장은 이은겹문장 가운데 벌임겹문장에17) 해당하는 것이다.

(13)은 심층구조에 있는 다음 (13)′와 같은 두 개의 문장이 잇기 {-면서}에 의하여 이어져 표층구조로 나타난 이은겹문장이다.

(13)′ ㄱ. 저 사람이 노래하오.
　　 ㄴ. 저 사람이 가오.
　　　⇒ 저 사람이 노래하면서 가오. (본드5)

(13)′ㄱ, ㄴ이 벌임법으로 이어져 한 문장이 되면 〈저 사람이 노래하면서 저 사람이 가오〉가 된다. 이것을 주시경(1910: 45)의 (잡이)에서 둘째 (그림)은 첫째 (그림)에서 숨어있는 주어를 (　)속에 나타내어 다시 그린 (그림)임을 밝히고 있다.

그런데 두 문장이 이어질 때에 같은 문장성분이 겹쳐지면 그 가운데 하나는 줄어 없어지는 일이 있는데, 이것을 이음과 줄여 없앰이라 한다(허웅, 1983: 266). 그러므로 이 문장도 주어 〈저 사람이〉가 겹쳐져 있으므로 둘째 주어를 줄여 없애고 표층구조로 나타낸 것이 〈저 사람이 노래하면서 가오〉이다. 그리고 (그림)에서 〈노래하〉 곁의 남이빗 자리에서 잇기 {-면서}로 이어진 점줄은 잇기 {-면서}가 남이빗을 아우름을 표시한 것이다(구연미, 1992: 52)라 하였는데, 이것은 (12)의

---

17) 주시경(1910)에서 벌인겹문장의 기본 그림은 다음과 같이 그렸다.

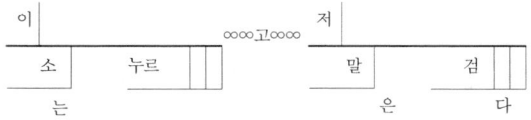

{-고}와 같은 구실을 한 것으로 처리한 것이다. 또 주시경(1910: 45)의 셋째 (그림)은 잇기 "{-면서}가 두 남이를 잇어 한덩이의 남이 몸을 이루게 함을 보임이라" 한 것은 두 개의 서술어가 연결되어 하나의 서술어가 됨을 보인 것이다. 이것을 넷째 (그림)의 (잡이)에서는 뭇남이드(서술어의 겹침)[18]라 하고 둘 이상의 남이가 한 덩이의 남이 노릇함을 이르는 것이라 밝히고 있다. 이것도 앞마디와 뒷마디의 차례가 바뀌어도 한가지가 되는 것은 〈가는 것〉과 〈노래하는 것〉이 한 때에 되는 일인 까닭이라 하였다(주시경, 1910: 46). 그러므로 이것은 {-면서}에 의하여 동시에 일어나는 일이 연결된 것임을 알 수 있으며, 차례가 바뀌어도 한가지가 되는 것은 어떤 일이 사건의 차례에 따라 이루어진 문장이 아님을 알 수 있다. 즉 일의 차례와는 관계없이 동시에 이루어진 일을 이르는 벌임이은겹문장이다. (14)도 심층구조에 있는 (14)′와 같은 두 개의 문장이 이어져 표층구조로 나타난 이은겹문장이다.

(14)′ ㄱ. 소가 풀을 먹소.
　　　ㄴ. 말이 풀을 먹소.
　　　　⇒ 소와 말이 풀을 먹소. (본드6)

(14)의 문장이 표층구조로 나타나는 과정을 살펴보면 다음과 같다. 먼저 (14)′ㄱ, ㄴ이 대등한 관계로 이어지면 〈소가 풀을 먹고 말이 풀을 먹소〉가 되는데, 이것은 서술어인 〈풀을 먹소〉가 겹쳐져 있으므로 하나를 줄이면 〈소가, 말이 풀을 먹소〉가 된다. 이 경우에 두 주어를 접속조사 {-와}로 이어서 〈소와 말이 풀을 먹소〉로 바꾼 것인

---

[18] 전수태(1989: 113)에서는 서술어가 〈으뜸용언+으뜸용언〉의 형태로 된 문장을 연결서술문이라 하였다.

데, 이것은 이음과 줄여 없앰에 의하여 만들어진 이은겹문장이다.

이와 같이 한 서술어에 대해서 두 주어가 접속조사 {-와}에 의하여 이어진 것을 주시경(1910: 46)의 〈알이〉에서는 "뭇임이드"(주어의 겹침)라 하고, "둘로 둘 더되는 임이가 덩이지어 한몸의 임이 노릇함을 이름이라" 뜻매김을 하였다. 이 경우에도 〈소〉와 〈말〉이 이 말에 일로는 먼저와 나중이 없다고 하였으므로 이것도 어떤 일이 일어나는 차례에 따라 이루어진 문장이 아니므로 주어의 차례를 바꾸어도 문장의 의미에는 아무런 차이가 없음을 의식한 벌임이은겹문장이다.

(15)의 문장은 심층구조에 다음 (15)'와 같은 다섯 개의 문장이던 것이 이어져 표층구조로 나타난 이은겹문장이다.

(15)' ㄱ. 내가 소를 기르오.
　　　ㄴ. 내가 말을 기르오.
　　　ㄷ. 내가 닭을 기르오.
　　　ㄹ. 내가 오리를 기르오.
　　　ㅁ. 내가 거위를 기르오.
　　　⇒ 내가 소와 말과 닭과 오리와 거위를 기르오. (본드7)

(15)'ㄱ~(15)'ㅁ의 문장이 대등한 관계로 이어져 한 문장이 되면 〈내가 소를 기르고, 내가 말을 기르고, 내가 닭을 기르고, 내가 오리를 기르고, 내가 거위를 기르오〉가 된다. 여기에는 주어 〈내가〉가 겹쳐져 있으므로 (15)'ㄴ~(15)'ㅁ의 주어를 줄여 없애면 〈내가 소를 기르고, 말을 기르고, 닭을 기르고, 오리를 기르고, 거위를 기르오〉가 된다. 또 서술어 〈기르오〉도 겹쳐져 있으므로 이것도 줄이고, 목적어는 접속조사 {-와/-과}로 이으면 〈내가 소와 말과 닭과 오리와 거위를 기르오〉라는 문장이 만들어진 것인데, 이것도 이음과 줄여 없애

기의 과정을 거쳐 만들어진 이은겹문장이다.

이와 같은 문장은 목적어를 가지는 서술어는 반드시 타동사(남움직씨)이어야 하는데 목적어가 겹쳐지는 드 즉 "뭇씀이드"(목적어의 겹침) 구조는 주어와 서술어가 동일하여야 한다(홍양추, 1980: 180). 이처럼 목적어가 겹쳐져 쓰인 문장을 주시경(1910: 48)에서는 "뭇씀이드"라 하였는데, 이것은 둘 이상의 목적어가 접속조사에 의하여 이어진 문장을 이르는 것이다.

그리고 (15)의 문장도 어떤 행위의 대상이 시간적으로 어떤 차례를 가지지 않고 나란히 이어진 것이므로 차례를 바꾸어도 문장의 뜻에는 아무런 변동이 없는 것으로 의식하여 "그 몬저와 나종은 엇더하든지 관계함이 없나니라(48쪽)" 하였다. 그러므로 (15)는 심층구조에 있는 다섯 개의 문장에서 같은 주어와 같은 서술어는 각각 하나씩만 남기고 모두 줄여 없애고 목적어만을 접속조사로 이은 벌임이은겹문장이다.

(16)의 문장도 심층구조에는 다음 (16)′와 같은 세 개의 문장이었는데, 이것이 이어져 표층구조로 나타난 이은겹문장이다.

(16)′ ㄱ. 한 사람이 낙시를 들다.
　　　ㄴ. 한 사람이 내에 오다.
　　　ㄷ. 한 사람이 고기를 잡으오.
　　　　⇒ 한 사람이 낙시를 들고 내에 와서 고기를 잡으오. (버금본드7)

(16)′ㄱ~(16)′ㄷ의 세 문장이 이어질 때 주어 〈한 사람이〉가 겹쳐져 있으므로 (16)′ㄴ, ㄷ의 주어는 줄여 없애고, 벌임법에 의하여 이은 것이 (16)의 문장이다. 이것은 대등관계로 이어진 이은겹문장인데, 이때 줄여 없앤 주어는 (그림)에서 ( )속에 넣었다.

그리고 이 문장은 접속어미 {-고}와 {-아서}에 의하여 이어진 문장인데, (잡이)에서 "이 말은 우알에 마듸가 일의 몬저와 나종이 잇으므로 이렇게 우알에로 그림이 옳으니라(58쪽)" 하였으므로, 이 문장은 앞-뒤마디가 나타내는 일의 차례가 있는 경우를 의식한 것이므로 앞뒤 차례를 바꿀 수 없다. 만약 앞-뒤마디의 차례를 바꾸면 그 움직임의 차례가 달라져서 말의 뜻이 달라지게 된다. 그러므로 (16)의 문장은 "차례벌임"에 의한 벌임이은겹문장이다.

2.2.2.2. 딸림이은겹문장

이은겹문장 가운데 접속어미 {-니, -아서, -매, -면} 등에 의하여 이어지고 두 마디 사이의 관계가 뜻으로 보아 앞마디가 원인, 이유, 조건 등으로 뒷마디에 이어진 문장을 딸림이은겹문장(종속접속문)이라 한다(하치근, 1999: 267~268).
이러한 이은겹문장을 주시경의 『국어문법』 "짬듬갈" 단원에 나타나는 〈보기문장〉에서 찾아 보이면 다음 (17), (18)과 같은 문장들이 있다.

(17) 바람이 불매 배가 가오. (버금본드5: 55)
(18) 비가 자조 오니 풀이 잘 자라오. (버금본드6: 56)

(17)은 두 개의 마디가 잇기(잇이) {-매}에 의하여 이어진 문장인데, 그 심층구조에 있는 다음 (17)′와 같은 두 개의 문장이 표층구조로 나타나면서 종속관계로 이어진 이은겹문장이다.

(17)′ ㄱ. 바람이 불다.
      ㄴ. 배가 가오.
        ⇒ 바람이 불매 배가 가오. (버금본드5)

(17)의 (그림2)19)는 (17)′ㄱ, ㄴ의 두 문장을 (17)′ㄱ의 원인, 이유, 조건이 사실인 것으로 인정되는 '사실'(참일)로 이은 것이다. 이것을 주시경(1910: 56)에서는 "우에 마듸는 {-매}로 말미암아 알에 마듸의 까닭을 이르는 것이라 할 수도 있나니라" 하였으므로 이것은 딸림(종속)적인 이음으로 의식한 것이다.

   그리고 (알이)에서 "〈배가 바람이 불매 가오〉라 하여도 한가지의 일이라(55쪽)" 한 것은 (17)′ㄱ, ㄴ을 이음에 의하여 이은 것을 다시 자리옮김에 의하여 앞마디(ㄱ)를 뒷마디(ㄴ)의 가운데로 옮긴 것이다. 그러므로 이것은 이음이 일어난 뒤에 자리옮김에 의하여 자리가 바뀌어도 문장이 나타내고자 하는 뜻에는 아무런 차이가 없음을 의식한 것으로 대단히 정확한 문장의 분석과 해석이라 할 수 있다.

   (18)의 문장도 두 개의 마디가 잇기(잇이) {-니}에 의하여 이어진 문장인데, 심층구조에 있는 다음 (18)′와 같은 두 개의 문장이 표층구조로 나타나면서 종속관계로 이어진 딸림이은겹문장이다.

(18)′ ㄱ. 비가 자조 오다.
　　　ㄴ. 풀이 잘 자라오.
　　　　⇒ 비가 자조 오니 풀이 잘 자라오. (버금본드6)

   (18)′ㄱ, ㄴ의 두 문장도 (18)′ㄱ의 원인, 이유, 조건이 사실인 것으로 인정하는 마땅함법의 '사실'(참일)로 이은 것이 (18)의 문장이다.

---

19) 주시경(1910: 55)에 나타난 (그림2)를 보이면 다음과 같다.

| 바람 | 불 | ∞∞매∞∞ | 배 | 가 |
| 이 | | | 가 | 오 |

이 (18)을 주시경(1910: 56)에서는 두 개의 〈그림〉으로 그려 풀이하고 있는데, 〈그림1〉에서는 "〈잘〉이 〈자라〉의 정도를 금하고, 〈비가 자조 오〉는 〈자라〉의 까닭을 금하는 금이드 곳 억드"라 하였는데, 이것은 〈비가 자조 오〉를 부사절로 처리한 것이다. 〈그림2〉에서는 〈비가 자조 오니〉가 〈잘〉을 금하는 것으로 의식하여 그린 〈그림〉인데, 〈잡이〉에서 부사는 부사를 꾸밀 수 있기 때문에 〈그림2〉도 바른 풀이가 됨을 의식한 것이다.

그러므로 앞의 (17)과 같이 (18)도 종속관계로 이어진 딸림이은겹문장에 해당하는 문장이다. 그러나 (18)에서는 (17)에서와 같이 〈풀이 비가 자조 오니 잘 자라오〉도 한가지의 뜻이라는 설명은 찾아볼 수 없다. 아마 (17)에 미루어 짐작할 수 있으리라 믿었기 때문일 것이다.

2.2.3. 안고 이은겹문장

겹문장 가운데서 어떤 문장이 다른 문장 속에 하나의 문장성분 구실을 하며 들어가 안겨있는 문장과 몇 개의 문장이 다른 문장과 나란히 이어진 문장이 섞여서 하나의 겹문장을 이루는 것을 안고 이은겹문장이라 한다. 이와 같은 구조로 짜여진 문장을 주시경의 『국어문법』 "짬듬갈" 단원에 나타나는 〈보기문장〉에서 찾아 보이면 다음 (19)~(21)과 같은 문장들이 있다.

(19) 그 소가 푸른 풀을 먹으면서 천천히 가오. (버금본드4: 54)
(20) 내가 **빠르게** 가는 말을 타고 큰 재를 넘어 왔소. (버금본드8: 58)
(21) 공긔가 움즉이면 바람이라고 하나니라. (버금본드19: 62)

(19)는 심층구조에서는 다음 (19)′와 같은 두 개의 문장이었는데,

이것이 표층구조에서는 하나의 문장으로 나타난 것이다.

(19)′ ㄱ. 그 소가 푸른 풀을 먹는다.
　　　ㄴ. 그 소가 천천히 가오.
　　　　⇒ 그 소가 푸른 풀을 먹으면서 천천히 가오. (버금본드4)

(19)′ㄱ, ㄴ이 잇기(잇이)인 {-면서}에 의하여 벌임(대등)관계로 이어져 하나의 문장이 되면, 〈그 소가 푸른 풀을 먹으면서 (그 소가) 천천히 가오〉가 된다. 이때 주어 〈그 소가〉 겹쳐져 있으므로 둘째 주어는 줄여 없앨 수 있다. 또 〈푸른 풀〉의 〈푸른〉은 속으로는 〈풀〉을 주어로 가지고 있다. 곧 이 말은 〈풀이 푸르다〉에서 주어가 뒤로 자리를 옮기면서 〈푸르다〉가 〈푸른〉으로 꼴이 바뀐 것이다. 그러므로 그 속뜻으로 보면 〈푸른〉도 하나의 문장이다. 이처럼 〈푸른 풀〉과 같이 속뜻으로 있는 문장의 한 성분이 뒤로 자리를 옮기면서 서술어가 관형사형으로 바뀐 것을 앞에서 "빠져나간 관형사절"라 하였는데, 이것은 안긴마디의 한 성분이 한정받는 자리로 빠져나갔다는 뜻이다. (19)에서는 관형사절에 목적격조사 {-을}이 결합되어 목적어로 쓰인 것이다.

그러므로 (19)는 (19)′ㄱ, ㄴ이 이음과 안음으로 짜여진 겹문장임을 알 수 있다. 이러한 짜임을 주시경(1910: 54)에서는 서술어의 겹침(뭇남이드)으로 의식하여 두 개의 서술어 〈먹다, 가다〉에서 〈먹다〉는 타동사로 목적어 〈풀을〉을 가지고 있으나, 〈가다〉는 자동사(제움직씨)로 목적어를 가지지 않음을 의식하여 풀이한 것이다.

(20)도 심층구조에는 다음 (20)′와 같은 세 개의 문장이던 것이 안고 이음에 의하여 표층구조에서는 하나의 문장으로 나타난 것이다.

(20)′ ㄱ. 내가 빠르게 가는 말을 타다.
　　　ㄴ. 내가 큰 재를 넘다.
　　　ㄷ. 내가 왓소.
　　　⇒ 내가 빠르게 가는 말을 타고 큰 재를 넘어 왓소. (버금본드8)

(20)′ㄱ~(20)′ㄷ의 문장을 이으면 주어 〈내가〉가 겹쳐져 있기 때문에 (20)′ㄴ, ㄷ의 주어를 줄여 없애고, 접속어미 {-고}와 {-어}에 의하여 이으면 (20)과 같은 문장이 만들어진다.
그러나 (20)′ㄱ, ㄴ의 심층구조에는 다음과 같은 문장이 각각 두 개씩 들어 있는 문장이다.

(20)′ ㄱ은 ① 내가 말을 타다
　　　　　②말이 빠르게 가다
(20)′ ㄴ은 ① 내가 넘다
　　　　　②재가 크다

(20)′ㄱ의 〈빠르게 가는 말〉은 (20)′ㄱ의 ②와 같이 〈말이 빠르게 가다〉에서 빠져나간 관형사절이 된 〈빠르게 가는 말〉에 목적격조사 {-을}이 결합되어 목적어로 안겨있는 것이고, (20)′ㄴ의 〈큰 재〉는 (20)′ㄴ의 ②와 같은 문장 〈재가 크다〉에서 빠져나간 관형사절이 된 〈큰 재〉가 되어 역시 목적격조사 {-를}이 결합되어 목적어로 안겨있는 것이다.
그러므로 (20)은 이음과 안음에 의하여 이루어진 겹문장이다.
(21)은 주시경의 (그림풀이)로 보아 심층구조에는 다음 (21)′와 같은 두 개의 문장이었으나 안고 이음에 의하여 표층구조에서는 하나의 문장으로 나타난 것이다.

(21)′ ㄱ. 공긔가 움즉이다 ┐
　　　　　　　　　　　　고 하나니라.
　　　ㄴ. (공긔가) 바람이라 ┘

　　⇒ 공기긔가 움즉이면 바람이라고 하나니라. (버금본드10)

(21)′ㄱ, ㄴ의 두 문장을 접속어미 {-이면}에 의하여 '가정'(마땅함법)의 뜻으로 이으면 〈공긔가 움즉이면 (공긔가) 바람이라〉가 되는데, 여기서 주어 〈공긔가〉는 겹쳐져 있으므로 둘째 주어는 줄여 없애고, 따옴마디는 이음에 의하여 두 문장이 이어진 것이다. 그러므로 (21)은 이어진 겹문장이 따옴마디로 안겨있는 안은겹문장이므로 이음과 안음으로 짜여진 겹문장이다.

　그런데 주시경(1910: 62)에서는 "〈바람〉은 임기요 〈이라〉는 끗기니 남이듬이라. 그러하나 이 말에는 한 임기처럼 쓰이엇으므로 한 임기로 치고 씀이로 그림이라" 하여 〈바람이라〉가 서술어지만 목적어로 쓰였음을 의식한 것이다. 또 "임이 자리에 〈ㅅ〉은 속뜻으로 잇는 〈사람〉을 보임이라(63쪽)" 한 것은 큰 문장 전체의 주어가 〈사람〉이라는 뜻으로 보인 것이라 할 수 있다.

　그러므로 (21)에서 〈(사람이) "공긔가 움즉이면 바람이라"고 하나니라〉가 되는 것이다. 이러한 의식은 국어문법의 속뜻 의식을 일찍이 의식한 것으로 국어문법 연구사에서 높이 평가되어야 할 것들이다.

3. 마무리

지금까지 살펴본 내용을 간추려 보이면 다음과 같다.

1) 주시경의 『국어문법』(1910) "짬듬갈" 단원에 나타나는 21개의 〈보기문장〉은 우리 국어문법에서 가능한 문장의 짜임이 거의 다 나타나 있다. 그 21개의 문장을 그 짜임새에 따라 나누어 보면, 한 문장 안에서 주어와 서술어의 관계가 한 번만 나타나는 홑문장과 두 번 이상 이루어지는 겹문장이 나타나 있는데, 겹문장은 안은겹문장, 이은겹문장, 안고 이은겹문장이 다 나타나 있다.

첫째, 홑문장에 해당하는 것은 (본드1), (본드2), (버금본드1), (버금본드2), (버금본드3)이다. 여기서는 가장 단순한 문장은 〈주어+서술어〉의 구조로 되어있고, 아무리 확대하더라도 〈주어+목적어+서술어〉이상의 구조로 확대될 수 없음을 밝혔는데, 이것은 주성분만으로 짜여진 문장의 최소형식과 최대형식의 구조를 의식한 것이다.

둘째, 겹문장 가운데 한 문장이 어떤 문장을 안고 있는 안은겹문장에 해당하는 것은 (본드3), (본드8), (본드9), (본드10), (버금본드9), (붙음본드)이다. 여기서는 체언절, 서술절, 관형사절, 부사절을 안은 문장들이 나타나 있어 안긴마디의 종류에는 여러 가지가 있음을 알 수 있게 한다.

셋째, 겹문장 가운데 이은겹문장이 벌임(대등)관계로 이어진 것은 (본드4), (본드5), (본드6), (본드7), (버금본드7)이다. 여기서는 앞문장과 뒤문장이 접속어미로 이어진 것과 주어의 겹침, 목적어의 겹침 등이 나타나 있는데, (버금본드7)을 제외하고는 모두 앞-뒤마디의 차례, 주어끼리의 차례, 목적어끼리의 차례는 서로 바꾸어도 문장이 전하고자 하는 뜻에는 아무런 차이가 없음을 밝히고 있어 우리말의 어순에 대한 의식도 잘 나타나 있다.

넷째, 겹문장 가운데 이은겹문장이 딸림(종속)관계로 이어진 것은 (버금본드5), (버금본드6)이다. 여기서는 접속어미 {-매, -니}에 의하여 이어진 두 마디 사이의 관계가 뜻으로 보아 앞마디가 원인, 이유, 조건 등으로 뒷마디에 이어진 문장을 의식한 것인데, 특히 앞마디가 자리를 옮겨 뒷마디 사이에 들어가도 뜻에는 차이가 없음을 의식한 것은 대단한 것으로 평가되어야 한다.

다섯째, 겹문장 가운데는 안은겹문장과 이은겹문장이 섞여있는 것을 의식한 것은 (버금본드4), (버금본드8), (버금본드10)이다. 여기서는 관형사절을 안고 벌임관계로 이어진 것과 관형사절과 부사절을 안고 벌임관계로 이어진 것, 인용절(따옴마디)을 안고 종속관계로 이어진 것을 의식한 것으로 대단히 복잡하게 짜여진 문장도 있음을 의식한 것이다.

2) 문장을 풀이하는 방법은 여러 가지가 있을 수 있으나 여기서는 모든 문장을 (그림)으로 그려서 설명하는 방법을 취했는데, 이와 같은 (그림풀이) 방법은 최현배(1937)에 그대로 계승되어 있으며, 국어문법에서 (그림풀이) 방법의 기반이 되었다.

3) 문장 풀이과정에서 의식한 속뜻 의식과 변형이론에 의한 두 기능법의 의식은 서양문법의 변형생성문법 이론보다 무려 40~50년 이상 앞선 이론이므로 국어문법 연구사에서 높이 평가 되어야 한다.

제3장 시제법의 형성

1. 머리말

(1) ㄱ. 철수는 책을 읽는다.
    ㄴ. 철수는 책을 읽었다.
    ㄷ. 나는 내일 가겠다.

(1)은 언어 내용 전달 과정에서 시간과 관련을 맺는 문법범주로 발화시를 기준으로 하여 사건시의 시간적 위치를 나타내는 것이다.

(1)ㄱ은 발화시를 기준으로 해서 사건시와 발화시가 일치하는 경우인데, 이를 "현재(present)"라 하고, (1)ㄴ은 사건시가 발화시에 앞서는 경우인데, 이를 "과거(past)"라 하고, (1)ㄷ은 사건시가 발화시에 뒤서는 경우인데, 이를 "미래(future)"라 한다.

이와 같이 발화시에 대한 사건시의 시간적 위치를 나타내는 문법 범주를 시제(때매김, tense)이라 하고, 발화시에 대한 사건의 일어나는 모습을 양상(aspect)이라 하고, 일의 시간과 관련한 화자의 심리적인 태도를 양태(modality)라 한다(권재일, 1992: 134~137).

그런데 우리말에서는 이러한 것들이 따로따로 구분되어 나타나는 것이 아니고, 한 문장 속에 동시에 나타나기 때문에 그 나타내는 뜻을 파악하기란 쉬운 일이 아닙니다.

이 장에서는 이러한 시간과 관련을 맺는 문법적인 관념이 주시경의 문법에서는 어떻게 형성되어 왔는가를 밝히는 데 그 목적이 있다.

2. 시제법의 형성

우리 국어문법에 대한 주시경의 여러 저서 가운데서 "시제법"이 설정되어 있는 것은 원고본 『국어문법』(1909), 『국어문법』(1910), 『조선어문법』(1911, 1913)뿐이다.[1]

그런데 주시경의 『국어문법』에서 시제는 "끗기"와 "잇기"의 두 "기(○씨)"에서 다루고 있는 것으로 보아 주시경은 시제를 두 기가 다 담당하고 있는 것으로 의식하였던 것이다. 그러나 이 시제에 대한 기술은 "잇기"에서보다는 "끗기"에 더 상세하게 그리고 구체적으로 기술되어 있다.

이처럼 주시경이 시제를 "끗기"와 "잇기"가 똑같이 맡고 있다고 의식하게 된 것은 시제를 나타내는 형태소를 다른 형태소와 같이 "끗기"나 "잇기"의 한 부분으로 처리하였기 때문이다. 그래서 움직임이

---

[1] 이 세 종류의 책은 내용이 거의 같은 것으로, 원고본 『국어문법』은 필사본으로 『국어문법』을 인쇄하기 위한 원고이고, 『조선어 문법』은 『국어문법』을 고친 것으로 몇 용어를 제외하고는 내용이 거의 같기 때문에 이 글에서는 『국어문법』을 주된 자료로 이용한다. 그리고 이하 『국어문법』은 모두 1910년에 간행한 것을 말한다.

나 상태에 관한 사실들이 그것을 나타내는 "움기"나 "엇기"에서는 설명되지 않고, 움직임이나 상태와는 관련이 적은 "끗기"나 "잇기"에서 다루어졌다는 것은 근본적으로 그의 품사분류의 잘못에서 온 것이다 (허웅, 1971: 41). 즉, 낱말을 품사분류할 때 "늣씨"[2]를 의식하여 지나친 분석적인 태도를 취한 데서 온 잘못이라 하겠다. 만약 "끗기"나 "잇기"를 독립된 품사로 설정하지 않고, 용언의 어미에 넣어 처리하였더라면 똑 같은 시제문제를 반복하여 설명하지 않아도 되었을 것이다. 그러나 그의 품사분류 체계 안에서는 조리정연한 처리로 조금도 모순이 생기지 않는다.

이제 주시경의 『국어문법』 "끗기"와 "잇기"에 나타나는 우리말의 시제에 대하여 살펴보기로 한다.

2.1. 끗기(맺음씨, 종지사)의 시제형성

주시경의 『국어문법』 99쪽에서 101쪽까지에 나타나는 "끗기"의 시제를 보면, 주시경은 "끗기의 때" 단원에서 시제를 "이때, 간때, 올때"의 셋으로 나누어 기술하고 있으나 그 속에는 "간때"의 겹침, "간때"와 "올때"의 겹침도 나타나 있음을 알 수 있다. 이것은 주시경이 "끗기"의 시제를 단순(기본)시제와 복합시제가[3] 있음을 의식하고 있었다는 뜻으로 해석할 수 있다. 그리고 "끗기의 때"를 "이때, 간때, 올때"로 세 등분한 것은 영어문법의 영향을 받은 것으로 보인다.

이 무렵의 우리나라 서울에서 나온 영어문법책으로는, 1911년에

---

[2] 이 "늣씨"는 고름소리 "으"를 "늣씨"로 처리한 것 외는 거의 "형태소"에 접근하는 말이다. 이 "늣씨"에 대한 자세한 설명은 김민수(1971: 98~121)와 최낙복(1991: 20)을 참조.
[3] 단순시제와 복합시제에 대하여는 허웅(1982), 「한국말 때매김법의 걸어온 발자취」, 『한글』제178호, 한글학회, 42쪽~46쪽 참조.

이기룡의 『중등영문전』과 윤치호의 『영어문법첩경』의 두 종류가 전해오고 있는데, 이 두 종류는 모두 시제를 "현재, 과거, 미래(장래)"로 세 등분하고 있는4) 것으로 보아 쉽게 짐작할 수 있다.

2.1.1. 단순(기본)시제

『국어문법』의 "끗기의 때"에서 단순시제에 해당하는 것으로는 "이때, 간때, 올때"로 구분하여 기술한 것을 차례로 살펴보기로 한다.

2.1.1.1. 이때(현재)

"끗기의 때"에서 설명한 "이때"란 발화시를 기준으로 해서 사건시와 발화시가 일치하는 경우를 보인 것으로 일반적으로 "현재(present)"에 해당하는 것이다.5)

주시경은 "이때"의 뜻매김을 "그 남이가 이때에 되어가는 것"이라 하고 (알이)에서는 "그 남이의 되고 못됨으로 말하면, 이때라 함은 그 남이가 이때에 되어가는 것이니, 되는때라 할 것이요"라고 했으므로(주시경, 1910: 100) "이때"는 곧 "되는때"를 뜻하는 것이라 하겠다.

김석득(1979: 109)은 이것을 〈이때=되는때〉이고, 이 "되는때"는 곧 〈이때(현재)+되어가는 것(지속)〉의 구조이므로 〈되는때=현재지속〉으로 파악하여 "이때"의 내용 속에는 현재라는 "시간(tense)"과 되어가는(지속)이라는 "상(aspect)"이 이원적으로 들어 있음을 보인 것으로 파악한 바 있다.

---

4) 이기룡(1911), 『중등영문전』, 보급서관, 72쪽(역대 II-29, 1983).
윤치호(1911), 『영어문법첩경』, 26쪽(역대 II-29, 1983).

5) Jespersen(1924)은 언어에 있어서 시제를 자연 시간의 흐름에 두고, 발화의 시점을 현재라 하여 시간폭이 없는 영(zero)적인 점으로 정의한 바 있다(이환묵 외, 1987: 347).

그렇다면 그때에 이미 주시경은 우리말의 시제법을 발화시에 대한 사건의 시간적 위치를 나타내는 시제와 발화시에 대한 사건의 일어나는 모습을 나타내는 상의 개념을6) 동시에 의식하고 있었으므로 이는 우리 국어학 연구사에서 대단히 높이 평가 받을 만한 탁견이라 할 수 있다.

이제 주시경이 보인 "이때"의 〈보기말〉을 보이면 다음 (2)와 같다 (1910: 99).

(2) ㄱ. 말이 뛰오.
　　ㄴ. 그 말이 검다.
　　ㄷ. 이것이 먹이다.

(2)ㄱ에서 "{-오}는 "끗기"니, 그 남이 (서술어에 접근되는 말: 필자) {뛰-}가 "이때"에 되어가는 것이라" 했으므로, 이는 "움기" {뛰-}와 "끗기" {-오}가 결합되어 현재를 나타낸 꼴을 보인 것이다. 이는 {뛰-}와 {-오} 사이에 현재를 나타내는 무형의 형태소 {-ø-}가 있다는 것을 의식하였던 것이다. 즉 〈뛰+{ø}+오〉의 구조로 의식한 것이다. (2)ㄴ에서도 "{-다}가 "끗기"니, 그 남이 {검-}이 "이때"에 들어나아가는 것이라" 했으니, 이는 "엇기" {검-}에 "끗기" {-다}가 결합되어 현재를 나타내는 꼴을 보인 것으로, 이것도 〈검+{ø}+다〉의 구조를 의식하여 현재를 나타내는 무형의 형태소 {-ø-}가 들어 있음을 의식한 것이다. (2)ㄷ에서는 "{-이다}가 "끗기"니, 그 남이 〈먹〉이 "이때"에 잇어가는 것이라" 했으므로, 여기서는 명사인 〈먹〉에 서술격 조사 {-이다}가 결합되어 서술어로 쓰인 것인데, 현재를 나타내는 무

---

6) 박지홍은 "시제"는 눈에 보이지 않은 시간에 금을 매기어, '현재, 과거, 미래'로 인위적으로 지어 놓은 제도이요, "시상"은 때의 동작성(움직임의 모습)을 갈래 세워 놓은 것이다 (1986: 155~156).

형의 형태소 {-ø-}가 그 사이에 들어 있음을 의식한 것이다. 즉 〈먹+{ø}+이다〉의 구조로 되어 있음을 의식하였다.

이와 같이 주시경이 "끗기의 때"에서 "이때(현재)"를 나타낼 때에는 무형의 형태소를 의식하고 있었다. 그 증거는 『국어문법』 101쪽의 (잡이)에도 나타나 있는데, 이것을 보이면 다음 (3)과 같다.

(3) 그 사람이 가오.

(3)에서 "{-오}는 "이때"를 아우른 "끗기"니, 이는 이러하게 풀어 말할 것이오"라 했다. 여기서 {-오}는 "이때"를 아우른 "끗기"라 했으므로, "-오"는 바로〈{-ø-}+오〉의 구조로 이루어져 있음을 의식하였던 것이다.

이와 같이 주시경이 시제에서 현재를 나타낼 때에는 형태소가 없는 것이 아니라 무형의 형태소가 있다는 것을 의식하여 우리 문법을 기술한 것은 국어학 연구사에서 대단한 공적으로 평가되어야 하겠다.

그러나 현재를 나타낼 때에도 형태소가 있는 것이 있다.

(4) ㄱ. 나는 밥을 먹는다.
    ㄴ. 나는 간다.

(4)에서 {-는/ㄴ-}이 현재를 나타내는 형태소인데 주시경은 현재를 나타낼 때 이러한 형태소가 있음을 의식하지 못한 것 같다. 이러한 문제는 자연히 뒷날 후계자들에 의하여 다듬어지게 되었다.

2.1.1.2. 간때(과거)

"끗기의 때"에서 설명한 "간때"란 일반적으로 사건시가 발화시에 앞서는 시간을 나타내는 과거를 뜻하는 말이다. 그런데, 주시경의『국어문법』100쪽 "끗기의 때" 단원에서 "간때"의 뜻매김을 보면 "그 남이가 이때에 다 되어 있는 것"과 "그 남이가 되었다가 없어진 것"의 두 가지로 구성되어 있음을 알 수 있다. 전자를 나타내는 형태소에 {-앗-}이 있고, 후자를 나타내는 형태소에는 {-엇엇-}이 있음을 의식하고 뜻매김한 것이다. 즉 전자는 "간때"의 단순시제에 해당하는 것이고, 후자는 복합시제에 해당하는 뜻매김이다.

그러면 "간때"의 단순시제를 보이면 다음 (5)와 같다(주시경, 1910: 100).

(5) 그 사람이 가앗다.

(5)에서 "{-앗다}가 끗기니 {-앗-}은 "간때"의 보임이라" 했는데, 남이 〈가앗다〉는 "움기"인 {가-}에 "간때"를 나타내는 형태소 {-앗-}과 "끗기"인 {-다}가 딸려 있는 것이다. 즉 〈가+{앗}+다〉의 구조로 되어 있는 것이다.

여기서 주시경이 {-앗다}를 "끗기"로 처리하게 된 것은 "움기"와 "끗기"의 사이에 끼어드는 형태소 {-앗-}을 앞의 "움기"에 소속시키지 않고, "끗기"에 소속시킨 것이다. 이것은 {-앗-}이 실질적인 뜻을 나타내는 실질형태소보다 문법적인 뜻을 나타내는 형식형태소에 더 가깝다고 의식하여 "끗기"의 파생접두사로 처리한 것이다(최낙복, 1991: 235).

또 "끗기의 때" 단원 (알이)에서는 "간때라 함의 〈가앗다〉라 하는 {-앗-}과 같은 것은 그 남이가 다 맞아잇는 것이니, "이때맞음"이라 하든지 "맞아잇음"이라 할 것이요" (주시경, 1910: 100)라 했으므로, 이는 〈간때의 {-앗-}=이때맞음 또는 맞아잇음〉을 뜻하는 것이므로 "간때"와 "이때맞음"과 "맞아잇음"을 나타내는 것은 그 꼴이 똑 같음을 의미하는 것이다. 이것은 최현배(1937: 598)에 의하여 그대로 계승되어 "이제 마침(현재완료)"은 그 꼴이 "지난적(과거)" 꼴과 꼭 같음을 보이고 있다.

그리고 김석득(1979: 110)은 "이때맞음"은 〈이때(현재)+맞음(완료)〉을 나타내고, "맞아잇음"은 '완료지속'을 의미한다고 하였다.

그러므로 주시경은 "끗기의 때"에서 "간때"를 나타내는 형태소에는 {-앗-}이 있고, 이 "간때"는 다시 (알이)에서 "이때맞음" (현재완료) 또는 "맞아잇음" (완료지속)을 나타내는 것이다. 즉, 지나간 시간과 동작이 끝난 완료를 나타낸 것으로 기술하고 있으니, 이도 역시 때(tense)와 상(aspect)의 개념을 이미 의식하고 설명한 것이다.

2.1.1.3. 올때(미래)

주시경의 『국어문법』 "끗기의 때" 단원에 나타나는 "올때"란 일반적으로 발화시를 기준으로 해서 시건시가 뒤서는 경우를 나타내는 시제를 뜻하는 것으로 "미래(future)"를 의미하는 것이다. 이 "올때"의 뜻매김을 보면 "그 남이가 이 담때에 될 것이라" 했는데(주시경, 1910: 100), 여기서 말하는 "이 담때"란 바로 "미래(장래)"를 뜻하는 것으로 그 남이가 장래에 될 것을 나타내는 것이다. 이 장래를 나타내는 형태소를 {-겟-}이라 하였다.

그러면 『국어문법』의 "끗기의 때"에 나타나는 "올때"의 〈보기말〉을 보이면 다음 (6)과 같다.

(6) 비가 오겟다.

(6)에서 주시경은 "{-겟다}가 "끗기"니, {-겟-}은 "올때"의 보임이라. 이는 그 남이 {오-}가 "이 담때(장래)"에 될 것을 보이는 것이라" 하였다(1910: 100).

여기서 주시경이 "-겠다"를 "끗기"로 처리한 것은 "움기"인 {오-}와 "끗기"인 {-다} 사이에 끼어드는 형태소 {-겟-}을 "끗기"의 접두사로 의식하여 뒤의 "끗기"인 "-다"에 결합하여 하나의 품사(씨)로 처리한 것이다. 주시경은 이 {-겟-}도 앞 장에서 살핀 {-엇-}과 같이 바로 앞의 기에 소속시키지 않고, 뒤의 기에 소속시킨 것은 이것이 실질적인 뜻을 나타내는 형태소보다 문법적인 뜻을 나타내는 형태소에 더 가깝다고 의식하였기 때문이다.

그런데 이 {-겟-}은 미래의 시제만 나타내는 것이 아니고, 다음 (7)과 같은 뜻을 나타낼 때도 있다.

(7) ㄱ. 영이가 일등을 하겠다.
ㄴ. 제가 그 일을 하겠습니다.

(7)ㄱ의 {-겟-}은 "추측"의 뜻을 나타내고, (7)ㄴ은 "의도"를 나타낸 것이다. 주시경은 이러한 뜻을 나타내는 것은 의식하지 못한 것 같다.

그러나 "끗기의 때"의 (알이)를 보면 {-겟-}이 단순히 "올때(미래)"의 때만 나타내는 것이 아니라는 것을 알 수 있다.

"올때라 함의 〈오겟다〉라 함에 {-겟-} 같은 것은 그 남이 {오-}가 이 담때에 될 것이니, 올때됨이라 할 것이라. 그러하나 이는 {오-}가 되리라고 뜻하는 것이니, 또한 거짓 뜻하는 때라 할 것이라" 하였다(주시경, 1910: 100).

여기서 말하는 "이 담때"는 '미래시제'를 나타내고, "올때됨"은 '장래에 이루어짐'을 나타내고, "거짓 뜻하는 때"는 '가상시'를 나타내는 것이므로 이 "올때"는 시간과 상의 이원적인 것으로 이해하고 있음을 알 수 있다(김석득, 1979: 114).

이와 같이 주시경이 "끗기의 때"에 "올때"의 표로 의식한 {-겟-}은 단순하게 미래의 시제만 나타내는 것이 아니라, 미래의 시제는 물론 상(aspect)의 개념까지 의식하고 있었던 것으로 보아 이것도 탁견으로 국어학 연구사에서 높이 평가되어야 하겠다.

2.1.2. 복합시제

주시경의 『국어문법』 "끗기의 때" 단원에서 복합시제에 관한 의식을 발견할 수 있는데, 이 복합시제에 해당하는 것으로는 "간때"와 "간때"의 겹침과 "간때"와 "올때"의 겹침의 두 가지에 대하여 의식하고 있었음을 알 수 있다.

2.1.2.1. 간때와 간때의 겹침

주시경이 『국어문법』의 "끗기의 때" 단원에서 "간때"를 나타내는 형태소 {-엇-}이 겹쳐 쓰인 {-엇엇-}에 대하여 기술하고 있는데, 이것을 필자는 복합시제라 하고, "간때"와 "간때"의 겹침이라 한다. 이것을 보이면 다음 (8)과 같다.

(8) 그 마당을 쓸엇엇다.

(8)에서 "{-엇엇다}가 "끗기"니 {-엇엇-}은 "간때"의 보임이라. 이는 남이 {쓸-}이 다 되어 그 {쓸-}을 함의 다 됨이 깨끗함으로 잇다가 다시 더럽게 되어 {쓸-}을 함의 들어남이 없어진 것이니, 몬저 {-엇-}은 {쓸-}이 다 됨을 보임이요, 알에 {-엇-}은 그것이 없어짐을 보

이는 것이라"했다(주시경, 1910: 99).

여기서 주시경이 {-엇엇대}를 "끗기"라 한 것은 "움기"인 {씰-}과 "끗기"인 {-대} 사이에 끼어들어 지난때를 나타내는 형태소 {-엇엇-}을 "끗기"인 {-대}와 결합하여 {-엇엇대}를 하나의 품사 "끗기"로 처리한 것이다.

그런데 주시경은 이 {-엇엇-}을 {-엇-}과 {-엇-}이 겹쳐진 구조로 보고 앞의 {-엇-}은 움기 {씰-}의 쓰는 동작, 즉 움직임이 끝남을 나타내 보이는 형태소이고, 뒤의 {-엇-}은 그 씰은 것이 다시 없어진 것을 보이는 것이라 했으니, 이는 곧 그 움직임이 끝난 결과가 다시 없어짐을 보이는 형태소이다. 이것을 허웅(1971: 41)은 〈씰엇다〉하면, 씰은 결과로 깨끗하게 된 것을 말하는 것이고, 〈씰엇엇다〉고 하면, 그 깨끗하게 되었던 것이 다시 무효가 되었다는 것으로 해석하고, 이것은 주시경의 탁견이라고 하였다.

또 주시경은 "끗기의 때" 단원의 (알이)에서 "〈씰엇엇다〉라 하는 {-엇엇-}과 같은 것은 그 남이 {씰-}이 다 맞아잇다가 없어진 것이니, "간때맞음"이라 하든지 "맞아지남"이라 할 것이요"라고 하여 (주시경, 1910: 100) 이 {-엇엇-}이 단순하게 지난때만을 나타내는 시제 형태소가 아님을 시사하였다.

이것을 김석득(1979: 111)은 〈씰엇엇다〉에서 {-엇엇-}은 남이인 {씰-}이 다 맞아잇다가 (완료되고 나서) 없어진 것이니, "간때맞음"은 '과거완료', 또는 "맞아지남"은 '완료과거'라고 하고, {-엇엇-}은 〈간때(과거)+맞은(완료)〉이라 하였다. 그러므로 주시경의 {-엇엇-}은 과거를 나타내는 형태소 {-엇-}이 겹쳐진 구조임이 분명하다.

이러한 주시경의 이론은 최현배의 『우리말본』(1937: 599)에 용언의 서술형 바로 시제법의 "지난적 마침"(과거완료)에 그대로 적용되어 계승되고 있다.

그런데 남기심(1972: 221)은 {-았었-}은 과거완료나 대과거가 아니라 완료된 상태의 단속(斷續)을 보이는 것으로 단속상(斷續相)으로 처리하였고, 역시 남기심(1978: 106)에서는 {-었-}이 겹쳐서 {-었었-}으로 나타나는 것이라면 당연히 {-겠겠-}, {-더더-} 등이 나타나야 할 것이라고 주장하면서 {-었었-}을 분석하지 않고 단일한 형태소임을 주장하였다. 그렇게 되면 모든 시제 형태소의 겹침을 하나의 형태소로 처리하여야 할 것이다. 이는 형태소의 정의에도 어긋날 뿐만 아니라 문법을 더욱 복잡하게 처리하는 결과를 가져오게 된다.

어떻든 오늘날까지도 의견이 통일되지 않는 {-엇엇-}을 주시경은 이미 1910년에 {-앗-}과 {-엇엇-}을 구별하였고, 또 {-엇엇-}의 겹침에서 앞의 {-엇-}과 뒤의 {-엇-}을 구별하여 기술한 것은 우리말 시제 연구사에서 획기적인 사실로 평가되어야 하겠다.

2.1.2.2. 간때와 올때의 겹침

주시경이 "끗기의 때" 단원 (알이)에서 보인 "간때"와 "올때"의 겹침 〈보기말〉을 보이면 다음 (9)와 같다(주시경, 1910: 100).

(9) 꽃이 피엇겟다.

(9)에서 "{-엇겟-}은 "간때표" {-엇-}에 "올때표" {-겟-}이 더한 것이니, {피-}가 되엇다고 거짓뜻함이라. 이를 "간올때"라 하든지 "거짓 맞은때"라 할 것이니, 한자로 삭이면 "과거장래(過去將來)"라 하든지 "과거가상시(過去假想時)"라 할 것이라" 하였다 (주시경, 1910: 101).

여기서 주시경이 {-엇겟다}를 "끗기"로 처리한 것은 "움기"인 {피-}와 "끗기"인 {-다} 사이에 "간때"를 나타내는 형태소 {-엇-}과 "올때"를 나타내는 형태소 {-겟-}이 결합되어 {-엇겟-}으로 된 형태소가 "끗기"인 {-다}와 결합된 꼴 {-엇겟다}를 "끗기로 처리한 것인데,

이는 주시경의 품사분류 의식의 잘못에서 비롯된 것이다(최낙복, 1991: 235). 김석득(1979: 114)은 이 {-엇겟-}을 "간때"에 "올때"가 붙은 복합시·상에 관계되는 배합형이라 하고, 주시경이 그 당시에 이미 시·상의 개념을 가지고 있었다는 것을 거듭 주장하고, 이 {-엇겟-}을 분석하여 〈엇겟=엇(간때표)+겟(올때표)〉가 되고, 따라서 {-엇겟-}은 "간올때(과거장래)" 혹은 "거짓 맞은때(과거가상시)"라 한 것은 시·상을 밝혀 주는 것인데, 이를 풀면 완료된 (맞은) 과거(때)를 가상(거짓)하는 것이 된다고 하여 주시경의 시제 의식을 한층 높이 평가하기도 하였다.

그런데 주시경의 이 "간때"와 "올때"의 겹침인 {-엇겟-}은 뒷날 최현배(1937: 599~600)에 이르러 용언의 서술형 바로 시제법의 "올적마침(미래완료)"에 그대로 계승되었으며, 허웅(1982: 46)에 이르러서는 이 {-었겠-}을 이미 끝난 것으로 미루어 보는 시제법으로 이를 복합시제법의 "완결추정법"으로 정착시켰다.

이처럼 주시경에 의하여 의식된 시제법의 겹침은 현대문법에서도 그대로 계승되어 발전시켜 나갔다.

지금까지 살핀 내용을 요약하고 표로 보이면 다음과 같다.

본래 시제는 사물의 동작이나 상태에 관한 것인데, 주시경은 용언의 굴곡현상을 의식하지 못하고 의미소와 문법소를 각각 독립된 품사(씨)로 설정하였기 때문에 시제가 "움기"나 "엇기"에서 설명되지 않고, 동작이나 상태와는 전혀 상관이 없는 "끗기"나 "잇기"에서 설명하게 되었다.

"끗기의 때"에서는 먼저 단순(기본)시제에 해당하는 "이때, 간때, 올때"로 나누어 기술하였다. 이는 영어문법의 영향이다. 또 복합시제에 해당하는 시제의 겹침은 "간때"와 "간때"의 겹침과 "간때"와 "올때"의 겹침이 나타나 있는데, 이는 각각 "간때"와 "올때"의 항목에서 기술하고 있다.

주시경은 "이때(현재)"를 나타내는 형태소에 무형의 형태소 {-ø-}가 있음을 의식하였고, "간때(과거)"를 나타내는 형태소는 {-엇-}과

{-엇엇-}의 구별이 있음을 의식하였다. 또 "올때(미래)"를 나타내는 형태소는 {-겟-}이 있음을 의식하고, "간올때"의 겹침을 나타내는 형태소에 {-엇겟-}이 있음을 밝히고 있다. 특히 {-엇-}과 {-엇엇-}의 구별은 시제 연구사에서 대단한 탁견으로 높이 평가받고 있다. 또 그 당시에 주시경은 이미 우리말의 시제뿐만 아니라 상(aspect)의 개념을 의식하고 있었다는 것도 높이 평가되어야 할 것이다.

이러한 주시경의 시제 의식은 최현배의 『우리말본』(1937)에 계승되어 용언 서술형의 바로 시제에 12시제 체계로 발전되었다.

이제 "끗기의 때"에서 보인 주시경의 시제 의식을 표로 보이면 다음 (10)과 같다.

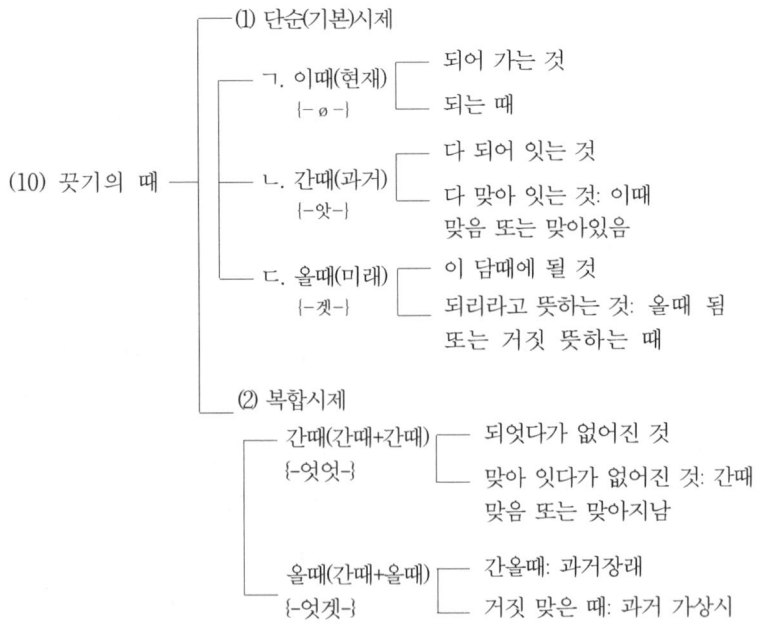

2.2. 잇기(이음씨, 접속사)의 시제형성

주시경은 『국어문법』 "잇기의 때" 단원에서도 "끗기의 때"에서와 같이 우리말의 시제를 "이때, 간때, 올때"의 셋으로 나누어 기술하였다. 그러나 그 세 때의 뜻매김은 하지 않고 〈보기말〉만 보였다.

『국어문법』의 97쪽 "잇기의 때" 단원에서 보인 "잇기의 때" 기술과 99쪽에서 101쪽까지의 "끗기의 때" 기술을 비교해 볼 때 특기할 만한 것은 "잇기의 때"(잡이)에서 지나간 때의 "회상"을 나타내는 형태소 {-더-}에 대한 설명이 나타난다. 이것은 주시경이 단순(기본)시제에 "회상시제"을 하나 더 의식하게 되었다는 것을 알 수 있다. 그리고 "잇기의 때"에서는 "끗기의 때"와는 달리 단순시제에 해당되는 것만 나타날 뿐 복합시제에 관계되는 내용은 나타나 있지 않다.

2.2.1. 단순(기본)시제

『국어문법』 97쪽 "잇기의 때" 단원에서 단순시제에 해당하는 것으로는 "이때, 간때, 올때, 회상"의 네 가지가 나타나 있다. 이것을 차례로 살펴보면 다음과 같다.

.2.1.1. 이때(현재)

"잇기의 때" 단원에서는 "이때"의 뜻매김은 하지 않고 〈보기말〉만 보였다. 이것을 다시 정리해 보이면 다음 (11)과 같다(주시경, 1910: 97).

(11) 이때: (본) 가니, 가는데, 먹으니, 먹는데.
　　　　　"-니"와 "-으니"와 "-는데"는 다 "이때"의 잇기라.

(잡이) "-니"와 "-으니"와 "-는데" 와 같은 잇기들의 때를 밝게 다시 말하면 이때에 되는 것이요.

(11)의 〈보기말〉에서 {-니}와 {-으니}와 {-는데}는 다 "이때 (현재)"의 "잇기"라 했으므로, "이때"를 나타내는 "잇기"에서도 무형의 형태소 {-ø-}가 있음을 의식했다는 것을 알 수 있다. 즉, 〈가니, 가는데, 먹으니, 먹는데〉가 "이때"를 나타내기 위해서 각각 〈가+{ø}+니, 가+{ø}+는데, 먹+{ø}+으니, 먹+{ø}+는데〉의 구조로 되어 있다고 의식하였던 것이다. 그 증거는 다음 장에서 설명할 "간때"나 "올때"를 보면 확실히 알 수 있다. 곧 "간때"와 "올때"는 각각 그것을 나타내 주는 표(형태소)가 있음을 밝히고 있다.

2.2.1.2. 간때(과거)

"잇기의 때" 단원에서 "간때"도 뜻매김은 하지 않고 〈보기말〉만 보였다. 이것을 다시 정리해 보이면 다음 (12)와 같다 (주시경, 1910: 97).

(12) 간때: (본) 가앗으니, 가앗는데, 먹엇으니, 먹엇는데
  {-앗으니}와 {-앗는데}와 {-엇으니}와
  {-엇는데}는 다 "간때"의 잇기니, {-앗-}
  이나 {-엇-}은 다 간때를 보임이라.
 (잡이) {-앗으니}와 {-앗는데}와 {-엇으니}와
  {-엇는데}와 같은 잇기들은 때를 밝게 다시 말하면 다 되어 잇는 것이요.

(12)에서 "간때"를 나타내는 형태소에는 {-앗-}과 {-엇-}이 있음을

분명히 밝히고 있다. 그리고 그 〈보기말〉들의 짜임을 보면, 〈가+{앗}+으니, 가+{앗}+는데, 먹+{엇}+으니, 먹+{엇}+는데〉와 같이 짜여 있음을 알 수 있다.

이는 움기인 {가-, 먹-}에 "간때"를 나타내는 형태소 {-앗/엇-}과 "잇기"인 {-으니, -는데}가 결합된 것인데, 주시경은 이 {-앗/엇-}을 "잇기"에 붙는 파생의 접두사로 의식하여 {-앗으니, -엇는데}를 독립된 품사 "잇기"로 처리한 것이다.

그런데 이 {-앗/엇-}이 "잇기"와 결합하면, "잇기"가 되고, "끗기"와 결합하면, "끗기"가 되는 모순을 안고 있다. 이는 주시경의 품사 분류 의식의 잘못에서 비롯된 것이지만 그의 체계 안에서 보면 무리 없는 처리로 보아야 할 것이다. 그것은 이미 "끗기의 때"에서 밝힌 바와 같이 "간때"를 나타내는 형태소 {-앗/엇-}을 "움기"에 붙는 파생의 접미사로 의식하고 {가앗-, 먹엇-}을 "움기"로 처리하지 않은 것은 이 {-앗/엇-}이 실질형태소보다 문법적인 형식형태소에 가깝다는 것을 의식했기 때문이다. 이러한 문제는 자연히 다음 시대에 가서 다듬어지게 되었다.

그리고 주시경은 "간때"를 나타내는 형태소가 앞 "움기"가 양성음절이냐 음성음절이냐에 따라 각각 {-앗-}과 {-엇-}을 구별하여 결합시킨 것은 이미 변이형태(allomorph) 의식을 가지고 있었다는 것을 알 수 있다. 김민수는 이러한 변이형태의 발견·기술은 분명히 나이다(E. A. Nida: 1949)에 앞선 것이며, 역사적으로도 평가되어야 한다고 밝힌 바 있다[7].

그리고 (잡이)에서 말한 "다 되어 잇는 것" 이란 움직임이 이제 막 마쳤어 그 결과가 방금 들어나 있음을 보이는 시제(현재완료)을 의미하는 것으로 보아진다.

---

[7] 김민수(1977), 『주시경 연구』, 탑출판사, 134쪽 참조.

2.2.1.3 올때(미래)

주시경은 "잇기의 때" 단원에서 "올때"도 뜻매김은 하지 않고 〈보기말〉만 보였다. 이것을 다시 정리해 보이면 다음 (13)과 같다(주시경, 1910: 97).

(13) 올때: (본) 가겟으니, 가겟는데, 먹겟으니, 먹겟는데
　　　　　{-겟으니}와 {-겟는데}가 다 "올때"의
　　　　　"잇기"니 {-겟-}은 "올때"를 보임이라.
　　　　(잡이) {-겟으니-}와 {-겟는데}와 같은 "잇기"
　　　　　들은 때를 밝게 말하면 이 담때에 될 것이니, 곳 되리라고 거짓 뜻하는 것이요.

(13)의 〈보기말〉에서 보인 말들의 짜임을 보면, "움기"인 {가-, 먹-}에 "올때"를 나타내는 표 {-겟-}과 "잇기"인 {-으니, -는데}가 결합되어 각각 〈가+{겟}+으니, 가+{겟}+는데, 먹+{겟}+으니, 먹+{겟}+는데〉로 짜여져 있다. 이것은 〈{-겟}+잇기=올때의 잇기〉이다.

그러므로 "올때"를 표시하는 형태소 {-겟-}도 "움기"와 "잇기" 사이에 끼어드는 형태소인데, 주시경은 이것을 "잇기"의 파생의 접두사로 의식하여 {-겟으니, -겟는데}를 "올때의 잇기"로 처리한 것이다. 이것도 비록 주시경의 품사분류 의식의 잘못에서 비롯된 것이지만 용언의 굴곡현상을 의식하지 못하고 "끗기"나 "잇기"를 각각 독립된 품사로 처리한 그의 품사분류 체계에서는 당연한 처리법이다. 그러나 이러한 것은 뒷날 용언의 굴곡현상의 발견으로 인하여 자연히 수정되게 되었다.

그리고 "끗기의 때"에서도 이미 밝힌 바와 같이 (잡이)에서 "이 담

때에 될 것"은 '장래'(미래)를 의미하는 것이고, "되리라고 거짓 뜻하는 것"은 '장래 가상시'를 의미하는 것이므로 여기서도 시제와 상 의식이 나타나 있음을 알 수 있다.

2.2.1.4. 회상시제

주시경은 "잇기의 때" 단원 (잡이)에서 회상시제를 나타내는 형태소에 {-더-}가 있음을 의식하고 다음 (14)와 같이 기술하고 있다(주시경, 1910: 97).

(14) (잡이) "가더니"의 {-더-}는 지난 때에 맞지
    안이한 것이니, 지난때에 되어가는 것이라.

(14)에서 보인 〈가더니〉의 짜임을 보면 "움기"인 {가-}에 회상을 나타내는 형태소인 {-더-}와 "잇기"인 {-니}가 결합되어 〈가+{더}+니〉로 짜여진 것인데, 이 {-더니}를 "잇기"로 처리한 것이다.
이 {-더-}는 지난때에 겪은(있던) 일을 회상하면서 서술하는 시제를 나타내는 표지인데, 지난때에 끝나버린 것이 아니라 그때에 되어가고 있는 일을 말하는 것이란 뜻으로 쓰인 것인데, 이것은 탁견이라 할 만하다. 그런데 "잇기의 때"에서는 {-더-}에 대한 설명이 나타나는데, "끗기"에서는 이에 대한 설명이 보이지 않는다. 즉, 〈가더라, 갔더라, 가겟더라〉 따위의 어형에 대한 설명은 되어있지 않다고 하였다(허웅, 1971: 41). 또 김석득(1979: 114~115)은 주시경이 설명한 {-더-}를 지난때에 되어가는 것(지속)으로 보았다고 전제하고, 이 {-더-}는 "간때"를 나타내고, "되어가는 것"은 "과거지속"을 나타내는 것으로 보았다.

그렇다면 회상을 나타내는 형태소 {-더-}는 단순시제만을 나타내는 형태소가 아니고, 이미 상(aspect)의 개념도 나타내는 형태소라는 것을 주시경은 의식하고 있었다는 해석이 가능하다.

개화기 문법의 하나인 김규식(1908 ?)에서는 이 {-더-}를 "단순시"가 아닌 "복합시"로 처리하고, 현재와 결합된 〈자더라〉와 같은 것은 과거시에 어떤 행동의 계속됨을 표시하는 "계속과거"라 하였다.8) 이것도 단순한 시제가 아닌 상의 개념을 가진 풀이다.

그 후 이 {-더-}는 최현배(1937: 606~608)에 이르러 지난적에 일어난 일을 도로 생각할 적에 나타내는 도로생각 때도움줄기로 계승되어 발전하게 되었는데, 이 도로생각 시제도 12가지로 구분하여 체계를 세웠다.

2.2.2. 복합시제

주시경의 "잇기의 때" 단원에서는 복합시제에 대한 설명은 없다. 그러나 단순시제 중에서 회상시제를 나타내는 형태소 {-더-}와는 서로 어울려 복합시제를 나타낼 수 있는 경우가 여러 가지가 있을 수 있다. 이것을 주시경은 언급하지 않았으나 최현배(1937: 616)에 이르러서는 {-았더/었더-}, {-겠더-}, {-았었더/었었더-}, {-았겠더/었겠더-}의 경우가 있음을 밝혀 체계를 세워 회상시제의 일람표를 만들어 보였다.

이러한 복합시제가 "잇기의 때"에서 조금도 언급되지 않은 것은 대단한 아쉬움으로 남는다.

---

8) 김규식(1908?), 유인『대한문법』, 60~2쪽, (역대 한국문법 대계 제I부 5책, 1977, 탑출판사).

지금까지 살핀 주시경의 『국어문법』 "잇기의 때" 단원에 나타난 우리말 시제법을 정리하면 다음과 같다.

주시경은 우리말에서 때를 나타내는 품사는 "끗기" 외에 "잇기"가 있다는 것을 의식하고, "끗기"와 "잇기"가 똑같이 담당하고 있는 것으로 의식하였다.

그는 "잇기의 때"에서 "끗기의 때"에서와 마찬가지로 우리말의 때를, 현재를 뜻하는 "이때", 과거를 뜻하는 "간때", 미래를 뜻하는 "올때"로 구분하였는데, "끗기의 때"에서처럼 각각 뜻매김하지 않고 〈보기말〉만 보였다. 이는 아마 "끗기의 때"와의 중복을 피하기 위함이었을 것이다. 그리고 단순시제에 해당하는 "이때, 간때, 올때"와 지난때에 마치지 아니한 때를 나타내는 회상시제에 대하여 (잡이)에서 설명하고 있는데, 이는 탁견으로 평가받고 있다. 그러나 "잇기의 때"에서는 복합시제에 대한 설명이 전혀 없다는 것은 아쉬움으로 남는다.

그는 또 때를 나타내는 표(형태소)도 "끗기의 때"에서와 같이 "이때"를 나타내는 형태소에 무형의 형태소 {-ø-}가 있음을 의식하였고, "간때"를 나타내는 형태소에는 {-앗-}과 {-엇-}의 변이형태가 있음을 의식하였으며, "올때"를 나타내는 형태소는 {-겟-}이 있고, 회상시제를 나타내는 형태소에는 {-더-}가 있음을 밝혔다.

이제 "잇기의 때"를 표로 나타내 보이면 다음 (15)와 같다.

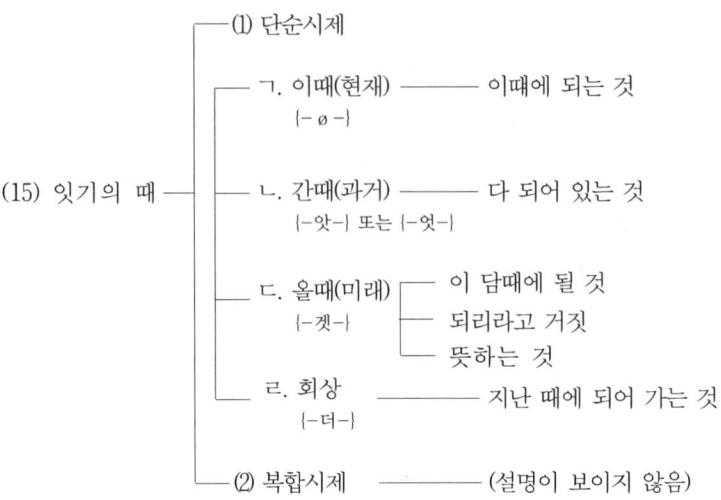

ㄹ. 마무리

지금까지 살핀 내용을 요약하면 다음과 같다.

  1) 주시경은 『국어문법』에서 우리말의 시제는 "끗기"와 "잇기"의 두 기○씨)가 맡고 있는 것으로 의식하였다.

  본래 시제는 사물의 동작이나 상태에 관한 것인데, 주시경은 용언의 굴곡현상을 의식하지 못하고, 뿌리와 가지를 각각 독립된 품사로 설정하였기 때문에 "움기"와 "엇기"에서는 시제가 설명되지 못하고, 동작이나 상태와는 전혀 상관이 없는 "끗기"나 "잇기"에서 다루어지게 되었다.

  2) 『국어문법』에서 우리말의 시제에 대한 기술은 "잇기"에서보다는 "끗기"에서 더 상세하게 다루고 있다. 그리고 "끗기"나 "잇기"에서 우리말의 때를 각각 "이때(현재), 간때(과거), 올때(미래)"의 셋으로 나누었는데, 이는 영어문법의 영향인 것 같다.

3) 『국어문법』에는 우리말의 때를 나타나는 형태소 의식이 나타나 있는데, "이때"를 보이는 표에는 {-ø-}이 있고, "간때"를 보이는 표에는 {-앗-}, {-엇-}, {-엇엇-}이 있고, "올때"를 보이는 표에는 {-겟-}, {-앗겟-}이 있고, 회상을 나타내는 표에는 {-더-}가 있음을 의식하였다.

특히 "끗기의 간때"에서 {-엇-}과 {-엇엇-}의 구별과 "잇기의 간때"에서 {-앗-}과 {-엇-)의 변이형태를 의식한 것과 "이때"를 나타내는 무형의 형태소 {-ø-}를 의식한 것은 대단한 탁견으로 국어학 연구사에서 높이 평가되어야 하겠다. 그러나 "끗기의 때"에서는 {-엇엇-}, {-앗겟-}과 같은 복합시제 의식이 나타나 있으나, "잇기의 때"에서 회상시제와 함께 복합시제를 이룰 수 있는 {-앗더/엇더-}, {-겟더-}, {-앗엇더/엇엇더-}, {-앗겟더/엇겟더-} 등을 의식하지 못한 것은 아쉬움으로 남는다.

4) 때를 나타내는 형태소 {-앗/엇-}, {-엇엇-}, {-겟-}, {-앗겟-}, {-더-}를 각각 "끗기"나 "잇기"에 넣어서 처리한 것은 이늘이 모두 "움기"(또는 엇기)와 "끗기" 또는 "움기"(또는 엇기)와 "잇기" 사이에 끼어드는 형태소로 이들이 모두 실질적인 뜻을 나타내는 실질형태소보다 문법적인 관계를 나타내는 형식형태소에 가깝기 때문에 "움기"나 "엇기"에 넣지 않고, "끗기"나 "잇기"의 접두사에 넣어서 처리한 것으로 그의 품사분류 체계에서는 당연한 처리이다.

5) 주시경이 "끗기"나 "잇기"의 때에서 기술한 시제는 단순하게 시제만 의식한 것이 아니라, 완료나 지속과 같은 상(aspect)의 개념을 동시에 의식하여 시제한 것으로 이는 그 당시에 이미 이러한 의식을 했다는 것은 그의 탁견으로 국어학 연구사에서 높이 평가되어야 하겠다.

6) 주시경의 『국어문법』에 나타난 시제의식을 표로 보이면 다음 (16)과 같다.

(16) 때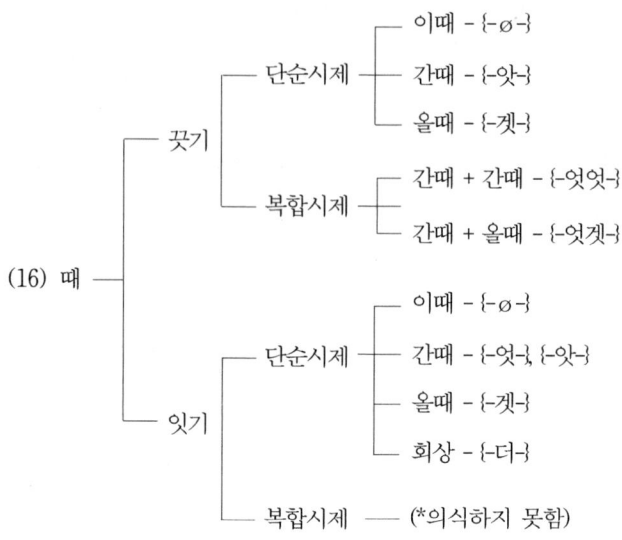

제4장 높임법의 형성

1. 머리말

우리의 현대 국어학에 관한 연구를 역사적으로 살펴보면, 갑오경장(1984)을 계기로 개화사상이 싹트면서 우리의 문자 체계를 정리하고, 맞춤법 체계를 세우기 위하여 노력을 하는 동시에 우리 문법에 관한 연구도 활발하게 이루어지기 시작한다(최낙복, 1986: 611).

이 시기의 국어학 연구는 이봉운의 『국문정리』(1897)에서 그 출발을 보게 되어 유길준의 필사『조선문전』(1904?)[1] 및 『대한문전』(1909), 최광옥의 『대한문전』(1908)[2], 김규식의 유인『대한문전』(1908?) 김희

---

[1] 유길준의 문법은 필사 『조선문전』(1904?), 필사 『조선문전』(1905?), 유인 『조선문전』(1906), 유인『대한문전』(1907?) 등이 있는데 몇 자의 표기의 차이는 있으나 내용은 거의 같다. 이 글에서는 개고본인『대한문전』(1909)을 주로 인용한다.

[2] 이 책은 앞의 유길준의 4저서와 별 차이가 없다. 김민수(1957)에 의하여 유길준(1909: 1)이 융희 2년 한 해에 재판까지 이른『대한문전』은 자기의 원고가 세간에 오락(誤落)되어 인포(印佈)되었다고 주장한 책은 최광옥의『대한문전』(1908)임이 증명되었다.

상의 『조선어전』(1911) 등이 있기는 하지만 이들은 거의 다른 나라의 문법을 우리 국어에 적용하는 데 그쳤다고 볼 수 있다. 그러나 주시경은 앞의 사람들에 비해 우리말을 자세히 관찰하고 분석하여 우리말의 특징을 잘 살펴서 우리 문법의 체계를 세우려고 노력하였다. 그러므로 국어에 관한 과학적인 연구의 기틀을 마련한 이는 바로 주시경(1894~1914)이라 할 수 있다(최낙복, 1987: 162).

그의 학문적인 업적은 『국문문법』(1905?)[3], 『말』(1908?), 『국어문전음학』(1908), 필사 원고본 『국어문법』(1909)[4], 『국어문법』(1910), 『조선어문법』(1911, 1913), 『말의소리』(1914) 등에 잘 나타나 있다. 특히 『국어문법』(1910)은 우리 국어학 연구사에서 높이 평가받고 있는 훌륭한 저서이다. 이 장에서는 주시경의 학문 세계를 분석하여 체계화하는 과정의 하나로, 주시경 문법에 나타나는 '높임법'이 어떻게 형성되어 왔는가를 밝히는 데 그 목적이 있다.

2. 높임법의 형성

주시경의 문법 저서 중에서 높임법[5]이 설정되어 있는 책은 원고본 『국어문법』(1909), 『국어문법』(1910), 『조선어문법』(1911, 1913)이다. 그러나 이 세 종류의 책은 내용이 거의 같은 것으로 원고본 『국어문법』

---

[3] 이 책은 주시경이 서울 상동 청년학원 강사 시절(1905~1907)에 강의한 것을 수강생 유만겸이 기록한 필기장으로 김민수, 『주시경 연구』(1977)(탑출판사)와 탑출판사에서 낸 영인본 『역대 한국 문법 대계』(1986)의 제1부 제39책에 영인되어 전하고 있다.

[4] 이것은 주시경의 『국어문법』(1910)(박문서관)의 원고본으로 한글학회에서 낸 『한힌샘 연구』(1990) 제3집에서 영인되어 전하고 있다.

[5] 높임법이란 용어는 학자에 따라 공대법, 존대법, 경어법, 대우법 등의 여러 가지 용어로 일컫고 있으나 이것은 모두 누가 누군가를 높이고 있기 때문에 '높임법'이란 용어를 취한다.

은 필사본으로 『국어문법』 간행을 위한 원고에 지나지 않는 책이고, 『조선어문법』은 몇몇 용어를 제외하고는 『국어문법』의 내용과 거의 같기 때문에 여기서는 1910년에 발행한 『국어문법』을 주된 자료로 활용한다.

그런데 지금까지 주시경 문법에서 높임법에 관한 것을 연구한 사람들은 대개 주시경이 높임법을 "잇기"와 "끗기"에서만 기술한 것으로 설명하고 있다(김석득, 1979: 115, 1192: 118), (강기진, 1990: 642~648). 그러나 『국어문법』에서 높임에 관한 내용을 기술한 기(>씨)는 "임기, 억기, 잇기, 끗기"의 4기에 나타난다.

2.1. 임기(이름씨, 명사)의 높임형성

"임기"(>임씨, 체언)의 높임에 관한 설명은 『국어문법』[6])의 "임기의 성류(性類)" 단원에 나타난다. 이것을 보이면 다음 (1)과 같다.

(1) (잡이)[7]) 〈가심〉은 임기니 {시}는 높임으로 더함이라.
　　이러함으로 높임의 뜻이 잇는 임기니라.

(『국어문법』: 95)

(1)에서와 같이 주시경이 "임기"에 높임을 나타내는 형태소 {-시-}가 들어가서 '높임의 뜻이 있는 임기'라고 의식하게 된 것은 그의 품사분류 의식의 잘못에서 비롯된 것이다. 그가 『국어문법』에 설정한 임기의 영역을 요약하여 보면 다음 (2)와 같은 7가지의 경우를 모두

---

6) 주시경의 1910년에 박문서관에서 발행한 문법책을 말하는 것으로 앞으로도 같은 뜻으로 사용한다.
7) "잡이"는 주의(注意)와 같은 뜻이다.

임기로 처리하였다(최낙복, 1989: 125~126).

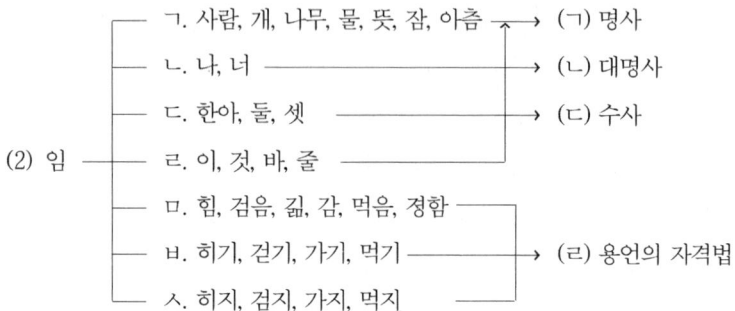

(2)에 의하면 주시경이『국어문법』의 "기날갈"(>씨난갈, 품사 분류론)에서 설정한 임기(2) ㄱ, ㄴ, ㄷ, ㄹ 외에 "기몸박굼"에서는 임기를 용언의 뿌리에 파생의 접사가 결합되어서 된 것은 물론이요, 용언의 뿌리에 굴곡의 접사가 붙어서 된 명사형까지 임기로 처리하고, 부정보조 용언에 앞서는 용언의 {-지}꼴까지 모두 임기로 처리하였음을 알 수 있다.

여기서 주시경의 "기몸박굼"은 어근의 자격변동법을 가리키는 것으로 기(>씨) 전성과 임시적 기능변화인 자격변동법을 포괄하는 개념이다(하치근, 1989: 14).

(2)에서 {-시-}를 더하여 높임의 뜻을 나타낼 수 있는 임기는 (2) ㅁ, (2)ㅂ, (2)ㅅ인데 이는 바로 임시적 기능변화인 자격변동법에 의하여 파생된 것이다. 이들을 분석해 보면 두 개의 형태소로 분석된다. 이것을 분석해 표로 보이면 다음 (2)′와 같다.

(2)′ 임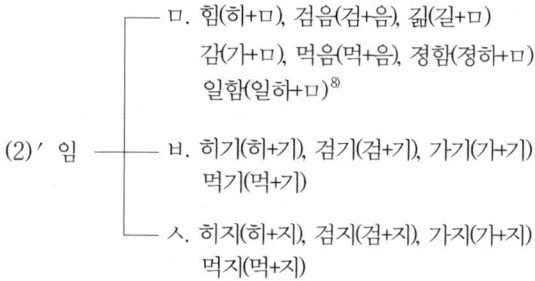

(2)′의 대부분은 두 형태소 사이에 높임을 나타내는 형태소 {-시-}가 들어갈 수 있는 것들이다. 이들 사이에 {-시-}를 넣어보면 다음 (2)″와 같이 된다.

(2)″ 임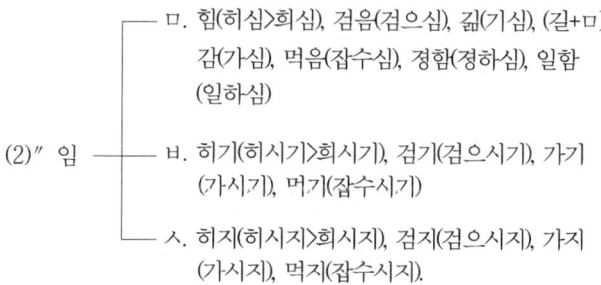

(2)″들은 모두 문장에서 주어가 될 수 있는 것으로 〈먹음, 먹기, 먹지〉를 제외하고는 "움본임"이나 "엇본임"으로 파생된 것 중에서 움·엇+{-음, -기, -지}가 결합되어 파생된 임기에 높임을 나타내는 형태소 {-시-}가 끼어든 형태도 임기로 처리하였기 때문에 높임의 뜻이 있는 임기가 있음을 의식하게 된 것은 당연한 결과라 하겠다.

이제 (1)의 (잡이)에서 높임의 뜻이 있는 임기로 처리한 〈가심〉을 분석해 보면 이는 {가+시+ㅁ}으로 분석된다. 이것은 움기( )동사어간) {가}

---

8) 〈경함, 일함〉은 주시경의 조어법 이론으로 분석하면 {경+하+ㅁ}과 {일+하+ㅁ}으로 각각 분석된다.

에 높임을 나타내는 형태소 {-시-}를 결합한 후 명사형 어미 {-ㅁ}이 결합된 것으로 이는 주시경 문법의 조어법 체계에서 볼 때, 동사에서 체언을 파생하는 방법을 설명하는 것으로 "움본임"에 해당한다. 즉 〈가(움)→감(임), 먹(움)→먹음(임)〉과 같이 본래 동사이던 것이 체언으로 파생된 것이므로 그의 문법체계 안에서는 조리정연한 체계라 할 수 있다.

그러나 주시경은 이 {-시-}가 높임을 나타내는 형태소임을 의식은 하였으나 구체적으로 누가 누구를 높이는 것이며, 어떤 품사의 어떤 위치에 결합되는 것인가에 대한 구체적인 설명이 없고, 막연히 움직임이나 상태를 나타내는 낱말의 어근에{-시-}가 결합하면 높임을 나타내는 낱말이 된다는 것만 의식한 것 같다. 그로 인하여 다음 시대에 이르면 높임을 나타내는 "임기"로 파생된 것은 높임을 나타내는 품사에서 빠지게 된다.

2.2. 억기(어찌씨, 부사)의 높임형성

주시경은 "임기"뿐만 아니라 "억기"(〉어찌씨, 부사)에도 높임이 있는 것으로 설명하고 있다. 『국어문법』에 나타난 억기의 높임에 대한 설명을 보이면 다음 (3)과 같다.

(3) (잡이) 억기에 序分表가 잇으니, 〈보시게 들어라〉 하는 말에 〈보시게〉가 억기요, 그 '시'는 높이는 表로 둠이니 이 {시}와 같은 것들이라.

(『국어문법』: 92)

(3)에서 "서분(序分)"은 높임의 뜻이고, "표(表)"는 형태의 뜻이므로 "서분표(序分表)"는 〈높임의 뜻을 나타내는 형태소〉를 이르는 것인데, 여기서는 주체높임을 나타내는 형태소 {-시-}를 "높이는 표"라 하였

다. 여기서도 임시적 기능변화인 자격변동법에 의하여 파생된 용언의 부사형을 억기로 처리하였기 때문에 〈보시게〉와 같은 말도 억기가 된다. 그러므로 억기에도 높임의 뜻을 나타내는 서분이 있다고 설명하게 된 것이다. 이제『국어문법』에 설정된 억기의 영역을 간추려 표로 보이면 다음 (4)와 같다.

(4) 억
- ㄱ. 잘, 이리, 저리, 그리, 곳, 잇다금, 벌서, 오래, 이제, 악가, 이내, 다, 거진, 겨우, 좀, 안이, 못, 다만, 참, 글세, 과연, 아마, 가령, 왜.
- ㄴ. 천천이, 혼이, 가만이, 일찍이, 넉넉이, 가득이, 많이, 온전이, 길이, 특별이, 너무, 곳곳이, 때때로, 날날이, 달달이, 그러하나.
- ㄷ. 이같이, 이처럼.
- ㄹ. 뛰어, 씹어, 날아, 돌아.
- ㅁ. 옳게, 길게, 크게, 적게, 굵게, 빠르게, 모질게 착하게, 슌하게, 엇더하게, 이러하게, 저러하게, 그러하게.
- ㅂ. 길로, 들로, 들에, 들에는, 들에도, 들에야 들에만, 들에든지, 들엔들, 들에라도, 들이라도, 들에나, 아츰에, 밤에, 둘에, 둘에서, 둘에야, 둘에도, 둘엔들, 둘에나, 둘에만, 나무에 돌에, 소에, 소에게, 붓에게, 붓에는, 붓에야, 붓에만, 붓에든지, 붓엔들, 붓으로, 붓마다, 나와, 뜻에, 일에, 말에, 일에서, 일에는, 일에야, 일에만, 일에든지, 일엔든, 일로, 일마다, 일과.
- ㅅ. 큼에, 적음에, 엇더함에.

(『국어문법』: 89~92)

(4)에서 형태소 {-시-}가 결합되어 높임을 나타내는 억기가 될 수 있는 유형은 역시 임시적 기능변화인 자격변동법에 의하여 억기로 파생된 (4)ㄹ, (4)ㅁ과 임기로 의식한 엇기에 겻기인 {-에}가 결합되어 억기로 처리된 (4)ㅅ이 해당된다.

이들을 분석하면 모두 둘 또는 세 개의 형태소로 분석될 수 있는 것들이다. 이들을 분석해 표로 보이면 다음 (4)′와 같다.

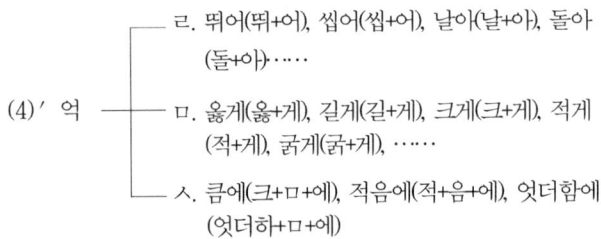

(4)′의 대부분은 분석된 형태소 사이에 높임을 나타내는 형태소 {-시-}가 들어갈 수 있는 것들이다. 여기에 형태소 {-시-}를 넣어 보면 다음 (4)″와 같다.

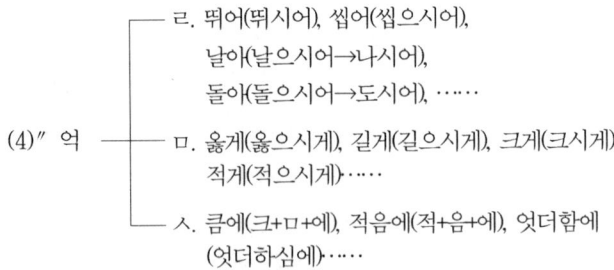

주시경이 (4)″에서와 같이 둘 또는 세 형태소 사이에 {-시-}가 끼어든 형태를 모두 억기로 의식하게 된 것은, 문장에서 부사어로 쓰일 수 있는 것은 모두 억기로 처리하였기 때문이며, 그로 인하여 높임의

뜻이 있는 억기가 있음을 의식하게 되었다. 이렇게 되면 기몸박굼에 해당하는 "움본억"이나, "엇본억"은 모두 높임을 나타내는 형태소 {-시-}와 결합될 수 있기 때문에 이들의 억기에 서분표가 있는 것으로 설명된다. 이것도 역시 품사분류의 잘못에서 온 것이므로 다음날 다시 다듬어져야 하게 되었다.

그런데 품사분류에서 억기와 언기(>언씨, 관형사)는 다 같이 의미소와 문법소로 짜여진 것인데, 억기에는 높임의 서분표가 있다고 설명하고, 언기에는 높임의 서분표가 있다는 설명이 없는 것은 논리에 맞지 않는 것이다.

그러면 『국어문법』에 설정된 언기의 영역을 간추려 보이면 다음 (5)와 같다.

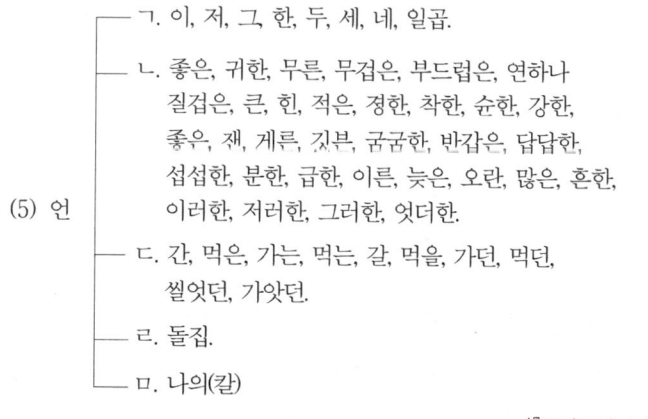

(『국어문법』: 87~88)

(5)ㄴ은 엇기에 파생의 접사로 의식한 토 {-는/-은}이 붙어서 된 것이고, (5)ㄷ은 움기에 파생의 접사로 의식한 토 {-는/-은, -를/-을}이 붙어서 된 것인데 이들도 모두 임시적 기능변화인 자격변동법에 의하여 언기로 파생된 것이다. 이들을 분석하면 둘 또는 셋 이상의 형태소로 분석될 수 있는 것이다. 이것을 분석해 보면 다음 (5)′와 같다.

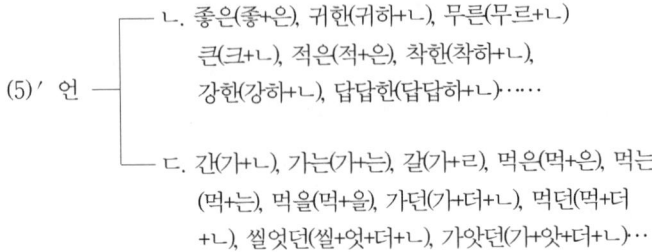

(5)′의 대부분도 엇기와 토, 움기와 토 사이에 높임을 나타내는 형태소 {-시-}가 들어갈 수 있다. 여기에 {-시-}를 넣어 보면 다음 (5)″와 같다.

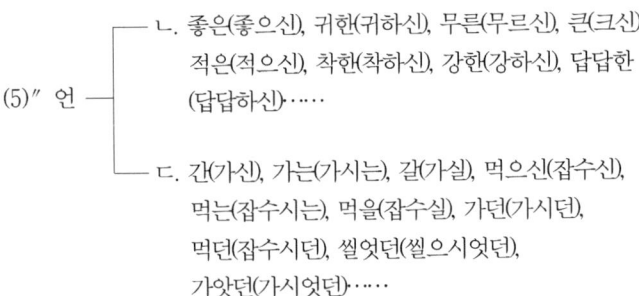

(5)″도 문장에서 관형어 노릇을 하는 말이다. 이와 같은 꼴을 언기로 처리하였으므로 언기에도 높임을 나타내는 서분표가 있다고 설명하는 것은 당연하다. 그러나 다 같이 임시 기능변화인 자격변동법에 의하여 파생된 억기는 서분표가 있다고 설명하고, 언기는 아무런 설명이 없다. 이는 주시경이 미처 의식하지 못한 것인지 아니면 설명이 빠진 것인지 알 수는 없지만 일관성 있는 처리를 위해서는 언기에도 서분표가 있음을 보여야 옳았을 것이다.

2.3. 잇기(이음씨, 접속사)의 높임형성

주시경의 『국어문법』에서 높임법에 해당하는 항목을 마련하고 높임에 대하여 체계적으로 설명한 곳은 "잇기"(>잇씨, 접속어미)와 "끗기"(>끗씨, 종결어미)에서이다. 잇기와 끗기에서는 높임과 높임의 등분을 나타내는 용어로 "서분(序分)"을 사용하고 이 높임을 잇기와 끗기가 똑 같이 맡고 있는 것으로 의식하였다. 김석득(1992: 118)에서는 이 서분의 분포가 잇기와 끗기에 걸쳐 있다고 본 것은 정확하다는 평가를 하기도 하였다.

그러면 『국어문법』에 나타난 "잇기의 서분"을 보이면 다음 (6)과 같다.

(6) 잇기의 序分

ㄱ. 높음: 尊稱하는 것

(본)9) 가시니('시니'가 높이는 잇기니 '시'는 높임이라)

ㄴ. 같음: 平稱하는 것이니, 序分을 이름이 없는 것

(본) 가니

(잡이) 높이어 말함으로 '가옵시니' 할 때도 잇으니

'옵시'가 높임이요, '가시오니' 할 때도 잇으니

'오'가 높임이라.

그러하나 '시'만 두어 높임을 삼음이 떳떳함이라.

(『국어문법』: 98)

(6)에서 설명한 잇기의 서분은 주체높임에 해당하는 것인데, 특히

---

9) "본"은 보기, 본보기, 예(例)의 뜻.

주체높임의 등분에 대하여 설명한 것이다. "높임"을 나타내는 〈보기말〉에서 〈가시니〉라고 한 것은 가는 주체가 나타나 있지는 않지만 그 주체는 사람 또는 신(God)이고, 말할이보다 사회적인 지위가 높거나 나이가 많은 사람임을 짐작할 수 있다. 그 주체를 높이기 위하여 서술어에 주체높임을 나타내는 형태소 {-시-}가 들어간 것이므로 이 "잇기의 서분"은 주체높임에 해당하는 것이다.

그런데 현대 국어의 주체높임 등분에는 높임과 안높임의 두 계층이 있다. 높임은 문장의 주체를 높이기 위하여 주체높임을 나타내는 형태소 {-시-}가 서술어에 들어가는 것이고, 안높임은 주체를 높일 필요가 없을 때 주체높임을 나타내는 형태소 {-시-}가 들어가지 않는 것이다.

이러한 사실을 주시경은 이미 의식하고 있었기 때문에 잇기의 서분을 "높음"과 "같음"로 나누고, 주체의 높임을 나타낼 때에는 "높음"이라 하고 주체높임 형태소 {-시-}를 넣어 〈가시니〉로 표시하였고, 안높임을 나타낼 때는 "같음"이라 하고 {-시-}를 넣지 않고 〈가니〉로 나타내었다. 이것을 표로 만들어 보이면 다음과 같이 나타낼 수 있다.

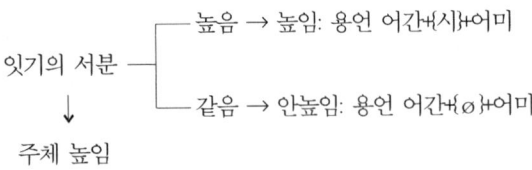

위의 표에서 보인 바와 같이 우리말 주체높임에서 높임은 {-시-}로, 안높임은 {-ø-}로 이루어져 있음을 밝혔다는 것은 주시경의 큰 공적이라 하겠다.

또 (잡이)에서 상대방을 높이고 자기 자신을 낮추는 높임법, 이른바

겸양법(겸손법)에 대해서 기술하고 있으나 구체적으로 밝히지는 않았다. 다만 〈가오니, 가시오니, 가옵시니〉의 3으로 나누고는 우리말에서 자기 자신을 낮추는 {-오-}와 {-옵-}의 다른 두 형태소가 있음을 암시한 것은 비록 의식에 그치기는 했으나 대단한 탁견이라 하겠다.

그리고 주시경은 자기 자신을 낮추거나 상대방을 높이는 것을 하나의 용어로 "높음"이란 용어만 쓰고 있다. 자기 자신을 낮추는 겸손도 바로 상대방을 높이는 것이라고 의식하고 높임의 범주 속에 넣은 것인데, "높음"이란 하나의 용어로써 나타내었다는 것은 국어학 연구사에서 그의 대단한 공적이라 할 수 있다.

이제 이 주체높임에 해당하는 서분이 잇기에서 다루어지게 된 경위를 살펴보면, 원래 잇기는 엇기와 움기에만 붙는 토로서 두 품사를 서로 이어주는 토를 하나의 품사로 처리한 데서 이루어진 것이므로 {-았-, -었-, -겠-, -더-, -시-, -오-} 등과 같은 형태소는 앞의 품사와 잇기의 사이에 끼어드는 형태소이다. 주시경은 이들 형태소의 소속을 모두 잇기에 붙는 형태소로 의식하였던 것이다.

(7) ㄱ. 먹<u>었</u>으니, 보<u>았</u>으니
　　ㄴ. 먹<u>겠</u>으니, 보<u>겠</u>으니
　　ㄷ. 먹<u>더</u>니, 보<u>더</u>니
　　ㄹ. 가<u>시</u>니, 가<u>오</u>니

그러므로 이들은 결국 파생의 접사인 접두사의 성질을 띠고 말았다. 그러나 이들은 한결같이 모든 잇기에 두루 붙는다. 곧 이들 형태소는 (7)에서와 같이 앞의 품사 {먹-, 보-, 가-}에 붙는 굴곡접사가 분명하며, 이것은 품사분류의 잘못에서 온 것이다. 이러한 형태소들은 다음 장에서 설명한 끗기에도 결합되기 때문에 또 끗기로도 처리된다.

이제 『국어문법』의 "잇의 갈래"에 나타나는 잇기의 〈보기말〉을 간추려 표로 보이면 다음 (8)과 같다.

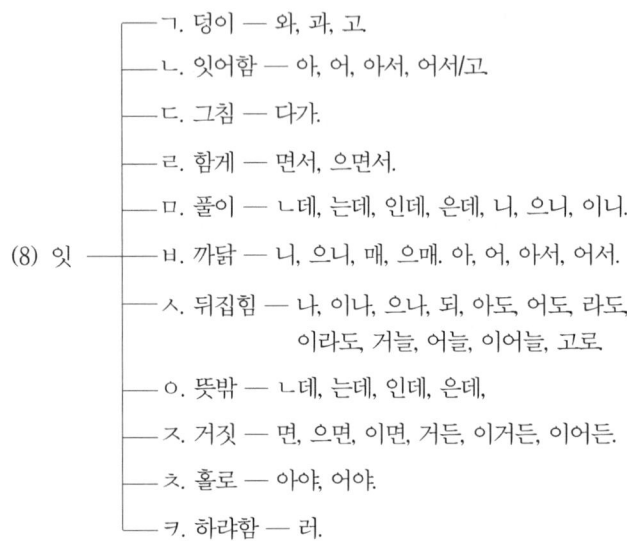

(『국어문법』: 83~87)

(8)ㄱ에서 "덩이"의 {와, 과}와 (8)ㅅ에서 "뒤집힘"의 {고로}를 제외한 대부분의 잇기 앞에는 높임을 나타내는 형태소 {-시-}가 결합될 수 있다. 곧 〈시고, 시어, 시어서, 시다가, 시면서, 신데, 시니, 시며, 시거든, 시러……〉와 같이 {-시-}가 결합되어 얼마든지 쓰일 수 있어서 주시경이 잇기에 서분이 있다고 보는 것은 그의 문법 체계로는 조금도 모순이 생기지 않는다. 이렇게 하여 잇기에도 높임인 서분이 나타나게 된 것이다. 그러나 이들은 모두 품사분류의 잘못에서 비롯된 것이므로 다음 시대에 가서 고쳐지게 되었다.

그리고 "덩이"의 {와, 과}에는 {-시-}가 결합될 수 없는 것으로 보아 이것이 "잇기"가 아니고 "겻기"라는 또 하나의 증거가 되기도 한다.

2.4. 끗기(끗씨, 종지사)의 높임형성

주시경의 『국어문법』에서 높임법에 대하여 가장 상세하게 기술한 부분은 "끗기(>끗씨, 종지사)"에서이다. 여기서도 높임에 맞서는 용어로 "서분(序分)"을 쓰고 있다. 이제 "끗기의 서분"을 정리해 보이면 다음 (9)와 같다.

(9) 끗기의 序分: 장유존비(長幼尊卑)의 다름을 가르는 것
  ㄱ. 높음: 존칭(尊稱)하는 것10)
    (본) 저 대가 푸릅니다.
       '-ㅂ니다'가 끗기니 이 말을 듯는이를 높이어 말하는 것
       그 어른이 오십데다.
       '-십데다'가 끗기니 오는이와 듯는이를 다 높이어 말하는 것
    (잡이) 이는 다 줄인 말이라.
    (알이) 老年에 쓰는 것
  ㄴ. 같음: 평칭(平稱)하는 것이니 서분을 이름을 없는 것11)
    (본) 저 대가 푸르오.
       '-오'가 끗기니 이 말을 듯는이를 같게 말하는 것
    (잡이) 가시오
       '-시오'가 끗기니 '-오'만 쓰이는 것보다 높으니라.
    (알이) 中年에 쓰는 것
  ㄷ. 낮음: 하칭(下稱)하는 것
    (본) 저 대가 푸르다.

---

10) 뜻매김은 원문에는 없는 것을 필자가 "잇기의 서분" 뜻매김을 그대로 옮겨서 보충한 것이다.
11) 각주 10)의 내용과 같음.

'-다'가 끗기니 이 말을 듯는이를 낮히어12) 말하는 것

(알이) 幼年에 쓰는 것

(잡이) 서로 한 접사의 序分을 쏠 때에는 다 같음이라 할 만하다.

(『국어문법』: 99)

(9)의 "끗기의 서분"에서는 서분의 뜻매김을 분명히 하였음을 알 수 있다. 곧 "서분"은 "장유존비의 다름을 가르는 것"이라고 뜻매김하고 있다. 여기서 말한 "장유존비"에서 "장유"란 사회계층의 종적관계인 나이의 많고 적음을 말하는 것이고, "존비"란 사회계층의 횡적관계인 사람의 친분상의 관계를 말하는 것 같다. 강기진(1990: 643)에서는 이것을 다음과 같은 그림으로 그려 보이기도 하였다.

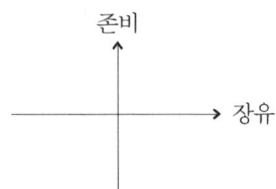

이 그림에 의하면 "끗기의 서분"은 종적관계와 횡적관계를 고려하여 뜻매김하였다는 것을 확실히 알 수 있다. 그리고 이 서분을 "높음, 같음, 낮음"의 세 계층으로 나누고는 (알이)에서 "높음"은 〈노년에 쓰는 것〉, "같음"은 〈중년에 쓰는 것〉, "낮음"은 〈유년에 쓰는 것〉이라고 풀이한 것으로 보아 서분의 기준을 나이의 많고 적음에 두고 있음을 알 수 있다. 곧 서분의 기준은 "존비"보다 "장유"에 두었음을

---

12) 원문에는 〈높이어〉로 표기되어 있으나 원고본 『국어문법』(1909) 60쪽에 의하면 〈낮히어〉로 표기되어 있기 때문에 필자가 교정한 것이다. 그러나 〈낮추어〉(김석득, 1992: 118) 또는 〈낮호아〉(고영근, 이현희, 1986: 150)로 교정한 곳도 있으나 이들은 모두 원고본 『국어문법』을 보지 못하고 추측하여 고친 것이다.

알 수 있다. 원래 높임법의 발생은 계급사회에서 발생한 것으로 보아지는데, 근본적으로 높임법이 형성될 수 있는 요인으로는 사회적 지위, 나이, 직업, 성별, 개인적인 가족관계, 친분관계, 등 복잡한 요인 중에서 사회적 지위나 직업, 성별 등에 의한 상하관계보다는 오히려 나이의 많고 적음에 두고 있음이 분명하다.

이제 각 계층에서 보인 〈보기문장〉을 살펴보면, (9ㄱ)의 〈저 대가 푸릅니다〉의 〈푸릅니다〉에서 {-ㅂ니다}가 끝기로 듣는이를 높이어 말하는 것이라 하였는데, 이는 정확한 설명이다. 이는 {-ㅂ니-}가 들을이 높임을 나타내는 형태소이고, 여기에 종결법 어미{-다}가 결합되어 들을이 높임(또는 상대높임)을 나타내는 것이다.

(9ㄱ)의 〈그 어른이 오십데다〉의 〈오십데다〉가 끝기로 오는이와 들을이를 다 높이어 말하는 것이라고 하였는데 이것도 정확한 설명이다. 여기서 {-시-}는 오는 주체인 〈그 어른〉을 높이는 형태소이고, {-ㅂ데-}는 들을이 높임을 나타내는 형태소이므로 주체와 들을이를 동시에 높이는 경우를 보인 것으로 이는 주체높임과 상대 높임의 겹침이라 할 수 있다. 이 주체높임과 상대높임이 겹칠 때는 항상 주체높임을 나타내는 형태소가 상대높임 형태소의 앞에 위치하는 통어상의 특성을 가지고 있다. 그리고 여기서는 오는 주체와 들을이가 말할이보다 상위자임을 알 수 있다.

(9)ㄴ의 〈저 대가 푸르오〉의 〈푸르오〉에서 {-오}가 끝기로 듣는이를 같게 말하는 것이라 하였는데, 이는 말할이와 들을이가 나이나 사회적 지위 등이 같다고 본 것이다. 여기서 {-오}는 어절을 끝맺어 주는 형태소로『우리말본』[13]의 높임 계층으로 보면 예사높임에 해당하는 말이다.

---

13) 여기 말하는『우리말본』은 최현배 님이 1937년에 간행한 것을 말하는 것으로 앞으로도 같은 뜻으로 사용한다.

(9)ㄴ (잡이)의 〈가시오〉에서 {-시오}가 끗기로 {-오}만 쓰는 것보다 높이는 것이라 하였는데, 이는 주체와 들을이가 같은 사람인 경우에 그 주체와 들을이를 동시에 높이는 것이다. 그러므로 주시경은 {-오}보다 {-시오}가 더 높이는 것으로 보았다. 이것을 김석득(1992: 119)에서는 {-오}는 예사높임요, {-시오}는 아주높임이라 풀이한 것은 대단히 설득력 있는 설명이다. 그러나 주체와 들을이가 다른 사람일 경우에는 {-시오}는 예사높임에 해당한다.

(9)ㄷ의 〈저 대가 푸르다〉의 〈푸르다〉에서 {-다}가 끗기로 들을이를 낮혀 말하는 것이라 하였는데 이것도 아주 정확한 표현이다. 이는 들을이를 높이는 형태소가 들어가지 않고 무형의 형태소 {-ø-}에 어절을 끝맺어 주는 형태소 {-다}가 결합되어 들을이를 높이지 않았다.

이와 같이 주시경은 "끗기의 서분"에서 높음은 {-ㅂ니-}로, 같음은 {-오}로, 낮음은 {-ø-}로 이루어져 있음을 의식하였으며, 높임의 종류는 주체높임과 상대높임이 있음을 의식하고 있었던 것이다. 곧 "잇기의 서분"은 주체높임을 의식한 것이기 때문에 높임의 초점을 문장의 주체에 맞추고 그 주체를 높이느냐 높이지 않느냐에 따라 형태소 {-시-}를 넣기도 하고 안 넣기도 하는 반면에 "끗기의 서분"은 들을이 높임을 의식한 것이기 때문에 높임의 초점을 들을이에게 맞추어 상대높임 형태소 {-ㅂ니-}를 서술어에 넣기도 하고 안 넣기도 하였던 것이다.

이제 『국어문법』의 "끗기의 갈래"에서 보인 〈보기말〉을 모두 보이면 다음 (10)과 같다.

(10) 끗
― ㄱ. 이름 - 다, ㄴ다, 는다, 앗다, 엇다, 겟다, 리라, 으리라, 앗으리라, 엇으리라, 앗겟다, 엇겟다, 요, 이요, 오, 으오, 소, 앗소, 엇소, 겟소, 엇겟소, 이다, 오이다, 옵나이다, 옵나이다, 이옵나이다, 으옵나이다, 습나이다, 더라, 이더라, 더이다, 이더이다, 옵더이다, 옵더이다, 옵더이다, 으옵더이다, 습더이다, 시옵더이다, 앗옵더이다, 시더라, 지, 이지, 지요, 이지요, 옵지요, 옵지요, 십지요.

― ㄴ. 물음 - 냐, 으냐, 이냐, 뇨, 이뇨, 으뇨, 나냐, 앗나냐, 엇겟나냐, 나뇨, 랴, 으랴, ㄴ가, 인가, 은가, 야, 이야, 지, 이지, 요, 이요, 오, 으오, 소, 앗소, 엇소, 겟소, 앗겟소, 엇겟소, 지요, 이지요, 시오, 으시오이가, 오이가, 옵나이가, 이옵나이가, 옵나이가, 옵나이가, 으옵나이가, 습나이가, 더이가, 이더이가, 옵더이가, 옵더이가, 옵더이가, 습더이가, 으옵더이가, 시옵더이가, 앗옵더이가, 앗습더이가, 더냐, 이더냐, 더뇨, 시더뇨, 이더뇨, 시더냐, 시더뇨, 옵지요, 습지요.

― ㄷ. 시김 - 아라, 어라, 오, 으오, 시오, 옵소서, 으소서, 옵소서, 시옵소서, 으시옵소서, 시옵시오, 으시오

― ㄹ. 홀로 - 다, 이다, ㄴ다, 는다, 앗다, 엇다, 리다, 겟다, 으리라, 앗겟다, 엇겟다, 앗으리라, 엇으리라, 로다, 이로다, 으리로다, 고나, 이고나, 는고나, 앗고나, 엇고나, 겟고나, 리도고나, 이로고나, 도다, 이도다, 는도다, 앗도다, 엇도다, 겟도다, 지, 이지, 앗지, 엇지, 겟지, 앗겟지, 냐, 야, 나냐, ㄴ가, 인가, 뇨, 이뇨, 으뇨, 랴, 으랴.

(『국어문법』: 92~94)

(10)에 의하면 끗기의 서분이 "이름, 물음, 시김"에 나타나 있음을 알 수 있다. 그러나 주시경은 "물음, 시김"에 대하여는 설명을 하지 않았다.
(10)에 나타나 있는 끗기의 〈보기말〉을 "높음, 같음, 낮음"에 따라 다시 분류하여 표로 보이면 다음 (10)′와 같다.

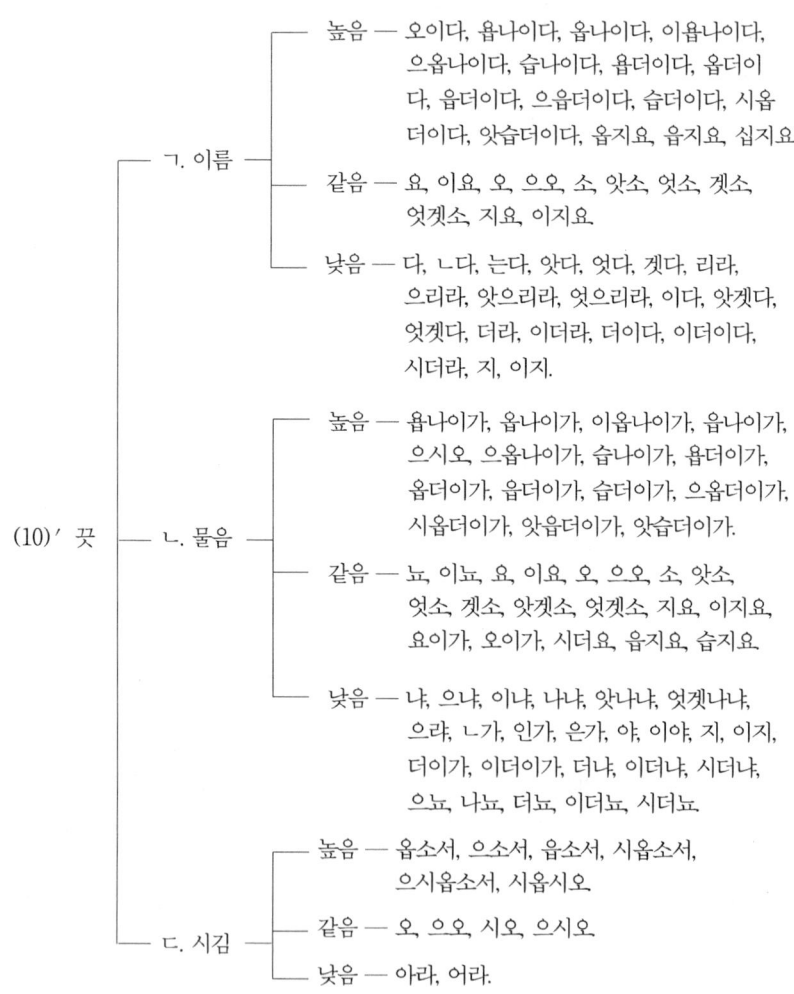

(10)′의 분류표에서와 같이 "홀로"를 제외한 "이름, 물음, 시킴"은 각각 "높음, 같음, 낮음"을 나타내는 말이 있음을 알 수 있다. 그러나 "홀로"는 (10)의 〈보기말〉과 같이 모두 "낮음"에 해당하는 말이다. 이 것은 특별한 경우를14) 제외하고는 자기 자신을 높이는 일이 없기 때문이다. 이것을 주시경은 이미 의식하고 있었음을 알 수 있다.

그 외 주시경은 객체높임에 대한 설명이나 〈보기말〉은 보이지 않았다.

2.5. 높임의 등분형성

언어 체계는 시대와 사회의 변화에 따라 변화하기 마련이다. 이 높임의 등분체계도 과거 봉건사회에서 엄격하게 지켜지던 것이 현대사회에서도 꼭 그대로 지켜져야 한다는 것은 언어사회를 더욱 복잡하게 하고 비현실적인 상황으로 인식할 수도 있다. 이미 앞 장에서 보인 바와 같이 주시경은 그의『국어문법』에서 주체높임에 해당하는 "잇기의 서분"은 "높음"과 "같음"의 두 등분으로 나누었고, 상대높임에 해당하는 "끗기의 서분"은 "높음, 같음, 낮음"의 세 등분으로 나누었다. 이것을 합하여 다시 표로 보이면 다음 (11)과 같다.

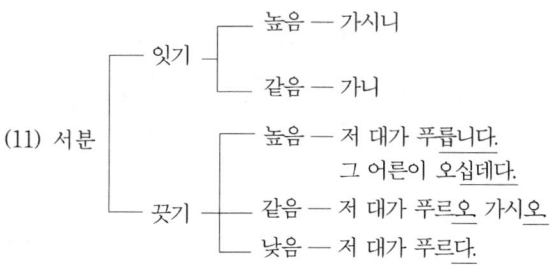

---

14) 어린이의 교육상 그의 부모들이 자기 자신을 높이는 경우가 있다.
　ㄱ. 아빠는 나가신다. ──── 아버지가 어린이에게,
　ㄴ. 엄마는 공부하신다. ──── 어머니가 어린이에게 하는 말이다.

현대국어에서 주체높임의 등분은 '높임과 안높임' 두 계층뿐이다. 즉 서술어에 주체높임을 나타내는 형태소 {-시-}가 들어가면 주체를 높이는 것이고, 서술어에 주체높임을 나타내는 형태소 {-시-}가 안 들어 가면 주체를 높이지 않는 것이다. 이는 주시경 문법의 "잇기의 서분"과 꼭 일치한다. 이것을 대조해 보이면 다음 (12)와 같다.

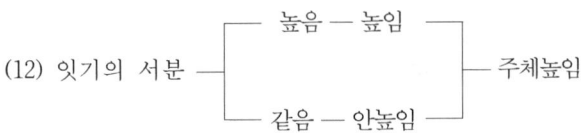

(12)에서와 같이 오늘날 주체높임의 등분은 주시경 문법의 "잇기의 서분"을 그대로 계승한 것임을 알 수 있다.

3. 마무리

지금까지 살핀 주시경 문법의 높임법 형성 내용을 간추려서 정리하면 다음과 같다.

1) 주시경 문법을 연구한 이들은 『국어문법』(1910)에서 높임법을 "잇기"와 "끗기"에서만 기술했다고 하였으나 여기서는 앞의 두 기(> 씨) 외에 "임기"와 "억기"에서도 기술했음을 밝혔다. 이 "임기"와 "억기"에서의 높임은 임시적 기능변화인 자격변동법에 의하여 파생된 말에만 주체높임 형태소 {-시-}가 끼어든 형태로 주체높임법 설정의 기초가 되었다. 비록 이 임기와 억기의 높임은 품사분류의 잘못에서 비롯된 것이지만 주시경 문법 체계 안에서는 조리 정연한 체계이다.

2) 『국어문법』에서 높임법에 맞서는 용어로 "서분"(序分)이라는 용어를 사용했다. 여기서 "잇기의 서분"은 주체높임에 해당하는 것으

로 그 높임의 등분은 "높음, 같음"의 두 계층이 있음을 밝혔다. 이는 현대 국어 주체높임의 "높임, 안높임"에 그대로 계승되었다. 또 "끗기의 서분"은 상대높임에 해당하는 것으로 그 높임의 등분은 "높음, 같음, 낮음"의 세 계층이 있음을 밝혔다. 그 기준은 "장유존비"에 있음을 제시하고 있으나 "존비"보다 "장유"(나이)에 두고 있음을 밝힌 것은 처음 있는 일로 국어학 연구사에서 높이 평가 되어야 하겠다.

그리고 여기서 "높음"은 아주높임에 맞서는 것이고, "같음"은 예사높임과 예사낮춤에, "낮음"은 아주낮춤에 맞서는 것이다. 특히 이 "잇기와 끗기의 서분"은 다음날 높임법의 체계 확립에 많은 영향을 미쳤다.

또 주시경은 자기 자신을 낮추거나 상대방을 높이는 것을 하나의 용어로 "높음"이란 용어만 사용하고 있는데, 이는 자기 자신을 낮추는 겸손도 바로 상대방을 높이는 것이라고 의식하고 높임의 범주 속에 넣어 "높음"이란 용어로만 나타낸 것으로 국어학 연구사에서 대단한 공적이라 할 수 있다.

3) 그 외 1920년 이전까지의 우리 문법의 높임법 설정을 간추려 보면, 유길준(1909)은 높임에 해당하는 용어로 "체재"(體裁)를 쓰고, "존경을 표하는 자"와 "겸공을 표하는 자"가 있음을 밝혔으나 높임의 등분은 언급하지 않았다. 김규식(1908 ?)은 높임의 등분을 "하대, 차대, 평대, 존대"의 4계층으로 구분하였고, 김희상(1911)은 높임의 등분을 "상대, 중대, (반대), 반반대, 하대"의 4계층 또는 5계층(반대)으로 나누었는데 이들은 모두 주시경의 3계층을 기반으로 하여 이루어진 것이다.

제5장 조어법의 형성

1. 머리말

현대국어에 나타나는 낱말들의 짜임을 보면,

(1) ㄱ. 덧버선, 숫총각, 웃어른, 핫바지, 헛고생, 홀어미 / 덧나다, 싯뻘겋다 짓누르다, 헛되다

ㄴ. 끝장, 덮개, 웃음, 일꾼, 잎사귀 / 높다랗다, 꽃답다, 사랑스럽다

(2) ㄱ. 국그릇, 길짐승, 첫아들 / 값싸다, 늘어놓다, 돌아가다, 욕먹다

ㄴ. 늦가을, 올벼 / 굶주리다, 낮보다, 높푸르다, 얕보다, 오르내리다

(3) 눈, 손, 돌, 흙, 봄, 가을, 하늘, 머리, 미나리 / 가다, 놀다, 웃다 울다, 크다, 높다, 맑다, 착하다, 흔하다

(1)과 같이 하나의 자립형태소에 파생의 접사가 결합하여 새로운 낱말을 만드는 방법인 파생법(derivation)에 의하여 만들어진 파생어

(derived word)가 있는데, (1)ㄱ은 자립형태소에 접두사(prefix)가 결합되어 만들어진 접두파생어이고, (1)ㄴ은 자립형태소에 접미사(suffix)가 결합되어 만들어진 접미파생어이다. 또, (2)와 같이 둘 이상의 자립형태소가 결합하여 새로운 낱말을 만드는 방법인 합성법(compounding)에 의하여 만들어진 합성어(compound word)도 있다. (2)ㄱ은 자립할 수 있는 낱말들끼리 결합되어 만들어진 통어적 합성어(syntatic compound word)이고, (2)ㄴ은 합성어를 이루는 구성성분이 일반적인 국어 배열법을 지니지 않은 낱말인 비통어적 합성어(asyntactic compound word)이다. 그리고 (3)과 같이 하나의 자립형태소로 이루어진 단순어(simple word)도 있지만, 이것은 조어법(word-formation) 연구의 대상이 될 수 없는 것이다.

이와 같이 우리말에는 낱말이 만들어지는 방법이 여러 가지가 있을 수 있는데, 이러한 방법들 가운데서 주시경의 국어문법에서는 어떠한 방법들이 적용되어 낱말들이 만들어졌는가를 살펴보기로 한다. 국어문법 연구사에서 조어법 연구를 살펴보면, 처음 주시경의 『말』(1908?)에서 시도되어 『국어문법』(1910)에 이르러 그 성립을 보게 된다. 지금까지 주시경 문법의 조어법 분야를 대상으로 하여 독립된 논문을 발표한 이는 김계곤(1988)과 최낙복(1998ㄱ,ㄴ)뿐이고 나머지는 모두 각자의 저서나 논문 속에 조금씩 인용하거나 언급하였을 뿐이다.

이 장에서는 주시경 문법 저서인 『말』과 『국어문법』에 나타나는 조어법 분야를 대상으로 하여 주시경 문법의 조어법 형성과정을 밝히는 데 그 목적이 있다.

ㄹ. 조어법의 형성

주시경의 여러 문법 저서에서 조어법 이론은 처음 『말』(1908?)에서 의식되어 『국어문법』(1910)과 『조선어문법』(1911) 및 재판 『조선어문법』(1913)[1])에서 그 성립을 보게 되었다. 먼저 『말』에 나타나는 조어법 의식은 "언체의 변법" 단원(29.ㄴ쪽~31.ㄴ쪽)과 "특별변법" 단원(31.ㄴ쪽~79.ㄴ쪽)에 나타난다. 그런데 "언체의 변법" 단원에서는 주로 낱말이 만들어지는 방법에 대하여 설명하고 있는데, 여기서는 조어법을 크게 ⟨① 명호되게 ᄒᆞ는 것, ② 형용되게 ᄒᆞ는 것, ③ 동작되게 ᄒᆞ는 것⟩의 3가지로 나누어 설명하였고, "특별변법" 단원에서는 주로 만들어진 낱말의 구실을 중심으로 설명하고 있는데, 여기서는 조어법을 ⟨① 형용되게 ᄒᆞ는 것, ② 동작되게 ᄒᆞ는 것, ③ 명호되게 ᄒᆞ는 것, ④ 형명되게 ᄒᆞ는 것, ⑤ 형성되게 ᄒᆞ는 것⟩의 5가지로 나누어 설명하였다.

그러므로 『말』에 나타나는 조어법은 ⟨① 명호◯명사), ② 형용◯형용사), ③ 동작◯동사), ④ 형명◯관형사), ⑤ 형성◯부사)⟩의 5품사가 만들어지는 방법을 설명한 것이다.

다음으로 『국어문법』에 나타나는 조어법 분야에 해당되는 것은 "기 몸박굼"과 "기 몸헴"과 "기 뜻박굼"인데, 이들의 ⟨보기말⟩을 통하여 보면 약간의 예외가 있기는 하지만 "기 몸박굼"과 "기 뜻박굼"은 대체로 파생법에 해당하고, "기 몸헴"은 합성법에 해당된다(김석득, 1979:32). 그런데 이 『국어문법』의 "기 몸박굼" 단원(101쪽~115쪽)에서는 조어법을 크게 ⟨① 임몸되게 하는 것, ② 엇몸되게 하는 것, ③

---

1) 주시경의 원고본 『국어문법』(1909?), 『국어문법』(1910), 『조선어문법』(1911), 재판 『조선어문법』(1913)은 거의 같은 내용이므로 이 장에서는 『국어문법』(1910)만을 대상으로 하여 조어법 이론을 살핀다.

움몸되게 하는 것, ④ 기 몸박굼에 특별함, ⑤ 언몸되게 하는 것, ⑥ 억몸되게 하는 것, ⑦ 제움이 남움되게 하는 것, ⑧ 남움이 제움되게 하는 것〉의 8가지로 나누어 설명하였고, "기 몸헴" 단원(115쪽~116쪽)에서는 조어법을 〈① 임기의 몸, ② 엇기의 몸, ③ 겻기의 몸〉의 3가지로 나누어 설명하였다. 그리고 "기 뜻박굼" 단원(116쪽)에서는 〈돌질〉이라는 〈보기말〉 하나만을 들어 설명하였는데, 이는 이미 "기 몸박굼"에서 한번 설명한 내용을 다시 되풀이하여 설명한 부분이다.

여기서는 『말』에서 설명한 5품사 외에 겻기(〉조사) 하나가 추가되어 설명한 셈이고, 그 방법 면에서는 『말』에서는 파생법에 의한 낱말 만드는 방법만을 의식하였으나, 『국어문법』에서는 파생법은 물론, 합성법에 의하여 낱말 만드는 방법을 의식한 셈이다. 그리고 『국어문법』에서 말하는 "기 몸박굼"은 뿌리의 자격변동법을 가리키는 것으로 품사전성과 임시적 기능변화인 자격변동법을 포괄하는 개념이며, "기 몸헴"은 낱말의 됨됨이를 분석한 부분이고, "기 뜻박굼"은 '기(〉씨)'는 그대로 두고 '뜻'만 바꾸는 접사에 의한 품사 전의를 말한다. 그리고 사동(하임)·피동(입음)접미사에 의한 타동사의 형성은 품사가 바뀌지 않았는데, 기 몸박굼으로 처리하고 있음은 통사적 파생법을 인정한 처리이다(하치근, 1993: 14).

이제 『말』의 "언체의 변법"과 "특별변법" 단원과 『국어문법』의 "기 몸박굼"과 "기 몸헴"과 "기 뜻박굼" 단원에 나타나는 조어법에 대하여 차례로 살펴보기로 한다.

2.1. 파생법의 형성

『말』에서는 파생법에 해당하는 "언체의 변법"과 "특별변법"에 대한 뜻매김은 하지 않았으나, 『국어문법』에서는 파생법에 해당하는

"기 몸박굼"에 대한 뜻매김을 다음 (4)와 같이 하고 있다.

(4) 어느 기든지 새로 박구어 쓰지 못하면 말(다)을 꿈일 수가 없으므로 각 기의 겯에를 서로 박구어 씀이 잇으니, 이를 '기 몸박굼'이라 이름이라.

(『국어문법』: 101)

(4)의 뜻매김으로 보아 "기 몸박굼"은 통사론적 절실한 요구에서 오는 형태론적 구조변형이라 할 수 있다(김석득, 1979: 75)고 하였는데, 여기서는 오늘날의 파생법과 품사전성을 함께 설명한 곳이 되겠다. 이제 파생법에 의하여 명사, 형용사, 동사, 관형사, 부사가 각각 형성되는 방법을 살피기로 한다.

2.1.1. 명사 파생법

명사(〈명호〉) 파생법에 대해서는 『말』에서 "언체의 변법" 단원(29ㄴ~30.ㄴ)에 처음 나타나는데, 여기서 명사 파생법을 〈명호되게 ᄒᆞ는 것〉이라 뜻매김 하고, 〈① 형본명호, ② 명형본명호, ③ 동본명호, ④ 명동본명호, ⑤ 명본명호〉의 5가지로 나누어 설명하였고, 또 "특별변법" 단원(31.ㄴ쪽)에서는 〈형명본명호〉 하나가 있음을 보이고 있다. 이 6가지 방법을 간추려 정리해 보이면 다음 (5)와 같다.

(5) 명호되게 ᄒᆞ는 것
   ㄱ. 형본명호: 형용을 명호되게 ᄒᆞ는 것
      〈보기〉 ① 흼, 검음, 깊 / ② 희지, 검지 / ③ 희기, 검기
   ㄴ. 명형본명호: 명호가 형본되어 다시 명호로 변ᄒᆞ는 것
      〈보기〉 정흠

ㄷ. 동본명호: 동작을 명호되게 ᄒ는 것

　　〈보기〉 ① 감, 먹음 / ② 가지, 먹지 / ③ 가기, 먹기 / ④ 살임 /
　　　　　 ⑤ (두루)막이

ㄹ. 명동본명호: 명호가 동본되어 다시 명호된 것

　　〈보기〉 일홈

ㅁ. 명본명호: 명호를 명호되게 ᄒ는 것(필자 보충)

　　〈보기〉 바ᄂ질

ㅂ. 형명본명호: 형명이 명호되는 것

　　〈보기〉 ① 큰것, 적은것, 흰것, 검은것, 깃분것, 착ᄒ것,
　　　　　　 배혼것, 배호는것, 배홀것, 말ᄒ는것, 뜻ᄒ는것,
　　　　　② 이것, 그것, 저것

(『말』: 29.ㄴ~30.ㄴ, 31.ㄴ)

　(5)ㄱ은 형용사가 명사됨을 보인 것으로 이는 형용사에 파생접미사가 결합하여 명사가 파생되는 것을 의식한 것이다. 그 〈보기말〉을 살펴보면, 형용사 (또는 형용사 어간)로 의식한 〈희, 검, 길〉에 명사 파생접미사로 의식한 {-ㅁ/음, -지, -기}가 각각 결합하여 〈① 힘, 검음, 깊/ ② 희지, 검지/ ③ 희기, 검기〉와 같은 명사가 파생된 것으로 의식한 것이다. 여기서 ①, ③은 오늘날의 형용사의 명사형에 해당하는 것이고, ②는 형용사 어간에 부정의 부사형 어미인 {-지}가 결합한 꼴을 파생명사로 의식한 것이다.

　(5)ㄴ은 명사가 형용사로 되었다가 다시 명사로 파생되는 것으로 의식한 것인데, 이는 파생법의 겹침이라 할 수 있다. 그 〈보기말〉을 보면, 명사로 의식한 한자말 〈졍(精)〉에 {-ᄒ}가 결합되어 형용사 〈졍ᄒ〉가 파생되었고, 여기에 다시 명사 파생접미사로 의식한 {-ㅁ}가 결합되어 〈졍홈〉이라는 명사가 파생된 것으로 의식한 것이다.

그런데 〈경+ᄒᆞ〉가 파생어인지, 또는 합성어가 되는 지는 두 가지로 생각해 볼 수 있다. 이 문제에 대해서 허웅(1975: 86)에서는 15세기 국어를 서술함에 {-하다}형에 속하는 용언은 모두 파생어로 다루었는데, 다만 명사나 부사에 {-ᄒᆞ다}가 붙은 말은 모두 합성어에 가깝다고 하였다. 그 이유는 〈노릇ᄒᆞ다, 지조ᄒᆞ다, 말ᄒᆞ다/ 이러ᄒᆞ다, 잘ᄒᆞ다〉 따위에서 {-ᄒᆞ-}의 동작성이 매우 강하게 느껴지기 때문에 합성어로 보는 것이 나을 것도 같지만 이러한 방법을 취하지 않는 것은 역시 다른 분명한 파생어 〈ᄀᆞ독ᄒᆞ다, 당당ᄒᆞ다, 거머ᄒᆞ다, 누러ᄒᆞ다〉 따위들과의 동형성을 고려했기 때문이라 하였다. 그러므로 주시경이 {-ᄒᆞ}가 결합한 꼴을 파생어로 처리한 것은 대단히 수준 높은 처리라 하겠다.

(5)ㄷ은 동사가 명사로 파생됨을 의식한 것으로, 이는 동사(또는 동사 어간)인 〈가, 먹, 살, 막〉에 역시 명사 파생접미사로 의식한 {-ㅁ/음, -지, -기, -임, -이}가 각각 결합하여 〈① 감, 먹음/ ② 가지, 먹지/ ③ 가기, 먹기/ ④ 살임/ ⑤ (두루)막이〉와 같은 명사가 파생된 것으로 의식한 것이다. (5)ㄷ의 ①, ②, ③은 (5)ㄱ의 ①, ②, ③과 같은 처리 방법이다. 그러나 (5)ㄷ의 ④, ⑤는 명사를 만들어 주는 특별식이라 하였는데, ④는 {-임}을 명사 파생접미사로, ⑤는 {-이}를 명사 파생접미사로 각각 의식한 것인데, 이는 대단한 탁견이라 할 만하다.

(5)ㄹ은 명사가 동사로 되었다가 다시 명사로 파생되는 것으로 의식한 것인데, 이는 (5)ㄴ과 같은 처리방법으로 파생법의 겹침이다. 즉 명사 〈일〉에 {-ᄒᆞ}가 결합되어 동사인 〈일ᄒᆞ〉가 파생되었다가 다시 명사 파생접미사 {-ㅁ}가 결합되어 〈일흠〉이라는 명사가 파생되었음을 의식한 것이다.

(5)ㅁ은 명사에서 명사가 파생됨을 의식한 것인데, 이는 명사인 〈바늘〉에 동작성을 부여하는 접미사 {-질}이 결합되어 씨는 바뀌지

않고 실체성 뿌리를 동작화시키는 명사인 〈바ㄴ질〉이 파생되었음을 보인 것으로 이것도 국어문법 연구사에서 처음 의식한 일로 대단한 탁견이다.

(5)ㅂ은 형명()관형사)이 명호()명사)로 파생된 것으로 의식한 것이다. 그러나 그 〈보기말〉의 구조를 보면 모두 '형명+것(대표 명호)'으로 짜여져 있는데, 이것은 형명과 명호로 각각 나누는 것이 원칙이지만 주시경(1908: 32.ㄱ)에서 "'것'은 某事를 대표하여 그 말이 명호되게만 ᄒ는 表ㄴ 故로 형명과 합ᄒ어 한 名號字로만 認用흠도 可ᄒ다"라고 하였으므로, 이는 ① 관형사로 의식한 용언의 관형사형과 ② 관형사인 〈이, 그, 저〉에 '것'이 결합하여 명사가 파생된 것으로 의식한 것이다. 그러나 여기서 ①, ②를 한 낱말로 의식한 것은 조어법의 하나인 합성법을 의식한 것이기는 하지만 〈보기말〉 가운데서 〈이것, 그것, 저것〉을 제외하고는 한 낱말로 처리하기는 곤란한 것이다. 그러므로 (5)ㅂ은 명사 파생법에서 덜어내어야 하는 것이다.

이와 같이 『말』에서 의식한 명사 파생법은 (5)ㄱ~(5)ㄹ은 동사나 형용사(어간)에 파생접미사로 의식한 {-ㅁ/음, -지, -기, -임, -이}가 결합하면 명사가 파생되는 것으로 의식한 것인데, 이는 파생접미사와 굴곡접미사를 구분하지 않고 모두 파생접미사로 의식한 데서 비롯된 것이고, (5)ㅁ은 명사에서도 명사가 파생됨을 의식한 것으로 대단한 탁견이라 할 수 있고, (5)ㅂ은 〈이것, 그것, 저것〉을 제외하고는 이은말을 한 낱말로 의식한 것이므로 명사 파생법에서 덜어내어야 하는 것들이다.

그 후 『국어문법』에서도 명사(〈임기〉) 파생법은 용어만 바꾸고 『말』에서 의식한 내용을 거의 그대로 계승하고 있다.

『국어문법』의 "기 몸박굼" 단원(101쪽~103쪽)에서는 명사 파생법에 〈① 억본임, ② 임엇본임, ③ 움본임, ④ 임움본임〉의 4가지를 설명하고, (알이)에서 〈임본임〉에 해당하는 〈보기말〉을 들어 풀이한 후 이것들을 〈임몸되게 하는 것〉이라 뜻매김 하였는데, 이는 "기 뜻박굼" 단원(116쪽)에서 다시 〈보기말〉 〈돌질〉을 들어 설명하고 있다. 또 "기 몸박굼에 특별함"2)(105쪽)에서는 언기〇관형사)와 임기〇명사 또는 임자씨)가 어울려서 한 임기로 쓰이는 〈보기말〉을 들어 설명하고 있다. 이제『국어문법』에 나타나는 명사 파생법에 관한 내용만을 간추려 정리해 보이면 다음 (6)과 같다.

(6) 임몸되게 하는 것

ㄱ. 엇본임: 엇몸을 임몸되게 하는 것

〈보기〉 ① 힘, 검음, 깊, ② 히지, 검지, ③ 히기, 검기

ㄴ. 임엇본임: 임몸이 엇몸되고, 다시 임몸되게 하는 것

〈보기〉 정함

ㄷ. 움본임: 움몸을 임몸되게 하는 것

〈보기〉 ① 감, 먹음, 갋, ② 가지, 먹지, ③ 가기, 먹기,

④ 먹이, ⑤ 썰에, ⑥ 묻엄, ⑦ 막애, ⑧ 남아, 남아지

ㄹ. 임움본임: 임몸이 움몸되고, 다시 임몸되게 하는 것

〈보기〉 일함

ㅁ. 임본임: 임몸을 임몸되게 하는 것(필자 보충)3)

〈보기〉 돌질

ㅂ. 언본임: 앞의 언몸과 뒤의 임몸을 아울러 임몸되게 하는 것(필자 보충)

---

2) 고영근·이현희(1986: 105)에서 "기 몸박굼에 특별함"이란 '특별변법소(特別變法素) 정도의 뜻'이라 풀이하고 있다.

3) (6)ㅁ은 (알이)의 〈보기말〉인 〈돌질〉을 보고 필자가 보충해 넣은 것이고, (6)ㅂ은 "기 몸박굼에 특별함"에 나타나는 〈보기말〉과 풀이를 간추려 필자가 보충해 넣은 것이다.

〈보기〉 이것, 힌것, 검은것, 배호는것, 배홀것, 정한것, 동하는것 / 말하는바/ 말하는

(『국어문법』: 101~103, 105)

　(6)의 명사 파생법을 보면,『국어문법』에서의 명사 파생법은 대체로『말』에서의 명사 파생법을 그대로 계승하고 있음을 할 수 있다. 이것을 구체적으로 살펴보면, (6)ㄱ, ㄴ, ㄹ은 (5)ㄱ, ㄴ를 그대로 계승하였고, (6)ㄷ은 (5)ㄷ을 더욱 계승·발전시킨 것인데, (6)ㄷ에서는 (5)ㄷ에서 명사 파생접미사로 의식한 {-임}을 덜어내고, 명사 파생접미사로 {-에, -엄, -애, -아/-아지}를 추가하였는데, 이 {-에, -엄, -애}를 추가한 것은 대단한 발전으로 보아지나 {-아/-아지}를 명사 파생접미사로 처리한 것은 파생접미사와 굴곡접미사를 구분하지 않고 모두 파생접미사로 처리한 데서 비롯된 것으로 석연치 않은 처리라 할 수 있다. 또 (6)ㅁ은 (5)ㅁ을 계승하면서 〈보기말〉만 〈바ㄴ질〉을 〈돌질〉로 바꾸었다. 그러나 (6)ㅁ은 "기 뜻박굼" 단원에서 다시 〈보기말〉을 보이고, "〈돌〉은 임인데 {-질}을 더하여도 임이라, 그러하나 〈돌〉과 〈돌질〉은 그 뜻이 한가지가 안이니, 이 {-질}은 그 뜻을 박구랴고 더한 것이라"(주시경, 1910: 116)하였다. 그러므로 {-질}은 기◦(씨)의 몸을 바꾸는 것이 아니라, 기의 뜻만 바꾸는 것이므로 "기 몸박굼"과는 다르다는 것을 의식하고 따로 단원을 설정했으나 이에 대한 설명은 〈보기말〉 하나를 설명하는 데 그치고 말았다.

　(6)ㅂ도 (5)ㅂ을 계승하면서 〈보기말〉만을 추가하는 데서 그치고 있다. 즉 (5)ㅂ에서는 '형명+것'의 구조만 보였으나 (6)ㅂ에서는 이것들 외에 '형명+바, 형명+줄'을 추가하였다. 이것은 명사 〈바, 줄〉이 〈것〉과 같은 성질의 명사라는 것을 의식한 것은 대단한 발전이라 하겠으나, (6)ㅂ도 (5)ㅂ과 마찬가지로 명사 파생법에서 덜어내어야 하

는 것이다.

이와 같이 주시경의 『말』과 『국어문법』에 나타나는 명사 파생법을 보면, 『말』에서 의식하여 『국어문법』에 그대로 계승·발전시켰는데, (5)ㄱ~(5)ㄹ과 (6)ㄱ~(6)ㄹ은 모두 동사나 형용사(어간)에 파생접미사로 의식한 {-ㅁ/-음, -지, -기, -이, -에, -엄, -애, -아/-아지}가 결합되면 명사가 파생되는 것으로 의식한 것인데, 이는 파생접미사와 굴곡접미사를 구분하지 않고 모두 파생접미사로 의식한 데서 비롯된 것이고, (5)ㅁ과 (6)ㅁ과 같은 것을 파생명사를 의식한 것은 대단한 탁견이다. 그러나 (5)ㅂ, (6)ㅂ과 같은 파생명사의 의식은 이은말을 한 낱말로 의식한 것으로 〈이것, 그것, 저것〉을 제외하고는 명사 파생법의 범주에서 덜어내어야 하는 것이다. 그렇지만 (5)ㅂ과 (6)ㅂ에서는 처음으로 조어법의 하나인 합성법 의식이 나타나게 되었다는 것을 짐작할 수 있다.

2.1.2. 형용사 파생법

『말』에 나타나는 형용사(〈형용〉) 파생법에 대해서는 먼저 "언체의 변법" 단원(30.ㄴ쪽)에서 형용사 파생법을 〈형용되게 ᄒᆞ는 것〉이라 뜻매김 하고, 여기에는 〈명본형용〉 하나가 있음을 보였고, 또 "특별변법" 단원(31.ㄴ쪽)에서는 형용사 파생법에 〈형본명본반격[4]형용〉을 설명하고, 설명은 없지만 추가로 〈형본명본동의[5]형용, 형본명본독의[6]

---

[4] 反格이란 것은 한 長語의 主者가 他主者보다 특별ᄒᆞᆫ 成格(行動이나 事情)을 가진 것이나 한 長語의 物者가 특별ᄒᆞᆫ 행동을 받는 것이니라.
〈보기〉 는, 은: 나는 간다. 말은 달린다(주시경, 1908: 83ㄱ)
이것은 『우리말본』(1937)에서 어떤 것이 다른 것하고 서로 다름을 보이는 다른 도움토(相異補助詞)에 해당하는 것이다.

[5] 同格이란 한 長語의 主者가 他主者와 相同ᄒᆞᆫ 成格(行動과 事情)을 가진 것이나 한 長語의 物者가 他主者의 相同ᄒᆞᆫ 成格(행동이나 사정)을 받는 것이니라.

형용〉이 있음을 보이고 있다.

이제 『말』에 나타나는 형용사 파생법에 대한 내용을 간추려 보이면 다음 (7)과 같다.

(7) 형용되게 ᄒ는 것
   ㄱ. 명본형용: 명호를 형본되게 ᄒ는 것
      〈보기〉 ① 정ᄒ / ② 해롭, 고롭 / ③ 사람스럽 / ④ 사람답
   ㄴ. 형본명본반격형용
      〈보기〉 크기는ᄒ, 검기는ᄒ, 정ᄒ기는ᄒ
   ㄷ. 형본명본동의형용
      〈보기〉 크기도ᄒ, 검기도ᄒ, 정ᄒ기도ᄒ
   ㄹ. 형본명본독의형용
      〈보기〉 크기만ᄒ, 검기만ᄒ, 정ᄒ기만ᄒ

(『말』: 30.ㄴ, 31.ㄴ)

(7)ㄱ은 명사를 형용사 되게 하는 것이므로 이는 명사 또는 명사로 의식한 한자음에 형용사 파생접미사로 의식한 {-ᄒ, -롭, -스럽, -답}이 결합하여 형용사가 파생된 것을 의식한 것이다. 이때 명사를 형용사로 만들어 주는 파생접미사 {-ᄒ, -롭, -스럽, -답}의 설정은 대단한 탁견이라 할 수 있다. (7)ㄴ은 형용사로 의식한 〈크, 검, 정ᄒ〉에 명사 파생접미사 {-기}가 결합하여 파생된 명사인 〈크기, 검기, 정ᄒ기〉에다가 어떤 것이 다른 것하고 서로 다름을 보이는 다른도움토

   〈보기〉 도: 나도 간다. 그 사람도 간다. 떡도 먹겠다(주시경, 1908: 83ㄴ)
   이것은 『우리말본』(1937)에서 이것이 저것과 한가지임을 보이는 도움토(한가지 도움토, 同一補助詞)에 해당하는 것이다.
6) 주시경(1908)에서는 설명이 없지만 『우리말본』(1937)에서 다른 것은 그러하지 아니한데, 이것만이 홀로 그러함을 보이는 도움토인 홀로도움토(單獨補助詞)에 해당하는 것이다.

(相異補助詞)인 {-는}이 결합하고 여기에 다시 파생접미사로 의식한 {-ㅎ}가 결합되어 파생된 〈크기는ㅎ, 검기는ㅎ, 정ㅎ기는ㅎ〉 등을 형용사(〈형본)로 처리한 것이고, (7)ㄷ도 {-기}가 결합하여 파생된 명사에 이것이 저것과 한가지임을 보이는 한가지도움토(同一補助詞)인 {-도}가 결합한 것에 다시 {-ㅎ}가 결합되어 파생된 〈크기도ㅎ, 검기도ㅎ, 정ㅎ기도ㅎ〉 등을 형용사로 처리한 것이고, (7)ㄹ도 역시 형용사에서 파생된 명사에다 다른 것은 그러하지 아니한데, 이것만이 홀로 그러함을 보이는 홀로도움토(單獨補助詞)인 {-만}이 결합한 것에 다시 {-ㅎ}가 결합되어 파생된 〈크기만ㅎ, 검기만ㅎ, 정ㅎ기만ㅎ〉 등을 형용사로 처리한 것이다.

그러나 (7)ㄴ, ㄷ, ㄹ은 모두 형용사에다 파생접미사와 파생접미사 사이에 조사인 {-는, -도, -만}이 들어간 형태인 {-기는ㅎ, -기도ㅎ, -기만ㅎ}를 파생접미사의 겹침으로 의식하여 이들이 결합하여 파생된 〈크기는ㅎ, 검기는ㅎ, 정ㅎ기는ㅎ / 크기도ㅎ, 검기도ㅎ, 정ㅎ기도ㅎ / 크기만ㅎ, 검기만ㅎ, 정ㅎ기만ㅎ〉 등을 모두 파생형용사로 처리한 것이다. 이것은 형태소 분석의 잘못에서 비롯된 것으로 한 낱말로 처리될 수 없는 것들이다. 그리고 이때 {ㅎ}는 파생접미사가 아니고, 보조형용사로 처리하는 것이 옳다고 하겠다.

그러므로『말』에 나타나는 형용사 파생법은 (7)ㄱ과 같이 명사 또는 명사로 의식한 한자음에 파생접미사로 의식한 {-ㅎ, -롭, -스럽, -답}이 결합되어 형용사로 파생된 것만이 해당된다고 하겠다.

다음은『국어문법』에 나타나는 형용사 파생법을 살펴보면, "기 몸 박굼" 단원(103쪽)에서 형용사 파생법을 〈엇몸이 되게 하는 것〉이라 뜻매김을 하고, 여기에는 〈① 임본엇〉 하나가 있음을 보였고, "기 몸 박굼에 특별함"(105쪽)에서는 몇 개의 〈보기말〉을 보이고 형용사 파생법을 설명하였는데, 이것을 정리해 보면, 〈① 엇임(겻)본엇, ② 엇억

(겻)본엇〉의 2가지가 있음을 알 수 있다.

이제『국어문법』의 "기 몸박굼" 단원과 "기 몸박굼에 특별함"에 나타나는 형용사 파생법 3가지를 간추려 보이면 다음 (8)과 같다.

(8) 엇몸되게 하는 것
    ㄱ. 임본엇: 임몸을 엇몸되게 하는 것(필자보충)
        〈보기〉① 정(精)하/ (알이) ② 해롭, ③ 사람스럽, ④ 사람답,
        ⑤ 먹음직하, 쓸만하
    ㄴ. 엇임(겻)본엇
        〈보기〉크기는하, 크기도하, 크기야하, 크기만하, 정하기는하
    ㄷ. 엇억(겻)본엇
        〈보기〉크게는하, 크게도하, 크게야하, 크게를하, 크게만하, 정하게만하

(『국어문법』: 103, 105)

(8)의 형용사 파생법을 살펴보면, (8)ㄱ은 (7)ㄱ을 그대로 계승한 것인데, 다만 (알이)의 〈⑤먹음직하, 쓸만하〉가 첨가되어 있을 뿐이다. 주시경은 (8)ㄱ의 ⑤에 대해서는 길어서 설명하지는 않지만 둘 다 엇몸(형용사)으로 쓰이는 것이라 하였다. 이 ⑤의 〈보기말〉을 살펴보면, 먼저 "먹음직하"는 자음으로 끝나는 동사의 어간인 {먹-}에 {-음직하}라는 접미사가 결합되어 〈그럴만한 특이성이 꽤 있음을 나타내는 말〉로 이것을 형용사로 처리한 것이고, 또 "쓸만하"는 동사의 관형사형 {쓸-}에 의존명사인 〈만〉과 접미사 {-하}가 함께 쓰이어 〈그렇게 할 값어치가 있음을 나타내는 말〉로 이것도 형용사로 처리한 것인데, 이 둘을 명사에서 파생된 형용사로 처리한 것은 파생법의 겹침을 의식한 것이다. 그 외 (8)ㄴ, ㄷ도 (7)ㄴ, ㄷ, ㄹ을 계승한 것이

다. 다만 (8)ㄴ은 엇몸(〉형용사) 〈크〉에 명사 파생접미사인{-기}를 더하여 임몸(〉명사)인 〈크기〉를 만들고, 다시 겻기(〉조사)인 {-는}을 더하여 한 임이듬(〉명사구 또는 임자마디)인 〈크기는〉을 이루어 여기에 다시 {-하}를 더하여 엇몸(〉형용사) 〈크기는하〉가 되게 한 것이고, (8)ㄷ은 역시 엇몸 〈크〉에 부사 파생접미사로 의식한 {-게}를 더하여 억몸(〉부사)인 〈크게〉를 만들고, 다시 겻기인 {-는}을 더하여 억몸인 〈크게는〉을 이루어 여기에 다시 {-하}를 더하여 한 엇몸인 〈크게는하〉가 되게 한 것이다. (8)ㄴ, ㄷ에서도 (7)ㄴ, ㄷ, ㄹ에서와 마찬가지로 형용사에 파생접미사와 파생접미사 사이에 조사인 {-는, -도, -야, -만, -를}이 들어간 형태인 {-기는하, -기도하, -기야하, -기만하/ -게는하, -게도하, -게야하, -게를하, -게만하}를 파생접미사의 겹침으로 의식하여 이들이 형용사 어간에 결합한 것을 모두 파생형용사로 처리한 것인데, 이것도 형태소 분석의 잘못에서 비롯된 것으로 끝에 결합된 {-하}는 파생접미사가 아니고, 역시 보조형용사로 처리하는 것이 옳다고 하겠다.

그러므로『국어문법』에 나타나는 형용사 파생법도 (7)ㄱ을 그대로 계승한 (8)ㄱ만이 형용사 파생법에 해당되고, 나머지는 모두 형용사 파생법에서 덜어내어야 할 것들이다.

2.1.3. 동사 파생법

주시경의『말』에 나타나는 동사(〈동작〉) 파생법에 대해서는 "언체의 변법" 단원(30.ㄴ쪽~31.ㄴ쪽)에서 동사 파생법을 〈동작되게 ᄒ는 것〉이라 뜻매김 하고, 여기에는 〈① 명본동작, ② 원형성본동작, ③ 동본형성본동작, ④ 형본형성본동작, ⑤ 명본동본형성본동작, ⑥ 명본형본형성본동작〉의 6가지 방법이 있음을 보였고, 또 "특별변법"의 단원

(32.ㄱ쪽)에서도 동사 파생 방법에 대한 설명도 없이 〈동본명본반격동작〉이 있음을 보였는데, 다시 본문에 추가하는 항목에서 〈동본명본동의동작〉이 하나 더 있음을 보이고 있다.

이제『말』에 나타나는 동사 파생법에 대한 내용을 간추려 정리해 보이면 다음 (9)와 같다.

(9) 동작되게 ᄒ는 것
 ㄱ. 명본동작: 명호를 동작되게 ᄒ는 것
  〈보기〉 일ᄒ, 말ᄒ, 나무ᄒ, 힝(行)ᄒ
 ㄴ. 원형성7)본동작: 원형성을 동작되게 ᄒ는 것
  〈보기〉 더ᄒ, 다ᄒ, 잘ᄒ, 못ᄒ
 ㄷ. 동본형성본동작: 동본이 형성된 것을 다시 동작되게 ᄒ는 것
  〈보기〉 자게ᄒ
 ㄹ. 형본형성본동작: 형본이 형성체 된 것을 다시 동작되게 ᄒ는 것
  〈보기〉 희게ᄒ
 ㅁ. 명본동본형성본동작: 명호가 동작된 것을 다시 형성되게 ᄒ고 이것을 또다시 동작되게 ᄒ는 것
  〈보기〉 일ᄒ게ᄒ, 홍ᄒ게ᄒ
 ㅂ. 명본형본형성본동작: 명호가 형용된 것을 다시 형성되게 ᄒ고 이것을 또다시 동작되게 ᄒ는 것
  〈보기〉 경(精)ᄒ게ᄒ
 ㅅ. 동본명본반격동작
  〈보기〉 보기는ᄒ, 먹기는ᄒ

---

7) 成은 즉 形動이오, 原字의 뜻은 그 本体가 원래 形成字요, 他体字가 변ᄒ어 形成体字가 된 것이 안이라 홈이라(주시경, 1908: 30.ㄴ)하였으므로 이는 "본디부사"를 가리키는 말이다.

ㅇ. 동본명본동의동작
　〈보기〉 보기도ᄒ, 먹기도ᄒ

(『말』: 30.ㄴ~31.ㄴ, 32.ㄱ)

　(9)의 동사 파생법을 살펴보면, (9)ㄱ은 명사를 동사 되게 하는 것이라 하였는데, 이것은 명사 또는 명사로 의식한 한자말 〈일, 말, 나무, 힝(行)〉 등에다 파생접미사로 의식한 {-ᄒ}가 결합되어 동사 〈일ᄒ, 말ᄒ, 나무ᄒ, 힝ᄒ〉 등이 파생되었음을 보인 것이고, (9)ㄴ은 본디부사를 동사되게 하는 것이라 하였으므로 이는 본디부사로 의식한 〈더, 다, 잘, 못〉에다 역시 파생접미사로 의식한 {-ᄒ}가 결합되어 동사 〈더ᄒ, 다ᄒ, 잘ᄒ, 못ᄒ〉가 파생되었음을 보인 것이다. (9)ㄷ,ㄹ은 동사 또는 형용사가 각각 부사로 파생되었다가 다시 동사로 파생되는 과정을 보인 것이다. 즉, 동사 〈자〉 또는 형용사 〈희〉에 각각 부사를 만들어 주는 파생접미사로 의식한 {-게}가 결합되어 부사로 의식한 〈자게, 희게〉가 파생되고 여기에 다시 파생접미사로 의식한 {-ᄒ}가 결합되어 동사 〈자게ᄒ, 희게ᄒ〉가 파생되었음을 보인 것으로 이는 동사 파생법에서 파생접미사 두 개가 겹침을 의식한 것이다. 또 (9)ㅁ, ㅂ은 명사에서 동사 또는 형용사로 파생되었다가 다시 부사로 파생되고, 이것이 또다시 동사로 파생되는 과정을 보인 것이다. 즉 명사 〈일, 흥, 졍〉에다 파생접미사로 의식한 {-ᄒ}가 결합되어 동사·형용사인 〈일ᄒ, 흥ᄒ / 졍ᄒ〉가 파생되고, 여기에 다시 부사 파생접미사로 의식한 {-게}가 결합되어 〈일ᄒ게, 흥ᄒ게, 졍ᄒ게〉와 같은 부사가 파생된 것에 또다시 파생접미사 {-ᄒ}가 결합되어 동사 〈일ᄒ게ᄒ, 흥ᄒ게ᄒ, 졍ᄒ게ᄒ〉가 각각 파생된 것으로 의식한 것이다. 이것은 주시경의 이론대로라면 파생접미사 세 개가 겹쳐진 {-ᄒ게ᄒ}가 결합되어 파생된 낱말이지만 이것을 한 낱말로 처리하기는 어렵다. 오늘날은 이것

을 〈일ㅎ게 ㅎ, 홍ㅎ게 ㅎ, 정ㅎ게 ㅎ〉와 같이 처리하여 뒤에 오는 {ㅎ}는 보조동사로 처리하는 것이 일반적이다. 그리고 (9)ㅅ,ㅇ은 뜻매김은 하지 않았지만 그 〈보기말〉을 보면, 동사가 명사로 파생된 것에 조사 {-는} 또는 {-도}가 각각 결합된 것에 다시 파생접미사 {-ㅎ}가 결합되어 동사가 파생되었음을 보인 것이다. 즉 동사 〈보, 먹〉에 명사 파생접미사 {-기}가 결합되어 명사 〈보기, 먹기〉가 파생된 것에 다시 어떤 것이 다른 것하고 서로 다름을 보이는 조사인 {-는}이나, 이것이 저것과 한가지임을 보이는 조사 {-도}가 결합한 것에 또다시 파생접미사 {-ㅎ}가 결합되어 〈보기는ㅎ, 먹기는ㅎ / 보기도ㅎ, 먹기도ㅎ〉와 같은 동사가 파생되었음을 의식한 것이다. 그러나 이것도 (9)ㅁ,ㅂ과 마찬가지로 한 낱말로 처리될 수 없는 것들이다.

그러므로 주시경의 『말』에서 의식한 동사 파생법은, (9)ㄱ,ㄴ은 명사 또는 부사에 파생접미사로 의식한 {-ㅎ}가 결합되어 동사를 파생시킨 것이고 (9)ㄷ,ㄹ은 동사 또는 형용사에 파생접미사로 의식한 접미사가 두 개 겹쳐진 {-게ㅎ}가 결합되어 동사를 파생시킨 것이고, (9)ㅁ,ㅂ은 명사에 파생접미사로 의식한 접미사가 세 개 겹쳐진 {-ㅎ게ㅎ}가 결합되어 동사를 파생시킨 것이고, (9)ㅅ,ㅇ은 파생접미사 {-기}와 {-ㅎ} 사이에 조사 {-는, -도}가 들어간 {-기는ㅎ / -기도ㅎ}를 파생접미사의 겹침으로 의식하여 이들의 형태를 명사, 부사, 동사, 형용사 등에 결합시키면 동사가 파생되는 것으로 의식한 것이다.

이와 같이 주시경이 『말』에서 {-ㅎ}를 파생접미사로 의식한 것은 탁견이라 하겠으나 {-게ㅎ, -ㅎ게ㅎ, -기는ㅎ, -기도ㅎ}와 같은 형태를 파생접미사로 의식한 것은 석연치 않는 처리이다. 여기서도 {-ㅎ}는 파생접미사가 아니고 보조동사 {ㅎ}로 처리하는 것이 옳다고 하겠다. 그러므로 『말』에서 의식한 동사 파생방법 6가지 가운데서 (9)ㄱ과 (9)ㄴ을 제외하고는 동사 파생법으로 처리하기는 어렵다고 하겠다.

다음은 『국어문법』에서 동사(〈움기〉) 파생법에 대하여 의식한 것을 살펴보면, 세 군데에 나타난다.

먼저 "기 몸박굼" 단원(103쪽~104쪽)에서는 동사 파생법을 〈움몸이 되게 하는 것〉이라 뜻매김 하고, 여기에는 〈① 임본움, ② 억본움, ③ 움억본움, ④ 엇억본움, ⑤ 임움억본움, ⑥ 임엇억본움〉의 6가지 방법이 있음을 보였고, 또 "기 몸박굼에 특별함"(105쪽)의 설명 가운데서 동사 파생법에 해당하는 〈보기말〉을 정리해 보면, 〈① 움임(겻)본움, ② 움억(겻)본움〉의 2가지 방법이 있고, 그 외 ① "제움이 남움되게 하는 것"과 ② "남움이 제움되게 하는 것"(112쪽~115쪽) 등 동사 파생법은 모두 10가지가 나타나 있다. 이제 이것들을 간추려 보이면 다음 (10)과 같다.

(10) 움몸되게 하는 것

ㄱ. 임본움: 임몸을 움몸되게 하는 것
  〈보기〉 일하, 말하, 나무하, 동(動)하

ㄴ. 억본움: 억몸이 움몸되게 하는 것
  〈보기〉 더하, 다하, 잘하, 못하

ㄷ. 움억본움: 움몸이 억몸되고, 다시 움몸되게 하는 것
  〈보기〉 자게하, 먹게하

ㄹ. 엇억본움: 엇몸이 억몸되고, 다시 움몸되게 하는 것
  〈보기〉 히게하, 검게하

ㅁ. 임움억본움: 임몸이 움몸되고, 다시 억몸되고, 다시 움몸되는 것
  〈보기〉 일하게하, 동(動)하게하

ㅂ. 임엇억본움: 임몸이 엇몸되고, 다시 억몸되고, 다시 움몸되는 것
  (뜻매김은 필자가 보충한 것임)
  〈보기〉 정(精)하게하

ㅅ. 움임(겻)본움[8]:

〈보기〉 보기는하, 보기도하, 보기야하, 보기만하/ 동하기는하
ㅇ. 움억(겻)본움:
〈보기〉 가게는하, 가게도하, 가게야하, 가게만하, 가게를하/ 동하게를하
ㅈ. 제움이 남움되게 하는 것
〈보기〉 줄이(줄어지), 돌이, 돋우(돋아지), 없어지, 없이하, 일우(일어나), 걷우(걷어지), 묵히
ㅊ. 남움이 제움되게 하는 것
〈보기〉 쓰이, 겷이(걸리, 걸니, 걸이어지), 엎이, 접히(접히어지), 잡히, 막히, 감기(감기어지), 넘기, 먹히

(『국어문법』: 103~104, 105, 112~115)

   (10)의 동사 파생법을 살펴보면, (10)ㄱ~(10)ㅅ에서 보인 동사 파생법은 (9)ㄱ~(9)ㅇ을 그대로 계승한 것이다. 다만 (10)ㅅ, ㅇ은 "기몸박굼 특별함"에 나타나는 것으로 그 뜻매김은 하지 않고 〈보기말〉만 보이고 풀이하였다. 이들을 살펴보면, (10)ㅅ은 동사가 명사로 파생된 것에 조사가 결합되고 다시 동사가 파생되었음을 보인 것이다. 즉 동사 〈보, 동하〉에 명사 파생접미사 {-기}가 결합되어 명사인 〈보기, 동하기〉가 파생된 것에 다시 조사가 결합되어 임이듬(명사구)인 〈보기는, 보기도, 보기야, 보기만/ 동하기는〉으로 되었다가 여기에 다시 동사 파생접미사 {-하}가 결합되어 〈보기는하, 보기도하, 보기야하, 보기만하 / 동하기는하〉와 같은 동사가 파생된 것으로 의식한 것이고, (10)ㅇ은 동사가 부사로 파생된 것에 조사가 결합되고 다시 동사가 파생되었음을 보인 것이다. 즉 동사 〈가, 동하〉에 부사 파생

---

8) (10)ㅅ, ㅇ은 〈보기말〉만 나타나 있는 것을 필자가 보충한 것이다.

접미사로 의식한 {-게}가 결합되어 부사 〈가게, 동하게〉가 파생된 것에 조사가 결합된 부사인 〈가게는, 가게도, 가게야, 가게만, 가게를 / 동하게를〉으로 되었다가 여기에 다시 동사 파생접미사 {-하}가 결합되어 〈가게는하, 가게도하, 가게야하, 가게만하, 가게를하 / 동하게를하〉와 같은 동사가 파생되었음을 보인 것이다. 이 (10)ㅅ,ㅇ도 형태론에서는 한 낱말로 처리될 수 없는 것들이다.

(10)ㅈ,ㅊ은 자동사가 타동사로 또는 타동사가 자동사로 바뀌어 쓰이는 경우 이들을 모두 파생어로 처리한 것으로 이는 국어문법 연구사에서 처음으로 의식된 것이다.

(10)ㅈ은 자동사의 어간 {줄-, 돌-, 돋-, 일-, 걷-, 묵-}에 사동(하임)의 접미사 {-이, -우, -히}가 연결되어 타동사 〈줄이, 돌이, 돋우, 일우, 걷우, 묵히〉가 파생되었음을 보인 것이고, (10)ㅊ은 타동사의 어간 {쓰-, 걸-, 엎-, 접-, 잡-, 막-, 감-, 넘-, 먹-}에 피동(입음)의 접미사 {-이, -히, -기}가 연결되어 자동사 〈쓰이, 걸이, 엎이, 접히, 잡히, 막히, 감기, 넘기, 먹히〉가 파생되었음을 보인 것이다. 여기서 주시경은 사동과 피동의 접미사를 굴곡접미사로 다루지 않고, 파생접미사로 의식한 것인데, 이는 대단한 탁견으로 국어문법 연구사에서 처음 있는 일이다. 이로 인하여 최현배(1937: 535~573)와 허웅(1983: 138~141)에서 이들을 모두 파생접미사로 처리하게 된 것이다.

그리고 자동사(제움직씨)에 피동보조동사(입음도움움직씨) 〈지다〉가 연결된 〈줄어지, 돋아지, 없어지〉 따위 〈보기말〉을 보이고, 〈줄, 돋, 없〉과 한가지로 쓰임이라고 한 것은 여전히 자동사로 쓰인 것으로 풀이되며, 자동사에 끝남보조동사 〈나다〉가 연결된 〈일어나〉 따위의 〈보기말〉들을 보이고 〈일〉과 한가지로 쓰임이라고 풀이한 것은 여전히 자동사로 쓰인 것으로 풀이된다(김계곤, 1988: 65)고 하여 주시경은 자동사와 타동사의 쓰임에 대하여 분명하게 풀이하고 있음을 알 수 있다.

그러므로 『국어문법』에서도 동사 파생법은 『말』에서와 같이 (10) ㄱ,ㄴ은 명사 또는 부사에 동사 파생접미사로 의식한 {-하}가 결합되어 동사를 파생시킨 것이고, (10)ㄷ,ㄹ은 동사 또는 형용사에 파생접미사로 의식한 접미사 두 개 겹쳐진 {-게하}가 결합되어 동사를 파생시킨 것이고, (10)ㅁ,ㅂ은 명사에 파생접미사로 의식한 접미사 세 개가 겹쳐진 {-하게하}가 결합되어 역시 동사를 파생시킨 것으로 의식하였고, (10)ㅅ,ㅇ은 파생접미사로 의식한 {-기} 또는 {-게}와 {-하} 사이에 조사 {-는, -도, -야, -만, -를}이 들어간 형태인 {-기는하, -기도하, -기야하, -기만하/ -게는하, -게도하, -게야하, -게만하, -게를하}를 모두 파생접미사의 겹침으로 의식하여 이들이 동사에 결합하면 새로운 동사가 파생되는 것으로 의식한 것이다. 그리고 (10)ㅈ,ㅊ은 자동사가 타동사로, 타동사가 자동사로 되는 것을 동사 파생법으로 처리한 것인데 이는 대단한 탁견이다.

결국 『국어문법』에서의 동사 파생법은 (10)ㄱ,ㄴ,ㅈ,ㅊ만이 해당된다고 하겠는데, (10)ㄱ,ㄴ은 이미 『말』에서 의식한 동사 파생법 (9)ㄱ,ㄴ을 그대로 계승한 것이지만, (10)ㅈ,ㅊ을 동사 파생법으로 처리한 것은 국어문법 연구사에서 처음 있는 일로 높이 평가되어야 할 대목이다.

2.1.4. 관형사 파생법

『말』에서의 관형사(〈형명〉) 파생법에 대해서는 "특별변법" 단원(33.ㄱ쪽~58.ㄴ쪽)에서만 나타나는데, 여기서는 관형사를 만드는 원칙을 "국어에 엇던 형명이던지 아래 명호와 연발치 안코 다 쩨어ㄴ느니라"고 하였다. 이 말은 관형사는 다음에 오는 명사와 구별하여 발음한다는 뜻이 되겠다. 이 원칙에 따라 관형사 파생법은 〈형명되게 ㅎ는 것〉이라 뜻매김 하고 크게 〈① 명본형명, ② 형본형명, ③ 동본형명〉의 3가지가 있음을 의식하고 많은 〈보기말〉을 보인 후 그 〈보기말〉 하나하나에 대하여 설명을 덧붙였다.

이제 『말』에 나타나는 관형사 파생법에 해당하는 내용을 간추려 정리해 보이면 다음 (11)과 같다.

(11) 형명되게 ᄒᆞ는 것
   ㄱ. 명본형명: 명호를 형명되게 ᄒᆞ는 것
      〈보기〉 ① 면쥬옷, 모시옷, 면쥬이불, 베이불, 부모옷, ᄋᆞ희옷, 오리알, 비단옷, 물오리, 솜옷, 겹옷, 셔양목옷, 강오리, 대간, 배나무, 가루되, 새무리
        ② 고깃국, 어젯날, 벼룻돌, 경죽리씨, 벼룻물, 햇빛, 벼룻상, 벼룻집 / 산ㅅ골, 연ㅅ달, 촌ㅅ닭, 산ㅅ봉우리, 보션ㅅ솜, 밀ㅅ가루, 이불ㅅ보
        ③ 나의붓, 학싱의책 / 괌에쥐, 눈에약
        ④ 암ᄒᆞ개, 수ᄒᆞ개, 암ᄒᆞ닭, 수ᄒᆞ닭
        ⑤ 물ㄹ양푼, 돌ㄹ역ㅅ, 털ㄹ요, 박달ㄹ옷, 가을ㄹ일……/ 부억ㄴ일, 비단ㄴ이불, 솜ㄴ이불, 겹ㄴ이불, 갓ㄴ일, 방ㄴ일, 눈ㄴ약, 썩ㄴ양푼, 담ㄴ약, 밥ㄴ양푼, 젓ㄴ약, 쟝ㄴ양품
        ⑥ 범굴은쟝ㅅ
   ㄴ. 형본형명: 형본을 형명되게 ᄒᆞ는 것
      〈보기〉 ① 흰옷, 검은옷
        ② 기ㄴ대
        ③ 가벼은옷, 더은물
        ④ 흰엿(흰녓), 검은엿(검은녓), 큰양푼(큰냥푼), 넓은요(넓은뇨), 적은웃(적은눗), 큰이불(큰니불)

⑤ 찰재, 맑을재, 길재, 춥을재

⑥ 찰한, 검을현, 달감, 멀원

⑦ 깃부던마음, 깃부엇을마음

⑧ 길이

ㄷ. 동본형명: 동본을 형명되게 ᄒᆞ는 것

〈보기〉 ① 간사람, 사는사람, 갈사람, 먹은사람, 먹는사람

파ㄴ물건, 파는물건, 팔물건, 들은말

② 갈재, 먹을재, 갈재9) / 누은ᄋᆞ히,

누을ᄋᆞ히(예외: 접은조희, 눕은ᄋᆞ히)

③ 깨어진양푼, 닦은양푼

④ 가던사람, 먹던사람, 갈앗던칼

⑤ 열쇠, 막말

⑥ 갈거, 먹을식, 팔미, 열기

(『말』: 33.ㄱ~58.ㄴ)

(11)ㄱ은 명사를 관형사가 되게 하는 것인데, 이것은 명사(〈명호〉 두 개가 연이어 놓이면 앞에 놓인 명사는 뒤에 놓인 명사를 꾸며주는 관형사(관형어)가 된다고 의식한 것인데, 그 〈보기말〉을 필자가 6가지로 분류하여 간추려 보인 것이다.

(11)ㄱ의 ①은 '명사1+{ø}+명사2'의 구조로 된 낱말인데, 이때 앞에 놓인 '명사1'은 변체되는 표 없이 뒤에 놓인 '명사2'의 관형어 노릇한다는 것이다. 이는 앞에 놓인 '명사1+{ø}'가 매김말이 되어 뒤에 놓인 '명사2'를 꾸며주는 구실을 하기 때문에 '명사1'를 관형사(〈형명〉로 처리한 것인데, 이것은 '명사1+명사2'의 구조로 이루어진 합성어

---

9) ②의 〈보기말〉에서 앞의 "갈재"는 기본형이 '가다'이고, 뒤의 "갈재"는 기본형이 '갈다'이다.

를 주시경은 의식하지 못하고 앞의 '명사1'을 관형사로 처리한 것이다. ②는 '명사1+{ㅅ}+명사2' 구조의 합성어와 '명사1+[ㅅ]+명사2' 구조의 합성어를 발음할 때 '명사2'의 첫소리가 된소리가 남을 의식하여 {ㅅ}이 첨가되는 구조로 의식하여 '명사1+{ㅅ}'과 '명사1'이 각각 관형사가 된 것으로 의식한 것인데, ②에서도 합성어를 의식하지 못하고 '명사1'과 '명사2'를 분리한다는 원칙을 적용한 것으로 잘된 처리로 보기는 어렵다. 또 ③은 '명사1+{의/에}+명사2'의 구조에서 앞의 '명사1+{의/에}'를 한 낱말로 처리하여 관형사(〈형명〉)가 된 것으로 의식한 것인데, 이것은 문장에서 관형어(매김말)로 쓰이는 '명사+조사(의)'의 구조로 된 어절과 문장에서 부사어(어찌말)로 쓰이는 '명사+조사(에)'의 구조로 된 어절을 한 낱말로 처리한 것으로 이것은 품사분류(씨가름)의 잘못에서 비롯된 것이다. ④는 '명사1+{ㅎ}+명사2' 구조로 된 합성어에서 앞의 '명사1+{ㅎ}'은 옛말에서 체언(임자씨) 아래에 나타나는 "ㅎ"을 앞의 체언과 묶어서 관형사로 처리한 것이고, ⑤는 '명사1+명사2' 구조로 된 합성어인데, 이것들을 발음할 때에는 '명사1+[ㄹ/ㄴ]+명사2'의 구조가 되어 [ㄹ] 또는 [ㄴ] 소리가 덧나는 것으로, 이때 '명사1'을 관형사로 처리한 것이다. ⑥은 '명사+{글은}+명사2'의 구조에서 앞의 '명사1+{글은}'의 구조가 관형어가 되어 뒤에 오는 '명사2'를 꾸며주는 관형사가 된다고 의식한 것인데, 여기서 '명사1+{글은}'은 한 낱말이 될 수 없는 것이다.

이처럼 (7)ㄱ의 〈보기말〉로 보인 것 중에서 ①, ②, ④, ⑤는 모두 '명사1+명사2'의 구조로 된 합성어이고, ③, ⑥은 '명사1+조사+명사2'의 구조로 된 말이므로 '명사1+조사'의 구조는 한 낱말로 처리하기 곤란한 것들이다. 그리고 주시경은 여기서 합성어를 합성어로 처리하지 않고 두 명사를 분리하여 앞의 명사를 모두 관형사(〈형명〉)으로 처리한 것인데, 이것은 품사와 문장성분을 혼돈한 데서 비롯된 것이라 하겠다.

(7)ㄴ은 형용사가 관형사(〈형명〉로 파생됨을 이르는 것이다. ①, ②, ③, ④, ⑧은 모두 '형용사+{ø, -ㄴ/은}+명사(또는 대명사)'의 구조로 되어 있는 말인데, 이때 {ø, -ㄴ/은}을 파생접미사로 의식하여 '형용사+{ø, -ㄴ/은}'이 관형사(〈형명〉로 파생됨을 보인 것이다. 즉 ①은 형용사의 어간(〈형본〉인 〈희, 검〉에 파생관형사를 만들어 주는 표로 의식한 {-ㄴ/은}이 결합한 꼴 〈흰, 검은〉이 되어 뒤에 오는 명사인 〈옷〉을 꾸며주는 관형사가 파생되는 것으로 의식한 것이고, ②는 형용사인 〈길〉이 'ㄹ'로 끝났기 때문에 파생관형사를 만들어 주는 표 {-ㄴ}이 결합하면 그 'ㄹ'이 탈락한 꼴인 〈긴〉이 되어 뒤에 오는 명사 〈대〉를 꾸며주는 관형사가 파생되는 것으로 의식한 것이고, ③은 'ㅂ'으로 끝난 형용사 〈가볍, 덥〉이 형용사를 관형사로 만들어 주는 파생접미사로 의식한 {-은}이 결합되면 그 'ㅂ'은 발음되지 않고 〈가벼은, 더운〉이 되어 뒤에 오는 명사 〈옷, 물〉을 꾸며주는 관형사가 파생된다는 것이고, ④는 형용사인 〈희, 검, 크, 넓, 적, 크〉에 역시 형용사를 파생관형사로 되게 하는 파생접미사로 의식한 {-ㄴ/은}이 결합되면 〈흰, 검은, 큰, 넓은, 적은, 큰〉이라는 관형사가 파생되어 뒤에 오는 명사인 〈엿, 양푼, 요, 웃, 이불〉을 꾸며주는 관형사가 되는데, 이때 파생관형사와 명사 사이에는 [ㄴ] 소리가 덧나서 [흰녓, 검은녓, 큰냥푼, 넓은뇨, 적은눗, 큰니불]과 같이 소리가 남을 보인 것이다. ⑧은 'ㄹ'로 끝난 형용사 〈길〉에 파생관형사로 만들어 주는 표 없이 그대로 관형사가 되어 대명사로 의식한 〈이〉를 꾸며 준다는 것이다. 그러나 이것은 뒤에 오는 {-이}를 파생접미사로 처리하여 파생명사인 〈길이〉로 처리하는 것이 옳다고 하겠다. 또 ⑤는 '형용사+{ø, -을}+명사'의 구조로 되어 있는 낱말들인데, 이때 {ø, -을}을 파생접미사로 의식하여 '형용사+{ø, -을}'이 관형사가 됨을 보인 것으로,

형용사인 〈찰, 맑, 길, 춥〉에 {ø, -을}이 결합되어 파생관형사인 〈찰ø, 맑을, 길ø, 춥을〉이 되어 뒤에 오는 시간을 나타내는 명사인 〈쌔〉를 꾸며주는 관형사가 된다는 것이다. ⑥은 '형용사+{ø, -ㄹ/을}+명사'의 구조로 된 말인데, 한자를 읽을 때 그 '훈'에 해당하는 것을 형용사로 의식하여 〈차, 검, 달, 멀〉에 파생접미사로 의식한 {ø, -ㄹ/을}이 결합되어 관형사인 〈찰, 검을, 달ø, 멀ø〉이 파생되어 뒤에 오는 명사로 의식한 한자음 〈한, 현, 감, 원〉을 꾸며주는 것을 보인 것이고, ⑦은 '형용사+{-던, -엇을}+명사'의 구조로 된 말인데, 이 {-던, -엇을}을 형용사가 과거, 현재시간 또는 가상의 파생관형사로 되게 하는 파생접미사로 의식하여 '형용사+{-던, -엇을}'이 파생관형사가 됨을 보인 것으로, 형용사 〈깃부〉에 {-던, -엇을}이 결합한 꼴 〈깃부던, 깃부엇을〉이 관형사가 되어 뒤에 오는 명사인 〈마음〉을 꾸며주는 것으로 의식한 것이다.

이와 같이 (7)ㄴ의 〈보기말〉 구조는 '형용사+{ø, -ㄴ/은, -을, -던, -엇을}+명사'로 되어 있는데, 이때 '형용사+{ø, -ㄴ/은, -을, -던, -엇을}'의 꼴이 파생관형사가 되어 뒤에 오는 명사를 꾸며준다고 의식한 것이다. 여기서 주시경은 {ø, -ㄴ/은, -을, -던, -엇을}을 형용사를 관형사로 만들어주는 파생접미사로 의식한 것은 굴곡접미사와 파생접미사를 구분하지 않고 모두 파생접미사로 의식한 데서 비롯된 것인데, 이것은 그의 문법체계 안에서는 탁견이라 할 수 있으며, 또 이들이 결합한 꼴을 관형사로 의식한 것은 품사분류(씨가름)의 기반을 구실에 두었기 때문이다. 그리고 이런 말들을 관형사로 의식하여 우리말에 '관형사(〈형명〉'을 독립된 품사로 설정한 것은 우리말의 특질을 잘 살핀 것으로 국어문법 연구사에서 처음 있는 일이었다.

(7)ㄷ은 동사가 관형사(〈형명〉)로 파생되는 것을 보인 것인데, 〈보기말〉의 ①, ②, ③, ⑥은 모두 '동사+{ø, -ㄴ/은/는, -ㄹ/을}+명사'의

구조로 되어 있는 말이다. 주시경은 동사에 파생접미사로 의식한 {ø, -ㄴ/은/는, -ㄹ/을}이 결합되어 모두 관형사가 파생됨을 보인 것이다. 즉, ①은 동사인 〈가, 먹, 팔, 든(들)〉에 시간을 겸하여 설명하여 파생관형사 되게 하는 표인 {-ㄴ/은/는, -ㄹ}이 결합되어 파생관형사인 〈간, 갈, 가는 / 먹은, 먹는 / 판, 파는, 팔 / 들은〉이 파생되어 뒤에 오는 명사인 〈사람, 물건, 말〉을 꾸며주는 관형사가 된 것이고, ②는 동사 〈가, 먹, 갈, 눕(누)〉에 역시 파생접미사로 의식한 {ø, -은, -ㄹ/을}이 결합되어 파생관형사인 〈갈, 먹을, 갈〉이 파생되어 뒤에 오는 시간명사인 〈째〉와 명사인 〈ㅇ희〉를 꾸며주는 관형사가 됨을 보인 것이고, ③은 동사 〈쌔어지, 닦〉에 과거 파생관형사가 되게 하는 표 {-ㄴ/은}이 결합되어 파생관형사인 〈쌔어진, 닦은〉이 되어 뒤에 오는 명사인 〈양푼〉을 꾸며주는 관형사로 의식한 것이다. 또 ⑥은 한자를 읽을 때 그 '훈'에 해당하는 것을 동사로 의식하여 〈가, 먹, 팔, 열〉에 파생접미사로 의식한 {ø, -ㄹ/을}이 결합된 꼴인 〈갈, 먹을, 팔, 열〉을 파생관형사로 의식하여 뒤에 오는 명사로 의식한 한자음 〈거, 식, 민, 기〉를 꾸며주는 관형사가 됨을 보인 것이다. 그리고 ④는 '동사+{-던, -앗을}+명사'의 구조로 된 말인데, 동사 〈가, 먹, 갈〉에 과거 또는 가상의 파생관형사를 되게 하는 접미사인 {-던, -앗을}이 결합하여 파생관형사 〈가던, 먹던, 갈앗던〉이 되어 뒤에 오는 명사인 〈사람, 칼〉을 꾸며주는 관형사가 됨을 보인 것이고, ⑤는 '동사+{ø}+명사'의 구조로 된 말인데, 동사 〈열, 막〉이 파생관형사 되게 하는 표 없이 파생관형사인 〈열ø, 막ø〉이 되어 뒤에 오는 명사인 〈쇠, 말〉을 꾸며주는 관형사로 되는 것을 의식한 것이다.

이와 같이 (11)ㄷ에서 보인 〈보기말〉의 구조는 (11)ㄴ과 같은 구조인데 다만 '형본()형용사' 대신 '동본()동사'이 들어갔을 뿐이다.

여기서도 주시경은 파생접미사와 굴곡접미사를 구분하지 않고 모두 파생접미사로 의식하였다. 이와 같은 처리는 품사분류의 기반을 구실에 두고, 품사와 문장성분을 혼돈한 데서 비롯된 것이라 하겠다. 그 후 이 관형사(〈언기〉 파생법은 『국어문법』에 이르러서는 "기 몸박굼" 단원(106쪽~110쪽)에 나타나는데, 여기서도 관형사 파생법에는 〈① 엇본언, ② 움본언, ③ 임본언〉의 3가지 방법이 있음을 의식하고, 많은 〈보기말〉을 보인 후 그것을 하나하나 설명하였다. 이것을 간추려 보이면 다음 (12)와 같다.

(12) 언몸이 되게 하는 것
    ㄱ. 엇본언: 엇몸을 언몸되게 하는 것
      〈보기〉 ① 힌, 검은
         ② 깊대
         ③ 가뷰은옷, 좁은길
         ④ 힌엿, 검은엿, 큰요, 넓은요, 큰이불, 큰양푼, 적은옷
         ⑤ 찰때, 밁을때, 깊째, 춥을때, 좁을때
         ⑥ 찰한(寒), 검을현(玄), 달감(甘), 멀원(遠), …… 가뷰을경(輕), 덥을열(熱)
         ⑦ 깃부던밤, 깃부엇을맘
    ㄴ. 움본언: 움몸을 언몸되게 하는 것
      〈보기〉 ① 가는, 간, 갈/ 먹는, 먹은, 먹을
         ② 갈때, 먹을때, 칼, 갈는소, 팥쌀/ 들온말
         눕은아기, 눕을아기, 누은아기, …… 눈아기, 눌아기
         접은조히, 짓은집, 지은집, …… 지을집, 질집
         ③ 솜둔요, 솜둔이불, 닦은양푼, 솜둘요, 솜둘이불
         ④ 가던사람, 가앗던, 갈앗던칼, 왓던사람, 왓엇던사람, 가겟던(가랴는)

⑤ 열쇠

⑥ 갈경(耕), 갈거(去), 먹을식(食), 갈마(摩) ……

⑦ 가앗는, 씰엇엇는, 가겟는

ㄷ. 임본언: 임몸이 언몸되게 하는 것

〈보기〉 ① 모시옷, 면쥬옷, 면쥬이불, 베이불, 아기옷, 오리알,……
강물, 콩밥, 콩쟝

② 고깃국, 벼룻돌, 벼룻상/ 산골, 연달, 산봉올이, 보션솜,
우산자루 ……
콩국, 쟝독, 총소리, 콩자루

③ 나의붓, 내붓/ 광에쥐

④ 암개, 암닭, 수개, 수닭

⑤ 흙일, 은일, 큰일, 비단이불, 솜이불, 겹이불, …… 쟝작
웃, 안셩유긔/ 물양푼, 돌역亽, 털요, 박달웃, 가을일

⑥ 범갇은쟝수

⑦ 나아(我), 가막이오(烏), 소우(牛), 귀이(耳), 풀무야(冶),
…… 골현(縣), 범호(虎), 꽃화(花), 구멍혈(穴)

(『국어문법』: 106~110)

(12)에서 보인 〈보기말〉을 살펴보면, 『국어문법』에 나타나는 관형사(〈언기〉 파생법인 (12)도 『말』에서 의식한 관형사(〈형명〉 파생법인 (11)을 설명하는 순서만 바꾸고 그대로 계승한 것임을 알 수 있다.

(12)ㄱ의 형용사를 관형사 되게 하는 것은 (11)ㄴ을 그대로 계승한 것인데, 다만 (11)ㄴ의 ⑧은 (12)ㄱ에서는 덜어 내었음을 알 수 있다. 이것은 (11)ㄴ에서 이미 밝힌 바와 같이 (11)ㄴ의 ⑧에서는 'ㄹ'로 끝난 형용사 〈길〉에 파생관형사로 만들어 주는 표 없이 그대로 관형사가 되어 뒤에 오는 대명사로 의식한 〈이〉를 꾸며준다고 하였는데, 이

때 〈이〉를 대명사로 의식한 것에 수정을 가져온 것으로 보인다.

(12)ㄴ의 동사를 관형사 되게 하는 것은 (11)ㄷ을 그대로 계승하고, (12)ㄴ에서는 ⑦을 추가하였음을 알 수 있다. (12)ㄴ의 ⑦은 '동사+{-앗는, -엇엇는, -겟는}'의 구조로 된 말인데, 동사 〈가, 씰〉에 과거 또는 완료, 미래의 관형사형을 나타내주는 {-앗는, -엇엇는, -겟는}을 파생접미사로 의식하여 이들이 결합된 파생관형사 〈가앗는, 씰엇엇는, 가겟는〉이 되어 뒤에 오는 명사를 꾸며주는 관형사가 됨을 보인 것이다. 그러나 이것들을 파생관형사로 처리하기는 어려운 것이다.

(12)ㄷ의 명사가 관형사 되는 것은 (11)ㄱ을 계승한 것인데, 다만 (12)ㄷ에서는 ⑦의 〈보기말〉이 추가되었음을 알 수 있다. (12)ㄷ의 ⑦은 '명사1+{ø}+명사2'의 구조로 된 한자의 훈과 음을 나타낸 것인데, 앞의 한자 훈을 나타내는 '명사1+{ø}'을 관형사로 의식한 것이다. 즉 '명사1'로 의식한 한자 훈 〈나, 가막이, 소, 귀, 풀무……골, 범, 꽃, 구멍〉에 무형의 파생접미사(ø)가 결합되어 관형사 〈나ø, 가막이ø, 소ø, 귀ø……꽃ø, 구멍ø〉이 파생되어 뒤에 오는 "명사2'로 의식한 한자음 〈아, 오, 우, 이, 야……현, 호, 화, 혈〉 등을 꾸며주는 관형사가 된다는 것이다.

이와 같이 『국어문법』에서의 관형사 파생법의 〈보기말〉인 (12)ㄱ, ㄴ은 형용사와 동사의 굴곡현상을 인정하지 않았기 때문에 파생접미사와 굴곡접미사를 구분하지 않고 모두 파생접미사로 처리하였으며, 또한 품사와 문장성분을 혼돈한 데서 비롯된 것이고, (12)ㄷ은 '명사1'과 '명사2'의 결합을 합성법에 의한 합성어로 의식하지 않고, '명사1'에 무형의 접미사(ø)가 결합한 파생어로 의식한 것이다. 그러므로 주시경 문법에서 관형사 파생법은 오늘날의 형용사나 동사의 관형사형과 두 명사가 결합되어 합성어를 이룰 때 앞의 명사를 모두 관형사로 처리하는 데서 이루어진 것이다. 그러나 국어문법의 관형사 설정은 국어문법 연구사에서 높이 평가되고 있다.

2.1.5. 부사 파생법

『말』에서의 부사(〈형성〉) 파생법도 관형사 파생법과 같이 "특별변법" 단원(59.ㄱ쪽~79.ㄴ쪽)에서만 나타나는데, 여기서 부사 파생법은 〈형성되게 ㅎ는 것〉이라 뜻매김 하고, 크게 〈① 형본형성, ② 동본형성〉의 2가지가 있음을 의식하고 많은 〈보기말〉을 보였는데, 이것을 간추려 정리해 보이면 다음 (13)과 같다.

(13) 형성10)되게 ㅎ는 것
    ㄱ. 형본형성: 형본이 형성체로 변ㅎ게 ㅎ는 것
       〈보기〉 ① 희게쌀다, 검게칠ㅎ다, 혼ㅎ게쓰다, 싸르게가다
             달ㅎ게만들다, 이르게오다
          ② 잘아못쓰겟다, 싸르어못싸르겟다, 이르어덜밝다
             달ㅎ어못쓰겟다, 곱ㅎ어못견듸겟다, 곱아사랑ㅎ다 /
             비어가볍다, 낫아더빗사다, 엹어건느기쉽다
             낫아갑갑ㅎ다, 졍ㅎ어좋다, 맑아좋다, 젊어힘세다

    ㄴ. 동본형성: 동본이 형성체로 변ㅎ게 ㅎ는 것
       〈보기〉 ① 먹게만들다, 가게만들다, 오르게만들어라, 쏠ㅎ게갈아라
             구르게만들다, 좇게가르친다, 덮게만들어라, 쌓게지어라
             싺게갈아라, 읽에가만두어라, 밟게싸놓아라, 삶게넣어라
          ② 돌아가다, 적어두겟다 가르어먹겟다, 두르어던져라, 싸
             르아간다, 이르어싸홧다, 쏠ㅎ어들어오게ㅎ여라, 돕아
             말ㅎ다, 눕어잔다, 기어다닌다, 가아자겟다, 찾아간다,

---

10) 형성은 형동이니 쟝어식에 셩자되는 형용과 동작을 형용ㅎ는 것이란 말이니라(말, 1908: 59.ㄱ) 하였으므로 이는 『우리말본』(1937)의 어찌씨(또는 어찌꼴)에 맞서는 말이라 하겠다.

그리어붙엿다, 짓어팔겟다, 걸어온다, 서어잇다, 얻어
왓다, 좇아간다, 긁어왓다

(『말』: 59.ㄱ~79.ㄴ)

(13)ㄱ은 형용사에서 부사로 파생되는 것을 이르는 것으로 '형용사+{-게, -아/어}+성자부(동작부, 형용부)'의 구조로 되어 있는 말인데, (13)ㄱ의 ①은 간접○씨끝인 {-게}가 파생부사(〈형성체〉) 되게 하는 표이므로, 형용사(〈형본〉)에 {-게}가 결합된 구조인 '형용사+{-게}'가 부사로 된다는 것이다. 즉 형용사인 〈희, 검, 혼ㅎ, 쌔르, 달ㅎ, 이르〉에 부사를 만들어 주는 파생접미사로 의식한 {-게}가 결합되어 〈희게, 검게, 혼ㅎ게, 쌔르게, 달ㅎ게, 이르게〉라는 파생부사가 되어 뒤에 오는 성자부○서술어)인 〈쌀다, 칠ㅎ다, 쓰다, 가다, 만들다, 오다〉를 꾸며주는 것으로 의식한 것인데, 이것은 오늘날 형용사의 부사형으로 계승되었다. ②는 간접○씨끝인 {-아/어}가 파생부사(〈형성체〉) 되게 하는 표이므로 형용사에 {-아/어}가 결합된 구조인 '형용사+{-아/어}'가 역시 파생부사가 됨을 보인 것이다. 즉 형용사인 〈잘, 쌔르, 이르…… 비, 낫, 옅…〉 등에 부사를 만들어 주는 파생접미사로 의식한 {-아/어}가 결합하여 〈잘아, 쌔르어, 이르어…… 비어, 낫아, 옅어 … 〉 등의 파생부사가 되어 뒤에 오는 서술어인 〈못쓰겟다, 못싸르겟다, 덜밝다… 가볍다, 더빗사다, 건느기쉽다 …〉 등을 꾸며주는 파생부사로 의식한 것이다.

(13)ㄴ은 동사에서 부사로 파생되는 것을 이르는 것으로 '동사+{-게, -아/어}+성자부(동작부)'의 구조로 된 말인데, 간접○씨끝인 {-게, -아/어}를 동사가 파생부사로 되게 하는 파생접미사로 의식한 것이다. (13)ㄴ의 ①은 '동사+{-게}'를 파생부사로 의식한 것인데, 동사인 〈먹, 가, 오르, 쏠ㅎ…〉 등에 부사 파생접미사로 의식한 {-게}가 결합

되어 〈먹게, 가게, 오르게, 쏠흐게 …〉 등과 같은 부사가 파생되어 뒤에 오는 동사로 된 서술어인 〈만들다, 만들어라, 갈아라…〉 등을 꾸며주는 부사가 된다는 것을 보인 것이다. 또 ②는 역시 동사에 부사 파생접미사로 의식한 {-아/어}가 결합된 '동사+{-아/어}'를 파생부사로 의식한 것인데, 동사인 〈돌, 적, 가르, 두르, 싸르…〉 등에 부사 파생접미사로 의식한 {-아/어}가 결합된 〈돌아, 적어, 가르어, 두르어, 싸르어…〉 등의 파생부사가 되어 뒤에 오는 동사 서술어 〈가다, 두겟다, 먹겟다, 던져라, 간다…〉 등을 꾸며주는 파생부사가 된다는 것을 보인 것이다.

그러므로 『말』에 나타나는 부사 파생법의 〈보기말〉인 (13)ㄱ, ㄴ은 용언의 어간에 파생접미사로 의식한 {-게, -아/어}가 결합되어 부사를 파생시킨 것으로 의식한 것이다. 이러한 것은 주시경이 용언의 활용(씨끝바꿈)을 의식하지 못하고 {-게, -아/어}를 파생접미사로 의식한 데서 비롯된 것이다. 이것은 오늘날 용언의 부사형으로 다듬어지게 되었다.

그 후 『국어문법』에 이르러서 부사(〈억기〉) 파생법은 "기 몸박굼" 단원 (110쪽~112쪽)에 나타나는데, 여기서도 부사 파생법은 〈① 엇본억, ② 움본억〉의 2가지가 있음을 보이고 많은 〈보기말〉을 보였는데, 이것을 간추려 보이면 다음 (14)와 같다.

(14) 억몸되게 하는 것[11]

ㅣ. 엇본억: 엇몸이 억몸되게 하는 것
   〈보기〉 ① 히게, 검게, 흔하게(흔케, 흔히, 흔이), 이르게, 게르게
   (겔이, 겔리, 겔니), 일게, 누르게(누를어)

---

11) 원문에는 없는 것을 필자가 보충해 넣은 것이다.

②잘아, 약아, 좁아, 검어, 히어(히여), 게르어, 빠르어, 곱흐어(곱하), 곱(麗)아(고아, 고와), 쉽어(쉬어, 쉬워), 덥어, …… 맑아(말가), 넓어, 옳아, 크어(커), 깃브어(깃버)

ㄴ. 움본억: 움몸이 억몸되게 하는 것

〈보기〉 ① 가게, 먹게, 일하게, 동하게(동케), 오르게, 좇게(좃게, 좃케), 덮게(덥게, 덥케), …… *붉게(블쎄), *밝게(밝쎄), *12)없게(업게), …… 맏게(맏게, 맛게), 찢게(찟게), 앉게(안게, 안쎄)

② 돌아, 적어(저거), 가르어, 갈르어(갈아, 갈라, 갈나), 두르어, 둘르어(둘어, 둘러, 둘너), 따르어(딸아, 쌀라), 이르어(이르어), 돕아(도아, 돕아), 눕어 (누어, 누워), …… 잃어(일허, 일어, 이러), *없어(업서, 업셔, 업써), 읊어 (읖허, 을퍼, 읊어), 핥아(할타)

(『국어문법』: 110~112)

『국어문법』에 나타나는 부사 파생법의 〈보기말〉(14)를 살펴보면, 이것은 『말』의 〈보기말〉(13)을 그대로 계승한 것임을 알 수 있다. 다만 (14)에서는 (13)에 비해 파생부사가 된 변이형태들을 좀 더 제시하였을 뿐 별로 달라진 것이 없다.

그러므로 주시경의 『말』에서 의식되어 『국어문법』에 계승된 부사 파생법은 오늘날의 형용사나 동사의 어간에 굴곡접미사 {-게, -아/어}가 결합한 형용사나 동사의 부사형(어찌꼴)을 모두 파생부사로 의식한 것이다. 이것은 주시경이 굴곡접미사와 파생접미사를 구분하지 않고 모두 파생접미사로 의식한 데서 비롯된 것인데, 이것도 또한 품

---

12) *는 움몸이 아니고 엇몸에 해당하는 낱말이다.

사분류의 기반을 구실에 두고 의식한 것으로, 품사와 문장성분을 혼돈한 데서 비롯된 것이라 하겠다. 이러한 것들은 뒷날 부사로 처리되지 못하고 형용사나 동사의 활용형인 부사형으로 처리되게 되었다.

2.2. 합성법의 형성

합성법에 의한 합성어 만들기는 주시경의 『국어문법』에 처음 나타난다. 이 『국어문법』의 "기 몸헴" 단원(115쪽~116쪽)에 나타나는 합성법은 조어법 상 단순어와 합성어의 구별에 해당되는 것이다.

여기서 "기 몸헴"의 풀이는 앞에서 풀이한 "기 몸박굼"의 풀이에 비하면 아주 간단하게 다루고 있는데, 그것은 〈① 임기의 몸, ② 엇기의 몸, ③ 겻기의 몸〉 3가지로 나누고, 다시 이것들을 각각 "낫몸"과 "모힌몸"으로 나누었다. 그리고 낫몸(○단순어)과 모힌몸(○합성어)의 〈보기말〉만 들어 그 대강의 윤곽만 알 수 있게 풀이해 놓았다(김계곤, 1988: 65). 이는 비록 아주 간단하기는 하지만, 합성법에 의하여 합성어 만들기는 국어문법 연구사에서 처음 나타나는 이론으로 대단히 의의가 크다고 하겠다.

이제 합성법에 의한 합성어 만들기에 해당하는 3가지를 차례대로 살펴보기로 한다.

2.2.1. 명사 합성법

주시경 문법에서 합성법에 의한 명사 만들기는 『국어문법』의 "기 몸헴" 단원(115쪽~116쪽) 가운데 "임기의 몸"에서 임기(○명사)를 "낫몸"과 "모힌몸"으로 나누고 그 〈보기말〉을 보였는데, 이것을 간추려 정리해 보이면 다음 (15)와 같다.

(15) 임기의 몸

ㄱ. 낫몸: 한 낫의 기로 된 것

<보기> 사람, 새, 고기, 돌, 흙, 불, 물

ㄴ. 모힌몸: 둘로붙어 둘 더 되는 기가 모히어 한 기의 몸으로 쓰이는 것

<보기> 물불

(잡이) 모시옷: '모시'와 '옷'을 합하여 한 몸으로 씀이 안이요, '모시'는 그 '옷'이 무엇으로 만들엇다고 가르치어 언몸 노릇하는 임이라.

(『국어문법』: 115~116)

   (15)ㄱ은 하나의 낱말로 된 기(씨, 품사)로 이루어진 것으로 이는 단순어에 해당하므로 낱말 만들기의 대상이 될 수 없는 것이고, (15)ㄴ은 둘 이상의 낱말이 모이어 된 씨로 이루어진 것으로 이는 합성어에 해당하므로 낱말 만들기의 대상이다.

   그런데 <보기말>로 보인 <물불>은 합성어 가운데 앞뒤 낱말이 어울려 아주 다른 뜻으로 쓰이는 융합합성어인가, 아니면 앞뒤 낱말이 대등하게 결합된 병렬합성어인가 하는 문제가 따르게 된다. 이 문제에 대해서 김계곤(1988: 66)에서는 이 <물불>은 최현배의『우리말본』의 녹은겹씨(융합복사)에 해당된다고 하여 융합합성어로 처리하였고, 김석득(1979: 78)에서는 <물불>을 오늘의 구조의식으로 보면, 그 총합체와 구성 개체와의 관계에서 동심적 구조(同心的 構造, endocentric construction)에 의한 합성어라 할 수 있다. 그리고 만일 이를 구성요소 상호간의 관계로 보면, 대등적 구조(co-coridinate construction)라 할 수 있다고 하면서 (잡이)에서 보인 <모시옷>은 합성어가 아니고 오늘날의 개념으로 보면 이은말에 해당된다고 하여 주시경의 "모힌몸"이란 합성어 중, 동심적 구조가 됨은 물론이겠지만, 그 구성요소가 상호 등위적 구조관

계가 되는 것에 한한 것임을 알 수 있다고 하여 이는 병렬합성어임을 시사하고 있다.

이 문제는 "임기의 몸"에서 보인 〈물불〉과 "엇기의 몸"에서 보인 〈검붉〉과 "겻기의 몸"에서 보인 〈에는〉을 볼 때 주시경의 "모힌몸"은 오히려 병렬합성어에 더 가깝다고 볼 수 있다. 이를 뒷받침하는 것은 주시경(1910: 115)에서 "모힌몸"의 설명 끝에 붙인 (잡이)에서 "물불이라 함이 곳(곧) 물과 불이라 함과 한가지니라" 한 것을 보면 쉽게 알 수 있다.

또 (15)ㄴ의 (잡이)에서 〈모시옷〉의 〈보기말〉을 들어 〈물불〉과의 차이점을 밝히고 있는데, 이는 앞뒤 낱말이 수식관계에 의해 결합된 유속합성어임을 나타내는 것이다.

그러므로 (15)ㄴ의 임기의 모힌몸은 합성어 가운데 앞뒤 낱말이 대등하게 결합된 병렬합성어를 이루는 것이라 하겠다.

2.2.2. 형용사 합성법

합성법에 의한 형용사 만들기는 『국어문법』의 "기 몸헴" 단원(116쪽)의 "엇기의 몸"에 나타나는데 여기서도 주시경은 "낫몸"과 "모힌몸"으로 나누고 설명 없이 〈보기말〉만 보였는데 이것을 보이면 다음 (16)과 같다.

(16) 엇기의 몸
    ㄱ. 낫몸: 〈보기〉 크, 검, 차, 착하, 흔하
    ㄴ. 모힌몸: 〈보기〉 검붉

(『국어문법』: 116)

(16)ㄱ은 역시 단순어이므로 낱말 만들기의 대상이 될 수 없고, (16)ㄴ은 둘 이상의 낱말이 모이어 한 낱말로 된 합성어 가운데 병렬합성어에 해당하는 것이다. 이 앞에 설명한 "임기의 몸"에서 이미 밝힌 바 있다.

2.2.3. 조사 합성법

조사 만들기에 대해서는 『말』이나 『국어문법』을 통하여 처음 나타나는 것인데, 파생법에 의한 조사 만들기는 없고, 합성법에 의한 조사 만들기는 『국어문법』의 "기 몸헴" 단원(116쪽)에 "겻기의 몸"으로 나타난다. 여기서 겻기도 역시 "낫몸"과 "모힌몸"으로 나누고, 설명 없이 〈보기말〉만을 보여 명사의 합성법에서 유추하게 했다. 이것을 보이면 다음 (17)과 같다.

(17) 겻기이 몸
    ㄱ. 낫몸: 〈보기〉 에
    ㄴ. 모힌몸: 〈보기〉 에는

(『국어문법』: 116)

(17)ㄱ도 (15), (16)ㄱ과 마찬가지로 단순어이므로 낱말 만들기의 대상이 아니고, (17)ㄴ도 (15), (16)ㄴ과 같이 둘 이상의 낱말이 모이어 한 낱말이 된 합성어 가운데 병렬합성어에 해당하는 것이다. 그러나 이것은 조사의 겹침이라 할 수 있겠다.

그러므로 주시경의 『국어문법』에 나타나는 "기 몸헴" 단원에 나타나는 "임기의 몸, 엇기의 몸, 겻기의 몸"은 단순어와 합성어를 보인 것인데, 합성어에 해당하는 "모힌몸"은 대체로 병렬합성어에 해당하는 것이다. 이는 비록 간단하기는 하지만 국어문법 연구사에서 처음으로 나타나는 이론으로 대단히 의의가 크다고 하겠다.

3. 마무리

개화기에 저술된 국어문법 저서들 가운데서 조어법 이론의 의식이 나타난 최초의 문법 저서는 주시경이 지은 『말』(1908?)이다.

먼저 『말』의 "언체의 변법" 단원과 "특별변법" 단원에서 파생법에 의한 접미파생어 형성과정을 기술하였다. 그 후 『국어문법』(1910)에 이르러서는 "기 몸박굼, 기 몸헴, 기 뜻박굼" 단원에서 조어법 이론이 좀 더 구체화되어 나타난다. 여기에 나타나는 "기 몸박굼"과 "기 뜻박굼"은 파생법에 의한 파생어 형성과정을 기술한 것으로 『말』에서 의식한 조어법 이론을 그대로 계승한 것이고, "기 몸헴"은 합성법에 의하여 합성어 형성과정을 기술한 것인데, 이것은 국어문법 연구사에서 주시경의 『국어문법』에서 처음으로 의식된 것으로 높이 평가되어야 할 부분이다.

1) 파생법에 의한 파생어 형성

주시경의 『말』과 『국어문법』에서 파생법에 의하여 형성된 파생어는 ① 명사(←명호>임), ② 형용사(←형용>엇), ③ 동사(←동작>움), ④ 관형사(←형명>언), ⑤ 부사(←형성>억)의 5품사가 나타나 있다.
  (1) 명사 파생법은
    ① 용언(어간)+{-ㅁ/음, -기, -지, -임, -이)[13]-ㅁ/음, -지, -기, -이, -에, -엄, -애, -아/아지}→명사

② 명사인 〈바늘, 돌〉+{-질}→명사인 〈바느질, 돌질〉

③ 용언의 관형사형+〈것, 바, 줄〉→ 명사

과 같이 3가지로 요약되는데, ①은 파생접미사와 굴곡접미사를 구분하지 않고 모두 파생접미사로 의식한 것이고, ②는 명사인 〈바늘, 돌〉에 동작성을 부여하는 접미사인 {-질}이 결합하여 품사는 바뀌지 않고, 실체성 뿌리를 동작화시키는 명사인 〈바느질, 돌질〉을 파생시킨 것으로 이는 대단한 탁견이며, ③은 명사구를 명사로 처리한 것이므로 한 낱말이 될 수 없다.

(2) 형용사 파생법은

① 명사+{-ㅎ, -롭, -답, -스럽〉-하, -롭, -스럽, -답, -직하, -만하}
→ 형용사

② 형용사(어간)+{-기는ㅎ(하), -기도ㅎ(하), -기만ㅎ(하), -ㅎ기만ㅎ, -ㅎ기도ㅎ〉-기야하, -하기는하, -게는하, -게도하, -게야하, -게를하, -게만하, -하게만하} → 형용사

과 같이 2가지로 요약되는데, ①과 같은 형용사 파생섭미사 설정 의식은 대단한 탁견이지만 ②와 같은 것은 이은말이므로 한 낱말로 처리될 수 없는 것이다.

(3) 동사 파생법은

① 명사 또는 부사+{-ㅎ(하)} → 동사

② 용언(어간)+{-게ㅎ(하)} → 동사

③ 명사+{-ㅎ게ㅎ〉하게하} → 동사

④ 용언(어간)+{-기는ㅎ(하), -기도ㅎ(하)〉-기야하, -기만하, -하기는하 / -게는하, -게 도하, -게야하, -게만하, -게를하, -하게를하}
→ 동사

---

13) '〉' 기호 앞은 『말』에서 의식한 것이고, '〉' 기호 뒤는 『국어문법』에서 의식한 것이다.

⑤ 자동사+{-이, -우, -히, -어지, -이하} → 타동사

⑥ 타동사+{-이, -히, -기} → 자동사

과 같이 6가지로 요약되는데, ①, ②, ⑤, ⑥을 제외하고는 동사 파생법으로 처리하기가 곤란한 것들인데, 특히 ⑤, ⑥을 동사 파생법으로 의식한 것은 대단한 탁견이다.

(4) 관형사 파생법은

① 용언(어간)+{ø, -ㄴ/은, -ㄹ/을, -던, -엇을>-ø, -ㄴ/은, -ㄹ/을, -던, -엇을, -앗던, -앗엇던, -겟던, -앗는, -엇엇는, -겟는}
→ 관형사

② 명사+{-ø, -ㅅ, -의, -에, 같은} → 관형사

과 같이 2가지로 요약되는데, ①은 파생접미사와 굴곡접미사를 구분하지 않고 모두 파생접미사로 의식한 것이며, 또 품사와 문장성분을 혼돈한 데서 비롯된 것이고, ②는 명사 두 개가 나란히 결합되어 한 낱말을 만들 때, 앞에 놓인 명사는 관형사가 되어 뒤에 오는 명사를 꾸며주는 것으로 의식한 것인데, {-의, -에, 같은} 등이 결합된 것을 제외하고는 대부분 합성어에 해당하는 것들이다. 그러나 주시경은 합성어로 처리하지 않았다. 그러므로 관형사는 문장에서 관형어로 쓰이는 용언의 관형사형과 두 명사가 결합되어 합성어를 이룰 때 앞의 명사를 관형사로 처리하였다. 그러나 '명사+{-의, -에, 같은}'의 구조는 한 낱말로 처리될 수 없는 것들이다.

(5) 부사 파생법은

① 용언(어간)+{-게, -아/어}→부사

과 같이 한 가지로 요약되는데, 이것은 오늘날 용언의 부사형을 파생부사로 의식한 것이다. 이것도 역시 굴곡접미사와 파생접미사를 구분하지 않고 모두 파생접미사로 의식한 데서 비롯된 것이고, 또 품사와 문장성분을 혼돈한 것이다.

이와 같이 주시경 문법에서 파생법에 의한 파생어는 접두파생법에 의한 파생어는 의식하지 못하고, 접미파생법에 의하여 파생된 파생어만을 의식하여 파생어가 형성되었다는 아쉬움이 남는다.

2) 합성법에 의한 합성어 형성

주시경 문법에서 합성법에 의하여 형성된 합성어는 『국어문법』의 "기몸헴" 단원에 처음으로 나타나는데, 이 합성법에 의해 형성된 합성어에는 ① 명사(〈임〉), ② 형용사(〈엇〉), ③ 조사(〈겻〉)의 3품사가 있음을 의식하였다.

(1) 명사: 명사 합성법은 명사와 명사가 결합되어 한 명사를 형성할 때 〈물불〉과 같이 앞뒤 명사가 대등하게 결합된 병렬합성어(벌린겹씨)만을 이르는 것이다.

(2) 형용사: 형용사 합성법도 형용사와 형용사가 결합되어 한 형용사를 형성할 때 〈검붉〉과 같이 앞뒤 형용사가 대등하게 결합된 병렬합성어만을 이르는 것이다.

(3) 조사: 조사 합성법에는 {-에는}과 같이 조사가 두 개 겹쳐 쓰이는 조사 겹침을 합성법에 의한 합성어로 의식한 것이다.

이와 같이 『국어문법』의 "기몸헴" 단원에 나타나는 "임기의 몸, 엇기의 몸, 겻기의 몸"에서 "모힌몸"은 대체로 합성어의 하나인 병렬합성법만을 의식하여 합성어가 형성되었는데, 이것은 합성어 형성방법의 일부이기는 하지만 국어문법 연구사에서 처음으로 의식한 조어법의 한 분야이므로 그 이론의 의식은 높이 평가되어야 할 것이다.

제6장 주시경 학문 연구의 역사

1. 머리말

갑오경장(1894) 이후의 우리 국어학 연구는 이봉운의 『국문정리』 (1897)에서 시작하여 최광옥의 『대한문전』(1908)과 유길준의 『대한문전』(1909)을 거쳐 주시경에 이르러 비로소 깊이 있는 연구가 이루어지게 되었다. 한힌샘 주시경(1876~1914)은 개화기(계몽기)에 우리 국어문법을 과학적으로 연구한 국어학자인 동시에 국어교육과 한글운동에 크게 힘쓴 국어교육자요, 한글운동가로 널리 알려져 있다. 그의 저서인 『국어문전음학』(1908)과 『말의소리』(1914)를 저술하여 국어음성, 음운학을 현대적 학문으로 발전시켰고, 『국어문법』(1910)과 『조선어문법』(1911, 1913)을 저술하여 우리 문법의 기반을 확립시켰다. 그의 국어문법 이론은 현대 국어문법 형성에 많은 영향을 미쳤기 때문에 뒷날 국어문법을 연구하는 이들은 주시경의 국어문법 이론에 깊은 관심을 가지게 되었다. 그 결과 국어학을 연구하는 이들에 의하여 주시경 학문에 대한 연구 논문과 저서들이 많이 나오게 되었다.

이 장에서는 주시경 학문 세계에 대하여 어떤 새로운 것을 발견하는데 목적이 있는 것이 아니고, 지금까지 발표된 주시경 학문에 대한 연구 논문들을 대상으로 하여, 국어학을 연구하는 이들이 주시경의 학문 세계에 대하여 어떤 분야에 얼마나 많은 연구가 이루어졌는가를 밝히는 데 그 목적이 있다.

2. 주시경 학문 자료의 보급

주시경 학문에 관한 자료는 주시경 탄생 100주년을 계기로 주시경의 저서와 각종 글들을 모아서 영인하여 우리 국어학계에 보급되었다.

그 대표적인 것은 『역대한국문법대계』(1975~1986), 이기문(1976), 김민수(1992) 등이다. 여기에 영인된 내용들을 간추려 보이면 다음과 같다.

2.1. 『역대한국문법대계』(1975~1986), 탑출판사

서울의 탑출판사에서 1975년부터 1986년까지 『역대한국문법대계』를 5차 배본에 걸쳐서 모두 102권(총색인 1권 포함)을 영인하여 보급하였다. 이 가운데 주시경 학문에 관한 자료는 모두 5책으로 영인되어 있는데, 이것을 주시경에 관한 자료만 간추려 보이면 다음 (1)~(5)와 같다.

(1) 제1부 4책(1975): 국어문전음학(1908), 국어문법(1910), 조선어문법(1913), 석판 말의소리(1914) (4편)

(2) 제1부 3책(1985): 유인 대한국어문법(1906), 필사 말(1908?) 유인 고등국어문법(1909?) (3편)

(3) 제1부 39책(1986): 국문(1906), 유인 소리갈(1912), 한나라말(1910), 조선어문법(1911) (4편)
　　(4) 제3부 5책(1985): 국문연구소의 유인 국문연구 안 (405쪽)
　　(5) 제3부 6책(1986): 국문연구소의 필사 국문연구의정안 (786쪽)

　(1)~(3)은 주시경의 개인 저서 11편을 영인한 것이고, (4)는 주시경이 관여했던 국문연구소의 유인 〈국문연구안〉이 모두 405쪽으로 영인되어 있는데, 여기에는 위원들의 1회부터 10회까지 연구안과 1회부터 8회까지 의안(議案)으로 구성되어 있다. (5)는 국문연구소의 필사 〈국문연구의정안〉을 영인한 것인데, 여기에는 보고서, 국문연구안, 국문연구 의정안(유인), 의결안, 국문연구 등이 수록되어 있다. 그러므로 (1)~(5)에서는 주시경의 학문에 대한 연구 자료는 거의 수록되어 있는 셈이다.

2.2. 『주시경전집(상, 하)』(1976), 아세아문화사

　이 책은 주시경 탄생 100주년을 맞이하여 이기문(1976)에 의하여 아세아문화사에서 주시경 학문에 관한 저서와 자료를 모아서 (상, 하) 두 권으로 영인하여 보급한 것인데, 여기에 수록된 내용을 간추려 보이면 다음 (6), (7)과 같다.

　　(6) 『전집』(상): 국문론(1897), 국어와 국문의 필요(1907), 필상자국문언(1907), 국문연구안(1908), 국문연구(1909), 한나라말(1910), 훈몽자회 재간례(1913), 국문초학(1909), 문장남 망국ᄉ(1907), 이기문의 해설
　　(7) 『전집』(하): 대한국어문법(1906), 국어문전음학(1908), 국어문법 (1910), 조선어문법(1911), 재판 조선어문법(1913), 말의소리(1914), 〈가뎡잡

지〉의 글들(1906), 〈보중친목회보〉의 글들(1910), 일기 수편, 이력서, 이기문 해설

(6)에는 9편의 주시경 관련 자료 615쪽과 이기문의 해설 14쪽을 합쳐 모두 629쪽으로 묶어서 영인한 것이고, (7)에는 주시경의 국어문법에 관련된 저서 6편과 그 외 주시경의 글들과 이력서를 포함하여 주시경 관련 자료 749쪽과 이기문의 해설 17쪽을 합쳐 모두 766쪽으로 묶어서 영인한 것이다. 그러므로 (6), (7)을 모두 합하면 주시경에 관련된 각종 자료 19편과 이기문의 해설을 포함하여 1395쪽으로 영인되어 보급되고 있다.

2.3. 『주시경전서』(6권)(1992), 탑출판사

이 책은 주시경 선생 서거 75주기를 맞이하여 김민수(1992)에 의하여 1980년대 말까지 수집된 주시경 관련 자료를 원형대로 사진을 찍고, 자세한 서지와 문헌적 해설을 곁들인 다음 나온 시대와 관련된 분야를 고려하여 6권으로 나누어 구성하였다. 여기에 수록된 주시경의 학문 자료를 간추려 보이면 다음 (8)~(13)과 같다.

(8) 『전서』(1): 국문론(1897), (독립신문) 말(1901), 필사 국문문법(1905?), 유인 대한국어문법 국문강의(1906), 국문(國文)(가뎡잡지)(1906~7), 국어와 국문의 필요(1907), 필상자국문언(황성신문)(1907), 국어문전음학(1908), 필사 말(1905~9)

(9) 『전서』(2): 유인 국문연구안(1907~8), 필사 국문연구(1909)

(10) 『전서』(3): 유인 고등국어문전(1909), 국어문법(1910), 한나라말(보중친목회보)(1910), 조선어문법(1911), 유인 소리갈(1912),

조선어문법(1913), 석판 말의소리(1914), 조선어에 관한 참고문(1913)

(11) 『전서』(4): 최세진 「훈몽자회」 (주시경 고교)(1913), 최세진의 목판 훈몽자회(洛汭本), 필사 말모이(조선광문회 편)(1914), 필사 「온갖 것」 둘(이규영)(1911~3), 필사 「한국적새」 첫재떼 씨(이규영)(1916~9), 필사 「ㄷ」(조선광문회 편)(1912)

(12) 『전서』(5): 필사 「사전」(조선광문회 편)(1914~9)

(13) 『전서』(6): 문장남 망국ㅅ(번역)(1907), 국문초학(1909), 「가뎡잡지」의 글(1906~7), 「보중친목회보」의 글(1910), 필사 이력초(1908~12), 필사 한글모 죽보기(이규영편)(1917), 주시경의 추념기사, 주시경의 전기

(부록) ㄱ. 주시경의 생애, 주시경 연보, 주시경 논저 목록 (김민수)

　　　ㄴ. 주시경 연구의 어제와 오늘, 주시경 추모 일지 (고영근)

　　　ㄷ. 주시경 연구 논저 목록 (이현희)

(8)에는 전기의 주시경 논설과 저술 9편을 김민수의 해설과 함께 모두 620쪽으로 영인하였고, (9)에는 국문연구소의 연구안 2편을 해설과 함께 692쪽으로 영인하였다. (10)에는 후기의 주시경 논술과 저술 8편을 해설과 함께 716쪽으로 영인하였고, (11)에는 주시경이 상고하고 조사했거나 주재하여 편찬한 책들 6편을 해설과 함께 모두 748쪽으로 영인하였다. (12)에는 주시경이 개고한 사전 1편을 해설과 함께 676쪽으로 영인하였고, (13)에는 이외 주시경 관련 논저 8편과 해설 및 부록을 합쳐 모두 830쪽으로 영인되어 있다.

그러므로 (8)~(13)의 『주시경전서』(6권)에는 주시경 학문에 관한 자료 34편과 김민수의 해설 및 부록 6편이 수록되어 있는데, 이들은 1990년 이전에 발견된 자료를 모두 수록한 것이다.

(1)~(13)의 영인 자료들의 보급과 주시경 탄생 100주년이 계기가 되어 1975년 이후에 주시경 학문에 대한 연구가 활발하게 이루어졌고, 그 결과 많은 논문들이 발표되었다.

 실제로 이현희(1988)에 의하여 작성된 '주시경 연구 논저 목록'(『주시경학보』 1집)에 의하면 모두 238편의 논저들이 연대순으로 작성되어 있는데, 이것을 1960년대까지는 10년 단위로, 1970년대부터는 5년 단위로 하여 통계표를 만들어 보이면 다음과 같다.

〈표 1〉 주시경 학문에 관한 연대별 논저 편 수

연대	1930년 이전	1930	1940	1950	1960
논저 수(편)	11	15	6	19	28
연대	1970~1974	1975~1979	1980~1984	1985~1988.5	계
논저 수(편)	27	40	51	41	238

 〈표 1〉에 의하면 총 238편의 논문이나 여러 종류의 글 가운데 1970년부터 1988년 사이에 모두 159편이 발표되어 전체의 66.8%를 차지하고 있으며, 1975년부터 1984년 사이에는 91편이 발표되어 전체의 38.2%를 차지하고 있다.

 그리고 자료들이 영인되어 보급된 이후인 1975년부터 1988년 사이에는 132편이 발표되어 전체의 55.5%를 차지하고 있는 것으로 보아 이들 자료의 영인 보급이 주시경 학문에 관한 연구 활성화에 큰 영향을 미쳤다고 할 수 있겠다.

3. 주시경 학문 연구의 역사

주시경 학문에 대한 연구는 선생이 돌아가신 해인 1914년부터 많은 후학자들에 의하여 연구되기 시작하였다.

주시경 학문에 전반에 대한 풀이는 허웅(1959)의 "주시경 선생 업적"이 처음이며, 그 깊이 있는 연구가 구체적으로 시도된 것도 역시 허웅(1971)의 "주시경 선생의 학문"이라는 연구 논문 발표로 그 출발을 보게 되었다고 할 수 있다.

그 후 외솔회의『나라사랑』4집(1971)이 주시경 선생 특집호로 출간되고, 주시경 선생 탄생 100주년(1976)을 계기로 발간된 이기문의 『주시경전집』(상·하)의 보급으로 선생의 학문을 밝히려는 데 대한 노력이 더욱 활발하게 이루어지기 시작하여 오늘날에 이르고 있다.

최낙복(2003)에 의하면 주시경에 관한 저서, 논문, 인물평전, 추모글 등 모두 290여 편이 108명(필자 미상 6편 제외)에 의하여 발표되었다. 그 가운데는 3편 이상을 발표한 이가 23명(21.3%)이고, 5편 이상을 발표한 이가 15명(13.9%)이고, 15편 이상을 발표한 이도 3명(김민수, 허웅, 최낙복)이다.

이 글은 주시경 학문에 대한 연구 논문을 대상으로 전체적인 연구와 부분적인(개별적인) 연구로 나누어 살펴보기로 한다.

3.1. 전체적인 연구

주시경 학문에 대하여 전체적으로 깊이 있게 연구한 논문으로 그 대표적인 것은 허웅(1971)과『한힌샘연구』1집의 공동 연구이다. 이 것들을 차례로 살펴보기로 한다.

3.1.1. 허웅(1971), 「주시경 선생의 학문」

이 논문은 주시경의 『조선어문전음학』, 『조선어문법』, 『말의소리』를 대상으로 하여 전체를 9장으로 나누어 살폈는데, 그 내용의 차례를 보이면 다음 (14)와 같다.

(14) 주시경 선생의 학문 차례
    (ㄱ) 머리말   (ㄴ) 기술의 방법   (ㄷ) 언어의 국성
    (ㄹ) 훈민정음과 그밖의 옛 문헌에 대한 연구
    (ㅁ) 말소리 연구   (ㅂ) 문법 연구   (ㅅ) 그의 문체와 맞춤법
    (ㅇ) 새로 만든 말들 (ㅈ) 마무리

(14) 논문은 국판 63쪽 분량의 방대한 논문인데, 필자는 (14)ㄱ 머리말에서 위의 세 저서에 대한 서지 사항을 살피고, 이 논문에 참조한 책은 신명균(1933)의 발행 『주시경 선생 유고』임을 밝히고, (14)ㄴ 기술의 방법에서는 세 저서의 기술 방법을 각각 나누어 살핀 다음 그 토대로 위에서 (14)ㄷ 언어와 국성을 살폈다. (14)ㄷ에서 주시경에 있어서 말과 글의 연구는 나라의 터전을 바로 잡는 기본으로서 등장하는 것으로 이해하고, 주시경의 학문은 단순한 학문을 위한 학문이 아니라, 국가의 터전을 바로 잡기 위한 방법으로서 출발되는 것이니, 그의 이러한 사상 체계는 그의 후계자들에게 큰 영향을 미치고 있다고 하였다(허웅, 1971: 7). (14)ㄹ에서는 주시경이 당시의 우리글과 말을 바로 잡기 위하여 음성과 문법을 연구하게 되었는데, 당시의 말만 연구한 것이 아니고 훈민정음과 옛 문헌을 연구하게 되었다고 밝히고, 한문본 『훈민정음』, 『훈몽자회』, 『용비어천가』를 살피고, 박성원의 『화동정음통석운고』나 신경준의 『훈민정음도해』, 홍계희의 『삼

운성휘』 등은 주목받지 못했다고 하였다. (14)ㅁ에서는 다시 ① 홀소리와 닿소리, ② 닿소리의 갈래, ③ 홀소리의 갈래, ④ 홀소리의 성질, ⑤ 소리의 변동으로 나누어 풀이하고 있는데, 특히 소리의 형태 음소론적 변동은 대부분 "익음소리"로써 설명되어 있다고 하고 이것을 23개 조항으로 나누어 풀이한 다음 〈그밖의 몇 가지 문제〉에서 "모음조화, 고름소리, 홀소리의 줄임"에 대하여 풀이하였다. (14)ㅂ에서는 ① 기난갈, ② 기몸박굼(조어법), ③ 품사분류의 수정, ④ 짬듬갈(문장론)로 나누고, ① 기난갈(품사론)에서는 9기(씨)의 설정, 하위분류 및 잇기와 끗기의 높임법과 시제에 대하여 살폈고, ② 기몸박굼에서는 주시경의 낱말 만드는 방법 8가지에 대하여 기술하였고, ③ 품사분류의 수정에서는 『조선어문법』의 9씨를 『말의소리』에서 6씨로 수정한 내용을 살폈고, ④ 짬듬갈에서는 여러 가지 언어형식의 다름, '드'의 분석, 품사분류와 문장성분, 속가지에 대한 설명을 하였는데, 이 (14)ㅂ 문법 연구가 주시경 학문의 중심이 된다고 하였다. 그리고 (14)ㅅ의 마무리에서 주시경이 처음 우리말을 연구하게 된 것은, 표기법을 바로 잡으려는 의도에서 시작된 것으로 추정하고, 그러기 위해서는 먼저 말의 소리를 연구하게 되었고, 다시 표기법의 가장 중요한 이론적인 뒷받침이 되는 문법을 연구하게 되었던 것으로 추정한 다음 끝에 가서 주시경은 국어학의 선구자인 동시에 국어정책의 길잡이였던 것이라고 결론을 내렸다(허웅, 1971: 62~63).

　이 논문은 주시경 문법 전반에 대하여 자세하게 설명한 논문으로 평가 받고 있지만, 일부 부정적인 평가를 받는 부분도 있다. 즉 주시경의 『국어문법』(1910), 『조선어문법』(1911, 1913)에 대한 탐색을 거의 꾀하고 있지 않고, 그의 논술에서 김민수, 이기문의 문헌적 연구 결과가 자세히 수용되어 있지 않고, 또 "씨"가 『말의소리』에서 처음 나온다든가 "늣씨"에 대한 해석을 빠뜨린 것 등이 모두 문헌적인 측면이나 선행 연구를 외면한 데서 빚어진 결과라고 하였다(고영근, 1988: 28).

3.1.2. 한힌샘 주시경에 대한 연구(1988)

이 글은 한글학회 안의 〈한힌샘 연구 모임〉에서 6명이 1년간 공동 연구 주제를 정하여 (공동주제: 한힌샘 주시경에 대한 연구) 연구한 결과를 1987년 12월 21일 한글학회 강당에서 "한힌샘 주시경 선생에 대한 연구 발표대회"를 가졌다.

그때 발표한 이와 발표 차례 및 발표한 분야의 제목을 보이면 다음 (15)와 같다.

(15) 발표 차례 및 발표 제목
    (ㄱ) 음성학(이현복)   (ㄴ) 변동규칙과 맞춤법(허웅)
    (ㄷ) 조어법(김계곤)   (ㄹ) 씨갈(최낙복)
    (ㅁ) 통어론(김석득)   (ㅂ) 국어 정책론(박지홍)

이 6분야의 발표가 끝난 후 토론을 하고, 이것을 다시 깁고 더하여 1988년 5월 15일 『한힌샘연구』 제1호로 발간하게 되었는데, 논문을 실은 차례와 제목에 약간의 수정이 있었다.

이 연구 논문집에 실은 논문 제목과 차례를 다시 보이면 다음 (16) 과 같다.

(16) 공동연구 주제: 한힌샘 주시경에 대한 연구
    (ㄱ) 변동규칙과 맞춤법(허웅)   (ㄴ) 말소리 연구(이현복)
    (ㄷ) 조어법(김계곤)   (ㄹ) '씨' 설정(최낙복)
    (ㅁ) 통어론(김석득)   (ㅂ) 국어정책론(박지홍)

(16)ㄱ에서 우리가 지금 쓰고 있는 맞춤법은 주시경으로부터 시작된 것인데, 주시경은 이미 젊었을 때에 맞춤법의 원리를 세우고 그것을 실천에 옮겼으며, 이 맞춤법의 원리에는 소리의 변동 규칙이 그 밑바닥에 깔려 있다고 하고, 주시경은 이 규칙을 1906년부터 체계 세우기 시작하여, 1908년, 1909년의 수정을 거쳐 1914년에는 그것을 집대성하였다고 기술하고 있다(허웅, 1988: 9).

(16)ㄴ에서는 1914년에 나온 『말의소리』는 우리나라 현대 음성학의 효시라 하고, 주시경의 말소리 연구는 물리적이고, 조음적이며, 청취적이다. 이 같은 연구방법은 현대음성학의 방법과 같으며, 음성학의 과학적인 토대를 마련하였다고 하면서 그 당시 나라의 사정이 어렵고 외국어 음성학이나 언어학에 직접 접하였을 리도 없는 상황에서 우리말의 말소리 연구에 남긴 업적은 부분적인 결함과 무리에도 불구하고 근대 우리나라 음성학의 밑거름이 되었다고 기술하고 있다(이현복, 1988: 29).

(16)ㄷ에서는 주시경의 『조선어문법』 가운데 "기놈박굼, 기몸헴, 기뜻박굼"을 파생법과 합성법 두 갈래로 나누어 정리하고, 그 정리된 내용으로써 오늘날의 조어법 기준에 따라 살펴본 것이다. 특히 우리말 형태론 연구분야에서 조어법에 관계되는 최초의 기술이며, 그 가운데 자동사(제움직씨)의 처리는 오늘날 문법학자들의 이설에 결정적인 방법을 시사하였다고 하고, 또 6가지의 문제점을 지적하였다(김계곤, 1988: 45).

(16)ㄹ에서는 주시경의 품사(씨) 설정과정을 4저서를 통하여 살펴본 것인데, 『국문문법』(1905?)에서 설정한 7언분은 다른 나라 문법의 적용에서 이루어진 것이고, 『말』(1908?)에서 설정한 6체는 주체적으로 씨를 설정해 보려는 데서 이루어진 것인데, 우리말에 뜻을 나타내는 말조각과 문법적인 관계를 나타내는 조각이 있음을 의식하여 낱말을

"원체부"와 "관계부"로 나누고 이 두 하위단위에 각각 3체씩 안배하였다. 『국어문법』(1910)에서는 "체"를 "기"로 고치고 9기로[1] 나누고, 기의 이름을 한 음절로 된 순우리말로 다듬었는데, 이 9기의 설정은 우리말 품사분류의 정립이라 할 수 있고, 『말의소리』(1914)의 부록에서는 우리말의 씨를 "임, 엇, 움, 겻, 잇, 굿"의 6씨로 나누었는데, 이것은 "늦씨"의 발견으로 낱말분류를 형태소에서 출발하여 다시 새로운 체계를 세워 보려는 시도였다고 할 수 있다(최낙복, 1988: 69).

(16)ㅁ에서는 주시경의 "짬듬갈"은 낱말의 통합론을 다루는 통어론인데, 여기서는 말할이의 마음속에 숨어 있는 (내재적) 말의 인식과, 말의 바꾸임의 가능성과, 바꾸임의 의미론적 한계를 제시해 준다고 하였다. 특히 말을 "속뜻"에 의한 속구조와 겉구조의 두 차원의 구조층으로 인식하는 변형의 언어관이 밑바탕을 이루고 있다고 하고, 이는 말의 연구 역사에서 볼 때 매우 앞지른 언어관이라 하였다(김석득, 1988: 99).

(16)ㅂ에서는 주시경이 한평생 국어정책에 관해 쓴 글은 〈독립신문, 황성신문〉과 〈가뎡잡지, 서우(西友)〉의 잡지와 연구보고서인 〈국문연구〉와 저서 『국어문전음학』, 『국어문법』과 논설인 〈한 나라말〉 속에 전해 오는데, 이것을 '모두풀이, 말, 글자, 국어교육, 출판, 국어운동, 당면과제'의 7항목으로 나누어 살폈다(박지홍, 1988: 125).

비록 이 6편의 논문은 각각 다른 사람이 쓴 것이지만 큰 공동주제를 가지고 같은 장소에서 발표하고, 토론을 거친 후 이것을 보충하여 또 같은 논문집에 실어서 한눈에 볼 수 있게 하였기 때문에 주시경 학문 전체를 조명했다는 평가를 받고 있다.

지금까지 살핀 허웅(1971)과 『한힌샘연구』1집(1988)을 제외한 나머

---

1) 『국어문법』에서 "기"는 『조선어문법』(1911, 1913)에서부터는 "씨"로 바뀌었다.

지 논문들은 개별적인(부분적인) 논문으로 분류하여 살펴보기로 한다.

3.2. 부분적인(개별적인) 연구

주시경 학문의 하위단위에 대한 개별적인 연구는 국어학을 연구하는 이들에 의하여 여러 분야에서 많은 연구가 이루어져 왔고, 괄목할 만한 연구의 성과도 이루었다고 볼 수 있다.

실제로 어떤 분야에 얼마나 많은 연구가 이루어졌는가를 알아보기 위하여 최낙복(2003)[2])에 의하여 작성된 논저 목록을 대상으로 하여 크게 주시경 학문에 대한 것과 주시경의 인물에 대한 것으로 나누고 이것들을 주제에 따라 다시 분류해 보기로 한다.

3.2.1. 주시경 학문에 대한 연구

주시경 학문에 대한 연구 논문은 132명에 의하여 쓰여진 201편을 23개 분야의 주제로 나누어 살펴보면 다음 (17)~(39)와 같다.

(17) 음성·음운론에 관한 연구(8명, 8편)
　　　최명옥(1979), 김영아(1983), 정원진(1984), 김기성(1987), 이현복(1988), 허웅(1988), 김성수(1994), 박영환(1994)
(18) 형태론(품사)에 관한 연구(11명, 14편)
　　　김민수(1961), 김추례(1964), 김백련(1966), 박영환(1982), 박지홍(1983), 강기진(1986), 리의도(1987), 최낙복(1988),(1989ㄱ),(1989ㄴ),

---

2) 이 연구 논저 목록은 강기진(1988),『한힌샘연구』(1)과 이현희(1988),『주시경학보』(1)을 종합하여 다시 정리하고 여기에다 1988년부터 2003년 2월까지 발표된 연구 논문과 저서를 보충해 넣고 일부 2005년에 발표된 것을 보충한 것인데, 최낙복(2003),『주시경 문법의 연구』(2)에 부록으로 실려 있다.

강우원(1989), 허남갑(1989), 최규수(1992),(1996)

(19) 통어론(문장)에 관한 연구(12명, 20편)

진말득(1980),(1984), 홍양추(1980), 이광정(1983), 박영환(1983), 강기진(1985),(1987), 리의도(1986ㄱ),(1986ㄴ), 박태권(1986), 전정례(1989), 김석득(1988), 구연미(1992), 최낙복(1993),(1994),(2000ㄱ),(2000ㄴ),(2000ㄷ)(2001), 최규수(1997)

(20) 의미론에 관한 연구(4명, 4편)

이남순(1982), 주경혜(1988), 전수태(1989), 김명호(1997)

(21) 조어법에 관한 연구(2명, 4편)

김계곤(1988), 최낙복(1998ㄱ)(1998ㄴ)(1998ㄷ)

(22) 맞춤법에 관한 연구(2명, 2편)

지춘수(1974), 김영문(1989)

(23) 문법이론 및 학설에 관한 연구(8명, 10편)

정렬모(1956), 황부영(1962), 박태권(1977)(1986), 고영근(1979), (1982), (1986), 박영환(1982), 김희숙(1985), 최규수·서민정(1996)

(24) 언어관 및 언어 이론에 관한 연구(8명, 8편)

김윤경(1965), 이병근(1978),(1979), 김수곤·이광호(1980), 이기문(1981), 김수곤(1982), 임영관(1985), 강기진(1987)

(25) 사상에 관한 연구(4명, 7편)

박의성(1956), 신용하(1976ㄱ),(1976ㄴ),(1977),(1985), 손인수(1990), 이덕주(1991)

(26) 계승·발전에 관한 연구(6명, 13편)

김계곤(1971), 문효근(1971),(1989), 이병근(1980), 권재선(1986), 최낙복(1984),(1985ㄱ),(1985ㄴ),(1986ㄱ),(1986ㄴ),(1987ㄱ),(1987ㄴ), 최규수(1997ㄱ)

(27) 비교에 관한 연구(5명, 6편)

김윤경(1961), 채련강(1979), 조용상(1986), 남기심(1989), 박종갑(1994), (1995)

(28) 국어교육에 관한 연구(5명, 5편)
최현배(1952), 이강로(1971), 손인수(1985), 이미혜(1987), 오동춘(1996)

(29) 국어정책론 및 국어운동에 관한 연구(3명, 4편)
김민수(1968), 고영근(1983)(1986), 박지홍(1988)

(30) 학문평가에 관한 연구(4명, 4편)
김석득(1976), 이병근(1985), 최호철(1989), 주시경 연구소(1991)

(31) 연구 역사에 관한 논문(1명, 1편)
고영근(1988),(2001)

(32) 용어풀이에 관한 연구(3명, 3편)
김민수(1962), 김영환(1991), 최낙복(2000ㄱ)

(33) 논저 목록 작성(3명, 3편)
강기진(1988), 이현희(1988), 최낙복(2000ㄴ)

(34) 힉문 연구 활동에 관한 연구(6명, 11편)
김선기(1923), 신명균(1927),(1929), 김세한(1955), 김윤경(1958ㄱ),(1961), (1962), 허웅(1959),(1976),(1985), 최현배(1964)

(35) 업적에 관한 연구(5명, 8편)
김민수(1962),(1968),(1971),(1982),(1983), 박태권(1976), 이기문(1976), 이기문·이병곤(1979)

(36) 저서에 관한 연구(7명, 18편)
김민수(1963),(1968),(1977),(1978ㄱ),(1978ㄴ),(1979), 하동호(1976),(1983), 이병근(1977), 박지홍(1978)(1996), 박태권(1978),(1980),(1986), 이현희(1986), 박종갑(1994ㄱ),(1994ㄴ),(1995)

(37) 저서 영인 및 해설(5명, 5편)
신명균(1933), 신태환(1945), 주왕산(1946), 이기문(1976), 김민수(1992)

(38) 역주 및 교주에 관한 연구(16명, 26편)

최명옥(1978), 고영근·이현희(1986), 김민수(1988ㄱ),(1988ㄴ), 이현희(1988),(1989), 임홍빈(1988), 이준석(1989), 최호철(1988), (1989), (1991),(1994ㄱ),(1994ㄴ),(1994ㄷ), 이윤표(1989), 김무림(1991), 박선우(1990), 조일영(1991), 박영준(1991),(1992), 서태길(1992),(1993), 시정곤(1992ㄱ),(1992ㄴ), 손남익(1993),(1994)

(39) 자료 발굴에 관한 해설(2명, 12편)

이병근(1986), 주시경 연구소(1988ㄱ),(1988ㄴ),(1989ㄱ),(1989ㄴ),(1990ㄱ),(1990ㄴ),(1991ㄱ),(1991ㄴ),(1992ㄱ),(1992ㄴ),(1993)

(17)~(39)의 자료 목록을 표로 만들어 보이면 다음 〈표 2〉와 같다.

〈표 2〉 분야별 논문 편 수

주제	음성·음운론	형태론(품사)	통어론	의미론	조어법	맞춤법	문법이론·학설	사상
논문(사람)	8 (8)	14 (11)	20 (12)	4 (4)	4 (2)	2 (2)	10 (8)	7 (4)

주제	언어관·언어이론	계승발전	비교	국어교육	국어정책운동	학문평가	연구역사	용어풀이
논문(사람)	8 (8)	13 (6)	6 (5)	5 (5)	4 (3)	4 (4)	2 (1)	3 (3)

주제	논저목록	연구활동	업적	저서	자료영인해설	역주·교주	자료발굴·해설	계
논문(사람)	3 (3)	11 (6)	8 (5)	18 (7)	5 (5)	26 (16)	12 (2)	201 (132)

〈표 2〉에 의하면 23개 분야에서 모두 132명의 필자에 의하여 201편의 논문 또는 역주, 자료해설 등이 발표되었는데, 특히 주시경 저

서의 역주·교주에 관한 논문과 통어론, 저서에 관한 연구 및 형태론, 계승과 발전, 연구활동 및 문법 이론·학설 분야에 대한 연구가 많았음을 알 수 있다.

이 가운데 형태론 분야의 김민수(1961)는 "늣씨와 Morpheme"에서 주시경의 늣씨가 서양의 Morpheme 이론보다 무려 20년 이상 앞섰음을 밝힌 논문이고, 박지홍(1983)은 "주시경의 우리말 품사분류"에서 주시경의 우리말 품사분류는 영어문법의 여덟 씨를 우리 글에 적용하여 품사분류했음을 밝혔고, 최낙복(1989)는 "주시경 문법의 형태론 연구"에서 주시경의 『국어문법』에 설정한 아홉 기(씨)는 『국문문법』의 일곱 언분, 『말』의 여섯 체를 거쳐서 우리말 품사분류가 정립되었다고 밝힌 것과 연구역사 분야의 고영근(1988)은 "주시경의 어제와 오늘"에서 주시경 연구의 역사를 6기로 나누고 많은 자료와 논문들을 소개하면서 여러 가지 연구결과를 자세하게 기술하고, 이어서 고영근(2001)은 "1988년 6월 이후의 주시경 연구의 흐름"을 통하여 주시경 학문의 자료와 연구의 흐름을 사세하게 기술하였다. 이들은 모두 주시경 학문에 대한 깊이 있는 개별 연구 논문으로 국어학 연구사에서 높이 평가 받고 있는 논문들이다. 그리고 주시경 연구소의 자료 발굴에 관한 해설은 주시경 학문에 관한 연구를 계속할 수 있는 자료를 제공해 주는 역할을 하였지만 학회지 발간의 중단으로 많은 아쉬움이 남는 분야이다.

3.2.2. 주시경 인물에 관한 것

다음은 주시경 인물에 관한 내용에 대하여 43명에 의하여 쓰여진 67편을 5개 분야로 나누어 작성한 목록을 보이면 다음 (40)~(43)과 같다.

(40) 전기 및 생애에 관한 내용(12명, 16편)

권덕규(1914),(1923),(1929), 신구현(1956), 정렬모(1956), 김윤경(1960), 김세한(1965), 김종해(1971), 허웅(1974), 이은상(1976), 김민수(1981),(1998), 장지영(1984), 박지홍(1985), 글쓴이 모름(1914),(1927)

(41) 인물평가에 관한 내용(18명, 26편)

최남선(1926), 이병기(1929), 이호성(1932), 임규(1936), 최규동(1936), 이윤재(1935), 정태진(1946ㄱ),(1946ㄴ), 김윤경(1958ㄴ),(1965ㄱ), (1965ㄴ), 리만규(1958), 정렬모(1961), 허웅(1965), (1971),(1973),(1975),(1984ㄱ), 이기문(1970), 정인승(1971), 최현배(1971), 최호연(1971), 이은상(1974), 서윤범(1985), 권태익(1986)

(42) 이력서 및 일기(2명, 2편)

신생편집실(1929), 김계곤(1991)

(43) 추모글(11명, 21편)

백남규(1929), 김윤경(1932),(1936), 최현배(1929),(1936ㄱ),(1936ㄴ),(1947), 박수남(1936), 신영철(1936), 장지영(1930),(1971), 이병기(1936), 정인승(1974), 허웅(1974),(1976),(1984ㄱ), 고영근(1988), 글쓴이 모름(1932),(1936),(1940),(1941)

(40)~(43)의 자료 목록을 표로 만들어 보이면 다음 〈표 3〉과 같다.

〈표 3〉 전기 및 추모의 글

주제	전기·생애	인물평가	이력서	일기	추모글	계
글(사람)	16(12)	26(18)	1(1)	1(1)	21(11)	65(43)

〈표 3〉에 의하면 주시경의 전기, 인물평가, 추모글 등의 글이 모두 43명에 의하여 65편이 발표되었음을 보인 것이다. 이 가운데 인물평

가와 추모글이 47편으로 전체의 72.3%를 차지하고 있다. 이 가운데 김윤경(1960)의 "주시경 선생 전기"는 19개 항목으로 나누어 주시경의 어린 시절부터 돌아가실 때까지를 자세하게 다루었다.

3.2.3. 그 외 주시경에 관한 내용

주시경 학문이나 인물에 관한 저서, 학회지, 자료영인 논문 모음집에 관한 목록을 보이면 다음 (44)~(49)와 같다.

(44) 주시경 학문에 대한 연구 저서 발간(7명, 8권)
   김세한(1974), 김민수(1977),(1986), 김석득(1979), 허웅·박지홍(1982), 최낙복(1991),(2003), 최규수(2005)
(45) 주시경에 관한 학회지(2개 학회 27권)
   ㄱ.『한힌샘 주시경 연구』(1988),(1989),(1990),(1991),(1993), (1995), (1996),(1998),(1999),(2000),(2002),(2003),(2004)
   ㄴ.『주시경 학보』(1988ㄱ),(1988ㄴ),(1989ㄱ),(1989ㄴ),(1990ㄱ), (1990ㄴ), (1991ㄱ),(1991ㄴ),(1992ㄱ),(1992ㄴ),(1993ㄱ),(1993ㄴ),(1994ㄱ), (1994ㄴ)
(46) 주시경에 관한 자료 영인(3종류 13권)
   ㄱ.『역대한국문법대계』(1975),(1985ㄱ),(1985ㄴ),(1986ㄱ),(1986ㄴ)
   ㄴ.『주시경전집』(1976상),(1976하)
   ㄷ.『주시경전서』(1992)①~⑥
(47) 주시경 선생에 대한 연구 논문 모음(1학회 2권)
   한글학회(1987),(2004)
(48) 석사논문
   전말득(1984), 임영관(1985), 김기성(1987), 주경혜(1988), 김영문

(1989), 김명호(1997)
(49) 박사논문(1명, 1편)
최낙복(1989)

(44)~(49)의 자료 목록을 표로 만들어 보이면 다음 〈표 4〉와 같다.

〈표 4〉 저서 및 논문집

종류	저서 발간	학회지	자료 영인	논문 모음집	석사 논문	박사 논문
편수	8(7)	27(2)	13(3)	2(1)	6(6)	1(1)

(44)는 주시경 학문에 대한연구 저서는 7명에 의하여 8권이 발간되었다. 김세한(1974)은 무릉골, 정동시절, 상동시절, 박동시절의 4부로 나누어 기술하였는데, 이 책은 문고판으로 주시경의 전기와 학문을 동시에 기술한 것이고, 김민수(1977)은 모두 8장과 부록으로 되어 있는데 1장-7장은 주시경 학문에 대한 연구 논문이고, 8장은 1장-7장을 요약 정리하여 마무리한 것이다. 부록에서는 주시경 연표, 주시경의 학술용어를 싣고, 자료 영인은 『국문문법』(필사본), 『말의소리』 검열본을 싣고 있다. 이 책은 신국판 328쪽으로 주시경의 생애 및 학문 연구, 국어운동 등에 대하여 쓴 논문을 위주로 저술한 것이다.

김석득(1979)는 문고판 166쪽으로 모두 7장으로 구성되어 있는데, 서론과 결론을 제외하면 모두 5장으로 되어 있다. 2장~4장은 주시경의 언어관과 생애 및 저서를 통한 학설을 소개하였고, 5장에서는 주시경의 국어음성, 음운론에 관한 이론을 살폈고, 6장에서는 주시경의 문법 이론인 형태론과 통어론을 종합적으로 살폈다.

허웅·박지홍(1982)는 모두 4장으로 구성되어 있는데 1장~3장은 주시경의 세 저서를 읽기 쉽도록 가로쓰기와 활자체로 바꾸고, 내각주를 넣어서 다시 판을 짠 것이고, 4장에서는 주시경에 대한 2편의 연구 논문을 실어서 주시경 연구의 길잡이 노릇을 할 수 있도록 꾸몄다.

김민수(1986)은 김민수(1977)에 5편의 논문을 첨가하여 다시 발간한 것으로 이 책은 주시경의 업적연구, 초기 국어연구, 국어운동 연구, 국어문법 연구의 여러 저서 연구를 모두 싣고 있으므로 김민수의 주시경 학문에 대한 연구의 결정판이라 할 수 있다.

최낙복(1991)은 주시경 문법의 형태론의 성립과정과 후계자들의 그 계승 발전을 중심으로 살핀 것인데 문법 연구사의 한 부분이다. 그리고 최낙복(2003)은 주시경 학문에 대한 7편의 논문과 부록으로 꾸몄는데, 1장~4장은 주시경 문법의 통어론 분야를 살핀 것이고, 5장~6장은 주시경 문법에 나타난 낱말 만들기 부분을 살폈으며, 7장은 주시경의 『국어문법』에 나타난 문법용어를 풀이한 것이다. 끝에 부록에서는 2003년 2월까지 발표된 주시경에 대한 연구 논저 목록 282항목을 실어서 후학들이 앞선 연구를 하는데 도움을 줄 수 있도록 하였다.

최규수(2005)는 12년의 논문을 2부로 나누어서 1부에서는 주시경 문법론의 특징을 살피면서 주시경의 이론이 그 후학자들에게 어떻게 영향을 미치고, 또 받아들여졌는가에 대하여 살핀 것이고, 제2부에서는 1주의 논의들을 바탕으로 국어학 연구의 역사를 형태론과 통어론의 관계 문제를 중심으로 살핀 것이다.

(45)는 한힌샘 연구 모임과 주시경 연구소에서 낸 학회지가 모두 27권임을 보인 것이고, (46)은 2장에서 이미 밝힌 3종류의 영인 자료 13권이 있음을 보인 것이고, (47)은 한글학회에서 영인한 주시경 학문에 대한 연구 논문 모음집(1), (2)를 보인 것인데, 이는 주시경 학문에 대한 연구 논문을 한 번에 볼 수 있어서 후학들에게는 귀중한 자료가 될 것으로 믿는다.

(48)과 (49)는 앞의 주제별 목록에 포함된 것으로 지금까지 주시경

학문을 주제별로 한 석사논문 6편과 박사논문 1편이 나왔음을 보인 것이다.

4. 주시경 학문 연구에 대한 학회의 노력

지금까지 주시경 학문에 대하여 재조명을 시도한 학회나 연구소는 한글학회(한힌샘 연구 모임), 주시경 연구소, 외솔회뿐이다. 이들 학회와 연구소의 활동을 차례로 살펴보기로 한다.

4.1. 한글학회(한힌샘 연구 모임)의 활동

1985년 한글학회 안에 한힌샘 연구 모임이 만들어지기 전까지는 주로 한글학회에서 주시경 선생을 추모하고, 학술행사를 하였기 때문에 한글학회에서 한 일과 한힌샘 연구 모임에서 한 일을 나누어 살펴보기로 한다.

4.1.1. 한글학회에서 한 일

한글학회에서 주시경 선생을 기리는 일을 하기 시작한 것은 『한글』 3호(1932.7.19)에 주시경 선생 돌아가신 18돌을 맞이하여 추모의 글을 실었는데 그 제목을 보이면 다음 (50)과 같다(한글, 1932:79~82).

(50) 주시경 선생 기념
　　ㄱ. 한힌샘 스승님(시조)(가람 이병기)
　　ㄴ. 주시경 선생(편집부)
　　ㄷ. 주 스승님을 생각함(감메 최현배)

(50)ㄱ은 이병기의 추모 시조이고, (50)ㄴ은 편집부에서 쓴 것으로 보이는 주시경 선생의 생애, 활동, 저서 등을 소개한 글이고, (50)ㄷ은 최현배의 회고의 글이다.

다음은 『한글』 39호(1936.11.1)에 주시경 탄생 61돌을 맞이하여 추모의 글들을 실었는데, 제목과 글쓴이를 보이면 다음 (51)과 같다(한글, 1936: 1~6).

(51) 주시경 선생 추모의 글
    ㄱ. 추모! 주시경 선생(편집부)
    ㄴ. 주시경 선생(편집부)
    ㄷ. 위대한 그 인격(최규동)
    ㄹ. 주시경 선생을 추모하며(신영철)
    ㅁ. 『말의소리』끝에 쓰신 것

(51)ㄱ은 일종의 추모사의 성격을 가진 글이고, (51)ㄴ은 주시경 선생 전기 성격의 글이고, (51)ㄷ은 주시경 선생의 인격에 대하여 쓴 것이고 (51)ㄹ은 1936년 10월 13일 장충단 초제에서 올린 추모의 글이고, (51)ㅁ은 주시경 지은 『말의소리』끝에 나오는 글을 옮겨 실은 글이다.

『한글』 126호(1960.2.29)에는 김윤경의 주시경 선생 전기를 실었는데 먼저 주시경 선생의 가정환경, 약력을 소개한 다음, 선생의 일화와 생활의 각 방면을 19개의 항목으로 나누어 기술하였는데, 그 항목만 보이면 다음 (52)와 같다(한글 1960: 145~165).

(52) 주시경 선생의 일화와 생활의 각 방면
    ㄱ. 수숫대집 짓기

ㄴ. 덜렁봉에 닿은 하늘을 만져 보러 올라감
ㄷ. 머리를 깎고 배재학당에 들어감
ㄹ. 한글 연구의 동기
ㅁ. 영어와 국어의 비교 연구
ㅂ. 국문 연구소 설치와 선생
ㅅ. 선생의 학설
ㅇ. 바른 국어학설 보급자
ㅈ. 선생과 광문회
ㅊ. 교육자
ㅋ. 애국자요 정치가로서의 선생
ㅌ. 양계초와 선생
ㅍ. 최익현 추도식과 그 기념사업
ㅎ. 애국심 때문에 대종교로 개종함
ㅏ. 서북학교와 휘문의숙 설립의 숨은 운동자
ㅑ. 나라에 해되는 일이면 어떠한 영달도 반대함
ㅓ. 우애의 정
ㅕ. 표창장과 집 한 채
ㅗ. 망명 준비 중 갑작스러운 작고와 장서

　(52)ㄱ, (52)ㄴ은 주시경 선생의 어린시절 일화이고, (52)ㄷ,(52)ㄹ은 신학문을 배우고 한글연구의 시작이고, (52)ㅁ~(52)ㅇ은 학문 연구와 보급에 관한 것이고, (52)ㅈ~(52)ㅏ는 사회 활동을 보인 것이고, (52)ㅑ~(52)ㅕ는 선생의 인간적인 면을 보일 것이고, (52)ㅗ는 선생의 마지막과 글쓴이의 생각을 마무리한 것이다.
　또 1974년 7월 27일에는 주시경 선생 돌아가신 60돌을 맞이하여 세종대왕 기념관에서 추모행사를 벌렸는데, 추모식, 흉상 만들기, 추모 강연회를 가졌다. 강연 제목과 강연한 사람을 보이면 다음 (53)과 같다(1988, 한힌샘 주시경 연구, 1호: 7).

(53) 강연
　　ㄱ. 주시경 선생의 생애(김선기)
　　ㄴ. 주시경 선생의 학문(허웅)

이어서 1976년 11월 6일과 7일에는 주시경 탄생 100돌 기념행사를 세종대왕 기념관에서 벌렸는데, 전국 학술연구 발표대회와 기념식 및 강연회를 가졌다. 일정을 보이면 다음 (54)와 같다(한힌샘 연구 1호: 7).

(54) ㄱ. 6일: 전국 학술연구 발표 대회
　　 ㄴ. 7일: 기념식 및 강연회
　　　　① 주시경 스승의 생애에 대하여(이은상)
　　　　② 수시경 스승의 사회 사상(신용하)

그리고 1985년 12월 5일에는 『한글새소식』제160호를 주시경 선생 추모 특집호를 펴내었는데, 여기에는 1910년 6월 10일에 나온 『보중친목회보』[3] 제1호에 실린 주시경 선생의 〈한나라말〉 외에 6편의 글을 실어 추모하였다. 이것을 차례만 보이면 다음 (55)와 같다(1985, 한글새소식 166호: 6~16).

(55) 한힌샘 주시경 선생 추모 특집
　　ㄱ. 〈선생께서 끼치신 글〉 한나라말(주시경)

---

3) "보중"은 "보성중학"을 말함.

ㄴ. 다시 읽어보는 추모의 글: 주 스승님을 생각함(최현배)
ㄷ. 다시 읽어보는 추모의 글: 한힌샘 스승님(이병기)
ㄹ. 주시경 선생의 학문(허웅)
ㅁ. 주시경 선생의 한평생(박지홍)
ㅂ. 주시경 선생의 교육 활동(손인수)
ㅅ. 주시경 선생의 애국·계몽사상(신용하)

(55)ㄱ은 1910년 6월 10일에 발행한 〈보중 친목회보〉 제1회 실린 주시경 선생의 글이고, (55)ㄴ, (55)ㄷ은 1932년 7문장 19일에 발행한 『한글』 3호에 실린 글을 다시 실은 것이다.

1986년 10월 9일 독립기념관과 뜰에 주시경 선생의 말씀비(어록비)를 세우는 것을 끝으로 한글학회에서는 주시경 학문에 대한 연구를 한힌샘 연구 모임에서 그 일들을 하게 되었다. 이제 한힌샘 연구 모임에서 한 일을 살펴보기로 한다.

4.1.2. 한힌샘 연구 모임에서 한 일

1986년 12월 22일 주시경 탄신 110돌을 맞이하여 한글학회 안에 '한힌샘(주시경) 연구 모임'을 만들고(대표: 허웅, 총무: 김계곤), 다음해인 1987년 2월 4일 정기총회를 열고, 한힌샘 주시경 선생에 대한 연구 발표 대회를 열기로 하였다. 그해 1987년 12월 21일 "한힌샘 주시경 선생에 대한 연구 발표 대회"를 가졌는데, 공동 연구 주제로 〈한힌샘 주시경에 대한 연구〉를 정하여 6명이 발표를 하였다.[4] 또 1987년 12월 22일 『한힌샘 주시경 연구 논문 모음 1』을 펴냈는데, 여기에는 17

---

4) 앞의 '3.1.2 한힌샘 주시경에 대한 연구' 참조.

명의 논문 30편을 실었다. 1988년 5월 15일에는 『한힌샘연구』 제1호를 펴내기 시작하여 2004년 1월 30일 『한힌샘 주시경 연구』[5] 제17호를 끝으로 현재는 발행이 중단된 상태이고, 2004년 5월 15일 『주시경 선생에 대한 연구 논문 모음 2』를 펴냈는데, 여기에는 15명의 논문 46편이 실려있다.

이제 『한힌샘 주시경 연구』 1호~17호에 실려 있는 내용을 간추려 표를 만들어 보이면 다음 〈표 5〉와 같다.

〈표 5〉 『한힌샘 주시경 연구』의 수록 내용

내용	논문	특집호	다루어진 인물	영인 자료
수량	70편	7회	11명	8편

〈표 5〉에 실려 있는 논문은 모두 70편인데, 이 논문들은 주로 국어학사적인 관점에서 볼 때 길이 남을 인물 11명

(주시경, 김두봉, 최현배, 김윤경, 계봉우, 정태진, 최세진, 유희, 숙주, 양주동, 유길준)을 중심으로 공동연구와 특집호로 발간되었다. 또 8편의 필사 자료를 영인하여 보급한 것은 큰 업적의 하나이다. 특히 『한힌샘연구』 제3호에 주시경이 지은 『국어문법』(1910)의 원고본(필사본)이 영인되어 있는데, 서문 4쪽 본문 146쪽 표지 2쪽 판권 2쪽 모두 154쪽으로 이것은 원고본을 87%로 축소한 것으로, 뒤에 판권에 융희 3년 10월에 인쇄하고 발행한 것으로 되어 있다. 그러므로 이것은 1909년에 완성된 것으로 보이는데, 이는 국어학사에서 귀중한 자료이고, 한힌샘 연구 모임의 큰 업적이라 할 수 있다.

---

[5] 1991년 12월 20일에 발행한 제4호부터 논문집 이름을 『한힌샘 주시경 연구』로 바꾸었음.

4.2. 주시경 연구소의 활동

고영근(1988: 42~43)에 의하면 1986년 12월 20일 조선일보사 주최로 주시경 탄생 110주년 기념 특집을 마련한 자리에서 김민수 님이 주시경 학회 결성 움직임을 밝혔다.

1987년 12월 22일 주시경 탄생 111주년을 맞이하여 서울의 탑출판사 안에 "주시경 연구소"가 창설되었다(이사장: 김병희, 소장: 김민수, 간사장: 고영근).

1988년 7월 27일에는 연구 논문집『주시경학보』제1집을 창간하였는데, 여기에 기획 논문으로 고영근(1988:7~48)의 "주시경 연구의 어제와 오늘"을 발표하였다.

이 글에서는 1914년부터 1987년까지 주시경 학문 연구의 흐름을 6기로 나누어 기술하였다. 지금까지 주시경 학문 연구에 대한 방대한 자료와 논문 및 저서의 내용을 자세하게 언급하여, 주시경 학문 연구의 흐름을 쉽게 알아 볼 수 있도록 하였다.

그리고 이 논문집의 끝에는 "주시경 연구 논저 목록"을 연대순으로 작성하여 주시경 연구의 역사를 한눈에 볼 수 있도록 정리하였다 (이현희, 1988: 280~292 작성).

주시경 연구소에서는 해마다 7월과 12월에 논문집을 발행해 오다가 1993년 12월 발행된 제12집부터는 논문집 제호를『주시경학보』로 고치고, 1994년 12월 12일 제14집 발간을 끝으로 지금까지 중단된 상태이다. 그 동안『주시경학보』1집부터 14집까지에 실려 있는 내용을 정리하여 표로 만들어 보이면 다음〈표 6〉과 같다.

〈표 6〉『주시경 학보』의 수록 내용

내용	기획논문	특집논문	일반논문	서평	자료 역주
편수	18	14	43	33	26

내용	국어학사 재조명	자료 발굴 소개	북한에서 연구	중국 소수민족 언어
편수	23	20	20	8

〈표 6〉에 의하면 순수 학술 논문이 75편이고, 주시경에 관계되는 자료를 발굴하여 소개한 것이 48편이고, 서평 및 자료 역주가 58편이다.

이 논문집에 실린 학술논문이나 다른 항목의 글들이 비록 주시경 학문에 관한 내용으로 국한되지는 않았지만 주시경을 기리고, 주시경 학문 연구에 많은 도움을 준 것은 사실이다. 또 주시경에 관한 자료를 발굴하여 소개한 것은 국어학 연구사의 입장에서는 높이 평가받을 만하다. 그러나 이러한 연구소의 활동들이 계속되지 못하고 중단된 상태에 있는 것은 대단히 안타까운 일이다.

4.3. 외솔회의 활동

외솔회에서는 "한힌샘 연구모임"이나 "주시경 연구소"처럼 정기적으로 주시경에 관련된 글을 모아 연구 논문집을 발간하지는 않았다.

그러나 1971년 9월 23일 주시경 탄생 95주년을 맞이하여 외솔회의 학회지인 『나라사랑』 제4집을 "한힌샘 주시경 선생" 특집호로 만들어 발간했다.

이 책의 내용은 (56)~(59)와 같이 크게 4부분으로 나누어 볼 수 있다.

(56) 책의 앞부분: 주시경 특집화보, 주시경 해적이(연보) 머리말(말, 글, 얼의 선구자: 정인승), 추도사(한힌샘 스승님: 이병기), 한힌샘 묘비명
(57) 한힌샘 유고: 시, 소설, 일기, 수필, 기타
　ㄱ. 시 3편: 물결의 배, 부뚜막의 소금, 큼과 어려움
　ㄴ. 논설 2편: 필상자국문언, 조선어문법 서
　ㄷ. 일기 4편: 개국 494년 을유, 1893.7.7, 1898.12.31, 1900.2.15.
　ㄹ. 수필 3편: 일찍이 혼인하는 폐, 웃음거리, 아이 업는 해
　ㅁ. 기타: 짤막한 보기
(58) 한힌샘 논집: 학문, 교육, 전기, 일화 및 후계학자론
　ㄱ. (회고글) 지금도 눈앞에 뵈옵는 듯(장지영)
　ㄴ. 학자로서의 주시경 선생(허웅)
　ㄷ. 교육자로서의 주시경 선생(이강로)
　ㄹ. 주시경 선생의 후계학자 최현배 선생(김계곤)
　ㅁ. 주시경 선생의 후계학자 김윤경 선생(문효근)
　ㅂ. 겨레의 스승(최현배)
　ㅅ. 주시경 선생 전기(김윤경)
(59) 그 외 시 2편, 수필 5편, 동화 1편과 한힌샘 선생을 위한 외솔 선생의 정성(최호연) 등이다.

여기에 실린 (58)ㄴ,ㄷ,ㄹ,ㅁ은 주시경과 관련된 깊이 있는 논문들이다. 그러나 주시경 학문에 대한 연구를 단 1회에 그쳐 그 아쉬움이 남는다.

5. 마무리

 1) 이 글은 주시경 학문 세계에 대하여 어떤 새로운 것을 발견하는데 목적이 있는 것이 아니고, 현재까지 국어학계에서 주시경 학문에 대하여 어떤 종류가 어떤 방향으로 연구되어 왔는가를 돌이켜 보고, 앞으로 후학들이 주시경 학문에 대한 연구의 출발점과 방향을 결정하게 하는데 참고가 될 수 있게 하는 것이 목적이다.

 2) 지금까지 살펴본 바와 같이 주시경 학문에 대한 연구는 1960년대까지는 전기나 회고, 추모의 글과 자료 발굴 및 해설에 관한 내용이 주류를 이루었으나 1976년 주시경 탄생 100주년을 계기로 주시경에 대한 많은 자료의 보급으로, 연구활동이 활발하게 이루어졌다. 지난 30년 동안 주시경 학문에 대한 연구는 국어학을 전공하는 이들을 중심으로 여러 방면의 주제로 연구되어 왔고, 그 결과 양적으로나 질적으로 우수한 연구 업적들이 많이 나왔다. 그러나 2000년대에 와서는 학회활동이 소극적이면서 연구의 분위기도 침체되어 있다.

 3) 앞으로 주시경 학문에 대한 연구의 방향은 공시적으로는 같은 시기에 활동한 다른 국어학자들과 서로 비교하여 주시경과 다른 학자들의 이론과 학설의 공통점과 차이점을 밝혀내어야 하겠고, 통시적으로는 주시경이 받은 영향과 후학자들에게 미친 영향 등을 밝혀내어야 하겠다. 또 북한과의 주시경 학문에 대한 연구 성과를 교류하고 상호협력 하며, 나아가 그 연구 결과를 종합하여 현대 국어문법 체계 형성과 우리말 연구사 기술에서 주시경 학문의 위치를 확고하게 자리매김을 해야 할 것이다.

 4) 주시경 학문에 대한 지속적인 연구와 발전을 위하여 각 학회와 연구소의 연구활동을 다시 시작하여, 연구결과를 발표하고, 나

아가 연구 논문집도 계속해서 발간해야 할 것이다.

그리고 한글학회의 "한힌샘 연구 모임"에서는 지금까지 해온 것과 마찬가지로 국어학 연구에 정성을 다한 학자들의 학문 및 생애를 한 사람씩 공동으로 연구하여 그 결과를 『한힌샘 주시경 연구』로 계속해서 발간하여 근대 및 현대의 국어학사 체계를 세우는 데 도움을 주어야 할 것이다.

참고문헌

강기진(1985), 「주시경의 통사이론」 I, 『국어국문학』 93, 국어국문학회.

_____(1986), 「주시경의 품사이론」, 『한글』 제191호, 한글학회.

_____(1987), 「주시경의 통사이론」 II, 『한국어학과 알타이어학』, 효성여대 출판부.

_____(1990), 「주시경의 형태이론」 II, 『국어국문학 논문집』, 경운출판사.

강복수(1975), 『국어문법사 연구』, 형설출판사.

_____(1983), 『국어문법의 연구』, 탑출판사.

_____(2001), 『한국의 언어연구』, 도서출판 역락.

_____(1988), 「주시경 연구의 어제와 오늘」, 『주시경학보』 1집, 주시경 연구소.

_____(2001), 「1988년 6월 이후의 주시경 연구의 흐름」, 『한국의 언어 연구』, 도서출판 역락.

_____·이현희(교주)(1986), 『주시경, 국어문법』, 탑출판사.

_____ 외(2010), 『주시경, 국어문법의 교감과 현대화』, 도서출판 박이정.

_____ 외(2011), 『현대어로 풀어쓴 주시경의 국어문법』, 도서출판 박이정.

구연미(1992), 「주시경 〈국어문법〉의 짬듬갈 연구」, 『부산한글』 11, 한글학회 부산지회.

권재선(1987), 『국어학 발전사』 (현대편), 한국고시사.

권재일(1992), 『한국어 통사론』, 민음사.

김계곤(1971), 「주시경 선생의 후계학자 최현배」, 『나라사랑』 4, 외솔회.

_____(1988), 「한힌샘 주시경에 대한 연구: 조어법」, 『한힌샘 연구』 1집, 한글학회.

_____(1996), 『현대 국어 조어법 연구』, 도서출판 박이정.

김규식(1909), 『유인 대한문법』, (역대 한국문법대계 I-5, 탑출판사, 1977).

_____(1912), 『유인 조선문전』, (역대 I-5, 탑출판사, 1983).

김두봉(1916), 『조선말본, 신문관』, (역대 I-8, 탑출판사, 1983).

_____(1922), 『깁더 조선말본, 상해 새글집』, (역대 I-8, 탑출판사, 1983).

김민수(1961), 「늣씨와 Morpheme」, 『국어국문학』 24집, 국어국문학회.

_____(1977), 『주시경 연구』, 탑출판사(증보판, 1986).

_____(1992), 『주시경전서』 전6권, 탑출판사.

김봉모(1983), 「국어 관형어 연구」, 부산대학교 대학원 박사논문.

김석득(1979), 『주시경 문법론』, 형설출판사.

_____(1983), 『우리말 연구사』 정음문화사.

_____(1988), 「한힌샘 주시경에 대한 연구: 통어론」, 『한힌샘 연구』 1, 한글학회.

_____(1992), 「주시경 국어연구(문법편)」, 『훈민정음과 국어학』, 전남대학교 출판부.

김세한(1974), 『주시경전』, 정음사.

김승곤(1996), 『현대 나라말본』, 도서출판 박이정.

김윤경(1954), 『한국 문자 급 어학사』, 동국문화사.

김정은(1995), 『국어 단어형성법 연구』, 도서출판 박이정.

김창섭(1994), 「국어 단어형성과 단어구조」, 서울대학교 대학원 박사논문.

김철남(1997), 『우리말 어휘소 되기』, 한국문화사.

김형주(1982), 『국어학사』, 학문사.

_____(1997), 『우리말 연구사』, 세종출판사.

김희상(1911), 『조선어전』, (역대 I-7, 탑출판사, 1977).

_____(1911), 『조선어전, 보급서관』, (역대 I-7, 탑출판사, 1977).

남기심(1972), 「현대국어 시제에 관한 문제」, 『국어국문학』 55~57, 국어국문학회.

_____(1978), 『국어문법의 시제문제에 관한 연구』, 탑출판사.

_____・고영근(1993), 『표준 국어문법론』(개정판), 탑출판사.

리의도,(1987), 「주시경의 조사 연구에 대한 고찰」, 『새 우리말 연구』, 과학사.

박만수(1987), 「우리말의 자리말 연구」, 동아대학교 대학원 박사논문.

박선자(1983), 「한국어 어찌말 연구」, 부산대학교 대학원 박사논문.

박영환(1982), 「주시경의 문법론」, 『청림』 25.

_____(1983), 「주시경의 구문론」, 『한남어문학』 9·10, 한남대학 국어국문학회.

박은용(1986), 「同文類解語錄解硏究」 上, 『효성여자대학 논문집』.

박지홍(1977), 「유길준의 〈조선문전〉」, 『어문교육논집』 2, 부산대학교 국어교육과.

_____(1977), 『표준 漢文法』, 과학사.

_____(1983), 「주시경의 우리말 씨가름」, 『부산한글』 2, 한글학회 부산지회.

_____(1986), 『우리 현대말본』, 과학사.

_____(1987), 「주시경의 국어문법」, 『한글』 제161호, 한글학회.

_____(1987), 『국어학사』, 동아대학교 대학원.

_____(1997), 현대 우리말본 강의안.

박태권(1977), 「주시경의 학설연구」, 『문리과 대학 논집』 16, 부산대학교.

_____(1986), 「주시경의 〈짬듬갈〉에 대하여」, 『백민 전재호 박사 환갑기념 논문집』, 형설출판사.

_____(1986), 「주시경의 학설과 그 어학사적 위치」, 『부산한글』 5, 한글학회 부산지회.

송철의(1992), 『국어의 파생어형성 연구』, 태학사.

양주동(1979), 『增訂 古歌硏究』, 일조각.

양태식(1978), 「풀이씨의 굴곡범주」, 『논문집』 1, 성지공업전문대학.

_____(1979), 「서법 논의에 대한 몇 가지 문제」, 『수련어문론집』 7, 부산여대 국어교육과.

외솔회(편)(1971), 『나라사랑』 4집, 외솔회.

유길준(1904?), 『필사 조선문전』, (역대 I-1, 탑출판사, 1977).

_____(1909), 『대한문전, 동문관』, (영인본, 1980).

윤치호(1911), 『영어문법첩경, 동양서원』, (역대 II-29, 1983, 탑출판사).

이가원(1960), 『漢文新講』, 신구문화사.

이광정(1987), 『국어 품사분류의 역사적 발전에 관한 연구』, 한신문화사.

이기룡(1911), 『중등영문전』, (역대 II-29, 탑출판사, 1986).

이기문(1981), 「한힌샘의 언어 및 문자이론」, 『어학연구』 17-2, 서울대 어학연구소.

_____(1976), 『주시경전집』 상·하, 아세아문화사.

이길록외(1982), 『문법 교사용 지도서』, 삼화출판사.

이병근외(1985), 『국어 연구의 발자취』 I, 서울대학교 출판부.

이숭녕(1985), 『중세국어문법』, 을유문화사.

전수태(1989), 「〈국어문법〉 '짬듬갈'의 의미연구」, 『주시경 학보』 3, 탑출판사.

정렬모(1946), 『신편 고등국어문법』, 한글문화사.

정원수(1992), 『국어의 단어형성론』, 한신문화사.

정인승(1956), 『표준 고등문법』, 신구문화사.

조일규(1997), 『파생법의 변천』 I, 도서출판 박이정.

_____(2011), 『파생법의 변천』, 도서출판 역락.

주시경 연구소(1988), 『주시경학보』 1집, 탑출판사.

주시경(1905?), 『국문문법』, (역대 I-39, 탑출판사, 1986).

_____(1908), 『국어문전음학』, (주시경전집(하), 아세아문화사, 1976).

_____(1908), 『말』, (역대 I-3, 탑출판사, 1985).

_____(1909), 『원고본 국어문법, 한힌샘 연구 3』, 한글학회(1990).

_____(1910), 『국어문법, 박문서관』, (주시경전집(하), 아세아 문화사, 1976).

_____(1911), 『조선어문법, 신구서림』, (주시경전집(하), 아세아 문화사, 1976).

_____(1914), 『말의소리, 신문관』, (주시경전집(하), 아세아문화사, 1976).

진말득(1984), 「주시경 선생의 통어론에 관한 연구」, 『두메 박지홍 선생 회갑기념 논문집』, 문성출판사.

채연강(1979), 「주시경 문법서에 대한 비교연구」, 『성대문학』 20, 성균관대학교.

최광옥(1908), 『대한문전』, (역대 I-2, 탑출판사, 1979).

최규수(1997ㄱ),「주시경 통어론의 계승관계」,『우리말 연구』7, 우리말 연구회.
_____(1997ㄴ),「주시경 문법의 통어론적 연구」,『한글』238, 한글학회.
_____(2005),『주시경 문법론과 그 뒤의 연구들』, 도서출판 박이정.
최낙복(1983),「겻씨의 설정과 그 계승」,『진주문화』4호, 진주문화권 연구소.
_____(1984),「주시경 문법의 씨 '잇기' 설정과 그 계승」,『두메 박지홍 교수 회갑 기념논문집』.
_____(1985ㄱ),「주시경 문법의 '임씨' 설정과 그 계승」,『국어국문학 논문집』 6집, 동아대학교 국어국문학과.
_____(1985ㄴ),「주시경 문법의 씨 '끗기' 설정과 그 계승」,『부산한글』4, 한글학회 부산지회.
_____(1986ㄱ),「주시경 문법의 씨 '억씨' 설정과 그 계승」,『부산한글』5, 한글학회 부산지회.
_____(1986ㄴ),「주시경 문법의 '언씨'의 설정과 그 계승」,『청천 강용권 박사 송수 기념논총』, 태화출판사.
_____(1987ㄱ),「주시경 문법의 '엇씨' 연구」,『부산한글』6, 한글학회 부산지회.
_____(1987ㄴ),「주시경 문법의 '움씨' 연구」,『국어국문학 논문집』7, 동아대학교 국어국문학과.
_____(1988ㄱ),「주시경 말본의 형태론 연구」, 동아대학교 대학원 박사논문.
_____(1988ㄴ),「주시경 말본의 '씨' 설정 연구」,『한힌샘 연구』1, 한글학회.
_____(1989),「주시경 말본의 9씨 설정기반과 그 영역」,『지산 김재문 교수 화갑 기념논문집』, 제일출판사.
_____(1991),『주시경 문법의 연구』, 문성출판사.
_____(1993),「주시경 문법의 높임법 연구」,『국어국문학』12, 동아대학교 국어국문학과.
_____(1994),「주시경 문법의 때매김법」,『한글』225, 한글학회.
_____(1998ㄱ),「주시경 문법의 〈말〉에 나타난 낱말 만들기」,『방언학과 국어학』,

청암 김영태 박사 회갑 기념논문집 간행위원회, 태학사.
_____(1998ㄴ), 「주시경의 〈국어문법〉에 나타난 조어법」, 『부산한글』 17집, 한글학회 부산지회.
_____(1998), 「주시경 문법의 조어법 연구」, 『한글』 242, 한글학회.
_____(2000ㄱ), 「주시경 문법의 월성분 연구」, 『부산한글』 19, 한글학회 부산지회.
_____(2000ㄴ), 「국어학사의 관점에서 본 주시경 문법의 월성분」, 『신라학연구』 4, 위덕대학교 신라학연구소.
_____(2001), 「주시경 문법의 통어론 연구」, 『한글』 254, 한글학회.
_____(2003), 「주시경 문법의 연구」 (2), 도서출판 역락.
_____(2008), 「주시경 학문 연구의 역사」, 『한글』 281, 한글학회.
_____(2009), 『개화기 국어문법의 연구』, 도서출판 역락.
최현배(1934), 『중등 조선말본』, 동광당서점.
_____(1937), 『우리말본』, 연희전문학교 출판부.
_____(1971), 『우리말본』, 정음사.
하치근(1987), 「국어 파생 접미사 연구」, 부산대학교 대학원 박사논문.
_____(1989), 『국어 파생형태론』, 남명문화사(증보판, 1993).
_____(1995), 「국어 조어론 연구의 어제와 오늘」, 『한힌샘 주시경 연구』 7·8집, 한글학회.
_____(1999), 『우리말본의 이해』, 한국문화사.
_____(2002), 『현대 우리말본』, 도서출판 박이정.
_____(2009), 『우리말의 형태와 의미』, 도서출판 경진.
_____(2010), 『우리말 파생형태론』, 도서출판 경진.
한글학회(1988), 『한힌샘 연구』 I, 한글학회.
_____(1987), 『주시경 선생에 대한 연구 논문 모음』 1.
_____(2004), 『주시경 선생에 대한 연구 논문 모음』 2.
허 웅(1959), 「주시경 선생의 생애와 업적」, 『사상계』, 66호, 사상계사.

_____(1971), 「주시경 선생의 학문」, 『동방학지』 12집, 연세대학교 동방학연구소.

_____(1975), 『우리 옛말본』, 샘문화사.

_____(1981), 『언어학』, 샘문화사.

_____(1982), 「한국말 때매김법의 걸어온 발자취」, 『한글』 178, 한글학회.

_____(1983), 『국어학』, 샘문화사.

_____(1985), 『국어음운학』, 샘문화사.

_____(1995), 『20세기 우리말의 형태론』, 샘문화사.

_____·박지홍(1980), 『주시경 선생의 생애와 학문』, 과학사.

_____(1999), 『20세기 우리말의 통어론』, 샘문화사.

홍양추(1980), 「주시경의 국어문법론」, 『어문학 교육』 2·3집, 부산국어교육학회.

_____(1987), 「국어 매인이름씨 연구」, 건국대학교 대학원 박사논문.

Jerpersen, Otto, *The, Philosophy of Grammar,* London: Allen & Unwin, (1924).

(이환묵, 이석무(역), 1978, 예스퍼슨 문법철학, 한신문화사).

德田政信(1983), 『近代文法圖說』, 日本: 明治書院.

塚本哲二(1937), 『史訂 漢文解釋法』, 日本: 有朋堂.

阪倉篤義(1974), 『改橋 日本文法の話』, 日本: 敎育出版.

이 외에 참고한 논문은 강기진(1988), 이현희(1988), 최낙복(2003)의 「주시경 학문 연구 논저 목록」에 기댐.

찾아보기

[ㄱ]

가량 70
가량수 71
가르침 59, 140
가지결(붙이결) 184
간때(과거) 220
간때맞음 225
간때와 간때의 겹침 224
간때와 올때의 겹침 226
간올때 228
간접 18, 55
감탄사 19
같음 249, 253
거절 72
거짓 120
거짓 맞은때 227
격표 95
격표인접 98
견줌 75, 140, 154
겹문장의 형성 194
겻 31
겻기의 몸 301
겻기의 분류 98

겻기의 형성 89
겻의 갈래 101
경각 18
곳 59
과거가상시 226
관계부 25
관형사 파생법 284
그럼 153
그침 119
금이나 자리 103
금이드 198
금이듬 182
금이빗 182
굿 38
긔수 55
긔슈 70
기 29, 166
기 몸박굼 298
기 몸헴 298
기난갈 29
기수 71
까닭 119
까닭금 105
끗 31

찾아보기 345

끗기　253
끗기의 서분　253
끗기의 때　217
끗기의 분류　125
끗기의 시제형성　217
끗기의 형성　121

[ㄴ]

남움　82
남이　15, 16, 174
남이금　180
남이듬　15, 16, 177
남이붙이　185
남이빗　176
낫됨만　103
낫몸　299, 300, 301
낫한금　105
낫한만　103
낮음　253
놀　31
놀기의 분류　88
놀기의 형성　87
높음　249, 253
높임법의 형성　240
높임의 등분형성　259
높임형성　241, 244, 249, 253
늣씨　14

[ㄷ]

다　166
다른 일　119
다름만　102
다름한금　105

다름한만　102
단속　225
단속상　225
단순(기본)시제　218
단순한 문장　191
단자　95
담때　223
대등적 구조　299
대명사　19
대임　59
덩이　118
덩이임만　102
동격　99
동격차　99
동본명본반격동작　278
동본명호　268
동본형명　286
동본형성　294
동본형성본동작　278
동사　19
동사 파생법　277
동속사　113
동심적 구조　299
동작　18, 70
동작동사　15
동작의 분별　80
두루　57
뒤집힘　119
드　166
드잇　170
딸림이은겹문장　206
딧명　55
때　75, 140, 153
때금　104
뜻밖　120

[ㅁ]

막이 153
만이 96, 101
맞은 드잇 170
명동본명호 268
명본동본형성본동작 278
명본동작 278
명본명호 268
명본형명 285
명본형본형성본동작 278
명본형용 274
명사 19
명사 파생법 267
명사 합성법 298
명사의 종류 44
명형본명호 267
명호 18
명호의 분별 55
모 166
모듬 59, 61, 75, 140, 153
모양 70
모잇 169
모힌몸 299~301
몬 154
몬금 104
몸씨 38
못맞은 드잇 170
무수 55
무질 55
무형명 44
문장구조의 형성 191
문장론 164
문장성분의 형성 163
물건 55
물모 70, 74, 140
물음 124
물질명 44
물품 70, 74, 140
뭇남이금 193
뭇금이임 197
뭇남이드 209
뭇씀이드 205
미 166
밋웃 136

[ㅂ]

바로움 82
반격 99
벌임이은겹문장 200
보통 55
복합시제 224
부름만 103
부림금 104
부사 파생법 294
부속사 113
부지 55, 70
분비 55
불관격 100
불변 55

[ㅅ]

상명 44
서분(序分) 244
셜비 70
수량 70
시간 70
시김 124
시제법의 형성 216
시제형성 229

찾아보기   347

심층구조　204
씀이　15, 174
씀이금　180
씀이듬　16, 177
씀이붙이　185
씀이빗　176
씀홋만　101
씨　38

[ㅇ]

아마　153
안가림만　102
안고 이은겹문장　208
안은겹문장　194
어림　61, 75
억　31, 147
억기　244
억기의 분류　150
억기의 형성　144
억드　198
억본움　281
억의 갈래　152
언　31
언기의 분류　136
언기의 형성　129
언본임　271
언분　17
언붙이임　192
언어자　25
언어형식　164
언잇　59
언체의 변법　25, 132, 265
엇　31
엇기의 몸　300
엇기의 분류　69

엇기의 형성　63
엇덤　152
엇본억　296
엇본언　291
엇본임　271
엇억(겻)본엇　276
엇억본움　281
엇의 갈래　74
엇임(겻)본엇　276
연유　72
올때　222
올때됨　223
움　31, 141
움기의 분류　80
움기의 형성　77
움뜻　82
움몬금　105
움본억　297
움본언　291
움본임　271
움억(겻)본움　282
움억본움　281
움의 갈래　82
움임(겻)본움　281
움힘　82
원명　55
원체부　25
원형성본동작　278
유수명　44
유질　55
웃듬　61
의심　72
이때(현재)　218
이름　124
이은겹문장　200
인명　44
인민　55

인졉   18
인졉의 분별   98
일   57, 154
일금   105
임   31, 141
임기   43, 241
임기의 몸   299
임기의 분류   52
임기의 셩류(性類)   241
임기의 형셩   43
임본언   292
임본엇   276
임본움   281
임본임   271
임엇본임   271
임엇억본움   281
임움본임   271
임움억본움   281
임이   15, 174
임이금   16, 180
임이듬   15, 177
임이붙이   185
임이빗   176
임홋만   101
입음움   82
잇   31
잇기   229, 249
잇기의 서분   249
잇기의 때   229
잇기의 분류   118
잇기의 형셩   111
잇어함   119
잇의 갈래   118

[ㅈ]

자동사   85
자리   96, 152
자리금   104
주동   80, 81
장유   254
젼수격   99
젼졔격   99
젼치사   19
졉속사   19
졔움   82
조사   19
조사 합셩법   301
조어법의 형셩   265
존비   254
죠셩   18
죠셩의 갈래   126
주동사   85
줄기결(웃듬결)   184
즁복   72
즉지   70
지명   44
지목   55, 70
직권표   176
직동   81
짠말   169
짬듬갈의 쓰는 뜻   164

[ㅊ]

쳐소   72
톄   25
쳐소   55

[ㅌ]

타동   80, 81
타동사   85
토씨   38
특명   44
특별변법   265
특별함만   103

[ㅍ]

파생법의 형성   266
표지   176
표층구조   203
풀이   119
품질   70
피동   81
피동사   85

[ㅎ]

하라함   120
한가지만   102
한일   119
함게   119
함게금   105
합명   44
합성법의 형성   298
합자   95
합중   55
행모   75, 140
행품   75, 140
허락   72
힝모   70

힝품   70
헴   59, 75, 140
헴금   104
헴이나 길   153
형동   18
형명   18
형명본명호   268
형본명본독의형용   274
형본명본동의형용   274
형본명본반격형용   274
형본명호   267
형본형명   285
형본형성   294
형본형성본동작   278
형성   95
형성인접   100
형용   18
형용동사   15
형용본체   66
형용사   19
형용사 파생법   273
형용사 합성법   300
형용의 분별   70, 71, 136
형접   55
형형   18
홀로   57, 120, 124
홀로만   103
홀문장의 형성   191
회상시제   233

[기타]

6씨   37
6체   29
9기   29
不完辭   90

不熟辭　90

助辭　90

動字　26

原辭　90

句語　111

名字　26

命　126

問　126

完辭　90

實質不熟辭　90

形字　26

形式不熟辭　90

後詞　22

自　126

陳　126